Johann Wolfgang von Goethe

Goethes Briefe

40. Band - August 1825 bis März 1826

Johann Wolfgang von Goethe

Goethes Briefe
40. Band - August 1825 bis März 1826

ISBN/EAN: 9783741101755

Hergestellt in Europa, USA, Kanada, Australien, Japan

Cover: Foto ©ninafisch / pixelio.de

Weitere Bücher finden Sie auf **www.hansebooks.com**

Goethes Werke

Herausgegeben

im

Auftrage der Großherzogin Sophie von Sachsen

IV. Abtheilung
40. Band

Weimar
Hermann Böhlaus Nachfolger
1907.

Goethes Briefe

40. Band

August 1825 — März 1826.

Weimar
Hermann Böhlaus Nachfolger
1907.

Inhalt.

(Ein * vor der Nummer zeigt an, daß der Brief hier zum ersten Mal oder in bedeutend vervollständigter Gestalt veröffentlicht wird.)

		Seite
*1.	An den Großherzog Carl August 3. August 1825	1
2.	An Carl Friedrich Zelter 5. August 1825	3
*3.	An Johann Friedrich v. Cotta 5. August 1825	5
4.	An Johann Carl Ludwig Schorn 5. August 1825	6
*5.	An Johann Georg Lenz 6. August 1825	7
*6.	An C. F. Zelter 7. August 1825	8
*7.	An Johann Michael Färber 10. August 1825	9
*8.	An Friedrich Carl 10. August 1825	9
9.	An Johann Sulpiz Melchior Dominicus Boisserée 13. August 1825	10
10.	An Christian Heinrich Ramann 13. August 1825	15
*11.	An Johann Nepomuk Hummel 14. August 1825	15
*12.	An Heinrich Carl Friedrich Peucer 14. August 1825	16
*13.	An den Freiherrn Carl Wilhelm v. Fritsch 17. August 1825	16
14.	An Carl Ludwig v. Knebel 19. August 1825	20
*15.	An den Großherzog Carl August 19. August 1825?	22
16.	An den Grafen Carl Leopold v. Benst 19. August 1825	24
*17.	An Christian Leopold v. Buch 22. August 1825	26
*18.	An John Frederic Daniell 24. August 1825?	26
*19.	An Carl Ludwig Metzler v. Giesecke 24. August 1825?	27
*20.	An Johann Christian Hüttner 24. August 1825	29
*21.	An Friedrich Theodor Adam Heinrich v. Müller 26. August 1825	30
*22.	An Hans Ernst v. Globig 27. August 1825	31

		Seite
23.	An Christian Daniel Rauch 27. August 1825	32
*24.	An Caroline v. Wolzogen, geb. v. Lengefeld 24. [27.] August 1825	33
*25.	An den Freiherrn C. W. v. Fritsch 27. August 1825	34
*26.	An Johann Sckell 27. August 1825	34
*27.	An Friedrich v. Müller 29. August 1825	35
*28.	An Friedrich v. Müller 29. August 1825	35
*29.	An J. F. v. Cotta 2. September 1825	36
*30.	An den Großherzog Carl August 3. September 1825?	37
*31.	An Georg Gottlieb Güldenapfel 3. September 1825	37
32.	An den Freiherrn C. W. v. Fritsch 4. September 1825	38
*33.	An J. H. Meyer 4. September 1825	39
*34.	An Johann Lorenz Schmidmer 5. September 1825	40
35.	An den Grafen Kaspar v. Sternberg 6. September 1825	40
*36.	An Heinrich Ludwig Friedrich Schrön 7. September 1825	41
37.	An Charlotte v. Stein 7. September 1825	42
*38.	An Heinrich Mylius 7. September 1825?	42
*39.	An G. G. Güldenapfel 10. September 1825	43
*40.	An Johann Christian Friedrich Körner 10. September 1825	44
*41.	An J. M. Färber 10. September 1825	44
42.	An C. L. v. Knebel 10. September 1825	45
43.	An Friedrich v. Gentz 11. September 1825	45
*44.	An Ludwig Wilhelm Cramer 11. September 1825	48
45.	An Christoph Ludwig Friedrich Schultz 11. September 1825	49
*46.	An den Grafen Eduard Vargas Bedemar 13. September 1825	52
*47.	An F. W. Riemer 14. September 1825?	53
48.	An Sulpiz Boisserée 14. September 1825	53
*49.	An Friedrich v. Müller 14. September 1825	56
*50.	An den Großherzog Carl August Mitte September 1825?	56
51.	An den Grafen C. L. v. Beust 15. September 1825	57
52.	An den Freiherrn C. W. v. Fritsch 15. September 1825	58
*53.	An den Großherzog Carl August 15. September 1825	59
54.	An F. v. Gentz 16. September 1825	60
55.	An Friedrich Jacob Soret 16. September 1825	63

Inhalt.   VII

		Seite
56.	An den Fürsten Clemens Wenzel Nepomuk Lothar v. Metternich 17. September 1825	63
*57.	An Friedrich v. Müller 17. September 1825	66
58.	An C. F. F. v. Nagler 18. September 1825	66
*59.	An J. F. v. Cotta 19. September 1825	68
60.	An C. F. Zelter 19. September 1825	68
61.	An Carl Wilhelm Göttling 21. September 1825	70
*62.	An J. G. Lenz 21. September 1825	71
*63.	An J. A. G. Weigel 21. September 1825	71
64.	An den Freiherrn C. W. v. Fritsch 21. September 1825	72
65.	An den Freiherrn C. W. v. Fritsch 23. September 1825	73
*66.	An den Grafen Franz Joseph Saurau 24. [27.] September 1825	73
*67.	An den Freiherrn Eduard Joachim v. Münch-Bellinghausen 27. September 1825	75
*68.	An Peter v. Piquot 26. [27.] September 1825	76
*69.	An ? Ende September 1825?	77
*70.	An den Grafen Friedrich Christian Johann v. Luxburg 1. October 1825	78
*71.	An den Freiherrn Ernst Franz Ludwig Marschall v. Bieberstein 2. October 1825	81
*72.	An den Großherzog Carl August 4. October 1825	82
*73.	An Johann Friedrich Blumenbach 5. October 1825	83
74.	An Sulpiz Boisserée 5. October 1825	84
75.	An Christian Friedrich Tieck 5. October 1825	85
*76.	An den Herzog Ernst von Sachsen-Coburg 5. October 1825	87
*77.	An J. W. Riemer 5. October 1825	88
*78.	An Frau v. Panckoucke, geb. des Drumeaux 8. October 1825	88
79.	An C. W. Göttling 8. October 1825	89
*80.	An Johann Paul Harl 8. October 1825	90
*81.	An den Großherzog Carl August 9. October 1825	91
*82.	An J. G. Lenz 10. October 1825	92
*83.	An Ferdinand Gotthelf Hand 10. October 1825?	93
84.	An Joseph Sebastian Grüner 10. October 1825	94
*85.	An Friedrich v. Müller 11. October 1825	94
86.	An Carl Friedrich Ernst Frommann 12. October 1825	95
87.	An die Großherzogin Louise 14. October 1825	96

		Seite
*88.	An F. W. Riemer 14. October 1825	96
*89.	An F. W. Riemer 15. October 1825	97
90.	An den Großherzog Carl August 16. October 1825	97
*91.	An Friedrich v. Müller 16. October 1825	98
*92.	An F. J. Soret 16. October 1825?	98
*93.	An den Marchese Forcella 17. October 1825	99
94.	An den Freiherrn Jacob Friedrich v. Leonhardi 17. October 1825	100
95.	An F. J. Soret 17. October 1825	101
*96.	An den Freiherrn C. W. v. Fritsch 17. October 1825	102
*97.	An Maurice Schlesinger 17. October 1825	103
*98.	An den Großherzog Carl August 18. October 1825	103
*99.	An Henriette Caroline Friederike v. Heygendorf, geb. Jagemann 19. October 1825	104
*100.	An J. F. Blumenbach 20. October 1825	104
*101.	An Georg Sartorius 8. [20.] October 1825	105
*102.	An F. W. Riemer 21. October 1825	106
*103.	An den Großherzog Carl August 22. October 1825?	106
104.	An den Freiherrn C. W. v. Fritsch 22. October 1825	107
*105.	An C. F. Zelter 22. October 1825	108
*106.	An J. C. F. Körner 21. [22.] October 1825	108
*107.	An den Grafen E. Vargas Bedemar 23. October 1825	109
108.	An das kurfürstliche Ministerium der auswärtigen Angelegenheiten in Cassel 1. November 1825	109
109.	An Amalie Theodore Caroline v. Levetzow, geb. v. Brösigke 1. November 1825	110
110.	An den Grafen Carl Friedrich Moritz Paul v. Brühl 3. November 1825	112
111.	An C. F. Zelter 3. November 1825	115
*112.	An C. F. E. Frommann 3. November 1825	116
*113.	An J. Eckell 3. November 1825	117
*114.	An C. W. Zeis 3. November 1825	118
*115.	An den Großherzog Carl August 3. November 1825	119
116.	An Carl Wilhelm Stark 5. November 1825	120
*117.	An Friedrich v. Müller 5. oder 6. November 1825	120
*118.	An den Großherzog Carl August 11. November 1825	121
119.	An Christian Gottfried Daniel Nees v. Esenbeck 13. November 1825	121

Inhalt.

		Seite
*120.	An Carl Ludwig Wilhelm v. Grolmann 14. November 1825	126
*121.	An F. W. Riemer 14. November 1825	127
122.	An C. G. Nees v. Esenbeck 11—16. November 1825	128
123.	An Franz v. Elsholtz 16. November 1825	130
*124.	An den Großherzog Carl August 16. November 1825	133
*125.	An Bernhard Friedrich Voigt 16. November 1825?	133
*126.	An J. H. Meyer 18. November 1825	134
*127.	An J. F. v. Cotta 20. November 1825	134
*128.	An Friedrich v. Müller 25. November 1825	136
129.	An C. F. F. v. Nagler 25. November 1825	136
*130.	An Friedrich v. Müller 26. November 1825	138
*131.	An J. C. F. Körner 26. November 1825	138
*132.	An C. W. Schweitzer 28. November 1825	139
133.	An C. F. Zelter 26.—29. November 1825	140
*134.	An den Großherzog Carl August 30. November 1825	144
*135.	An C. W. Schweitzer Ende November 1825?	146
*136.	An Georg Heinrich Ludwig Nicolovius Ende November 1825	146
*137.	An J. Eckell 1. December 1825	148
*138.	An W. Funke 4. December 1825	148
*139.	An Carl Ernst Adolf v. Hoff 4. December 1825	149
*140.	An Amalie v. Voigt, geb. Hufeland 4. December 1825	150
141.	An Wilhelm Carl Friedrich Succow 6. [7.] December 1825	151
142.	An den Senat der Universität Jena 24. November [7. December] 1825	153
143.	An die theologische Facultät der Universität Jena 24. November [7. December] 1825	155
144.	An die juristische Facultät der Universität Jena 24. November [7. December] 1825	156
145.	An die medicinische Facultät der Universität Jena 24. November [7. December] 1825	158
146.	An die philosophische Facultät der Universität Jena 24. November [7. December] 1825	160
*147.	An J. M. Färber 7. December 1825	161
*148.	An Louise Seidler 7. December 1825	162
149.	An C. G. D. Nees v. Esenbeck 9. December 1825	162

		Seite
150.	An J. C. F. Körner 10. December 1825	163
*151.	An Friedrich v. Müller 10. December 1825	163
152.	An F. v. Elsholtz 11. December 1825	163
*153.	An C. W. Schweitzer 11. December 1825	167
154.	An Johann Friedrich Heinrich Schlosser 12. December 1825	169
*155.	An Friedrich v. Müller 13. December 1825	171
*156.	An den Großherzog Carl August 14. December 1825	171
*157.	An den Großherzog Carl August 14. December 1825	173
158.	An C. D. Rauch 16. December 1825	174
159.	An den Grafen C. L. v. Beust 18. December 1825	176
160.	An C. L. F. Schultz 18. December 1825	178
*161.	An Siegfried Leubizen 19. December 1825	180
*162.	An den Großherzog Carl August 19. December 1825	180
*163.	An J. F. v. Cotta 21. December 1825	181
*164.	An Friedrich v. Müller 21. December 1825	185
165.	An Friedrich Maximilian v. Klinger 22. December 1825?	185
166.	An den Grafen Sergej Semenowitsch v. Uwarow 22. December 1825	186
*167.	An Franz Wörth 22. December 1825?	187
168.	An Felix Ferdinand Heinrich Küstner 24. December 1825	188
169.	An Wilhelm Christoph Leonhard Gerhard 24. December 1825	190
*170.	An den Großherzog Carl August 25. December 1825	191
*171.	An den König Ludwig von Bayern 26. December 1825?	193
*172.	An Leo v. Klenze 26. December 1825?	196
173.	An C. F. v. Reinhard 26. December 1825	197
174.	An den Grafen C. L. v. Beust 28. December 1825	203
175.	An den Stadtrath zu Weimar 26. [29.] December 1825	206
*176.	An Carl Lebrecht Schwabe 26. [29.] December 1825	207
*177.	An Carl August Hoffmann 29. December 1825	208
*178.	An Georg Sartorius 29. December 1825	208
*179.	An den Großherzog Carl August 30. December 1825	211
180.	An C. W. Göttling 29. [31.] December 1825	212
*181.	An C. G. D. Nees v. Esenbeck 31. December 1825	213
182.	An Wolfgang Adolph Gerle 31. December 1825	214

Inhalt.   XI

		Seite
*183.	An Christian Johannes Oldendorp 30. [31.] December 1825	215
184.	An C. F. Zelter 30. [31.] December 1825	216
*185.	An J. H. Meyer [Ende 1825?]	220
186.	An Ludolf Christian Treviranus November — December 1825	221
*187.	An Dominikus Artaria December 1825?	222
*188.	An die Großherzogin Louise 2. Januar 1826	223
*189.	An den Großherzog Carl August 4. Januar 1826	223
*190.	An Carl Christoph Hage 5. Januar 1826	226
*191.	An Friedrich v. Müller 6. Januar 1826	227
192.	An Carl Gustav Carus und Eduard Joseph d'Alton 7. Januar 1826	228
193.	An den Freiherrn C. W. v. Fritsch 7. Januar 1826	230
194.	An F. W. Riemer 7. Januar 1826	232
195.	An Sulpiz Boisserée 8. Januar 1826	232
*196.	An Friedrich v. Müller 9. Januar 1826	239
*197.	An Friedrich v. Müller 11. Januar 1826	239
*198.	An den Freiherrn Heinrich von der Tann 11. Januar 1826	240
199.	An Sulpiz Boisserée 12. Januar 1826	241
*200.	An Julius Elkan 12. Januar 1826	245
201.	An den Senat der freien Stadt Frankfurt 13. Januar 1826	246
*202.	An F. W. Riemer 13. Januar 1826	247
203.	An C. F. Zelter 15. Januar 1826	248
*204.	An Alois Clemens 15. Januar 1826	250
*205.	An Theodor Martius 15. Januar 1826?	251
*206.	An J. H. Meyer 16. Januar 1826	252
207.	An Johann Friedrich Rochlitz 18. Januar 1826	253
208.	An C. W. Göttling 16. [18.] Januar 1826	254
209.	An C. F. Zelter 21. Januar 1826	255
*210.	An den Freiherrn Carl Friedrich Wilhelm v. Gersdorff 21. Januar 1826	258
*211.	An C. F. v. Reinhard 10. [23.] Januar 1826	260
*212.	An Franz Ignaz v. Streber 16. [24.] Januar 1826	262
213.	An Carl Friedrich Naumann 18. [24.] Januar 1826	264
*214.	An J. Elkan 28. Januar 1826	266

		Seite
215.	An J. S. Grüner 27. [29.] Januar 1826	266
216.	An Carl Franz Anton v. Schreibers 29. Januar 1826	269
217.	An den Freiherrn C. W. v. Fritsch 29. Januar 1826	272
*218.	An die Großherzogin Louise 30. Januar 1826	273
219.	An Sulpiz Boisserée 30. Januar 1826	273
*220.	An Friedrich v. Müller 30. Januar 1826	273
*221.	An den Großherzog Carl August 31. Januar 1826	274
222.	An die Gräfin Caroline v. Egloffstein 31. Januar 1826	277
*223.	An L. W. Cramer Januar 1826?	278
224.	An Carl Cäsar v. Leonhard 3. Februar 1826	279
*225.	An J. F. v. Cotta 3. Februar 1826	282
226.	An Sulpiz Boisserée 3. Februar 1826	283
227.	An Christian Moritz Engelhardt 3. Februar 1826	284
*228.	An J. A. G. Weigel 4. Februar 1826	287
229.	An Sulpiz Boisserée 5. Februar 1826	287
230.	An Sulpiz Boisserée 6. Februar 1826	289
*231.	An den Großherzog Carl August 7. Februar 1826	291
232.	An C. F. v. Reinhard 7. Februar 1826	293
*233.	An F. W. Riemer 9. Februar 1826	294
234.	An F. W. Riemer 13. Februar 1826	295
235.	An C. F. F. v. Nagler 16. Februar 1826	295
236.	An den Grafen C. L. v. Beust 15. Februar 1826	296
*237.	An J. G. Lenz 18. Februar 1826	298
238.	An den Grafen C. L. v. Beust 20. Februar 1826	299
239.	An C. F. Zelter 20. Februar 1826	300
*240.	An Johann Christian Bläser 20. Februar 1826	301
241.	An C. F. A. v. Conta 22. Februar 1826	301
*242.	An Carl Iken 23. Februar 1826	302
243.	An Johannes Müller 23. Februar 1826	304
244.	An Johann Christian Stark 23. Februar 1826	306
*245.	An den Großherzog Carl August 24. Februar 1826	308
246.	An C. C. v. Leonhard 25. [28.] Februar 1826	309
*247.	An Friedrich v. Müller 2. März 1826	311
248.	An C. W. Göttling 4. März 1826	311
*249.	An Friedrich v. Müller 5. März 1826	312
250.	An Sulpiz Boisserée 6. März 1826	313
251.	An H. C. F. v. Heygendorf, geb. Jagemann 6. März 1826	315

Inhalt. XIII

Seite
*252. An den Großherzog Carl August 13. März 1826 . 316
253. An C. F. F. v. Nagler 15. März 1826 316
254. An den König Friedrich Wilhelm III von Preußen
15. März 1826 319
255. An C. F. F. v. Nagler 15. März 1826 320
*256. An den Grafen Christian Günther v. Bernstorff
15. März 1826 322
*257. An Friedrich v. Schuckmann 15. März 1826 . . . 324
*258. An C. E. F. Weller 15. März 1826 325
259. An C. F. Zelter 18. März 1826 325
260. An C. W. Göttling 18. März 1826 326
261. An Johann Evangelista Purkinje 18. März 1826 . 327
*262. An den Großherzog Carl August 19. März 1826 . 328
263. An Sulpiz Boisserée 20. März 1826. 329
264. An Friedrich v. Müller 22. März 1826 331
*265. An den Grafen David v. Alopeus 15. [25.] März 1826 331
266. An Gottfried Bernhard Loos 23. März 1826. . . 333
*267. An J. H. Meyer 27. März 1826 334
268. An C. G. D. Nees v. Esenbeck 24. [27.] März 1826 . 335
*269. An Christian Gottlob Frege und Comp. 28. März
1826 337
*270. An Alfred Nicolovius 28. März 1826 338
271. An Johann Heinrich Daniel Zschokke 31. März 1826 340

Lesarten 343
*An Christian Daniel Rauch 29. August 1825 . . . 356
*An den Großherzog Carl August 3. September 1825 360
An Josef Max, die Brüder Friedrich und Heinrich
Brockhaus und Georg Reimer 18. September 1825 369
*An J. F. v. Cotta 16.—20. September 1825 . . . 371
*An J. A. G. Weigel 20. September 1825 374
*An Arsenne Thiébaut de Berneaud 18. October 1825? 388
*An Peter v. Piquot 22. October 1825 390
*An den Grafen v. Beroldingen 27. [30.] October 1825 391
*An das Bureau des Correspondenzblattes für Kauf-
leute zu Gotha 27. [30.] October 1825 . . . 392
*An C. F. F. v. Nagler 13. November 1825 . . . 396

Inhalt.

	Seite
*An Wilhelm Justus Eberhard v. Schmidt-Phiseldeck November 1825?	399
*An den Freiherrn Jacob Friedrich v. Leonhardi November 1825?	400
*An Friedrich Heinrich Wilhelm Körte 2. December 1825	407
An C. G. D. Nees v. Esenbeck December 1825?	412
*An Heinrich Franz Brandt December 1825	414
An Christian Daniel Rauch und Heinrich Franz Brandt 20. December 1825	420
An Johann Wolfgang Döbereiner 26. December 1825	427
*An Johann Christian Friedrich Körner 26. December 1825	428
*An Simon Moritz v. Bethmann Anfang 1826?	435
*An den Großherzog Carl August 2. Februar 1826	453
Tagebuchnotizen	476

1.

An den Großherzog Carl August.

Ew. Königlichen Hoheit
an so schönen Abenden, deren wir jetzt genießen, einmal aufzuwarten wäre mein höchster Wunsch, welchem leider meine immer zunehmende Immobilität entgegen tritt. Gestern Abend war ich jedoch in Belvedere wo ich die angenehmsten Gewächse des gegenwärtigen Augenblicks in der Wirklichkeit und gar manches höchst bedeutende vergangener Tage im Bilde sah. Die große Trockenheit, mir freylich sehr willkommen, läßt das Pflanzenreich überhaupt trauriger aussehen als billig, die gepflegten und begossenen Gewächse dagegen stehen frisch und munter.

2) Daniells Werk war mir sehr willkommen; seine Worte gleich vorne in der Vorrede „die Wissenschaft der Witterungslehre ist von solcher Ausdehnung daß man ihre Phänomene wahrscheinlich am besten in abgesonderten Theilen oder sogenannten Monographien studirt", ist ganz nach meiner Überzeugung geschrieben; wie ich mir denn die barometrischen Erscheinungen ganz allein empfohlen seyn lasse; erwartend und hoffend daß andere, wie hier Daniell, die übrigen Capitel eben

so behandeln werden. Er hat seine Aufmerksamkeit den Dünsten und Gasarten der Atmosphäre gewidmet. Ich werde ihm in Ew. Königlichen Hoheit Namen einige freundliche Worte sagen, wenn ich erst von Döbereinern vernommen habe was er über das Instrument denkt. Hört der Erfinder und Verfasser daß es entzwey gegangen, so sendet er wahrscheinlich ein anderes nach, das er nicht so compendios aber sicherer packen wird.

Sollten Höchst Dieselben Gelegenheit finden die Witterungsbeobachtungen von Antwerpen für das vergangene halbe Jahr zu erhalten, so würde dieß gerade jetzt von vorzüglicher Bedeutung seyn.

3) Rees v. Esenbeck sendet den neuen Band der Verhandlungen der Leopoldinischen Gesellschaft. Sie machen auf dieses Werk einen unglaublichen Aufwand, und die ihnen vom Gouvernement gegönnte Unterstützung muß sehr groß seyn wenn sie in dieser Art fortfahren wollen, denn es ist kaum denkbar daß der Absatz verhältnißmäßig seyn könne. Indessen muß man gestehen daß das Werk von großem Werthe ist und bleibt.

4) Die Sendung einiger Mineralien des Thüringer Waldes, durch Hofrath Soret, hat mich sehr angenehm an jene Zeiten erinnert wo ich noch selbst in jenen Gegenden wißbegierig umherkletterte und klopfte. Diese Musterstücke wieder frischgeschlagen vor mir zu sehen belebte gar mannichfaltige Erinnerung.

Wie ich denn für dießmal einem starken Gewitter für diesen Abend entgegen sehe und die Erquickung des ganzen organischen Pflanzenreiches hoffe, meinem höchsten Fürstenpaare zu ferneren Hulden und Gnaden angelegentlichst empfehlend das Glück empfinde mich unterzeichnen zu dürfen.

unterthänigst

Weimar den 3. August 1825.   J. W. v. Goethe.

2.
An Carl Friedrich Zelter.

Hier folgen die Original=Briefe bis 1812 incl., an den nächstfolgenden wird abgeschrieben; die ferneren erbitte mir, damit der Codex vollendet werde; es gibt ein paar starke Bände, wundersamen Inhalts.

Ähnliche Betrachtungen wie man sich in der Welt abmüdet gibt mir die Recapitulation, Revision, Re=stauration dessen was von mir auf dem Papiere übrig bleibt; es ist viel und wenig und muß sich denn frey=lich erst wieder in wackern, fähigen Geistern aufbauen wenn es nach etwas aussehen soll. Die zwey neuen Bände kleine Gedichte, in welchen du kaum etwas Neues finden wirst, habe ich mehrmals umgeordnet um sie auf eine anmuthige Weise an einander zu gesellen. Sie sind in widersprechenden Zuständen hervorgetreten, in einem allgemeinen Rahmen nun friedlich zusammen zu erscheinen.

Die Stuttgarter haben mir diesen Monat her ein besonderes Vergnügen bereitet; in ihrem Kunstblatt war vor länger als einem Jahr das neugriechische Gedicht Charon als Gegenstand eines Bildwerkes, mit Preiszusicherung aufgegeben; sechs Zeichnungen wurden mir eingesendet und die Weimarischen Kunstfreunde sahen sich um zwanzig Jahre verjüngt; denn unsere letzte Ausstellung war 1805 gewesen. Nun war an fünf Blättern Ernst und guter Wille nicht zu verkennen, wenn ihnen auch das Zulängliche durchaus abging; das sechste jedoch setzte gleich bey'm ersten Anblick in Erstaunen und man hört noch nicht auf es zu bewundern ob man es gleich auswendig kann. Nun wird es, erst in verkleinertem Umriß, dann mäßig groß, in Steindruck erscheinen und auch in solchen Nachbildungen wird dessen hohes Verdienst dem reinen Blicke kenntlich seyn. Dergleichen war weder überhaupt, noch besonders von unserer Zeit nicht zu erwarten. Der Künstler heißt Leybold, lebt in Stuttgart und gewinnt, mit allen übrigen Malern, sein Leben mit Portraitiren.

Du wirst mir diese Freude gönnen, wie ich herzlich Theil nehme daß das Königstädtische Theater so gut gelungen ist; ein Gleiches hoffe von deinem Musiksaale, von welchem ich die beste Nachricht wünsche. Soviel möge denn für dießmal genug seyn! Erfreue mich bald wieder mit einigen guten Gedanken.

unwandelbar

Weimar d. 5. Aug. 1825.   G.

Die unerwartete Ankunft unseres Schulze hat mich gestern wircklich erschreckt; kannst und magst du mir auf einem gleich zu verbrennenden Blättchen hierüber einige Auskunft geben, so wirst du mich zwar nicht beruhigen, aber doch aufklären. Diese Wanderschaft däuchte mich sehr untröstlich.

Beharrlich in Thun und Dulden

der Deine

W. d. 5. Aug. 1825. G.

3.
An Johann Friedrich v. Cotta.
[Concept.]

Ew. Hochwohlgeboren

haben uns in der letzten Zeit durch die Sendung höchst interessanter Zeichnungen soviel Vergnügen und mit Einheimischen und Fremden so viel Unterhaltung gewährt daß es mir doppelt schmerzlich war dabey zu denken daß ich Ihnen auf eine so wichtige Zuschrift eine gebührende Antwort schuldig geblieben.

In Ihrem letzten verehrlichen Schreiben treffen Sie jedoch den rechten Punct, zu solchen Angelegenheiten bedarf es eines Vermittlers, und wenn wir jenen unschätzbaren Freund im vielfachsten Sinne schon viele Jahre vermissen, so haben wir von Glück zu sagen daß uns beiderseits zu so einem trefflichen jüngeren Manne ein reines, trauliches Verhältniß gegeben ist.

Mit Ew. Hochwohlgeboren Zustimmung geschieht
es daher gewiß wenn ich in wenigen Tagen, wie schon
früher geschehen, diesem geprüften Freunde von der
Lage der Sache wie sie sich bisher gebildet hat und
von meinem eigenen Bezug zu diesem Geschäft genaue
Kenntniß gebe und so die für beide Theile höchst
wichtige Angelegenheit einem erwünschten Abschluß
näher zu führen hoffe. Möge mir gelingen alle
Stockung zu beseitigen und ein früheres Zusammen=
wircken in seiner ganzen Klarheit wieder herzustellen.
Weimar den 5. August 1825.

4.

An Johann Carl Ludwig Schorn.

Ew. Wohlgeboren
Gegenwärtiges zu übersenden ergreife die Gelegen=
heit eines an Herrn v. Cotta nach dessen glücklicher
Rückkehr zu erlassenden Schreibens. Zuvörderst ver=
melde daß am 31. vorigen Monats mit dem Post=
wagen das Gutachten der Weimarischen Freunde über
die eingesendeten Concurrenzstücke, auf einer Rolle ab=
gegangen, dem ich einen freundlichen Empfang zu
wünschen habe. Die Kiste selbst ist gepackt und em=
ballirt, sie wird über Jena und Nürnberg nächstens
abgehn.

Zu der bey mir gebliebenen Copie hab ich mir
allerdings Glück zu wünschen, denn schon gab sie

Gelegenheit zu den angenehmsten Unterhaltungen mit
Durchreisenden.

Dürfte ich Sie nunmehr ersuchen mir die Lebens=
und Bildungsgeschichte Herrn Leybolds, eines so werthen
und tüchtigen Künstlers, baldigst zu übersenden, auch
mir von seinen sonstigen Arbeiten, nicht weniger von
dessen Behandlungsweise der Porträte und was Sie
sonst mögen um den Begriff den ich mir von ihm
wünsche aufzuklären sich eignet gefälligst überschreiben.

In Hoffnung und Erwartung fernerer geneigter
Communication.

ergebenst

Weimar den 5. August 1825.   J.W.v.Goethe.

5.

An Johann Georg Lenz.

Ew. Wohlgeboren

ersuche mir gefällig das Datum zu melden, wann
Herr Graf Vedemar in unsere Societät aufgenommen
worden; ingleichen wann er die Präsidenten=Stelle
erhalten. Mögen Sie mir bey dieser Gelegenheit Nach=
richt geben was Neues angekommen und was sich bey
der Gesellschaft Gutes und Angenehmes ereignet habe,
so werden Sie mich wie immer auch dießmal erfreuen.

Das Beste wünschend.

ergebenst

Weimar den 6. August 1825.   J.W.v.Goethe.

6.
An C. F. Zelter.

[Concept.]

Du bist, soviel ich weiß, dem Königstädter Theater förderlich; nun les ich in der Zeitung: es habe ein Frauenzimmerchen, geschickt und belobt in Knaben=Rollen, vor kurzer Zeit engagirt.

Unter meinen Papierlasten aber liegt der Schutz=geist von Kotzebue, an dessen Redaction, Bearbeitung, Umarbeitung pp ich mehr als billig gewendet, so daß es ein schickliches und angenehmes Stück geworden ist. Mit weniger Decoration, ein Bischen Musik und sonstigen Theateranmuthigkeiten muß es gefallen, wenn das Kind gefällt zu dessen Bravour es geschrieben ist. Dieses will ich wohl mittheilen, und verlange vorerst weiter nichts dafür. Wird es mit Glück gegeben so bedinge mir ein Frühstücks=Service, meiner Schwieger=tochter zu verehren, das die Direction alsdann nach Verhältniß zu schätzen die Freyheit hat. Das Manu=script kann sogleich schicken, denn eine Abschrift liegt von alten Zeiten her bereit.

Ich dächte schon die barocke Inschrift

Der Schutzgeist

ein Schauspiel

von Goethe nach Kotzebue

müßte ein großes Publicum anlocken, wie ein anderes Wunderthier auch.

Und hiemit allen guten Geistern befohlen.
Weimar den 7. August 1825.

7.
An Johann Michael Färber.

[Concept.]

Sie erhalten, mein guter Färber, hierdurch ein Schreiben an den Handelsmann Herrn Carl, mit dem höflichen Ersuchen daß derselbe das emballirte Kistchen nach Stuttgart spedire, ein Frachtbrief liegt bey. Wollten Sie die Sache mit ihm durchsprechen und wenn irgend ein Bedenken einträte mir davon Nachricht zukommen lassen, so geschieht mir ein besonderer Gefalle weil an der Kiste viel gelegen ist.

W. den 10. August 1825.

8.
An Friedrich Carl.

[Concept.]

In der Verwahrung des Museumsschreiber Färber befindet sich eine emballirte Kiste signirt I. G. C. B., der Cottaischen Buchhandlung in Stuttgart gehörig, welche Ew. Hochedelgeboren dorthin zu spediren höflichst ersuche.

Es liegt ein Frachtbrief hiebey, mit doppelter Declaration des Inhalts, die eine datirt Stuttgart den 7. May, bey dem Ausgang dieses emballirten Kistchens, die andere unterzeichnet Weimar August, beides 1825.

Nöthig sind diese beiden Declarationen damit die Rücksendung frey einpassire.

Sollte noch etwas zu bemerken seyn, so bitte mir solches anzuzeigen, wie ich denn Ew. Hochedelgeboren Sorgfalt die Wahl eines sichern Fuhrmanns und die Bestimmung der Fracht völlig überlasse.

Zugleich vermelde daß in einiger Zeit ein Kästchen mit zerbrechlicher Waare von Nürnberg bey Denenselben für mich einlangen wird.

Weimar den 10. August 1825.

9.
An Johann Sulpiz Melchior Dominicus Boisserée.

Es ist schwer, ja fast unmöglich, in persönlicher Gegenwart mündlich, geschweige abwesend und schriftlich einen Zustand darzustellen wobey ethische, ökonomische, mercantilische Bezüge, frühere, spätere, verschwundene, fortdauernde Verhältnisse sich mannichfaltig verknüpfen, ich habe es in Beykommendem versucht, machen Sie sich das Gesagte freundlich zu eigen.

In meinen hohen Jahren allen, aus dem fraglichen Geschäft entspringenden Vortheil meiner Familie überlassend finde ich billig daß sie auch Sorge und Bemühung übernehme, die damit nothwendig verknüpft sind. Diese vorliegende Masse literarischer Productionen verehrte ich meinem Sohn als Capital, kein Wunder daß er das Resultat meines Lebens höher schätzt als ich von jeher auf meine Productionen gehalten habe.

Die Theilnahme der Nation, die des Auslandes daran ist auffallend und, bey dem vorwärts bewegten Gang der Cultur, so leicht kein Rückschritt denkbar.

Meine Pflicht und tägliches Bestreben ist daher meinen Austritt aus diesen Zeitlichkeiten meinen An= gehörigen und Freunden so wenig als möglich fühl= bar werden zu lassen, weshalb ich nur thun möchte was niemand thun kann, alles übrige den jüngeren Thätigen, naturgemäß länger dauernden sorgfältig zu übergeben, das Innere zu besorgen und in alles Äußere dieselben sorgfältig einzuweihen.

Jede Annäherung des Herrn v. Cotta zu meinem Sohn, jede abschließliche Verbindung mit demselben würde mir von höchstem Werthe seyn wenn ich noch selbst Amen dazu sagen könnte.

Lassen Sie sich dieses mein Vorvalet gefallen! Warum sollte man sich das Unvermeidliche verläugnen. Gelinge Ihnen alles nach Wunsch.

treulichst

Weimar d. 19 [13.] August 1825. Goethe.

[Beilage.]

Geneigtest zu gedenken.

Als im Jahre 1823 der frühere Contract wegen meiner Werke mit Herrn v. Cotta zu Ende gegangen war, bot ich demselben eine neue vollständige Aus= gabe ungesäumt an, brachte auch die Angelegenheit in der Folge abermals zur Sprache; da sie jedoch nicht zu fördern schien, so blieb mir nichts übrig, als, sowohl selbst, nicht weniger von Freunden geholfen, meinen Arbeiten immer mehr Vollständigkeit und Zusammenhang zu geben, auch von meinem Leben und Wirken mehr aufzuzeichnen als bisher geschehen.

Um nun hierin freyeren Geistes zu walten, übergab ich alle technische, ökonomische und mercantilische Behandlung meinem Sohne. Dieser, ich will es gestehen, mehr als ich durch die Zögerung, besonders auch durch den fortgesetzten Wiener Nachdruck getroffen, berieth sich mit Geschäftsfreunden und ward von bedeutenden wohlwollenden Männern zu dem Schritte an den Bundestag aufgemuntert, der im Allgemeinen sogleich Beyfall und Zustimmung fand, und nun im Einzelnen gar wünschenswerth begünstigt, zunächst vollständige Befriedigung verspricht.

Durch jene öffentliche unbewundene Zustimmung des Bundestages also schien diese Angelegenheit national zu werden und in der Buchhändler-Welt regte sich gar mancher, der sich zu einer solchen Unternehmung Kräfte genug zutraute. Meinem Sohne wurden daher mehrfältige Anträge gethan, Vorschläge zum Selbstverlag, Societäts-Contracte, Übereinkunft auf einen Antheil von jedem abzusetzenden Exemplar und manche andere dem Gesagten mehr oder weniger sich annähernde Propositionen.

Um aber getreulich auf die eigentliche Lage zu kommen, so sind fünfzigtausend Thaler sächsisch geboten mit Erklärung, daß bey ernstlichem Abschluß noch eine Zulage stattfinden solle, und so wäre denn mit Herrn v. Cottas Übergebot zwischen sechzig= und siebenzigtausend Thalern sächsisch der gegenwärtige Stand.

Mein Sohn jedoch und seine Rathgeber glauben den Preis der zu überlassenden Ausgabe von vierzig Bänden auf zwölf Jahre auf wenigstens hundert= tausend Thaler sächsisch schätzen zu dürfen und zwar dergestalt daß ein bedeutender Theil der Summe in den ersten Jahren nach Maaßgabe des abgelieferten Manuscripts gezahlt, das übrige aber auf die folgenden Jahre vertheilt werde, so daß die Familie an dem fortdauernden Gewinn gleichfalls einigen Antheil hätte.

Was das Künftige anbetrifft so würden, nach verflossenen neun Jahren, beide Theile zusammentreten und nach Überzeugung den Contract verlängern, wo= durch gar manchem unangenehmen Verhältniß vor= gebeugt würde.

Hier wünschte nun daß Herr v. Cotta, der vor allen Übersicht und Kräfte zu solcher Unternehmung besitzt, einträte, seine Meinung eröffnete und solchem Schwanken ein Ende machte, das mir in meinen hohen Jahren besonders peinlich ist. Denn ich darf ver= sichern daß ich immerfort gewünscht habe das alte Verhältniß fortdauern, jeden dazwischen getretenen hindernden Aufschub entfernt und den Abschluß noch bey meinem Leben herbeigeführt zu sehen.

Sie sind selbst an große Geschäfte umsichtig gewohnt und werden desto eher die Lage beider Theile durchdringen und zu vollständiger Einigung das Beste beytragen können.

vertrauend

Weimar d. 19 [13.] Aug. 1825. Goethe.

——

Beykommendes, meinem Sohne dictirt, begleite noch mit wenigen Worten, um auszusprechen: daß mir gerade in diesem Augenblick vollkommen gegenwärtig sey wie Ihre freundschaftliche Gesinnung vor Jahren ein zartes bedeutendes Monument beabsichtigte, welches nachher durch architectonische Weitläufigkeiten vereitelt wurde; so wie denn auch das projectirte Marmorbild zu stocken scheint. Lassen Sie uns das als Versuche betrachten in welchen der gute Wille gewogener Landsleute sich auszusprechen den Anlaß nahm! greifen wir mit Ernst und Einigung zu gegenwärtiger Gelegenheit: die schon angeregte Nation dahin zu bestimmen daß sie eine Unternehmung begünstige, die, aus meinen eignen Materialien, mir ein bleibendes Denckmal, wohlmeynend, zu errichten die Absicht hegt.

und so fort an!

Weimar d. 19 [13.] August 1825. Goethe.

10.

An Christian Heinrich Ramann.

Weimar, den 13. August 1825.

Ew. Wohlgeboren

ersuche mir baldigst folgende Weine anher zu senden, als

¼ Eimer Roussillon (zu Bischoff)

⅛ „ Franzwein (zu Cardinal)

¼ „ von dem letzten Petit Burgunder.

Da die beiden ersten Sorten nur zu Bischoff und Cardinal verwendet werden sollen, so bitte bey dem Preis darauf Rücksicht zu nehmen.

Mich bestens empfehlend

J. W. v. Goethe.

11.

An Johann Nepomuk Hummel.

[Concept.]

Ew. Wohlgeboren

verfehle nicht anzuzeigen daß in der dritten Strophe des Schlußgesanges folgende Veränderung zu bemerken wäre:

So äußeres Gebäude
Verkündet innre Freude;
Der Schule Raum erheitert
Zu lichtem Saal erweitert;
Die Kinder scheuen
Nicht Moder noch Zwang.

In Hoffnung bald an Ihren gelungenen Compositionen Antheil zu nehmen empfehl ich mich zum besten.

Weimar den 14. August 1825.

12.
An Heinrich Carl Friedrich Peucer.

Ew. Wohlgeboren
danke zum allerbesten für die vorläufig gegebene Nachricht des glücklichen Resultates gefälliger Bemühungen in Paris.

Sobald ich mich von einem, zwar nicht schweren aber doch unbequemen katarrhalischen Übel erhole, so wird es mir das größte Vergnügen seyn persönlich zu danken und von einem so interessanten und wohlgenutzten Aufenthalt das Weitere zu vernehmen.

ergebenst

Weimar den 14. August 1825.   J. W. v. Goethe.

13.
An den Freiherrn Carl Wilhelm v. Fritsch.
[Concept.]

Ew. Excellenz
nehme Beykommendes vorzulegen mir die Freyheit mit wiederholter Bitte, wo es möglich und schicklich, die gefällige Einleitung zu treffen daß unser gnädigster Herr bey Gelegenheit der Jubiläumsfeyer, wo so

manche Gnade wohl ausgespendet wird, dem Herrn
Grafen Vargas Bedemar zu Copenhagen den Haus=
orden gnädigst verleihen möge. Ich bin überzeugt
daß derselbe den Rittergrad dankbarlichst empfinge;
sollte jedoch das Comthurkreuz für ihn zu erhalten
seyn so würde sein Bezug zu uns noch thätiger und
eingreisender werden.

Darf ich zugleich bey dieser Gelegenheit die beiden
bey der jenaischen Bibliothek angestellten Männer, den
Bibliothekar Dr. Güldenapfel und Dr. Weller den
Assistenten, nochmals zu einiger Auszeichnung em=
pfehlen, so würden diese Männer, welche gegenwärtig
nicht also gleich ökonomisch zu verbessern seyn möchten,
für ihre nun bald acht Jahre ununterbrochen fort=
dauernde, mit glücklichem Erfolg gekrönte Bemühung,
ein höchstes Anerkennen mit freudiger Dankbarkeit zu
entschiedenster Aufmunterung gewahr werden.

Darf ich zum Schluß noch des Bibliotheks=Secre=
tär Kräuter gedenken? Vielleicht haben Serenissimus
ihm schon einige Aufmerksamkeit gegönnt.

Seit anderthalbjähriger Krankheit des Biblio=
thekars versieht er das Technische mit viel Einsicht
und Thätigkeit, und nicht etwa nur das laufende
Geschäft, sondern die vielen eingetretenen Erneuerungen:
die Einrichtung der untern Thurmhälfte, den Trans=
port der Bücher dahin, die Location derselben, die
umsichtige Ausfüllung der dadurch in der Haupt=
bibliothek entstandenen Lücke, die Besorgung eines zur

gesellschaftlichen Benutzung neuer Werke eingerichteten
Zimmers, die Übergabe der Zeichnungen und Kupfer
in das Museum des Jägerhauses und gar manche an
solche Veränderungen geknüpfte Obliegenheiten hat er
die Zeit her übernommen und bis jetzt durchgeführt.
Und würde freylich denselben eine unverhoffte gnädigste
Auszeichnung höchlich erfreuen.

Indem ich nun Vorstehendes Ew. Excellenz ge=
fälliger Einwirkung hiermit anheim gebe, kann ich
nicht unterlassen uns allen zu der so feyerlich heran=
nahenden Epoche von Herzen Glück zu wünschen, auch
zugleich mich und die Meinigen, sowie den kleinen aber
angenehmen Geschäftskreis, in welchem einiges Gute
zu fördern mir noch erlaubt ist, Ew. Excellenz fort=
dauernder Geneigtheit und Antheil bestens zu em=
pfehlen.

W. d. 17. Aug. 1825.

[Beilage.]

Herr Graf Edward Vargas=Bedemar ist in Kiel
im Jahr 1770 geboren, seine Familie von spanischer
Abkunft ist ein Nebenzweig der nun in Neapel an=
säßigen herzoglichen Familie Vargas, er ist Ritter des
Maltheser Ordens seit 1795, diente in der neapoli-
tanischen Artillerie bis 1806 und kam nach Dänemark
1809 zurück. Seine Kenntnisse der Geognosie und
Oryktognosie wurden erprobt und er als Aufseher des
Kabinetts des Kronprinzen angestellt. Im Jahre

1813 ernannte ihn der König zu seinem Kammerherrn; während gemeldeter Zeit ward er von der Regierung mit mehreren Commissionen, besonders in Rücksicht der norwegischen Berg= und Hüttenwerke beehrt.

Bey dieser Gelegenheit und auch sonst auf eigenen Antrieb machte er mehrere Reisen, zu den Inseln des Nordens, seine geognostischen Kenntnisse zu vermehren, und als er nun im Jahr 1817 seine Schrift über die vulkanischen Producte auf Island der großherzog= lichen mineralogischen Gesellschaft eingeschickt hatte, erhielt er das Diplom als Ehrenmitglied. Von seinen Reisen sowohl, als von allem was durch sonstige nordische Connexionen ihm Bedeutendes zukam, ließ er das jenaische Museum Theil nehmen und die ein= gesendeten Exemplare sind noch jetzt die Bewunderung der beschauenden Kenner.

Hiegegen dankbar und den Wunsch hegend daß er den Einfluß der mineralogischen Gesellschaft verbreiten möge, ertheilte man ihm nach dem Ableben des Ober= Berghauptmann von Trebra den Charakter eines Vicepräsidenten der Gesellschaft und Ihro Königliche Hoheit beehrten ihn mit der goldnen Medaille.

Nun hat er seit der Zeit seine Sorgfalt für das jenaische Museum immerfort walten lassen, wovon die mannichfaltigen bezeichnenden Inschriften an Ort und Stelle und die verschiedenen Capitel der Catalogen das beste Zeugniß geben.

Daß er aber auch in den nördlichen Gegenden

immerfort eines guten Ansehns genießt und besonders
als wissenschaftlicher Geognost geschätzt wird, davon
zeugt am besten daß die Darstellungen aus dem
Felsgebäude Rußlands, erste Lieferung bezüglich
auf Finnland, ihm zugleich mit Ludwig von Buch
und Ludwig Hausmann von einem bedeutenden Geo=
logen Moritz von Engelhardt gewidmet sind.

Möge Vorstehendes hinreichend seyn den bescheiden
geäußerten Wunsch zu begünstigen.

Weimar den 17. August 1825.

14.
An Carl Ludwig v. Knebel.

Wäre der junge Mann, theurer verehrter Freund,
dessen du dich annimmst, der Sohn eines Mahlers,
hätte er von Jugend auf gekritzelt und gezeichnet, an=
gestrichen und gepinselt, gesudelt und gemahlt; so
wär er freylich jetzt auf einem Flecke, wo man ihm
forthelfen könnte und sollte. Nun aber, bey aller
nicht zu läugnenden Fähigkeit, würden Jahre hin=
gehen, bis er ein verkäufliches Bild hervorbrächte,
und wo sind zuletzt die reichen Liebhaber, die einen
schon gebildeten Künstler gehörig unterstützten?

Ich kann in meinem Kreise nichts für ihn thun,
indem ich, bey sehr eingeschränkten Mitteln, die schon
vorhandenen, hier gezogenen, geschickten Menschen
einigermaßen fördern muß; wenn ich es aber auch

könnte, so würde ich ihm durchaus abrathen, da ihm
auf seinem Lebensgange eine Versorgung angeboten
ist; ja ich muß dich inständig bitten ihn nicht irre
zu machen. Unter unsern Schülern sind junge Leute,
die es in der Kunst sehr weit gebracht haben und die
deswegen doch auf ihrer bürgerlichen Geschäftsbahn
fortgehen.

Möge der junge Mann sein Amt treulich ver=
walten und daneben seine Pfarre mit hübschen Bildern
schmücken, wie ein anderer ein angenehmes Gedicht
macht, indem er als Geistlicher eine würdige Stelle
einnimmt und vielfachen Nutzen bringt.

Wir wollen sein Gemählde nächstens mit aus=
stellen; er komme hierher und beurtheile sich selbst;
ist er sodann in seine Pfarre eingerichtet, so kann
man ihm mit guten Mustern zur Hülfe kommen und
er ungestört Fortschritte machen, die seinen Geist er=
heben, indem sie seinen Geschmack reinigen. Es muß
nicht gleich alles zum Handwerk werden, was unserm
Daseyn zur Zierde gereichen kann.

Besseres wüßte ich nichts zu sagen, da ich die
Zustände im Einzelnen durchschaue und nichts trauriger
kenne als einen ausgebildeten Künstler, der keine Be=
stellungen hat und für seine fertigen Bilder keine
Abnehmer findet.

Nimm dieses wenige Wohlgemeinte freundlich auf,
ich spreche aus Sinnes= und Herzensgrunde; aufrichtig
währt am längsten und wirkt am sichersten. Mögest

du froh dich wohl befinden; ich habe mich über meine Zustände nicht zu beklagen; nur das ist mir peinlich, daß ich dich und so manches was mich in Jena interessirt, nicht von Zeit zu Zeit heimsuchen kann.

treu theilnehmend

Weimar den 19. August 1825. Goethe.

15.
An den Großherzog Carl August.

[Concept.] [19. August 1825.]

Ew. Königlichen Hoheit
nächstens persönlich aufzuwarten hoffend bitte um die Erlaubniß noch ein schriftliches Lebenszeichen zu übersenden. Vor allen Dingen darf ich meine Freude aussprechen über den so wohl und vergnügt zugebrachten Sommeraufenthalt in Wilhelmsthal, dessen schöne Tage durch den Eintritt eines theuren Enkels in den hohen Familienkreis so entschieden verherrlicht worden.

Sodann erwähne verschiedener zwar kleinen, aber doch einiges Interesse mit sich führenden Vorkommenheiten und Geschäfte.

Das eben so sorgfältig geschriebene als trefflich eingebundene Werk des Engländers Daniell hat mir gar manche angenehme Belehrung gegeben, ich werde ihm deshalb in Höchst Ihro Namen einiges Verbindliche schreiben können, sobald ich einigermaßen diese

Gegenstände ernstlich vor mir aufrufen darf; in der letzten Zeit wollten meine Facultäten sich nicht durch=
aus dem Willen gehorsam erweisen.

Ich setze voraus daß Daniell derselbige ist welchen wir mit General Congreve hier gesehen haben.

Daß aber das Instrument zerbrochen melde ihm nicht, weil er dadurch veranlaßt werden könnte ein neues zu senden. Hofrath Döbereiner, dem ich es übergeben, versichert solches durch den Ilmenauer Glas=
bläser, welcher nächstens erwartet wird, gehörig wieder herstellen zu lassen.

Nachdem Präsident v. Motz mir Höchst Ihro Ab=
sichten wegen Sieglitz eröffnet, habe ich sogleich die Einrichtung getroffen daß Schrön und er sämmtliche Instrumente der Sternwarte zusammen durchgehen und Bericht erstatten was daran etwa zu thun sey? Hiedurch ist denn eine gemeinsame Beschäftigung dieser beiden jungen und tüchtigen Männer eingeleitet, worauf man ein weiteres gutes und thätiges Verhältniß, durch successive Veranlassung, befestigen kann.

Hiezu ist überhaupt die beste Aussicht, da Sieglitz früher bey Schrön Mathematik gehört hat und zunächst, wie in der Folge, den Beystand eines Mathematikers nicht wohl entbehren kann.

Wohin ich die mit beyliegendem Schreiben ein=
gegangene Partitur abzugeben habe werden Höchst Dieselben mir anzudeuten geruhen.

16.
An den Grafen Carl Leopold v. Beust.

Ew. Excellenz
haben, in meiner sachte fortrückenden Angelegenheit, gar manches zurecht zu legen und zu verzeihen; Ihre Gefälligkeit kann nicht abnehmen, möge aber auch Ihre Geduld nicht ermüden.

Durch eine Verwechselung sind in dem letzten Directorium die drey Schreiben, welche dem Copisten übergeben waren, anstatt den drey wirklich übersendeten notirt worden; erstere liegen nunmehro fertig bey mir, allein ich zaudere sie abzusenden; denn sollte man fürchten mit der Titulatur anzustoßen und der Hypersuperlativ unerläßlich seyn, so würde mir jene Schreiben zurück erbitten um sie abzuändern, auch zugleich die Copien für die resp. Herren Gesandten beyzulegen.

Von Dresden ist indeß angebogener Interimsschein eingegangen, und es fragt sich daher, wenn das Schreiben an Ihro Königliche Majestät von Sachsen noch nicht abgegeben wäre, ob solches nunmehr nöthig sey?

Jedoch da alles dieses schicklicher Weise den bedächtigen Schritt der hohen Bundes-Versammlung halten darf, so hoffe hierüber, Ew. Excellenz persönlich verehrend, das Weitere zu sprechen und zu vernehmen.

Wenn ich übrigens um Verzeihung bitte daß Gegenwärtiges einigermaßen retardirt worden, so darf ich wohl zu meiner Entschuldigung anführen: daß die nächste uns so erwünschte Feyer auch mich von manchen
5 Seiten in Anspruch nimmt und zu angenehmen Pflichten auffordert. Was uns dabey vorzüglich erfreuen muß ist daß unser gnädigster Herr sehr heitere Sommerwochen, gesund und munter, in Wilhelmsthal zugebracht, welcher Aufenthalt durch die Geburt eines
10 erwünschten Enkelsohns in der Nachbarschaft gegen das Ende noch festlich gekrönt worden.

Hiebey darf ich aber wohl persönlich bemerken daß, da im nächsten November auch die funfzigjährige Epoche meines hiesigen Aufenthalts eintritt, mir vor=
15 kommen will als ob dem Feyernden ein solches Fest mehr Vergnügen machen müsse als dem Gefeyerten. Leider finde ich mich bey einem zwar erträglichen Gesundheitszustande doch dießmal nicht in dem Falle an den öffentlichen Gefühls= und Freuden=Bezeigungen
20 Theil nehmen zu können, welches mir wahrhaft schmerzlich ist; an meiner innern und innigsten Theilnahme wird kein Zweifel seyn.

Schließlich enthalte mich nicht zu vermelden: daß die Medaille, welche auch Hochdieselben geneigtest zu
25 fördern geruht, glücklich gerathen ist und, zu Freude unserer Berliner Künstler, auch zu unserer Beruhigung den Beyfall aller derer, die sie bisher gesehen, erhalten hat. Möge sie auch von Ew. Excellenz als

ein angenehmes Andenken einer so seltenen Feyer aufbewahrt werden.

Hochachtungsvoll wie vertrauend
ganz gehorsamst
Weimar d. 19. August 1825.   J. W. v. Goethe.

17.
An Christian Leopold v. Buch.

[Concept.]

Ew. Hochwohlgeboren

höchst bedeutende Sendung werde mit dem größten Antheil beachten und studiren und um so eifriger als man bey Ihren Nachrichten und Darstellungen die Natur selbst vor Augen zu haben glaubt. Nehmen Sie daher meinen verpflichtetsten Dank und erhalten mir ein wohlwollendes Andenken.

Weimar den [22.] August 1825.

18.
An John Frederic Daniell.

[Concept.]   [24. August 1825?]

Ihro Königliche Hoheit der Großherzog haben das übersendete Werk Meteorological Essays and Observations, nebst dem dazu gehörigen Instrument erhalten und mir beides, zu Aufbewahrung und Benutzung bey Ihro Museum und Bibliotheck, gnädigst übergeben, auch mir aufgetragen eine dankbare Zufriedenheit deshalb auszudrücken.

Wenn ich es unangenehm empfand daß ich bey Ihrem hiesigen Aufenthalte nicht näher eines belehrenden Umgangs genießen konnte, so ward mir die Ansicht Ihres Werkes um desto erfreulicher, da ich seit mehreren Jahren der Witterungslehre eifrig zugethan bin und die Erfahrung sowohl als die philosophische Benutzung derselben mir die angenehmsten Augenblicke verleihen.

Und so hat mich also Ihr schätzbares Werk, vorerst besonders der vierte Theil, welcher den Phänomenen der Erdatmosphäre gewidmet ist, sehr angezogen, so daß ich denselben als eine vorzügliche Grundlage meiner ernsten Studien in diesem Fache anzusehen hatte. Empfangen Sie daher auch meinen verbindlichen Dank für diese höchst schätzbare Mittheilung.

Sollten Sie Herrn Howard, dem wir die wichtigen Belehrungen über die Wolkenformen zu verdanken haben, einen treulichen Gruß von mir auszurichten Gelegenheit finden, so bitte solches gefällig zu thun und meiner vorzüglichen Hochachtung versichert zu seyn.

19.
An Carl Ludwig Metzler v. Giesecke.
[Concept.]

Ew. Hochwohlgeboren

haben, so wie in früherer auch in der neusten Zeit, meiner freundlich gedacht und mir durch vorzügliche Männer Gruß und angenehme Gaben übersendet, wo=

für ich meinen aufrichtigen Dank nicht besser auszudrucken wußte als daß ich die werthen Reisenden freundlich empfing und, sowohl selbst als durch die Meinigen, zu ihrer Unterhaltung und Erfüllung ihrer Absichten das Mögliche in kurzer Zeit bereitwillig beyzutragen suchte.

Sollten auch in der Folge dergleichen werthe Personen in unsere Gegend reisen so werden sie immer wohl empfangen seyn; adressiren Sie solche an mich selbst, zugleich aber auch an meine Schwiegertochter, Frau Geh. Kammerräthin von Goethe, so sind sie gewiß, auch in meiner Abwesenheit, oder, wie es in meinen Jahren öfters geschieht, bey einiger augenblicklicher Zurückgezogenheit, auf das freundlichste empfangen zu werden. Wir hatten das Vergnügen einige hier, um der deutschen Sprache willen, sich aufhaltende Irländer und Engländer den Reisenden vorzustellen.

Indem ich nun für die übersendeten Mineralien hiedurch nochmals schönstens danke, da mir dergleichen höchst schätzbare Erneuerungen früherer Liebhaberey gar erfreulich sind, so erlaube mir Anfrage und Bitte ob Sie mir nicht die barometrischen Beobachtungen, wie solche gewiß in Dublin angestellt werden, für das laufende Jahr mittheilen könnten. Wäre es möglich solche bis zum Juni incl. baldigst zu erhalten, so geschähe mir ein besonderer Gefalle. An Herrn Hüttner in London gesendet würden sie bald und leicht zu mir gelangen.

Mit den besten Wünschen für Ihr Wohlseyn und in Hoffnung fernerer geneigter Theilnahme.

Weimar [etwa 24.] August 1825.

20.
An Johann Christian Hüttner.

[Concept.] [Etwa 24. August 1825.]

Ew. Wohlgeboren
habe seit langer Zeit (wie ich mir nicht sollte zu Schulden kommen lassen) keinen freundlichen Gruß gesendet, auch Dero gefällige Mitwirkung bisher nicht in Anspruch genommen. Gegenwärtig aber bin so frey Denenselben zwey Briefe zu übersenden, mit der Bitte sie an die Adressen gelangen zu lassen.

Dürft ich zu gleicher Zeit höflichst ersuchen Herrn Dr. Nöhden gelegentlich auf das beste zu grüßen und ihn zu versichern daß wir an den schönen Werken, die er zu Gunsten von Alterthum und Kunst heraus- gegeben, den lebhaftesten Antheil genommen.

Die Zeitungen sagen uns daß in Verabredung mit demselben und einigen patriotisch denkenden Teut- schen in London eine Societät von Ew. Wohlgeboren errichtet worden, zu Ehren und Förderniß unserer Continental=Literatur. Mögen Sie mir hierüber ge- legentlich einige nähere Anzeige thun, so werden Sie mich sehr verbinden und ich würde mir die Freyheit nehmen von Zeit zu Zeit an die vereinigten Freunde einige bescheidene Wünsche gelangen zu lassen.

21.

An Friedrich Theodor Adam Heinrich v. Müller.
[Concept.]

Ew. Hochwohlgeboren
bemerke, zum freundlichen guten Morgen, Folgendes:
Bey nochmaliger Überlegung des gestern Besprochenen
finde am gerathensten: daß ich mit der morgenden
Post Herrn Professor Rauch die Ankunft der Medaille
vermelde, unsere Zufriedenheit darüber ausdrücke und
was sonst noch zu sagen wäre; auch ein Schreiben von
Ihnen und die nächste Sendung des Geldes ankündige.

Was den von Ew. Hochwohlgeboren zu erlassenden
Brief anbetrifft, so würde ich denselben gleichfalls
aufsetzen, allein wir haben ihn wohl zu überlegen, da
wir in demselben, nach so viel Schönem und Gutem,
doch auch etwas Unangenehmes zu sagen haben. Wenn
er Sonntag, oder auch Dienstag wegkäme, so wäre es
immer noch zeitig und Sie könnten indeß im unteren
Garten aller Muse pflegen.

Mit den besten Wünschen.

Weimar den 26. August 1825.

Nachschrift.

Lege noch ein Blatt bey; da die Papiere in Ihren
Händen sind, auch der Contract von mir unterschrieben
ist, so können Sie solchen mit Hofrath Meyer unter=
zeichnen; wegen der Bestellung besagt Beylage das
Nöthige.

22.

An Hans Ernst v. Globig.

[Concept.]

Für das geneigtest mir übersendete, meiner Angelegenheit so wichtige Document verfehle nicht Ew. Excellenz den verpflichtetsten Danck abzustatten, der Ausfertigung des allergnädigsten Original Privilegiums in Submission entgegensehend.

Eine solche so hochbedeutende Vergünstigung wird von mir und den Meinigen als ein kostbarer Schutzbrief danckbarlichst verwahrt, auch solche Berechtigung an Niemand jemals abgetreten werden. Sollte ich jedoch, wie es bis jetzt noch nicht geschehen, mit einem Verleger einen Zeitkontrackt eingehen; so darf ich wohl voraus setzen daß demselben, als einen von mir Beauftragten, jene allerhöchste Gnade gleichfalls zu Gute kommen werde.

Wie ich denn im eintretenden Falle nicht ermangle davon schuldige Anzeige zu thun, auch seiner Zeit, von dem mir von Seiten Ihro Königl. Majestät hochpreislichen Kirchenrath und Oberkonsistorium ausgestellten einstweiligen Schein den gebührenden Gebrauch zu machen.

Weimar den 27. August 1825.

23.

An Christian Daniel Rauch.

Ew. Wohlgeboren
darf die glückliche Ankunft der Medaillen nicht un=
angezeigt lassen, so wenig als den Ausdruck der Freude
verschweigen, welche das so wohl gerathene Kunstwerk,
vorerst im Innern des Vereins erregt hat; wir können
nun mit Sicherheit voraussehen daß sie sich bald in's
Allgemeine verbreiten wird.

Gold, Silber und Bronze nehmen sich in den
Hauptkästchen gar gut neben einander aus, und von
der Bronzirung muß man gestehen daß sie gleichfalls
wünschenswerth gerathen ist.

Wir können uns also wohl gemeinsam eines glück=
lichen Gelingens erfreuen und ich darf den Wunsch
eines nähern und innigern Zusammen=Wirkens auf=
richtig erwidern. Der schöne Verein, von welchem
Herr Tieck mir Kenntniß gibt, läßt auch mich das
Beste hoffen; dürft ich wohl zu Ihren Zwecken die
philostratischen Bilder bestens empfehlen.

Herr Canzler von Müller hat, bey seiner Zurück=
kunft, das Secretariat wieder angetreten und wird
nächstens umständlich antworten, auch für die Voll=
zahlung der übersandten Berechnung alsobald Sorge
tragen.

Herrn Brandt wollen wir dankbar Glück wünschen,
so wie die Unternehmer den einflußreichen Antheil,

den Sie und Herr Tieck der Angelegenheit haben gönnen
wollen, in seinem Umfang und Werth anerkennen und
zu schätzen wissen.

Sollte, wie es scheint, die Statue für Frankfurt
ernstlich verlangt werden, so nehmen Sie daher ja
wohl Gelegenheit (wenn Gelegenheit dazu nöthig ist)
sich und uns in Weimar ein acht gute Tage zu
machen. Denn es würde Sie gewiß erquicken und
fördern einen gebildeten Kreis mit gleicher Anerken=
nung und Liebe gegen Sie wie sonst durchdrungen
zu finden. Die schöne liebe Tochter dürfte nicht
fehlen.

Und so lassen Sie mich in diesen angenehmen
Hoffnungen für dießmal schließen, auch mich und
alles Meinige zu geneigter fernerer Theilnahme bestens
empfehlen.

ergebenst

Weimar den 27. August 1825.   J. W. v. Goethe.

24.

An Caroline v. Wolzogen, geb. v. Lengefeld.

[Concept.]   [27. August 1825.]

Das Schreiben Ihrer lieben Frau Schwester, ver=
ehrte Freundin, bringt eine bedenkliche Verwicklung
in die Angelegenheit welche schriftlich kaum zu ent=
wirren ist; wenigstens gegenwärtig in den unruhigen
Vortagen unserer großen Feste wage ich nicht daran

zu gehen. Laßen wir diese lebhafte Epoche vorüber, vielleicht auch den Abschluß wegen meiner Werke, alsdann klärt sich alles leichter auf. Mit den besten Wünschen und Hoffnungen.

Weimar den 24. August 1825.

25.
An den Freiherrn C. W. v. Fritsch.
[Concept.]

Ew. Excellenz

beykommende Revision, an welcher nichts zu ändern ist, hiermit zurücksendend, nehme mir die Freyheit zu bemerken daß ich die Velin=Abdrücke nicht in Quart machen zu lassen riethe, der Raum sieht zu leer aus und das Auge fordert größere Schrift. Auch scheinen ja die Abdrücke eigentlich zum Mitsingen einzuladen und da hat das Octav=Format etwas Angenehmeres.

Weimar den 27. August 1825.

26.
An Johann Sckell.
[Concept.]

Herr Hofgärtner Sckell wird hiedurch höflichst ersucht: soviel Kränze binden zu lassen als nöthig sind die beykommende Pappe achtmal damit zu umgeben, welches dankbar anerkennt.

Weimar den 27. August 1825.

27.

An Friedrich v. Müller.

Ew. Hochwohlgeboren
erhalten hiebey die Concepte 1) des Briefs an Hofbildhauer Rauch 2) der neuen Subscription, damit
beides morgen Abend fortkomme. Zu einer allenfalls
noch nöthigen Beredung finden Sie mich den ganzen
Tag bereit.

Auch Herrn Regierungs=Rath Schmidt sagen Sie
ja wohl ein vertraulich ernstes Wort, wegen der
einigermaßen unziemlichen Forderung: daß man Herrn
Brandt den Stempel frey gebe.

Zu der unternommenen Arbeit das beste Glück
wünschend; das Regenwetter gibt ja zu noch engerer
Concentration den besten Anlaß.

gehorsamst

Weimar den 29. August 1825. J. W. v. Goethe.

Der Bote kommt eben recht das schon Vorbereitete
mitzunehmen.

28.

An Friedrich v. Müller.

Ew. Hochwohlgeboren
übersende was so eben von Hofrath Meyer erhalte;
mir scheint als ob wir unsere Sendung morgen könnten
unverändert abgehen lassen, nur wäre die Frage: ob

man sie an Herrn Tieck oder Brandt adressirte, da
Rauch nach Töplitz gegangen ist. Haben Sie die
Güte die Sache zu überlegen und mir morgen von
dem Resultat einige Kenntniß zu geben. Ich dächte
wir sendeten unsere Expedition morgen pure fort und
was wir nachzubringen haben kann Sonnabend ge=
schehen.

Muse und Eingebung wünschend.
gehorsamst
Weimar den 29. August 1825. J. W. v. Goethe.

29.
An J. F. v. Cotta.

Ew. Hochwohlgeb.
dancke mit meinem Sohne auf das verbindlichste für
die von Cöln aus datirte genügende Erklärung. Möge
dieselbe nunmehr zur Base dienen vertraulicher nächster
Unterhandlungen!

Eiligst, am Vorabende unseres mit Lust und Drang
einstehenden Jubiläums.

Herrn Boisserée die danckbarsten besten Grüße!
Vertrauend
Weimar d. 2. Sept. 1825.

30.

An den Großherzog Carl August.

[Concept.] [3. September 1825?]

Ew. Königliche Hoheit
geruhen Beykommendes gnädigst aufzunehmen, wie
Vorschlag und Vorsatz von Höchst Denenselben am
frühesten gebilligt und auch das ausgebrachte erste
Exemplar schon beyfällig betrachtet worden. Möge
alles dem heutigen Tag zum besten und vortheilhaftesten
gereichen und auch mir die vieljährige Huld und
Gnade immerfort bescheert seyn. Verehrend angeeignet.

31.

An Georg Gottlieb Güldenapfel.

Ew. Wohlgeboren
empfangen hiebey ein gnädigstes Zeichen daß Ihro
Königliche Hoheit den bisherigen Bemühungen auf
akademischer Bibliothek und dem glücklichen Erfolg so
vieles Fleißes, in diesen feyerlichen Tagen, Höchst Ihro
Aufmerksamkeit gegönnt. Wie es denn mir außer=
ordentliche Freude macht Ihnen solches ungesäumt
übersenden zu können.

Gewiß ermuthigen Sie sich daran in dem bis=
herigen Eifer unausgesetzt fortzufahren und sich da=
durch die schon erworbene Ehre, den Beyfall des

Fürsten und des Publicums auf alle Zeiten zu sichern und zu erhalten.

        Ew. Wohlgeb.
              ergebenster Diener
Weimar d. 3. September 1825.   J. W. v. Goethe.

32.

An den Freiherrn C. W. v. Fritsch.

Ew. Excellenz
verfehle nicht beyliegender schuldiger Erwiderung meinen verbindlichsten Dank hinzuzufügen für die den jena=ischen sowohl als weimarischen Bibliotheksverwandten gegönnte Aufmunterung; es wird beiden Anstalten zu wahrem Vortheil gereichen, indem sowohl die be=günstigten Personen hieraus neuen Muth schöpfen, als auch der Vorgesetzte ein doppeltes Recht erhält, nach seiner Überzeugung das Möglichste von ihnen zu fordern.

Unserm gnädigsten Herrn habe meinen gefühltesten Dank sogleich abgetragen, welchen jedoch gelegentlich zu wiederholen Ew. Excellenz die Gefälligkeit haben mögen.

        Ew. Excellenz
            ganz gehorsamster Diener
Weimar den 4. September 1825.   J. W. v. Goethe.

[Beilage.]

[Concept.]

Als der Wunsch des Herrn Grafen Vargas Bede=
mar sich mit dem großherzoglichen Falkenorden be=
günstigt zu sehen bescheidentlich zu mir gelangte,
verfehlte ich nicht vor allen Dingen Ew. Excellenz
davon einige Kenntniß zu geben. Da nun Hochdie=
selben die Sache nicht ganz unthunlich hielten, ver=
anlaßte ich Jenen einige nähere Nachricht von seinem
bisherigen Lebensgange mitzutheilen. Er that es,
nicht unbewußt des Zweckes, auf dessen Erreichung
er sich zum Voraus in Hoffnung freute.

Hiernach will mir denn scheinen, daß demselben
die hohe Gunst, die er eifrig gewünscht, welche zu er=
langen er die ersten Schritte gethan, auch dankbarlich
zu empfangen und sich dadurch vorzüglich geehrt zu
fühlen, in jedem Falle wohl erlaubt seyn werde.

Weimar den 4. September 1825.

33.

An J. H. Meyer.

Hiedurch vermelde daß die gnädigsten Herrschaften
Morgen, Montag nach 11 Uhr in die Ausstellung
kommen werden.

Mögen Sie mich heute Abend besuchen so kann
noch manches besprochen werden.

Weimar den 4. September 1825.   G.

34.

An Johann Lorenz Schmidmer.

[Concept.]

Ew. Wohlgeboren
vermelde dankbar und mit vielem Vergnügen, daß die
sehr schönen Majolika=Schüsseln und Teller glücklich
angekommen sind.

Die Sorgfalt welche Sie bey der Auswahl dieser
Seltenheiten, mit Beyrath einsichtiger Kenner an=
gewendet, nicht weniger die Vorsicht bey'm Verpacken
erkenne in ihrem ganzen Werth und soll Ihr Andenken
in den Verzeichnissen meiner Sammlung auch für die
Zukunft lebendig erhalten werden. Vielleicht bin ich
nächstens im Stande etwas Angenehmes dagegen zu
erweisen. In welcher Hoffnung ich mich hiedurch
schließlich bestens zum geneigten Andenken empfehle.

Weimar den 5. September 1825.

35.

An den Grafen Kaspar v. Sternberg.

Mit wenigen, aber herzlich=treuen Worten ver=
melde schuldigst und eiligst: daß unser Jubelfest froh
und glücklich, auch theilweise vom Wetter begünstigt
vorübergegangen. Serenissimus befanden Sich wohl
und rüstig um so manche Feyerlichkeit mit Behagen
zu überdauern; auch die Seinigen mußten sich strack

halten. In dem großen Gewühl theilnehmender Verehrer unsres Fürsten vermißte ich jedoch einen würdigen trefflichen Chorführer voran, mit den eifrigst Wünschenden gleichgesinnt und gleichgestimmt.

Möge beykommende Medaille, die Er kräftigst unterstützen wollen, auch Ihm zu freudigem Andencken gereichen.

Für das bisher, schriftlich und wircklich Mitgetheilte zunächst Erwiederung und Danck. Wie ich denn zugleich um Nachricht des vergnüglich und nützlich zugebrachten Sommers geziemend freundlich gebeten haben will. Treu angehörig

Weimar d. 6 Sept. 1825.   J. W. v. Goethe.

36.

An Heinrich Ludwig Friedrich Schrön.

Hiebey erfolgen drey meteorologische Tabellen, Dorpat, St. Petersburg und Moskau, vom Februar dieses Jahrs, welche bald auf durchscheinend Papier graphisch dargestellt wünsche. Was den Barometerstand von Moskau betrifft so werden Sie den alten Styl und die englische Eintheilung mit unserem Zeit- und Längenmaaß unschwer in Übereinstimmung bringen.

Weimar den 7. September 1825.   J. W. v. Goethe.

37.

An Charlotte v. Stein.

Für freundliche Mittheilung des lieben Briefes danke der theuren, verehrten Freundinn zum allerschönsten. Die besten Grüße dem treuen Freunde! In Hoffnung ihn bald hier zu sehen

angehörig

Weimar d. 7. Sept. 1825. J. W. v. Goethe.

38.

An Heinrich Mylius.

[Concept.] [Etwa 7. September 1825.]

Ew. Wohlgeboren hat Herr Cammerconsulent Schnauß auf eine neuerliche Anfrage vorläufig geantwortet und nun da mir unsere lebhaften Feyerlichkeiten einige Sammlung erlauben darf ich nicht unterlassen gleichfalls dankbar zu äußern: daß Ihre höchstbedeutenden Vorschritte Serenissimum zu verbinden gewiß sehr angenehm seyn werden.

Vier Tage nach einander wird gegenwärtig, in dem eilig zugerichteten Hause gespielt; alsdann aber pausirt bis alles völlig eingerichtet und vollendet worden.

Zu der neuen Eröffnung alsdann, etwa gegen Ende Septembers, werden Ew. Wohlgeboren schöne und wichtige Gaben höchst willkommen seyn, und ich freue mich zum voraus Sie Selbst als Zeuge davon zu begrüßen.

Höchst wahrscheinlich bleiben Serenissimus diesen Monat über hier und es wird mir höchst erfreulich seyn wenn auch ich das Glück habe Sie und Ihre Frau Gemahlin abermals im besten Wohlseyn zu bewirthen.

Serenissimus haben sich bey dieser wichtigen Epoche gesund und munter gefühlt, da denn allen den Seinigen, und soviel wohlmeynenden Theilnehmern, Muth und Freude doppelt gewachsen sind.

Der ich in Hoffnung nächster persönlicher Begrüßung, der Frau Gemahlin mich angelegentlichst empfehlend, die Ehre habe mich zu unterzeichnen.

39.

An G. G. Güldenapfel.

Ew. Wohlgeboren
Aufmerksamkeit empfehle Folgendes. Sonntags den 4. September übergab dem Hofmechanikus Dr. Körner ein Paquet an Dieselben, worin die goldne Verdienstmedaille, womit Serenissimus Sie beehrt, nebst dem dazu gehörigen Documente befindlich war. Da nun hierüber einige Tage nichts verlautete so fragte deshalb den 7. September schriftlich bey Dr. Körner an. Da nun aber derselbe heute nicht darauf geantwortet, so

finde mich veranlaßt deshalb nachzufragen: ob ge=
dachtes Paquet Denenselben überreicht worden und nun=
mehr in Ihren Händen ist? Die Antwort ersuche
an Museumsschreiber Färber schleunigst abzugeben,
welcher den Auftrag hat solche durch den rückkehrenden
Boten anher einzusenden.

ergebenst

Weimar den 10. September 1825.　　J. W. v. Goethe.

40.

An Johann Christian Friedrich Körner.

[Concept.]

Ich habe Sonntags den 4. September Herrn Hof=
mechanikus Körner ein Paquet an Herrn Bibliothekar
Güldenapfel übergeben und da von dessen Bestellung
nichts verlautete, Mittwochs den 7. September deshalb
brieflich angefragt. Da nun aber Herr Dr. Körner
hierauf sich nicht vernehmen lassen, so wird derselbe
hiedurch aufgefordert, eine schriftliche Erklärung des=
halb schleunigst an den Museumsschreiber Färber
abzugeben welcher solche anher zu befördern den
Auftrag hat.

41.

An J. M. Färber.

[Concept.]

Der Museumsschreiber Färber erhält hiebey zwey
Briefe, einen an Professor Güldenapfel, den andern

an Hofmechanikus Körner, mit dem Auftrag beide alsobald zu überbringen, auf schleunige Antworten zu warten und solche alsdann ungesäumt durch den überbringenden Boten anher zu senden.

42.
An C. L. v. Knebel.

Der gar gute liebe Nicolovius bringt dir Nachricht und Gruß von uns allen; von mir besonders warmen Danck für dein köstliches Gedicht das mir und vielen große Freude machte. Lebe wohl. Ich fange an mich von soviel Gutem zu erholen.

W. d. 10. S. 1825.   G.

43.
An Friedrich v. Gentz.

Ew. Hochwohlgeboren
haben meine frühere Zuschrift so geneigt aufgenommen und mir zuerst Hoffnung gemacht, daß meine zwar bescheidene, aber doch immer kühne Bitte höchsten und hohen Orts sich einer günstigen Aufnahme werde zu erfreuen haben.

Dieses hat sich denn auch auf das wünschenswertheste erwiesen, indem gleich nach der Rückkehr des Herrn Präsidial=Gesandten Freyherrn v. Münch=

Bellinghausen Excellenz, in der achten Sitzung der hohen Bundesversammlung am 24. März d. J. ein günstiger Vortrag eingeleitet worden, welcher denn auch eine allgemein beyfällige Zustimmung erhalten hat.

Ob nun schon nicht zu erlangen gewesen, daß die sämmtlichen wohlwollenden Stimmen sich zu Einer vereinigt und das gebetene Privilegium von Seiten des hohen Bundestags selbst wäre ausgefertigt worden; so hatte ich doch mit Dank zu erkennen, daß von den allerhöchsten und höchsten Gönnern und Beförderern gedachtes Privilegium ohne weiteres ertheilt, von andern aber auf geziemende Vorstellung mir übersandt worden und ich habe Ursache den übrigen zunächst entgegen zu sehen.

Da ich jedoch so eben im Begriff stehe mit meinem vorigen Verleger einen Contract zu unterzeichnen, wodurch mir und den Meinigen ein Antheil an dem Gewinn für jetzt und in Zukunft zugesichert wird; so habe ich freylich alle Ursache zu wünschen, daß die Angelegenheit des mir huldvoll zu ertheilenden Privi= legiums abgeschlossen werde, indem gedachter Contract und die daraus entspringenden Vortheile blos hierauf gegründet werden können.

In dieser dringenden Rücksicht wage ich nunmehr Ew. Hochwohlgeboren geneigte Vermittlung abermals zu erbitten, indem es mir zudringlich erscheinen wollte, Ihro des Herrn Fürsten v. Metternich Hochfürst=

liche Durchlaucht, wie auch des Herrn Präsidial-
Gesandten Freyherrn v. Münch-Bellinghausen Excellenz nochmals anzugehen: denn ich bescheide mich gar
wohl, daß in einer so großen Monarchie selbst die
Form, unter welcher eine dergleichen Begünstigung
auszusprechen wäre, Schwierigkeit finden und eine
wohlwollende Beendigung verzögern müsse. Ew. Hochwohlgeboren jedoch sind in einer Stellung, wo Sie
die Lage der Sache und die Mittel, wodurch dieselbe
gegenwärtig am sichersten zu fördern wäre, vollkommen
überschauen und beurtheilen. Darf ich daher geziemend
vertraulich bitten, daß es Ihnen gefallen möge, deshalb einige Erkundigung einzuziehen, wie nunmehr die,
von Allerhöchstem Österreichisch-Kaiserlichen Hofe mir
zugesagte Begünstigung zur Ausführung kommen könne,
sodann aber geneigtest mitzuwirken, daß die zugedachte
entsprechende Entschließung mir gnädigst mitgetheilt
werde, wozu die Gegenwart des Herrn Präsidial-
Gesandten Excellenz in Wien wohl die beste Gelegenheit geben dürfte.

Indem ich nun die erste von gedachtem verehrten
Geschäftsmanne dem Bundestage abgegebene Erklärung
abschriftlich hinzufüge, wiederhole die geziemende Bitte,
Ew. Hochwohlgeboren mögen zu Förderniß und schließ-
licher Vervollständigung dieser Angelegenheit kräftigst
beytragen, auch mich allenfalls, inwiefern ich selbst
noch einige Schritte zu thun hätte, geneigtest zu unterrichten belieben.

Der ich in Hoffnung und Vertrauen mit voll=
kommenster Hochachtung die Ehre habe mich zu unter=
zeichnen.

 Euer Hochwohlgeboren
   gehorsamst ergebenster Diener
Weimar den 11. September 1825. J. W. v. Goethe.

44.
An Ludwig Wilhelm Cramer.
[Concept.]

Ew. Wohlgeboren
bin für freundliches Andenken schon längst vielfache
Erwiderung schuldig und würde vielleicht noch jetzt
zaudern, forderte mich nicht eine angenehme Gelegen=
heit zu dem Gegenwärtigen auf.

Herr Geh. Oberregierungs=Rath Schultz aus Berlin
wird sich einige Zeit in Wetzlar aufhalten, und ich
wüßte für ihn nichts Vortheilhafteres als wenn er
sich Ihrer Neigung und Umgangs erfreuen könnte;
ich kann von ihm als einem vieljährigen geprüften
Freunde sprechen. Da ich nun auch durch denselben
von Zeit zu Zeit etwas von Ihnen zu vernehmen
hoffe, so wird sich auch dadurch zwischen uns ein
Verhältniß erneuern, welches so manche Jahre uns
zum Vergnügen und Nutzen gereicht hat. Leben Sie
recht wohl, gedenken Sie mein auch bey diesem neuen
Anlaß freundlichst und bleiben überzeugt, daß die

schönen Stunden die ich mit Ihnen verlebte mir
immer unvergeßlich bleiben; wie ich denn auch meine
Mineralien=Sammlung nicht durchsehen kann ohne
überall auf Zeugnisse Ihres Wohlwollens zu treffen.
Zu geneigtem Andenken und fortwährendem Wohl=
meynen mich angelegentlichst empfehlend.

Weimar den 11. September 1825.

45.

An Christoph Ludwig Friedrich Schultz.

Ein baldiges Schreiben, theuerster Freund, hat
mich sehr erfreut; lassen Sie manches andere folgen,
ich erwidere gleichfalls von Zeit zu Zeit, damit Ihre
Einsamkeit uns beiden zu Gute komme. An Mit=
theilungen verschiedener Art soll es auch nicht fehlen.

Madame Wolff hat die Medaille meinen Kindern
abgegeben, ich habe die Freundin leider nicht gesehen,
denn ich lag zu Bette, um die Folgen der Jubel=
feyerlichkeiten, denen ich mit wärmeren Gesinnungen,
als rüstigen Kräften zum Theil beywohnte, schnell zu
übertragen; auch habe ich indem ich dieses schreibe
mich schon wieder auf die Füße gestellt.

Die freundliche Medaille ist mit Dank anzunehmen.
Wir müssen freylich die Äußerungen der Mitlebenden
wie ein anderes Tageserzeugniß auch so eben hin=
nehmen und wenn fromme Seelen sich nach einer
frohen Ewigkeit umsehen, so haben wir uns an den

unerreichbaren Verdiensten der Vergangenheit zu erfreuen und können uns im Stillen etwas darauf zu Gute thun daß uns Auge und Sinn dafür gegeben ward.

Unter Mitwirkung der Herren Rauch und Tieck hat Medailleur Brandt in Berlin eine lobenswerthe Denkmünze für das großherzogliche Jubiläum gefertigt, ich sende sie nächstens und wünsche daß sie Ihnen auch als Tageserzeugniß nicht mißfallen möge.

Das Emser Bad wird, wie ich hoffen kann, Ihnen und den lieben Ihrigen wohlgethan haben, es wirkt durchaus besänftigend und mildernd, was wir denn doch alle mehr oder weniger nöthig haben.

Es freut mich daß Sie die gothaischen Schätze mit einiger Muße gesehen, ich kenne die Grundlage dieser nunmehr methodisch aufgestellten Sammlungen seit vielen Jahren, indem ich mit Herzog Ernst in genauer Verbindung stand und seiner Besitzlust gar manches Bedeutende zuwenden konnte. Es thut mir leid sie bey'm Abschluß nicht recapituliren zu können.

Da in Wetzlar die allgemeine Zeitung gewiß gehalten wird, und also auch das angeschlossene Kunstblatt dort zu finden ist, so bitte Folgendes geneigt zu beachten: Aufgefordert durch Herrn von Cotta haben mehrere Künstler sich zu bildlicher Darstellung des neugriechischen Gedichtes Charon entschlossen, Herr Leybold, aus Stuttgart gebürtig, nach mehrjährigem Aufenthalt in Wien und Rom wieder daselbst wohnhaft, möchte wohl das Ziel am besten getroffen haben. Als Beylage zu gedachtem Kunstblatt finden Sie nächstens den Umriß des gemeldeten Bildes und das Urtheil der Weimarischen Kunstfreunde, das hoffentlich auch dießmal von dem Ihrigen nicht abweichen wird. Sagen Sie mir ein Wort erfreulicher Übereinstimmung.

Soviel für dießmal! Möge dieses Blatt Sie bey Ihrer Rückkehr begrüßen; ich schließe solches an Herrn Bergrath Cramer ein und sage ihm auch ein freundliches Wort um Ihretwillen, dessen es wohl nicht bedürfte. Es ist ein wackerer Lebemann, der seine Thätigkeit, auch aus den Geschäften zurückgezogen, schwerlich lassen wird.

Und da Sie vom gothaischen Medaillenkabinett sprechen fällt mir ein, daß mir in frühster Zeit erlaubt war durch den Hofbildhauer Döll einige auffallend schöne Münzen abformen zu lassen. Die Gypsformen sind noch vorhanden, ich lasse sie ausgießen, und bin überzeugt Ihnen dadurch eine wahre Freude zu machen.

Mit herzlichsten Grüßen an die lieben Ihrigen
treulichst
Weimar d. 11 Sept. 1825.   J. W. v. Goethe.

46.

An den Grafen Edward Vargas Bedemar.

[Concept.]

Hochgeborner Graf
Hochgeehrtester Herr!

Ew. Hochgeboren vermelde mit vielem Vergnügen daß Ihro Königliche Hoheit der Großherzog von Sachsen=Weimar bey der glücklichen Feyer des funfzig= jährigen Regierungs=Jubiläums, unter mannichfachen Gnadenbezeigungen auch Denenselben das Comthurkreuz des weißen Falkenordens verleihen wollen. Wie nun Ew. Hochgeboren Verdienste um unsere wissenschaft= lichen Anstalten höchsten Orts auf eine so ehrenvolle Weise anerkannt worden, so dürfen wir uns über= zeugt halten daß Dieselben in gleichem Eifer fortfahren und uns von den Früchten Ihrer mannichfaltigen Reisen und gründlichen Betrachtungen geneigt werden Theil nehmen lassen.

Die Decoration des Ordens, nebst dem dazu ge= hörigen Documente, ist bey mir niedergelegt und ich frage nunmehr an ob ich solche in einem Kästchen wohl verpackt, durch die ordinaire Post übersenden soll? oder ob Sie mir in Deutschland eine Mittels= person angeben wollen, an welche ich solches gelangen ließe.

Wollen Ew. Hochgeboren zunächst ein an Serenissi= mum gerichtetes Danksagungsschreiben, sowie ein anderes

an des Herrn Staats-Ministers von Fritsch Excellenz,
als Ordenskanzler, gelangen lassen, so würde für deren
Bestellung gehörige Sorge tragen. Ich lege zu diesem
Zweck die ausführlichen Adressen hinzu, indem ich
die Ehre habe mich in vollkommenster Hochachtung
und in Hoffnung künftigen näheren Verhältnisses zu
unterzeichnen.

Weimar 13. September 1825.

47.

An F. W. Riemer.

Mögen Sie, mein werthester, Morgen früh von
zehn Uhr an mir einige Zeit gönnen? Bey der
übelsten Verstimmung bin ich zu einer bedeutenden
schriftlichen Mittheilung genötigt, wozu mir Ihren
grammatisch rhetorischen Beystand erbeten haben wollte.

Mittw. [14?] Sept. 1825. G.

48.

An Sulpiz Boisserée.

Schon zwey Wochen leben wir in einer bunt be-
kränzten, das seltenste Fest feyernden Stadt. In-
und Ausländer aller Stände und jeden Geschlechts
nahmen freudig Theil, und es hat noch kein Ende.
Die Kinder jauchzen mit Fähnlein in den Händen,
die Jugend zieht gepaart täglich zum Tanze, die

Männer schauen ernsthaft heiter drein und wer an Ort und Stelle die funfzig Jahre rückwärts wieder zur Erinnerung rufen kann dem ist es wunderlich zu Muthe.

Unendlich angenehm war mir's in diesen Tagen auch die Wiederherstellung alter theurer Verhältnisse und den Abschluß eines so wichtigen Geschäftes durch Ihre Vermittelung zugleich feyern zu können. Das ewige hohe Vorbild von Neigung, Liebe, Freundschaft und Vertrauen zeigt freylich, sobald es in die irdische Thätigkeit eintritt, ein herrliches verklärtes Angesicht, an dem sich selbst der müde Wanderer erquickt und verklärt.

Herrn v. Cotta habe, dankbar anerkennend, geantwortet; sobald ich mich nur einigermaßen sammeln kann erfolgt das Weitere. Indessen zeigen beykommende wenige Zeilen daß wir nun vollkommen gesichert sind und unser Werk mit Lust und Muth antreten können.

Wie sehr mich das Leyboldische Bild erfreut, das eben auch zu glücklicher Stunde einzutreten bestimmt war, drückt mein Schreiben an Herrn Schorn aus, so wie der Aufsatz der Weimarischen Kunstfreunde. Der reine menschliche Sinn mit welchem der Künstler diese immer bedenkliche Aufgabe heiter aufgefaßt und den unerfreulichen Begriff zu einem angenehmen, festhaltenden Bilde dargestellt, war mir über und außer aller Erwartung.

Ferner ist mir und Hofrath Meyer bey dieser Angelegenheit höchst angenehm uns zu erinnern daß wir Herrn Leybold, als muntern Knaben, in den Arbeitszimmern seines verdienten Vaters im Jahre 1797 begrüßt haben, worin wir nicht zu irren glauben.

Wie manches hätte noch zu vermelden; laßen Sie uns durch lebhaften Briefwechsel wieder einigermaßen mit den Thätigkeiten der Zeit in's gleiche kommen.

danckbar
treulichst

Weimar den 14. September 1825. Goethe.

[Beilage.]

Auszug Schreibens
des Herrn Fürsten Metternich Durchlaucht.
Wien den 6. September 1825.

„Se. Majestät der Kaiser haben Ew: pp. ein Privilegium gegen den Nachdruck der von Ihnen veranstalteten neuen Ausgabe Ihrer sämtlichen Werke taxfrey, und zwar nicht nur für die zum deutschen Bund gehörigen Provinzen der österreichischen Monarchie zu ertheilen, sondern daßelbe aus besonderer Rücksicht auf den ganzen Umfang derselben auszudehnen geruht."

49.

An Friedrich v. Müller.

Ew. Hochwohlgeboren
würden mir eine besondere Gefälligkeit erzeigen wenn
Sie mir den Schönschreiber auf einige Stunden über=
lassen wollten.

Weimar den 14. September 1825.   Goethe.

50.

An den Großherzog Carl August.

[Concept.]   [Mitte September 1825?]

Ew. Königlichen Hoheit
darf ich wohl bekennen: daß an jenem großen Tage,
bey äußerer gelassen scheinender Haltung, in meinem
Innersten die Empfindungen so mächtig gewirkt, daß
ich sie nur in der größten Gesellschaft beschwichtigen
zu können glaubte; daher es mir denn zu voller Be=
ruhigung gereicht wenn Höchst Dieselben eine nächt=
liche Versammlung billigten, welche sich auf's heiterste
und treulichste behagte, wenn schon in gewissen Mo=
menten der Raum zur Gäste=Zahl höchst dispropor=
tionirt erscheinen mochte.

Nach diesen schönen und guten Tagen erlauben
Höchst Dieselben versäumte Vorträge nachzubringen.

Zuvörderst bitten auch beykommende Amerikaner
um Entschuldigung sich auf der weiten Reise verspätet

zu haben. Ein inliegendes Blatt sagt mehr von ihnen, sie empfehlen sich gnädiger Aufnahme.

———

Ein Kästchen mit hundert geschliffenen edlen Opalen (Feuer=Opalen u. ſ. w.) von Guatimala enthält alle bekannte Varietäten dieſer vorzüglich ſchönen Stein= art, ſie kommen in den Blaſenlöchern eines bräunlich= rothen, ganz feinſplittrigen Hornſteins vor, als runde, eingewachſene, lavendelblaue Körner, von der Größe einer Erbſe; man kann ſich denken daß ſie ſich in Blaſenlöchern, nach Art unſerer Mandelſteine, er= zeugen, wodurch ſich denn auch ihre Kleinheit ent= ſchuldigen läßt.

Man bittet ſie im Sonnenlichte zu betrachten wo ſie ihre größte Schönheit offenbaren, übrigens aber ſie vor der Sonne, wie vor dem Lichte zu bewahren damit ſie nicht trüb werden und das Farbenſpiel verlieren.

51.

An den Grafen C. L. v. Benſt.

Ew. Excellenz
verfehle nicht ein höchſt günſtiges Schreiben Ihro Durchlaucht des Fürſten Metternich abſchriftlich zu überſenden, wodurch denn die Angelegenheit als ab= geſchloſſen anzuſehen; die übrigen Expeditionen ſind nun wohl geruhig abzuwarten, auch hie und da zu

sollicitiren, welches, nach Ew. Excellenz Andeutung, mir zum anhaltenden Geschäft machen werde.

Aufrichtig dankbar für den bisherigen Antheil erbitte mir denselben auch für die Folge. Mich und die so erfreulich durchlebten Tage zu geneigtem Andenken angelegentlichst empfehlend.

ganz gehorsamst

Weimar den 15. September 1825.   J. W. v. Goethe.

52.

An den Freiherrn C. W. v. Fritsch.

Ew. Excellenz

vergönnen daß ich manches in kurzen Raum zusammenfasse. Zuvörderst danke noch auf das verbindlichste für das dem Herrn Grafen Vargas Bedemar verliehene Comthurkreuz.

Sodann spreche meine Freude aus über das mit allgemeinem Beyfall durchgeführte Maurerfest und lege schließlich eine Abschrift bey eines unerwartet günstigen Schreibens Ihro des Fürsten Metternich Durchlaucht, wodurch ich die für mich so wichtige Angelegenheit in der Hauptsache als völlig abgeschlossen gar wohl ansehen darf.

Ew. Excellenz freundschaftlichen Antheils hierin wie im Übrigen völlig versichert, erbitte mir wohlwollende Fortsetzung.

treu anhänglich

Weimar den 15. September 1825.   J. W. v. Goethe.

53.

An den Großherzog Carl August.

[Concept.] Ew. Königliche Hoheit
genehmigen aus einem nicht ganz erfreulichen Zu=
stande in Gegenwärtigem verschiedene zurückgebliebene
Vorträge.

1) Der Kammerconsulent Schnauß, um die so
willkommene feyerliche Epoche von seiner Seite einiger=
maßen zu verehren, hat die Büste seines wackern
Vaters zur Bibliothek verehrt, zugleich aber auch
eine Sammlung von 39 Bänden juristischer Dispu=
tationen daselbst aufzustellen die Erlaubniß begehrt.
Von dem noch bey Lebzeiten des Geh. Raths Schnauß
anerkannten Werthe gedachter Sammlung zeugt bey=
gehendes doppeltes Exemplar des Catalogs. Höchst
Dieselben erlauben ja wohl daß ihm auch von Ihro
Seite etwas Freundliches dagegen ausgesprochen werde.

2) Für Ertheilung des Comthurkreuzes an den
Grafen Vargas Bedemar danke auf das verbindlichste.
Man darf wohl sagen daß er schon seit mehreren
Jahren reist, forscht, beachtet, sammlet und ordnet
eben so für sich wie für uns. Gleichmäßig fährt er
gewiß fort da er sich nunmehr auch im edelsten Sinne
zu den Ihrigen rechnen darf.

3) Die Angelegenheit wegen der aus der Thümmel=
schen Verlassenschaft acquirirten galvanischen Batterie
ist mit Döbereinern berichtigt.

4) Zu der Acquisition der Lippertischen Daktyliotek wünsche uns allen Glück. Das Exemplar kenne sehr wohl, es schreibt sich von Prinz August her, der mir dasselbige vor Jahren auf einige Zeit geliehen, und es freut mich dieselben Gegenstände wieder zu sehen an welchen ich meine Studien dieses Faches begonnen.

5) Das gar ähnliche Portrait ist mit zarter und sicherer Hand gezeichnet, von der man sich noch manches Erfreuliche versprechen darf. Ein solches Talent, weiter ausgebildet, ist eine wahre Zierde des Lebens. Wir hätten das Blatt wohl mit aus= stellen sollen.

6) Daß die Farbe spielenden Steine auch Ew. Hoheit einen angenehmen Eindruck machen ist mir höchst erfreulich. Es ist wahr diese kleinen Dämonen, deren Priesterthum ich mich längst gewidmet habe, kommen nirgends schöner, selten eben so schön vor Augen.

Mit Vorbehalt einiger schuldigen Mittheilungen empfehle mich zu fernern Hulden und Gnaden.

Weimar den 15. September 1825.

54.

An Friedrich v. Gentz.

Ew. Hochwohlgeboren

erlauben daß ich gegenwärtigen Brief durch eine psychische Bemerkung einleite.

In meinem langen Leben ist es mir öfter begegnet, daß wenn ich von fernen Orten her etwas Bedeutendes erwartete, ich die Sehnsucht darnach, in Betracht der Weite und Verhältnisse, mit Verstand zu beruhigen wußte, nicht weniger gelang es mir eine bey fortdauerndem Außenbleiben sich meldende Ungeduld durch Vernunft zu beschwichtigen; endlich aber traf es gewöhnlich ein daß, wenn die Sorge deshalb sich zu einem hypochondrischen Mißbehagen steigerte und ich verleitet war durch eigene Schritte, Nachfrage oder sonstiges Benehmen selbst einzuwirken, die Erfüllung ganz nah und das Gehoffte wirklich schon unterwegs war.

Diese mehrmals wiederholte, fast bis zum Ahnungsglauben gereifte, mit andern getheilte Erfahrung bewährt sich mir auch im gegenwärtigen Falle, da ich, im Wechsel meines an Ew. Hochwohlgeboren gerichteten Schreibens, den verehrlichsten Erlaß von Jhro des Herrn Fürsten v. Metternich Durchlaucht zu erhalten das Glück habe. Die mir daraus erwachsende Beschämung übertrage jedoch gern, weil sie das Gefühl der Gabe nur erhöht, welche großartig und der Majestät würdig in wenigen Worten alles ausspricht, und den größten Umfang der Huld mir zu Gunsten wohlthätig zusammen faßt.

Wenn ich nun aber auch Höchst Jhro Fürstlichen Durchlaucht meinen schuldigen Dank vorzulegen nicht ermangele, so möchte doch kaum schicklich seyn, vor

Höchstdenenselben die Gefühle lebhaft auszudrücken, die ein Hausvater empfinden muß, wenn er eine bedeutende verwickelte Angelegenheit auf einmal entwirrt und das Schicksal der Seinigen dadurch für die Zukunft gesichert sieht.

Wäre dergleichen Ereigniß zu jeder Lebenszeit höchsten Dankes werth, so steigert sich die Anerkennung mit den Jahren, wo die Kraft abnimmt da wo sie am meisten gefordert wird, und man diejenigen sich selbst überlassen muß denen man mit Rath und That fortwährend so gern an Hand ginge.

Diese Betrachtungen sämmtlich rufen mir die schönen Zeiten zurück wo wir uns so gern in hochgebildeter Gesellschaft über die Angelegenheiten des Herzens und Geistes unterhielten, und so verleitet mich denn auch diese Stimmung ein Blättchen beyzulegen welches als treuen und frohen Festklang nächstvergangener Tage nicht zu verschmähen bitte.

Verzeihung der fremden Hand, die meinige fördert nicht mehr. Mit vorzüglichster Hochachtung, dankbarem Vertrauen unwandelbar

Ew. Hochwohlgeb.

ganz gehorsamster Diener

Weimar, d. 16. Septbr. 1825.   J. W. v. Goethe.

55.

An F. J. Soret.

Ew. Wohlgeboren
melde unverzüglich daß man bey näherer Betrachtung
der angekommenen Medaille sich gestehen muß, das
Bildniß sey besonders gut gerathen.

Was die Rückseite betrifft wäre zu wünschen daß
der Eichenkranz mehr Relief=Charakter, Licht und
Schatten hätte. Läßt sich daran noch etwas thun so
wird es dem Werke sehr zum Vortheil gereichen.

Ehe Sie wieder nach Genf schreiben wünsche Sie
zu sprechen, da ich auch von meiner Medaille noch
Abdrücke wünsche.

Dankbar und ergeben

Weimar den 16. September 1825. Goethe.

56.

An den Fürsten Clemens Wenzel Nepomuk
Lothar v. Metternich.

Durchlauchtigster Fürst
gnädigster Herr!

Als zu Anfang des Jahrs Ew. Hochfürstlichen
Durchlaucht ein an die hohe Bundes=Versammlung
gerichtetes Schreiben ich einzureichen wagte, fühlte ich
wohl die mannichfaltigen Hindernisse die sich der Er=
füllung des darin ausgesprochenen Wunsches entgegen
setzen möchten; Höchstderoselben gnädigster Einleitung

jedoch völlig vertrauend fand ich mich bald darauf vorläufig beruhigt, und da das gedachte Schreiben bey der verehrten deutschen Bundes-Versammlung wirklich übergeben und durch ein von allerhöchster Kaiserlich-Österreichischen Seite entschiedenes Vorwort begleitet erschien, durft ich mir die günstigsten Folgen versprechen, welche sich denn auch bald hierauf glücklich bewährten. Denn nicht allein ward sogleich jener hohe Vortrag mit allgemeinem Wohlwollen aufgenommen, sondern ich habe mich auch bis jetzt theils förmlich ausgefertigter Privilegien theils gleichgeltender Documente und auch schriftlicher Zusagen zu erfreuen.

Da nun Ihro des Kaisers von Österreich Majestät gegenwärtig ein Privilegium, nicht nur für die zum deutschen Bunde gehörigen Provinzen allergnädigst zu ertheilen, sondern auch dasselbe auf den ganzen Umfang der oesterreichischen Monarchie auszudehnen geruht; so sind meine Wünsche auf das vollkommenste erfüllt, jeder Zweck ohne Weiteres erreicht, und ich darf nun mit der Ausführung meines Vorhabens ungesäumt vorschreiten.

Nun aber würde mir schwer ja unmöglich fallen einen allerunterthänigsten Dank gebührend auszusprechen und ich mir deshalb nicht zu rathen wissen, wenn Ew. Hochfürstlichen Durchlaucht mich nicht auch hier vertreten und nach einsichtigem Ermessen meine aller devotesten Gesinnungen Allerhöchsten Ortes zu entwickeln und zu deuten mir die Geneigtheit erweisen wollten.

Eine so hohe in Ew. Durchlaucht günstigen Vermittelung mir gewordene Gnade wäre einzeln schon als unschätzbar zu betrachten und in tiefer Verehrung mit dem höchsten Danke zu erkennen; da ich sie aber in einer vieljährigen Reihe gnädigen Wohlwollens, unverhoffter Aufmerksamkeit und glänzender Auszeichnung erblicke, so gibt mir dieses den Eindruck von beständiger und unverwüstlicher Dauer desjenigen, was ich als Höchstes in meinem Leben anzuerkennen habe.

Möge nur auch die vorgenommene Sammlung meiner schriftstellerischen Arbeiten fortwährend bethätigen daß ich, wenn ich schon in den verschiedensten, oft leidenschaftlich bewegten Zuständen mein Leben hingebracht, doch jederzeit das bestehende Gute zu schätzen und das Wünschenswerthe zeitgemäß einzuleiten getrachtet, durch welche Gesinnungen ich mehr als durch andere Vorzüge so hoher ja ganz einziger Gnadenerweise nicht unwerth zu bleiben hoffen darf.

Ist denn nun diese von Ew. Durchlaucht mir erwiesene neuste Gunst die höchste worüber hinaus meine Gedanken nicht reichen können, so darf ich doch auf das inständigste geziemend bitten und hoffen daß es nicht die letzte sey, sondern daß Höchstdieselben mir auf meine Lebzeit und fernerhin den Meinigen

Huld und Gnade in gleicher und stetiger Folge werden
genießen lassen.
    Verehrungsvoll
        Ew. Hochfürstl. Durchl.
            unterthäniger Diener
        Johann Wolfgang von Goethe.
Weimar den 17. September 1825.

        57.
    An Friedrich v. Müller.

Ew. Hochwohlgeboren
nehme mir die Freyheit zu bemerken daß man das
an Herrn v. Luxburg zu erlassende Blatt mit Um=
sicht wird zu verfassen haben, damit man mit Be=
scheidenheit den Zustand der Sache wie wir ihn kennen
und ansehen aussprechen möge. Man kann sich Zeit
dazu nehmen. Haben Sie die Güte dem Herrn Ge=
sandten ein vorläufig freundlich=dankbares Wort zu
sagen; so sieht es im unheiligen so wie ehemals im
heiligen römischen Reich aus!
Weimar den 17. September 1825.   G.

        58.
    An C. F. F. v. Nagler.

Ew. Excellenz
Beykommendes ungesäumt schuldigst übersendend
erinnere mich gar wohl der Zeit, als Hochdieselben

mir zu dem wichtigen Schritte Muth machten und bey Ihrer Gegenwart in Wien dasjenige zu begründen wußten, was sich nun auf eine so höchst vortheilhafte Weise hervorthut.

Wie ich nun überzeugt bin, daß Ew. Excellenz an einem die Sache vollkommen entscheidenden Gelingen den lebhaftesten Antheil nehmen, so darf ich nun wohl hoffen, daß diese Angelegenheit auch von Seiten des allerhöchsten preußischen Hofes zu einer gedeihlichen Endschaft geführt werde.

Es bleibt mir dieses gegenwärtig um so mehr zu wünschen, als ich mit der J. G. Cottaschen Buchhandlung in Stuttgart abzuschließen im Begriffe stehe, welcher Contract auf den vollkommenen Schutz gegen allen Nachdruck zu gründen ist.

Von Ew. Excellenz Gegenwart in Berlin darf ich alles hoffen; deswegen ich auch Weiteres hinzuzufügen anstehe, als daß ich in fortdauerndem Dankgefühl für so große und wirksame Bemühungen die Tage, die mir noch vergönnt sind, verlebe, mich und die Meinigen zu fernerem wohlwollendem Antheil zum allerbesten empfohlen wünschend.

Verzeihung der fremden Hand! Die eigne fördert nicht mehr.

Hochachtungsvoll
ganz gehorsamst
Weimar den 18. Septbr. 1825.   J. W. v. Goethe.

59.
An J. F. v. Cotta.

Ew. Hochwohlgeboren
übersende hiermit zwey Copien der für den Augenblick wichtigsten Documente.

Das Fürstlich Metternichische Schreiben sichert nun wohl die ganze Angelegenheit und ist die allerhöchste Kaiserlich Österreichische Erklärung wegen ihrer wahrhaften Großheit und Unbedingtheit, dankbarlichst anzuerkennen und zu verehren.

Der Königlich Sächsische Oberkonsistorialschein ist gleichermassen günstig, und da die Schlußklausul besagt daß dem in Leipzig bestellten Bücher=Inspector derselbe zu insinuiren sey; so versäume nicht solches alsbald zu bewirken und zugleich: daß mit Dero Buchhandlung abgeschlossen worden auszusprechen. Eine Anzeige hievon würde nach Dresden gehen, wie es gedachter Erlaß zu fordern scheint. Womit ich, die Absendung bereitend, die Ehre habe mich zu unterzeichnen.

Ew. Hochwohlgeboren
gehorsamsten Diener
Weimar den 19. September 1825.   J. W. v. Goethe.

60.
An C. F. Zelter.

Zuvörderst also vermelde, daß die Briefe nebst allem übrigen Angekündigten und Unerwarteten glück=

lich angekommen sehen. Die Zeitungen hatten mir
schon von deinem so wohl verdienten Feste freudige
Nachricht gegeben, und ich konnte sodann in die nach=
gesendeten Gedichte von Herzen einstimmen. Deine
guten und frommen Worte hab ich mir zugeeignet,
und wenn du das mittlere Gedicht von den drey bey=
kommenden auf dich beziehen und es deiner Liedertafel,
zu Stärkung des Glaubens aller Wohlgesinnten,
widmen willst so werd ich dir Dank wissen.

Daß Ihr meinen Geburtstag darauf so freund=
feyerlich begangen, ist auch dankbarlichst anerkannt
worden.

Von hiesigen Gedichten zum dritten September
sende nächstens mehr. Die Zeitungen bringen Euch
schon Nachricht von unserm Jubeln. Heute verzeih!
denn ich bin durch diese Festtage wirklich zurück=
gekommen. Die Hoffmannische Buchhandlung will
alles was sich darauf bezieht zusammen drucken; ein
Exemplar soll dich alsobald aufsuchen.

Unserm treuen Langermann danke allerschönstens
für sein wichtiges, gleich vernichtetes Blättchen; er
soll doch ja einmal wieder einige Stunden an mich
wenden. Sein gerader Sinn, in dieser Vollkommen=
heit des Um= und Durchschauens, ist nicht genug zu
bewundern.

In jenen Tagen des Festes hab ich mich, wie ich
nicht läugnen will, männlicher benommen als die
Kräfte nachhielten, was ich aber that war nothwendig

und gut, und so wird sich denn auch wohl das gewohnte liebe Gleichgewicht bald wieder herstellen. Sonst ist mir noch manches Gute begegnet, dessen Mittheilung nicht außenbleiben soll.

Danke den sämmtlichen Mitgästen vom 28. August zum allerschönsten.

treulichst

Weimar den 19. September 1825. G.

61.
An Carl Wilhelm Göttling.

Ew. Wohlgeboren
äußerten neulich daß Sie nicht abgeneigt seyen die revidirten Bände meiner Werke allenfalls noch einmal durchzulaufen. Da ich nun dieselben zum Druck abgehen zu lassen in Begriff stehe, so sende die beiden ersten zu einigem Überblick.

Der zweyte und dritte Band, ganz Manuscript, die ich Ihnen noch nicht vorgelegt, sollen hierauf folgen mit Bitte: denenselben gleiche Aufmerksamkeit zu schenken, um die ich gegenwärtig auf's neue gebeten haben will, indem nun ernstliche Anstalt zu der Ausgabe selbst gemacht wird.

Mich zu geneigtester Theilnahme fernerhin bestens empfehlend.

ergebenst

Weimar den 21. September 1825. J. W. v. Goethe.

62.

An J. G. Lenz.

Ew. Wohlgeboren
vermelde gewiß zu nicht geringer Zufriedenheit, daß
Serenissimus, bey Gelegenheit der höchsten Jubelfeyer,
dem Herrn Grafen Vargas Bedemar die große Aus=
zeichnung des Comthurkreuzes gnädigst verleihen
wollen; ich habe diesem werthen Manne sogleich da=
von die nöthige Eröffnung gethan.

Herrn Hofrath Brandes habe in Erwiderung seiner
an Serenissimum gesendeten Blitzröhren die silberne
Medaille mit Ihro des Fürsten Bildniß als dank=
bare Anerkennung seiner Freundlichkeit vorlängst
übersendet. Da er nun selbige an dem Ordensbande
zu tragen wünscht so werde auch dieses zu erlangen
und deshalb eine Ausfertigung bey der Ordenskanzley
zu bewirken suchen.

Das Beste unserer herrlichen Anstalt wünschend,
hoffend, voraus= und schon gelungen sehend.

ergebenst

Weimar den 21. September 1825.   J. W. v. Goethe.

63.

An J. A. G. Weigel.

[Concept.]

Ew. Wohlgeboren
haben die Gefälligkeit zu den neulich bestellten Blät=
tern auch noch Nr. 26, Esaias van de Velde, Ein

durchbrochener Damm pp., bey zu packen und der alsbaldigen Zahlung gewärtig zu seyn.

Das Beste wünschend.

Weimar den 21. September 1825.

64.
An den Freiherrn C. W. v. Fritsch.

Ew. Excellenz
nehme mir die Freyheit den von Kaiserlich Königlich Österreichischen Hofkanzley an mich ergangenen Erlaß im Original vorzulegen und, indem ich mir dessen gefällige Rücksendung erbitte, zugleich anzufragen: Ob Hochdieselben geneigt seyen demnächst eine, an Herrn v. Piquot deshalb abzusendende Depesche an denselben gelangen zu lassen? ihm auch aufzutragen daß er die wenig bedeutenden Canzleygebühren bey der Kaiserlichen Hofkanzley erlegen und dagegen das Privilegium empfangen möge; um welche Bemühung ich ihn selbst zu ersuchen nicht ermangeln, auch den Betrag allhier zu erstatten nicht verfehlen würde.

Hochdieselben verpflichten hiedurch auf's neue denjenigen der die Ehre hat sich zu unterzeichnen
gehorsamst
treu angehörig

Weimar den 21. September 1825.　　J.W.v.Goethe.

65.

An den Freiherrn C. W. v. Fritsch.

Ew. Excellenz
übersende den, wie mich dünkt glücklich gerathenen Versuch Serenissimi Bildniß in Goldblech auszuprägen. Das Schreiben des Regierungs=Raths Schmidt benachrichtigt uns daß die Kosten gering sind; denn der noch nicht ausgesprochene Betrag des Prägens kann von keiner Bedeutung seyn. Es hängt nur vom höchsten Befehle ab wie viele Exemplare bestellt werden sollen.

Zugleich erbitte mir das gefällig verfaßte Schreiben an Herrn v. Piquot, welches ich gestern, aus einer irrigen Ansicht in Ew. Excellenz Händen ließ.

Dankbar, vertrauend
gehorsamst
Weimar den 23. September 1825. J.W.v.Goethe.

66.

An den Grafen Franz Joseph Saurau.

[Concept.]

Hochgeborner Graf
Hochverehrter Herr!

Die zwar bescheiden gehoffte, aber in dem weitesten Maaße von Ihro Kaiserlichen Majestät mir verliehene Gnade eines Privilegiums für die vorseyende vollständige Ausgabe meiner Werke seh ich durch Ew. Excellenz verehrliches Schreiben in volle Wirksamkeit eintreten. Indem ich nun jene allerhöchste Berücksichtigung in ehrfurchtsvoller Devotion nach ihrem ganzen Umfange dankbarlichst anerkenne, fühle ich zugleich wie sehr ich in dieser Angelegenheit Ew. Excellenz verpflichtet geworden.

Wenn man sich bey einem immer unruhig beschäftigten, oft mühevollen Leben zuletzt einige Belohnung und Vergeltung wünschen darf, so ist doch diejenige, die mir geworden ist, von höchst auszeichnender Art und ohne Beyspiel; daher auch das Gefühl vergeblich strebt sich ihr gleich zu stellen und Worte sich nicht finden dasselbige auszudrücken.

Nehmen Ew. Excellenz daher das Wenige, was ich auszusprechen vermag und wage, statt vieler redekünstlichen Äußerungen, welche bey allem Schmuck die Innigkeit meiner dankbaren Gesinnungen auszudrücken nicht vermögend seyn würden.

Weimar den [27.] September 1825.

Schließlich bemerke: daß Herr Geh. Legations=Rath v. Piquot, des Großherzoglich Weimarischen Hofes Geschäftsträger, ersucht ist das allerhöchste Privilegium bey Kaiserlicher Hofkanzley gegen die schuldigst zu entrichtenden Gebühren ungesäumt zu erheben.

Der ich die entschiedenen Beweise so günstiger Gesinnung dankbar verehrend, mit ausgezeichneter Hochachtung mich zu bekennen das Glück habe.

Weimar den 24. September 1825.

67.
An den Freiherrn
Eduard Joachim v. Münch=Bellinghausen.

[Concept.]

Hochwohlgeborner Freyherr
Hochzuverehrender Herr!

Die allerhöchste Gnade womit Ihro Kaiserliche Majestät in Ertheilung eines unbegränzten Privi=
legiums für die Ausgabe letzter Hand meiner sämmt=
lichen Werke mich zu beglücken geruht, kann ich nicht in ihrem ganzen Umfange dankbar devotest anerkennen ohne mich gleichzeitig zu erinnern daß ich die Ein=
leitung dieser für mich so wichtigen und gewisser=
maßen bedenklichen Angelegenheit von Anfange her Ew. Excellenz vorzüglich verdanke.

Denn bey Dero Ankunft in Frankfurt a/M. im verwichnen Frühjahr ward dieses Geschäft bey dem hohen Bundestage ungesäumt eingeführt, wodurch es sich denn eines weitern Fortgangs bis jetzt anhaltend zu erfreuen hatte. Und nun ist mir abermals das Vergnügen gewährt Hochdieselben in Wien gegenwärtig zu wissen, als Ihro Kaiserliche Majestät geruhen diese für mich einzig wichtige Angelegenheit durch aller=
höchste Milde zu entscheiden, zu begründen und meine bisher gehegten Hoffnungen über alle Erwartung zu erfüllen.

Die mir dadurch erwiesene Gunst ist jedoch von solcher Bedeutung daß ich nur mit wenigen Worten

versichern kann, meine Dankbarkeit gegen den aller=
höchsten Geber und die geneigtest einwirkenden ver=
ehrten Personen werde nicht nur von lebenslänglicher
Dauer seyn, sondern auch auf die Meinigen übergehen,
um so mehr als ich eine solche Gnade nur in gefühl=
tester Bescheidenheit zu empfangen vermag, ohne Aus=
sicht irgend etwas Angemessenes dagegen leisten zu
können

Der ich.

Weimar den [27.] September 1825.

68.

An Peter v. Piquot.

[Concept.] [27. September 1825.]

Hochwohlgeborner

Insonders hochgeehrtester Herr!

Mit Zustimmung des Herrn Staats=Ministers
v. Fritsch, dessen begleitendes Schreiben hier angefügt
ist, nehme mir die Freyheit Ew. Hochwohlgeboren um
einige gefällige Bemühung höflichst zu ersuchen.

Durch des Herrn Grafen v. Saurau Excellenz
nämlich ist mir die Nachricht zugegangen, daß ein
von Ihro Kaiserlichen Majestät mir allergnädigst zu=
gedachtes Privilegium für die neue Ausgabe meiner
sämmtlichen Werke bey der Hof= und Staats=Kanzley
taxfrey ausgefertigt liege.

Ew. Hochwohlgeboren ersuche daher geziemend solches
geneigt erheben auch die wenig bedeutenden Canzley=

gebühren dafür abtragen zu wollen. Diese sowohl als
was an Porto oder sonst auszulegen wäre, bitte
anher gefällig einzurechnen, da ich denn die Schuld
sogleich zu entrichten und zu vergüten nicht ermangeln
werde.

Da nun hiedurch Hochdieselben eine für mich be=
sonders wichtige Angelegenheit geneigtest zu fördern
die Güte haben, so werde dafür mit freudiger An=
erkennung zu danken wissen. Der ich mir zur Ehre
rechne bey dieser Gelegenheit meine vorzüglichste Hoch=
achtung versichernd, mich unterzeichnen zu können.

Weimar den 26. September 1825.

69.
An?

[Concept.] [Ende September 1825?]

Beachten Sie doch auch das lebhafte Streben, die
Sicherheit der Kunstgeschichte zu untergraben und ihre
Reinheit zu stören. Dieß wird von so vielen Seiten
unternommen weil niemand den Mangel des Unter=
scheidungsvermögens, niemand den Mangel an viel=
jährigen Übeln bekennen will. Setzen [Sie] zunächst
einem Gast verschiedene vortreffliche Rheinweine vor,
und versichert er, das sey alles einerley Geschmack und
nichts unzulässiger als Scheidung des Orts, der Lage
des Hügels, dieses oder jenes Jahres unterscheiden zu
wollen. Begegnet Ihnen das, so verfahren Sie ja

glimpflich und nachgiebig gegen einen solchen, denn in weniger Zeit wird er eine Legion neben und hinter sich haben. Beobachten Sie Ihren Kreis und es müssen solche Gestalten hervortreten die wir einem künftigen Wachler empfehlen müssen. Der Decurs eines solchen Unsinns dauert wenigstens zwanzig Jahre.

70.
An den Grafen
Friedrich Christian Johann v. Luxburg.
[Concept.]

Geneigtest zu gedenken!

Das für die neue Ausgabe der von Goethe'schen Werke erbetene Privilegium betreffend.

In einem an die hohe deutsche Bundes-Versammlung gerichteten, nicht ungnädig aufgenommenen Schreiben, Weimar den 11. Januar 1825, hat Unterzeichneter seine ehrerbietigen Wünsche dergestalt ausgedruckt, daß er in Gegenwärtigem sich darauf zu beziehen wohl die Erlaubniß finden wird.

1) Die im Jahr 1815 in der J. G. Cotta'schen Buchhandlung zu Stuttgart erschienene Ausgabe seiner Werke bestand in zwanzig Bänden, deren Inhalt in einer neuen erweiterten Ausgabe, nebst andern indessen einzeln abgedruckten Arbeiten, nicht weniger manchem vorräthigen Manuscript, abermals an's Licht treten sollte.

Ferner gedachte man auf die poetischen und ästhetischen, auch historische, kritische, artistische Aufsätze folgen zu lassen und zuletzt, was sich auf Naturwissenschaft bezöge, nachzubringen; dieses Ganze würde den Titel führen

Goethes Werke

vielleicht mit dem Zusatz: „vollständige Ausgabe der letzten Hand."

2) Wegen Ertheilung des Privilegiums druckte man sich folgendermaßen aus: daß man solches für sich und die Seinigen erbitte, so daß man sowohl einen Selbstverlag unternehmen, als auch auf einen Verleger den gesetzlichen Schutz erstrecken könne.

Hiernach wird nun in einer aufgeklärten Zeit immer mehr zur Sprache kommen, was eigentlich der Autor zu fordern habe, als Urheber so mancher willkommenen Gabe, dessen Befugniß in Deutschland bisher öfters verkannt worden. Hier ist jedoch die Stelle zu bemerken daß wenn in der älteren Zeit der Verleger durch ein Privilegium seine Kosten zu decken, seinen Gewinn zu steigern suchte, nunmehr wohl die höchsten Staatsverweser dem Autor und den Seinigen einen rechtmäßigen Besitz, der dem geistigen Erwerb so gut als jedem andern zukommen dürfte, zu versichern wohlwollend geneigt seyn werden.

Unterzeichneter hat daher für sich und die Seinigen um ein Privilegium gebeten und zugleich um die Vergünstigung diese Gerechtsame auf irgend einen

Verleger zu übertragen, wodurch also beide Theile, höchsten Absichten gemäß, genugsam gesichert wären. Soviel ist jedoch vorläufig anzuzeigen, daß man im Begriff steht mit der J. G. Cotta'schen Buchhandlung in Stuttgart über dieses Geschäft sich zu vereinigen.

3) Weil man aber, durch frühere Erfahrungen gewarnt, mit dem Verleger nur auf gewisse Jahre in Verbindung treten wird, so hat man ein, was die Zeit betrifft unbegränztes, oder wenigstens vieljähriges Privilegium vorausgesetzt.

Bedenkt man besonders in gegenwärtigem Falle, daß schon mehre Jahre erforderlich sind, eine Sammlung von über vierzig Bänden in's Publicum zu liefern, betrachtet man, daß von einer Ausgabe der letzten Hand die Rede sey, an der keine weitere Veränderung stattfinden darf, deren späterer Abdruck also nur eine Wiederholung des ersten wäre; so wird man sich überzeugen, daß, wo nicht eine unbedingte Vergünstigung, doch ein weiter zu erstreckender Termin nothwendig und billig seyn möchte.

Und so sind die bisher dem Unterzeichneten von mehrern hohen Bundesstaaten bereits ausgefertigten Privilegien sämmtlich unbedingt, nur haben Ihre Königliche Majestät von Dänemark den Termin auf funfzig Jahre zu erstrecken geruht; wie denn auch das Gleiche von Ihro des Herzogs von Nassau Durchlaucht beliebt worden ist.

Fügt sich nun hiezu daß in mehren deutschen Staaten, und namentlich im Königreich Baiern, bereits Gesetze gegen den Nachdruck vorhanden sind, so würden bey einem Privilegium, das aus besonderer Gnade gleichsam nur ehrenhalber verliehen wird, wenn auch die Dauer desselben auf längere Jahre als sonst bey gewöhnlichen Industrie-Privilegien ausgesprochen würde, gewiß in keinem Falle weder der Staat, noch der Autor und Verleger gefährdet seyn.

In solcher Voraussetzung darf ich denn wohl meine submisseste Bitte wiederholen: es möge für die vollständige Ausgabe letzter Hand meiner sämmtlichen Werke mir und den Meinigen ein allergnädigstes Privilegium auf geraume Zeit ertheilt werden: der Erfüllung welches Wunsches ich mit so mehr Zuversicht entgegen sehen darf als Ihro des Königs von Baiern Majestät seit vielen Jahren meine allerunterthänigste Devotion mit allergnädigster Aufmerksamkeit anhaltend zu beglücken geruht.

Weimar den 1. October 1825.

71.
An den Freiherrn
Ernst Franz Ludwig Marschall v. Bieberstein.

[Concept.]

Hochwohlgeborner Freyherr!
Hochgeehrtester Herr!

Für das auf mein unterthänigstes Gesuch so schnell und vollständig mir gnädigst verliehene Privilegium, die neuste Ausgabe letzter Hand meiner sämmtlichen Werke betreffend, wünsche Ihro Herzoglichen Durchlaucht, Ew. Excellenz gnädigstem Herrn, meinen devotesten Dank schuldigst abgetragen zu wissen.

Indem ich nun hoffen darf Hochdieselben werden diese Bemühung geneigtest übernehmen, so bitte zugleich überzeugt zu seyn daß ich in jener Gewährung eines angelegenen Wunsches die Einwirkung eines verehrlichen Wohlwollens erblicke, welches Hochdieselben mir früher gegönnt und welches ich mir schmeichle auch in Zukunft, sowohl für mich als die Meinigen, geneigtest erhalten zu sehen.

Der ich die Ehre habe mich mit vorzüglichster Hochachtung zu unterzeichnen.

Weimar den 2. October 1825.

72.
An den Großherzog Carl August.

[Concept.]

Ew. Königliche Hoheit
geruhen Beykommendes gnädig aufzunehmen; es ist mir von einem bisher unbekannten Künstler zugesendet worden und da das Bild an einem heitern Tage einen fröhlichen Anblick gewährt so verfehle nicht solches alsobald vorzustellen.

Mich zu Hulden und Gnaden empfehlend.

Weimar den 4. October 1825.

73.
An Johann Friedrich Blumenbach.

[Concept.]

Drang und Verwirrung jener Tage so wie die Übereilung eines guten herzlichen Willens um zu rechter Zeit an Ort und Stelle zu erscheinen, hätte sich durch poetische so wenig als rhetorische Künste in dem Grade darstellen lassen als es, nicht durch einen Miß= sondern Ungriff geschehen ist, dessen Schuld mir ganz allein zur Last fällt, welche jedoch durch Gegenwärtiges wo nicht getilgt doch gemindert zu sehen hoffe.

Möge das unangenehme Gefühl einer solchen Verzögerung durch den Anblick des freundlichsten Fürsten alsobald ausgeglichen seyn, eines Fürsten, der in reinster Neigung gegen die Wissenschaften und gegen den Mann verharrt, dem sie so Unübersehbares verdanken.

So bleibt denn kein Zweifel an der aufrichtigsten Theilnahme des Abgebildeten so wie des Unterzeichneten, der sich erlaubt mit dem Wunsche zu schließen: uns möge sämmtlich beschieden seyn, mit noch so manchem Zeit= und Fleißgenossen, das bevorstehende göttingische Universitäts=Jubiläum zu feyern, wobey denn das Weitere zu verabreden wäre.

Weimar d. 5. Octbr 1825.

74.
An Sulpiz Boisserée.

Fräulein Adele Schopenhauer bringt mir von Wiesbaden freundliche Grüße und versichert mir wovon ich denn ohnehin schon überzeugt bin: daß Sie in alter Liebe und Treue meiner gedenken; nur berichtet sie zugleich: daß Sie mit Ihrer Gesundheit nicht so wie ich wünsche zufrieden seyn können. Sagen Sie mir ein näheres Wort, indessen ich von meinen Zuständen soviel vermelden kann: daß ich, in Betracht meiner Jahre, alle Ursache habe zufrieden zu seyn, wenn ich mein Befinden richtig beurtheile, mich darnach halte und durch äußere Veranlassung nicht in meinem Gange gestört werde, so bleibt mir nichts zu wünschen übrig als die Gleichheit eines solchen Zustandes so lange mir auf Erden zu verweilen gegönnt ist.

Zu dem ferneren Verhältniß zu Herrn v. Cotta ist durch Sie, mein Theuerster, ein guter Grund gelegt. Freylich! wegen des Fort- und Aufbaues bleibt mir noch einiges auf dem Herzen, welches Ihrer freundlichen Theilnahme nächstens zu empfehlen mir die Erlaubniß ausbitte. Gegenwärtig nur soviel, um mich Ihnen und den lieben Ihrigen zu fortdauerndem, sich immer erneurendem Wohlwollen zu empfehlen.

treulichst

Weimar den [5.] October 1825.   Goethe.

75.

An Christian Friedrich Tieck.

Ew. Wohlgeboren
bin nun so lange und so vielfach eine Erwiderung
schuldig, daß ich sogleich als nur einiger Raum nach
vergangenen Festen und deren mannichfaltigen Folgen
gegönnt ist, mich bereite meine Schuld, wenn auch
nicht vollständig doch einigermaßen abzutragen.

Zuvörderst haben wir uns alle Glück zu wünschen,
daß unter Ew. Wohlgeboren und Herrn Professor
Rauchs Einwirkung Herrn Brandt die Jubelmedaille
so gut gerathen ist. Sie erhält allgemeinen Beyfall,
ist aber auch ganz vorzüglich gelungen.

Der Abguß meiner jugendlichen Büste ist ebenfalls
glücklich angekommen und ich danke Ihnen verbindlich
daß Sie diese Erinnerung früherer Zeiten dadurch mir
wieder auffrischen wollen.

Mögen Sie ein Exemplar wohlverpackt an die
großherzogliche Bibliothek senden, so wird man von
daher die Gebühr sehr gerne abtragen.

Nicht weniger würde mir sehr angenehm seyn wenn
ich die Zelterische Büste erhalten könnte; sie ist mir
angekündigt und zugesagt. Ew. Wohlgeboren haben
wohl die Gefälligkeit sie am rechten Orte zu erinnern.

Von der großen Lebendigkeit des Bauens und
sonstigen Kunstwirkens geben mir alle Reisende die
erfreulichste Kenntniß; man wünscht davon Zeuge zu

seyn, da ein so frisches Leben kaum in der neuern
Zeit wieder möchte zur Anschauung kommen.

Empfehlen Sie mich Herrn Professor Rauch zum
allerschönsten; ich wünsche zu erfahren, wie seine Reise
gelungen ist; einige Tage bin ich bey sinkendem Baro=
meter um ihn in Sorge gewesen.

Der in Berlin zusammentretende Verein ernster
Kunstfreunde läßt viel Gutes hoffen; mögen Sie mir
im Verlauf der Zeit wohl einige Nachricht geben,
welches Gewinnes sich die schöne Absicht zu erfreuen
hatte?

Das Stuttgarter Kunstblatt wird in kurzer Zeit
Nachricht geben von einem dort eröffneten Concurs,
das neugriechische Gedicht, welches ich unter dem Titel
Charon in Kunst und Alterthum eingeführt habe,
zu versinnlichen. Herr Leybold, aus Stuttgart ge=
bürtig, der seine Studien in Wien und Rom gesteigert
hat, scheint uns die Aufgabe trefflich gelöst zu haben.
Erst ein Umriß, sodann ein ausgeführtes Blatt in
Steindruck wird von dem Verfahren des Künstlers
Rechenschaft geben.

Vielleicht suchen Sie gleichfalls was bey Ihnen
Gutes gedeiht öffentlich bekannt zu machen; eine all=
gemeinere Kenntniß was an allen Orten Deutschlands
geschieht wird immer wünschenswerther.

Soviel für dießmal mich bestens empfehlend.

ergebenst

Weimar den 5. October 1825. J. W. v. Goethe.

76.

An den Herzog Ernst von Sachsen=Coburg.

[Concept.]

Durchlauchtigster Herzog
pp.

Indem Ew. Herzogliche Durchlaucht, als Landes=
herr, mir und den Meinigen für jetzt und die Zukunft
ansehnliche Vortheile durch ein gnädigst weit erstrecktes
Privilegium zu sichern geruhen, fügen Höchst Dieselben
noch eine unschätzbare Gabe hinzu, den geneigtesten
Ausdruck eines persönlichen Wohlwollens und ein=
greifender Theilnahme an meinem bisherigen Thun
und Wirken.

Möge doch diese schließliche Sammlung meiner
schriftstellerischen Arbeiten auch noch Einiges enthalten
woraus Ew. Hochfürstlichen Durchlaucht neue Zu=
friedenheit erwachsen könne; womit ich zugleich den
treuen Wunsch verbinde, es möge alles was Höchst
Dieselben in einem so weiten und erhabenen Wirkungs=
kreise beabsichtigen und unternehmen, zum Wohle der
Ihrigen und zu eigener Belohnung sich gestalten und
mir die Kenntniß davon, so lange mir noch an irgend
einem Guten theilzunehmen vergönnt ist, unverholen
bleiben.

Der ich für ein hohes Glück schätze mich ehrfurchts=
voll unterzeichnen zu dürfen.

Weimar 5. October 1825.

77.
An J. W. Riemer.

Beygehenden Entwurf zu einem Schreiben an den freundlichen sicilianischen Sender lege vor, wie er aus dem Stegreife gerathen wollen, da, bey der Übertragung in's Lateinische, Stellung und Ausdruck auf alle Fälle sich verändern.

Da, wie aus den Beylagen ersichtlich, das Antwortschreiben von Serenissimo unmittelbar gefordert wird, so ersuche Sie dieß Geschäft bald zu übernehmen, damit wir uns Ehre machen, theils durch die Arbeit selbst, theils durch die Geschwindigkeit womit sie geleistet worden.

Weimar den 5. October 1825. G.

78.
An Ernestine Panckoucke.
[Concept.]

Schon längst wünschte ich, theuerste Frau, für den Antheil den Sie mir und meinen Arbeiten geschenkt den verbindlichsten Dank zu sagen; nun wird Herr Cammerherr v. Poseck von mir das Freundlichste vermelden.

Möge zu dem vielfachen Guten, das er sich von seiner Reise verspricht, ihm auch von Ihnen eine wohlwollende Aufnahme beschert seyn, und das Ge=

bilde das er überbringt sich eines geneigten Blickes
zu erfreuen haben.

Mit dem Wunsche daß alles Glück, das Ihnen
gegönnt ist, von ununterbrochener Dauer sey, nähre
ich die Hoffnung durch meinen reisenden Freund das
Willkommenste zu vernehmen.

Weimar, 8. October 1825.

79.
An C. W. Göttling.

Ew. Wohlgeboren
verfehle nicht anzuzeigen: daß die sämmtlichen bey=
geschriebenen Correcturen der Bände 14. 15. 16 dank=
bar gebilligt, auch anderes bemerkt und nachgetragen
habe. Einiges wie hantiren und die davon
heulenden Wölfe werden Sie dem Oberdeutschen
und Dichter freundlich nachsehen.

Übrigens billige gern wegen mehre und gypsene
die vorgeschlagene Form und bitte fernerhin um ge=
neigten Antheil.

Auch darf ich nicht unbemerkt lassen daß, viel=
leicht schon in dem [dritten] Theile, mehr noch im
vierten gewisse Gedichte aus den vorigen Bänden
abermals aufgenommen und mit andern ähnlichen
Inhalts zusammengebracht worden.

Der Dichter sieht sich an allen Orten und Enden
wieder abgedruckt, daß er auch dergleichen, zu ent=
schiedenen Zwecken, sich wohl erlauben darf.

Die gehaltreiche Einleitungsschrift war mir so angenehm als belehrend.

Dankbar, mit den treulichsten Wünschen.
                                    ergebenst
Weimar den 8. October 1825.   J. W. v. Goethe.

80.
An Johann Paul Harl.

[Concept.]
Wohlgeborner
    Insonders hochgeehrtester Herr!

Während Sie an der für mich so wichtigen Angelegenheit ein freundliches Theilnehmen auszusprechen belieben und zugleich geneigt sind, daraus für das Ganze einigen Vortheil zu hoffen, hat sich die Gunst für mein Unternehmen immer thätiger und entschiedener bewiesen; daher ich denn überzeugt seyn darf daß, wenn ich nach vollendetem Abschluß sämmtliche Documente dem Publicum pflichtschuldigst vorlege, auch daraus manches Erfreuliche in's Allgemeine wird abzuleiten seyn.

Erhalten Sie mir bis dahin einen geneigten Antheil und bleiben überzeugt daß ich das mir sich bereitende Gute erst recht genießen werde wenn ich einen günstigen Einfluß dieses Vorgangs auch meinen Freunden und Mitgenossen heilsam und ersprießlich werden sehe.

Weimar den 8. October 1825.

81.

An den Großherzog Carl August.

Ew. Königlichen Hoheit
sende hierbey verschiedenes gnädigst Mitgetheilte und
erwähne zugleich einiger verwandten Gegenstände.

1) Den Auszug aus der St. Petersburger Handels-
Zeitung mit dem Aufsatz über den uralschen Gold-
sand; ferner:

2) Das Verzeichniß der eingesendeten Proben gedachten Sandes mit ursprünglicher Mischung der ver-
witterten Gebirgsarten.

Merkwürdig ist es allerdings daß in der ältesten
indischen Mythologie sich die Sage findet von einem
wunderbaren im Norden gelegenen Goldberg Meru,
wo Kubero, der Gott des Reichthums, wohnt, und
daß problematische Nachrichten überliefert worden
großer Wanderungen von Süden nach Norden, die
sich darauf beziehen könnten.

Wird man nicht in der Folge die Urgebirgsgänge
zu erschürfen suchen, woher dieser so reichhaltige
Grus und Grand sich herleitet?

3) Ein Schreiben von Professor Hand mit dem
Verzeichniß dessen was er in die jenaischen Museen
geliefert, wofür er allerdings Dank verdient. Wie
denn dem Vernehmen nach Ew. Königliche Hoheit
diese Gegenstände schon geneigt angeschaut haben.

4) Einen sehr erfreulichen Brief des Grafen Sternberg; woraus ersichtlich daß er sich diesen Sommer gar schön in der Welt umgesehen hat.

Einiges was noch schuldig geblieben soll in Kurzem nachfolgen; wobey nicht versäumen darf anzuzeigen daß des Herrn Großherzogs von Baden Königliche Hoheit auf die allerfreundlichste Weise mein Gesuch um ein Privilegium erwidert haben, worin Höchst Ihro Vorsprache dankbarlichst erkenne.

Verehrend
untertänigst

Weimar den 9. October 1825.   J. W. v. Goethe.

82.

An J. G. Lenz.

Ew. Wohlgeboren
werden in den nächsten Tagen eine Kiste erhalten worin eine Sammlung befindlich des in Perm neu= entdeckten goldhaltigen Gruses und Grandes, wobey nicht weniger eine Anzahl Stufen hinzugefügt sind, welche von den Gebirgsarten zeugen woher jene Auf= schwemmungen herzuleiten sind.

Die mineralogische Gesellschaft in Petersburg sendet dieses Geschenk und wir wollen überlegen wie wir uns dagegen dankbar erweisen können. Indem ich die des= halb eingesendeten Catalogen nebst übersichtlicher Be=

schreibung beylege, empfehle mich, das Beste wünschend,
zu geneigtem Andenken.
    Ew. Wohlgeb.
        ergebenster Diener
    Weimar den 10. October 1825.   J. W. v. Goethe.

83.

An Ferdinand Gotthelf Hand.

[Concept.]   [10. October 1825?]
    Ew. Wohlgeboren
haben die Hoffnung die wir auf Ihre Mitreise nach
Petersburg gehegt vollkommen gerechtfertiget, indem
Sie, während fortgesetzter belehrenden Unterhaltung
mit unsern liebenswürdigen und höchstgebildeten Prin=
zessinnen, nicht nur Ihre eigene wissenschaftliche Ab=
sichten im Auge gehabt, sondern auch für die aka=
demischen Anstalten aufmerksame Sorge getragen,
wovon dem Vernehmen nach Ihro Königliche Hoheit
der Großherzog schon persönlich Kenntniß genommen
haben.
    Sollte mir wegen Vorschritt der Jahrszeit nicht
möglich seyn die mitgebrachten Schätze selbst zu be=
schauen, so würde mir angenehm seyn, gelegentlich,
hier am Orte, von Ew. Wohlgeboren das Nähere von
Ihrem bedeutenden Aufenthalt in der großen Kayser=
stadt zu vernehmen und dabey versichern zu können:

daß ich niemals aufhören werde an dem Wohl der
Akademie Jena und der einzelnen Glieder derselben
aufrichtig wirckſam Theil zu nehmen.

84.

An Joseph Sebastian Grüner.

Ihro Königliche Hoheit der Großherzog haben
Endesunterzeichneten zu beauftragen geruht dem Herrn
Polizey= und Criminalrath Grüner zu Eger, für die
handſchriftliche Beſchreibung der Sitten, Gebräuche
und Kleidungen des Egerſchen Sorbenvolkes, mit der
Bemerkung gnädigſt zu danken, daß dieſe Beſchreibung
nach erfolgter Höchſter Durchſicht auf die großherzog=
liche Bibliothek zu fernerer Benutzung abgegeben
worden.

Indem ich mich nun eines ſo angenehmen Auf=
trags hiedurch erledige, verſäume nicht die Gelegenheit
mich Ew. Wohlgeboren zu geneigtem Andenken beſtens
zu empfehlen.

Ew. Wohlgeboren

ergebenſter Diener

Weimar den 10. October 1825.   J. W. v. Goethe.

85.

An Friedrich v. Müller.

Auf Sereniſſimi Befehl ſollte ein Antworts=
Schreiben auf Inliegendes verfaßt werden, welches

hiebey), obgleich einigermaßen verspätet geschehen ist. Mögen ihm Ew. Hochwohlgeboren durch Übertragung in's Französische einiges Geschick geben, so würde die höchste Absicht zunächst erfüllt seyn.

Durch gewisse Wendungen welche jener Sprache eigen sind läßt sich das zu Sagende viel besser ausdrücken.

gehorsamst

Weimar den 11. October 1825. J. W. v. Goethe.

86.

An Carl Friedrich Ernst Frommann.

Ew. Wohlgeboren
haben diesen Morgen durch Gelegenheit schon ein Paquet erhalten, worin Dieselben die bestellten Exemplare der Tafeln zur Farbenlehre, theils schwarz theils illuminirt, finden werden. Ich habe vier Blätter von jeder Tafel zurück behalten, so daß von dem angezeigten 100 nur 96 erfolgen.

Die Aquatinta ist in reinlicher Gleichförmigkeit wieder hergestellt und die colorirten Blätter mit sorgfältiger Auswahl der Farben sowohl, als auch mit vielem Fleiß der Illuminirenden gearbeitet. Leider wird dieser Theil der Kunsttechnik bey uns gegenwärtig nur von wenig Individuen mit Genauigkeit behandelt, weswegen auch die Verspätung geneigt zu entschuldigen seyn möchte.

Die Rechnung, deren gefällige Berichtigung mir erbitte, erfolgt zugleich mit den Belegen.

Der ich mit den aufrichtigsten Wünschen mich Ew. Wohlgeboren und den werthen Ihrigen allerbestens empfehle.

ergebenst

Weimar den 12. October 1825. J. W. v. Goethe.

87.

An die Großherzogin Louise.

Ew. Königl. Hoheit
betrachten, mit gewohnter huldvoller Nachsicht, Beykommendes als ein Zeugniß daß wir jener Schuld, die nicht abzutragen ist, wenigstens tief im Herzen treulich gedenken. Verzeihen Höchstdieselben einer von dem Unternehmen unzertrennlichen Kühnheit und erhalten allen Ihren Getreuen Milde, Gunst und Gnade.

Der ich mich vorzüglich zu empfehlen wage

Weimar den 14. October 1825. J. W. v. Goethe.

88.

An F. W. Riemer.

Herrn Professor Riemer wünsche heute Abend um 5 Uhr in dem Wagen abzuholen und nach einer nützlichen Unterhaltung zum Abendessen bey mir zu sehen. Im bejahenden Fall bedarf es keiner Antwort.

Weimar den 14. October 1825. G.

89.

An F. W. Riemer.

Genöthigt durch das herkömmliche Treiben und Drängen unseres Freundes, der beykommenden Aufsatz bald möglichst wünscht, übersende solchen zu gefälliger Durchsicht. Man könnte das alles viel besser und anmuthiger sagen; möge er mit Ihren Bemerkungen mir freundlich zurückkehren.

Weimar den 15. October 1825. G.

90.

An den Großherzog Carl August.

Ew. Königliche Hoheit
vermißten neulich in Jena den Präparaten-Catalog der Veterinairschule. In Erinnerung, daß ein solcher vorhanden sey, ließ ich sogleich nachforschen und Höchst Dieselben belieben aus beyliegendem Vortrag den Erfolg gnädigst zu ersehn.

Die Nummern werden gegenwärtig aufgeklebt, größere und zum didactischen Zweck zunächst nicht geforderte platzversperrende Präparate sind schon in's Schloß geschafft und so wird man fortfahren, damit nichts Nothwendiges entfernt werde und nichts Überflüssiges den Raum beenge.

Mit angelegener Bitte, Höchst Dieselben mögen, wenn etwas bey diesen Anstalten sich zu erinnern

findet, solches gnädigst bemerken, auch der Beseitigung der Mängel und der Ausführung des Wünschens=
werthen jedesmal überzeugt bleiben.

Weimar den 16. October 1825. G.

91.
An Friedrich v. Müller.

Darf ich wohl an die französische Übersetzung des vor kurzem übersendeten Danksagungschreibens Sere-nissimi an die Linnésche Gesellschaft zu Paris erinnern. Unter meinen Agendis find ich diese Besorgung als die dringendste.

Das Beste wünschend und hoffend.
gehorsamst
Weimar den 16. October 1825. J. W. v. Goethe.

92.
An F. J. Soret.

[Concept.] [16. October 1825?]
Ew. Wohlgeboren
verfehle nicht zu vermelden daß heute die Haupt=
lieferung glücklich angekommen ist und wir uns also im Stande sehen sämmtliche Wartende und Hoffende zugleich zu befriedigen.

Da wir nunmehr nach überreichter Medaille von der Höchsten Orts ausgesprochenen Zufriedenheit ge=
wiß und auch von der allgemeinen Theilnahme des

Publicums schon benachrichtigt sind so haben wir uns
eines trefflich gerathenen Kunstwerks nunmehr mit
Sicherheit zu erfreuen; die Unternehmenden aber
dürfen nicht säumen Ew. Wohlgeboren für die so
kräftige als beständige Mitwirkung zu einem so löb=
lichen Zwecke unverweilt zu danken, auch zugleich den
Wunsch zu eröffnen Sie möchten Ihrem Herrn Bruder
für dessen Einwirkung unsere Dankbarkeit gleichfalls
zu erkennen geben.

93.
An den Marchese Enrico Forcella.
[Concept.]

Der hohe Werth der Münzkunde ist so allgemein
anerkannt daß die Freunde der Kunst und des Alter=
thums zu Weimar es sich zu keinem Vorzug rechnen
dürfen wenn sie solche besonders zu schätzen wissen.
Sie suchen vielmehr auch von ihrer Seite daraus allen
Vortheil zu ziehen der sich auf die mannichfaltigste
Weise aus den vorhandenen Schätzen hervorthut.

Wenn nun schon ein reichlicher Vorrath durch
Jahrhunderte an's Licht gefördert ist, so wird doch
eine jede Bemühung höchlich geachtet welche bisher
unbekannte Schätze hervorzieht, und wir halten den
für glücklich der sie besitzt, kennt und seine Kenntnisse
mittheilt.

In diesem Sinne verehren wir denn auch den
hohen Werth deiner Sammlung und freuen uns daß

du aus der Ferne uns daran magst Theil nehmen lassen, sowohl durch genaue Abbildung als auch durch einsichtige gelehrte Erklärung wodurch du dasjenige dessen Besitz dir gegönnt ist zum Eigenthum aller zu machen beliebst. Denn nur durch Kenntniß und Mittheilung werden uns die Gaben der Natur und Kunst eigentlich verliehen.

Wir wünschen daher daß deine Sammlung sich immer vermehre, der du dich durch die Gunst eines mächtigen und wohlwollenden Königs immerfort gefördert siehst, damit du selbst Freude daran habest und immerfort geneigt bleibest auch uns in weiter Ferne von deinen Gütern genießen zu lassen, wobey du überzeugt seyn kannst, daß alle die Vortheile die daraus der Geschichte überhaupt und der Kunstgeschichte insbesondere erwachsen mögen, von uns vollkommen anerkannt und dankbar aufgenommen, nicht weniger so weit unser Wirkungskreis reichen mag rühmlichst erwähnt werden sollen.

Weimar 17. October 1825.

94.
An den Freiherrn Jacob Friedrich v. Leonhardi.

Hochwohlgeborner
    Insonders hochgeehrtester Herr!
    Ew. Hochwohlgeboren haben die Gefälligkeit gehabt auf Ansuchen des Herren Grafen Beust sich eines mir

so wichtigen Geschäftes bereitwillig anzunehmen; indem ich nun hiefür und für die übersendeten Protocoll=Extracte den verbindlichsten Dank abstatte, so darf ich mir auch wohl Ihrer weitern Theilnahme schmeicheln und vermelden daß die ausgefertigten Privilegien theils ohne mein Zuthun, theils auf eingereichte Bitt= schreiben bey mir einlangen.

Es bleibt mir nur noch die Frage wie es mit den Freyen Städten zu halten sey? ob durch den Herrn Gesandten derselben ohne weitere Anregung etwa die Ausfertigung der Privilegien zu bewirken wäre? oder ob man an jede derselben ein Vorstellungs= schreiben einzureichen hätte. Im letzteren Falle würde mir Courtoisie und Adresse von Ew. Hochwohlgeboren erbitten um die Schreiben alsbald zu besorgen.

Der ich, mit den lebhaftesten Empfehlungen, für das geneigte Andenken Ihres Herrn Vaters zum besten dankend, die Ehre habe mich zu unterzeichnen.

Ew. Hochwohlgeb.

ganz gehorsamsten Diener

Weimar den 17. October 1825.   J. W. v. Goethe.

95.

An F. J. Soret.

Ew. Wohlgeboren
vermelde nur mit wenig Worten: daß in der gestern von Genf angekommenen Kiste gleichfalls dreyßig

Exemplare meiner Medaille in Bronze beygepackt waren, deswegen ich die mir von Ew. Wohlgeboren gestern Abend zugesendeten dreyßig wieder zurück zu geben wünsche.

Mögen Sie mir das Vergnügen machen Sie nächstens zu sprechen so wird sich dieses und anderes leicht berichtigen lassen.

Mich zu geneigtem Andenken bestens empfehlend und für so viele Bemühung in diesem nunmehr glück= lich beendigten Geschäft auf das verbindlichste dankend.

ergebenst

Weimar den 17. October 1825.   J. W. v. Goethe.

96.

An den Freiherrn C. W. v. Fritsch.

[Concept.]

Ew. Excellenz

nehme mir die Freyheit die Expedition an Herrn Marchese Forcella nach Palermo sowohl versiegelt als unversiegelt zuzustellen, und wünsche dem höchsten Befehl, der mir durch einen Protokoll=Auszug vom 1. October d. J. zugekommen, einigermaßen Genüge zu leisten. Die übrigen begleitenden Anordnungen wegen Aufbewahrung des mitgesendeten Heftes, als auch der zu beachtenden Notizen und Bemerkungen sind gleichfalls befolgt. Zu allen ähnlichen Ausrichtungen schuldigst bereit, empfehle mich angelegentlichst.

Weimar den 17. October 1825.

97.
An Maurice Schlesinger.
[Concept.]

Die Absicht Ihres Hierseyns, werthester Herr Schlesinger, ist mir wohl zu vermuthen. Leider daß ich auf Ihre Anträge nichts Angenehmes zu erwidern habe; doch wünsche ich Sie zu sprechen und deshalb ersuche diesen Abend um 5 Uhr zu Hause zu seyn, da es sich denn ausweisen wird ob es mir möglich wird mich heute Abend noch mit Ihnen zu unter=halten, oder ob wir es auf morgen verschieben müssen.

Mich bestens empfehlend
                                    ergebenst.

Weimar den 17. October 1825.

98.
An den Großherzog Carl August.

Ew. Königliche Hoheit
betrachten geneigt Beykommendes, es enthält:

1) Das Schreiben des Secretairs der Linnéschen Gesellschaft zu Paris, Thiébeaut de Berneaud.

2) Den Versuch einer Antwort in deutscher Sprache.

3) Eine Übersetzung desselben von Canzler v. Müller, mit dem Wunsche daß solche möge brauchbar gefunden werden.

            Verehrend
                unterthänigst
Weimar den 18. October 1825.   J. W. v. Goethe.

99.
An Henriette Caroline Friederike v. Heygendorf, geb. Jagemann.

[Concept.]

Überzeugt, meine theuerste Freundinn, von dem großen, herzlichen Antheil den Sie an der so eben gefeyerten wichtigen Epoche genommen, mache mir die Freude Beygehendes zu übersenden.

Hier finden Sie unser verehrtes Jubelpaar, nach viel gefeyerten Festen, als zur goldenen Hochzeit, in silbernem Kleide geschmückt, sich gar freundlich an= schauen und so das eigene wie so vieler Verehrenden Wohl und Heil auf's neue befestigen.

Wenn Sie nun, meine Wertheste, bey'm fernern Betrachten dieser Bilder auch meiner in Liebe und Freundschaft manchmal gedenken, so werd ich es in meinem still aufmerkenden Gemüth höchst angenehm gewahr werden, und dagegen fortfahren Ihnen die Dauer alles des Guten zu wünschen das Sie so sehr verdienen, und woran niemand aufrichtiger Theil nehmen kann als Ihr.

Weimar den 19. October 1825.

100.
An J. F. Blumenbach.

[Concept.]

Ew. Hochwohlgeboren
überbringt Gegenwärtiges Herr Poërio von Neapel, durch namhafte Freunde mir von Florenz her

empfohlen. Bey seinem hiesigen, etwa dreywöchent=
lichen Aufenthalte hat er sich als einen eifrigen Lite=
ratur-Freund bewiesen. Möchten Sie die Geneigtheit
haben ihn zu prüfen und nach Befund zu fördern.

Beyliegendes Bildniß bitte dem früher gesendeten
gegenüber zu stellen und bey'm Anschauen dieser edlen
Beiden auch meiner zu gedenken. Denn die eifrigsten
Wünsche unserer gnädigsten Herrschaften sind auch
die meinigen: daß dem verehrten Manne, dem wir
so viel schuldig sind, auf dessen treffliches Gedächtniß
und erprobte Neigung wir uns verlassen dürfen,
auch forthin alles gelingen und gedeihen möge.

Weimar den 20. October 1825.

101.
An Georg Sartorius.

[Concept.] [20. October 1825.]

Eben als ich Beykommendes fortsenden will kommt
mir ein junger Neapolitaner, von Florenz her wohl
empfohlen, der sich eine Zeitlang in Göttingen auf=
zuhalten gedenkt. Soviel ich ihm abmerken konnte
ist er in der neuern Literatur, auch der deutschen
genugsam erfahren und in Gesellschaft nicht unan=
genehm, sagen meine Kinder.

Freundlichen Empfang und geneigte Prüfung für
ihn erbittend sende das wohlgelungene Bild unseres
Fürsten, das Ihnen gewiß Freude macht, so wie ein
Seitenstück das nächstens folgen soll.

Tausend Grüße, Wünsche, Hoffnungen und was nicht alles!

Ich habe mich seit jenen Festlichkeiten ziemlich wieder in's Gleichgewicht gestellt, gebe mich mit der Vergangenheit ab, suche der Gegenwart etwas abzugewinnen und lausche der Zukunft.

Möchte der Gewinn Ihrer Neigung mir unversehrt bleiben.

Weimar den 8. October 1825.

102.
An F. W. Riemer.

Herrn Professor Riemer wünsche heute Abend zur gewöhnlichen Stunde und sodann auf eine mäßige Kost bey mir zu sehen.

Weimar den 21. October 1825. G.

103.
An den Großherzog Carl August.

[Concept.] [22. October 1825?]

Ew. Königliche Hoheit
erhalten hierbey den französischen, nochmals in's Concept geschriebenen Brief, so wie dessen Mundum. Höchst Dieselben werden die Langsamkeit der Expedition dießmal verzeihen; es traten mancherlei Hindernisse dazwischen. Das Diplom der Linnéschen Gesellschaft in Paris mit dem Briefe des Secretärs

habe auf die Bibliothek gegeben; so wie das Schreiben des Marquis Forcella zu Palermo über sicilianische Münzen und das Concept einer an ihn ausgefertigten lateinischen Rückantwort.

Der von Schrön aufgezeichnete Barometergang der letztverflossenen Tage verdient besonders aufgehoben zu werden. So seltene Fälle zu vergleichen ist immer gut, wann es auch vorerst zu keinen Resultaten führen sollte.

Versäumen darf ich nun aber nicht, schuldigst anzuzeigen, daß von Wien das Kaiserliche Privilegium, datirt vom 23. August dieses Jahrs, in bester Form, von Ihro Majestät selbst unterzeichnet, auf Pergament mit dem großen Siegel ausgehändiget, glücklich angekommen. Es ist vielleicht das wunderbarste Document, das die Literargeschichte aufzuweisen hat. Auch in diesem Falle höchsten Antheils mich mit Gewißheit erfreuend, verharre ehrfurchtsvoll.

104.

An den Freiherrn C. W. v. Fritsch.

Ew. Excellenz

das gefällig mitgetheilte Schreiben des Herrn Grafen v. Luxburg dankbarlichst zurücksendend verfehle nicht anzuzeigen, daß das Kaiserliche Privilegium in aller Form auf Pergament mit Allerhöchsteigner Unterschrift und großem Siegel, datirt vom 23. August dieses Jahres, durch die Geneigtheit des Herrn v. Piquot glücklich angelangt ist, weshalb ich mir denn eines freundschaftlichen Antheils wohl schmeicheln darf.

Vertrauenvoll, treulich ergeben

gehorsamst

Weimar den 22. October 1825.   J. W. v. Goethe.

105.
An C. F. Zelter.

Hiebey, mein Guter! abermals ein Theil der Briefe, die übrigen mir bis zur nächsten Zeit heran freundlich erbittend.

Heute nur soviel mit den schönsten Grüßen. Mir geht es wohl, so daß ich Freud und Leid allenfalls übertragen kann. Wie weit bist du mit deinem Bau gelangt? dessen Fortgang mir am liebsten zu wissen wäre, ob ich gleich sonst viel von Berlin erfahre.

treulichst

Weimar den 22. October 1825.   G.

106.
An J. C. F. Körner.

[Concept.]   [22. October 1825.]

Hiebey das früher mitgetheilte concave Glas; wobey zugleich vermelde daß der Würfel sehr gute Wirkung thut; auch folgt die autorisirte Quittung zurück.

Weimar den 21. October 1825.

107.

An den Grafen C. Vargas Bedemar.

[Concept.]

Hochgeborner Graf
Hochgeehrtester Herr

Ew. Hochgeboren habe die Ehre, durch Gegenwärtiges anzuzeigen, daß die Decoration des weißen Falkenordens mit den dazu gehörigen Documenten am 17. dieses auf die fahrende Post abgegeben worden. Das Paquet ist an Ihro des Herrn Kronprinzen Königliche Hoheit addressirt und werden Ew. Hochgeboren solche Freyheit schon vorläufig entschuldigt haben, auch mich zu fernerer Huld und Gnade allerhöchsten Ortes bestens empfehlend.

Ich wünsche, daß das frühere schöne Verhältniß dadurch noch fester und unauflöslich geknüpft sey, wie ich denn meiner und unserer wissenschaftlichen Anstalten zu thätiger Theilnahme andringlich gedacht haben will.

Der ich mich hochachtungsvoll unterzeichne.
Weimar den 23. October 1825.

108.

An das kurfürstliche Ministerium der auswärtigen Angelegenheiten in Cassel.

Hochwohlgeborene
Hochzuverehrende Herren.

Das von Ihro Königlichen Hoheit allergnädigst bewilligte Privilegium, indem es mir und den Meinigen ansehnliche Vortheile für jetzt und die Zukunft sichert, erregt zugleich die höchsten Dankgefühle indem ich an solchen Begünstigungen ein allergnädigstes Wohlwollen und huldvolle Theilnahme an meinem bisherigen Beginnen und Wirken gewahr zu werden glaube.

Ew. Excellenzen darf ich wohl deshalb gehorsamst ersuchen diesen meinen devotesten Dank bey Gelegenheit und wie es sich ziemen will geneigtest auszusprechen und vielleicht auch den submissesten Wunsch zu äußern daß, bey einem so bändereichen und auf die Folge berechneten Unternehmen, nach Verlauf der gegenwärtig gegönnten Frist von zehn Jahren ein geziemendes Gesuch um fernere Erstreckung des Termins nicht ungnädig aufgenommen werden möge.

Der ich nicht verfehle Ew. Excellenzen für höchstgeneigte Mitwirkung meinen schuldigen Dank abzutragen und mit Versicherung unbegränzter Hochachtung, zu geneigtem Andenken bestens empfohlen zu seyn wünschend, die Ehre habe mich zu unterzeichnen.

Ew. Excellenzen
ganz gehorsamer Diener
Weimar den 1. November 1825.   J. W. v. Goethe.

109.
An Amalie Theodore Caroline v. Levetzow,
geb. v. Brösigke.

Mit vieler Freude erhalt ich, theuerste Freundin, Ihren lieben Brief der mir ein vollgültiges Zeugniß giebt Sie seyen von einer Kranckheit wieder hergestellt die, wie ich vernommen hatte, gefährlich bedrohte und woran ich in Furcht und Sorge herzlichen Antheil nahm. Seyen Sie aufs neue im Leben zu Freude und Glück treulichst willkommen! Und so nehm ich denn auch an allem was Ihnen Gutes begegnet meinen freundschaftlichsten Theil und freue mich von Herzen über das holde Geschick Amaliens. Sie soll an mich dencken wenn es ihr beygehen sollte Freund und Gemahl gelegentlich zu necken.

In Gedancken spazierte gar oft mit unsrer lieben, geliebten Aeltesten auf der Terrasse hin und wieder. Die schöne Gewohnheit einige Sommermonate zusammen zu seyn sollte mir diesmal ausgehen, und ich hätte es nicht ertragen Sie ohne mich zwischen jenen Fichtenwäldern zu wissen, hätte mich die schönste und nothwendigste aller Pflichten nicht in meinem nächsten Kreise gehalten.

Nun aber da ich weis wohin ich beykommendes addressiren kann versäum ich nicht zu sagen wie auf eine unbeschreiblich manigfaltige Weise unser hohes Fest gefeyert worden.

Indessen sammelt man die verschiedenen Gedichte und sucht durch Beschreibung das Vorgefallene zu überliefern und zu erhalten. Das erste Exemplar das mir zu Handen kommt soll Ihnen gewidmet seyn. Gedencken Sie mein in Ihrem heitern Familienkreise, empfehlen Sie mich Ihren theuren Eltern, auch dem

Herrn Grafen in der Ferne, und versäumen ja nicht den lieben Kindern aufs freundlichste zu sagen: ich hoffe zu vernehmen daß der anmuthige Landsitz auch diesmal seine holden Gäste mit erquicklichen Früchten und sonstigem Guten, wovon ich vor zwey Jahren mit= genossen reichlich werde empfangen haben.

Mich findet Ihr Gruß immer mit unveränderlichen Gesinnungen an der alten Stelle.

Mit wiederhohlten Seegenswünschen,
treu anhänglich

Weimar d. 1 Nov. 1825.   J. W. v. Goethe.

Nachträglich bemercke nur: daß jener frühere Brief Marienb. d. 8ten Juli, seiner Zeit richtig angekommen, und HE. von Vaerst freundlich empfangen worden.

Lassen Sie mich zum Schlusse der theuren Ulrike nochmals namentlich gedencken.

110.
An den Grafen
Carl Friedrich Moritz Paul v. Brühl.

Ein freundliches Schreiben, nach so geraumer Pause, von einem theuren und geprüften Freunde er= halten, war mir doppelt erfreulich, da ich es in der festlichen Epoche empfing, in der wir alles was wir lieben und ehren gern um uns versammelt hätten.

Ihres herzlichen Antheils bin ich gewiß und so nehmen Sie auch meinen wärmsten Dank.

Ich habe das Glück in einer meinen Jahren angemeß'nen Thätigkeit fortschreiten zu können, daher war mir die Nachricht desto willkommener, daß auch Sie in voller Kraft Ihrem großen, dem Publicum so wichtigen Unternehmen getreu bleiben.

Ihre Absicht, eins meiner alten Possenspiele auf das große Theater zu bringen, ist mir sehr ehrenhaft, ob ich gleich damit nicht einstimmen kann. Hätte ich das Glück, neben Ihnen zu leben, so sollte es bald gethan seyn; allein ich gebe zu bedenken, daß der Jahrmarkt von Plundersweilen auf einen kleinen Raum berechnet war und die Einzelnheiten in einer großen Fülle gar glücklich wirkten. In einen größern Raum versetzt müßte man es viel reicher ausstatten, und in Absicht auf die Localitäten der Bühne gar manche besondere Einrichtungen treffen; auch dürfte es nicht hinten so abschnappen, wie mit dem Schattenspiel geschieht. Eine lebhafte und tumultuirende Nachtscene würde dem Ganzen sehr gut thun und ihm ein auffallendes Ende verleihen. Genug man müßte das jetzige Stück, wie es liegt, als ein Samenkorn betrachten, das seit soviel Jahren nun zu einem Baume geworden wäre; das Neuste von Plundersweilen (Meine Wercke. Band 9. Seite 273.) gäbe wohl auch einige Motive her, allein zu allem kann aus der Ferne kein Rath werden, und je mehr ich die Sache überdenke desto mehr will sie mir erscheinen, wie ich sie hier vorstelle.

Die Art wie Sie Ihrer alten Burg eine anmuthige Würde gegeben verdient alles Lob. Ich bin leider niemals in Seifersdorf gewesen und danke deswegen verbindlichst, daß Sie mir durch die gar hübschen Zeichnungen die Vortheile der Gegenwart ersetzen wollen.

Behalten Sie in dem theuren Kreise der Ihrigen meinem Andenken seinen alten Platz; ich lebe mehr als jemals mit dem Werthe meiner ältern Freunde beschäftigt; denn was sich von dieser heiligen Schaar nach und nach verliert, wird nur sparsam wieder ersetzt.

Unser fürstliches Jubelpaar befindet sich in erwünschtem Wohlseyn; mögen die beiden Bildnisse, in Erz geprägt, als kräftige Talismane sich bewähren und uns eine stätige Dauer versichern. Unsere Berliner Künstler haben sich dabey sehr wacker gehalten, vielleicht sind sie Ihnen schon zuhanden gekommen, doch lege ich sie bey mit der Bitte diese Exemplare mit den übrigen weimarischen Erinnerungen an treuer Brust zu hegen.

Herkömmlich und von Herzen liebend und vertrauend

Weimar den 3. November 1825.   J. W. v. Goethe.

111.

An C. F. Zelter.

Erst jetzt erfahre ich, mein Theuerster, daß in der Postordnung zwischen hier und Berlin eine Veränderung vorgegangen und bey wechselseitiger Correspondenz auf dich die schwerere Last fällt. Gegenwärtiges schicke durch den weimarischen Hofbildhauer Kaufmann.

Das Hin- und Wiedersenden der Correspondenz hätte dir keine Kosten verursachen sollen. Wegen des Vergangenen bereite ich dir eine willkommene Entschädigung; wegen des Zukünftigen sey Folgendes verabredet: Zwischen Berlin und Weimar ist jetzt ein so lebhafter Personenwechsel, daß ich die letzten Wochen immer zweymal Gelegenheit gehabt hätte, dir etwas zu senden. Laß uns darauf denken und immer ein Briefchen bereit halten, damit es zur rechten Zeit und Stunde fortgeschickt werden könne, unser Verhältniß ist ja ohnehin der Eile nicht unterworfen; auch so verfahre mit dem letzten Paquet der Briefe, um das ich dich gebeten habe.

Von mir habe ich soviel zu sagen, daß, meinem Alter und meinen Umständen nach, ich wohl zufrieden seyn darf.

Die Verhandlungen wegen der neuen Ausgabe meiner Werke geben mir mehr als billig zu thun; sie sind nun ein ganzes Jahr im Gange; alles läßt sich aber so gut an und verspricht den Meinigen unerwartete Vortheile, um derentwillen es wohl der Mühe werth ist, sich zu bemühen.

Auch fehlt es nicht mit unter an guten Gedanken und neuen Ansichten, zu denen man auf der Höhe des Lebens doch oft glücklich hingeführt wird. Auch du wirst deinen alten Gang fortgehen und möge dir, so oft das Glück günstig ist, eine frische unerwartete Freude bereitet seyn!

Hiermit wünsche wohl zu leben, baldige Erwiderung hoffend.
 treu angehörig
Weimar den 3. November 1825. G.

Nachschrift.

Auf näheres Befragen erfahre, daß die fragliche Postanordnung nur ein Interimistisches sey und vielleicht bald ausgeglichen werde. Melde mir von deiner Seite was dich davon berührt.

112.

An C. F. E. Frommann.

[Concept.]

Ew. Wohlgeboren
erhalten anbey, mit vielem Dank für baldige Besorgung des kleinen Geschäftes, die quittirte und autorisirte Rechnung über die abgedruckten und colorirten Tafeln.

Bey dem androhenden Winter alles Heil inner=
halb Ihrer werthen Familie treulichst anwünschend.
Weimar den 3. November 1825.

113.
An J. Sckell.

[Concept.]

Die in diesem Glase befindlichen Wassernüsse
(Trapa natans) werden in ein stehendes klares Wasser
von 4 bis 6 Fuß Tiefe, so eine geschützte und sonnige
Lage hat, baldigst gelegt, worauf sie Ausgang May's
keimen und im August reife Früchte bringen werden,
die auf den Grund des Wassers fallend die Pflanzen
nun jedes Jahr reproduciren.

Ferner findet sich in dem Glase der Samen einer
Grasart, die theils als Ziergewächs, theils der An=
wendung wegen die man davon in Nordamerika macht,
der Aufmerksamkeit des Botanikers nicht unwürdig
ist. Es ist die Zizania palustris L. der wilde Reis
von Canada, dessen Cultur der Ritter Banks in die
englischen Gärten einführte und wovon Franz Bauer
(Linn. Transact. VII.) eine vortreffliche Abbildung
herausgab. Durch Samen, so Professor Treviranus in
Wasser aus England nach Breslau mitbrachte, ist ihm
geglückt, diese Pflanze auch in Menge im dortigen
botanischen Garten zu erziehen. Hiezu ist nichts
weiter erforderlich, als den Samen sogleich in ein

warm gelegenes stehendes Wasser von anderthalb bis 2 Fuß Tiefe zu legen, worauf denn im Juny die Blätter und im August die schön gefärbten Blüthen hervortreten werden.

Vorstehender Auszug eines Briefes des Herrn Professor Treviranus ist nebst den gemeldeten Samen in einem Glase dem Hofgärtner Sckell übersendet worden, denselben bestens begrüßend und überlassend, inwiefern dieser kleine Beytrag für die große Belvedere'sche Anstalt von einigem Interesse seyn könne.

Weimar den 3. November 1825.

114.
An C. B. Zeis.

[Concept.]

Ew. Wohlgeboren

erhalten hiebey ein Schreiben an Frau Baronin v. Levetzow, nebst einem kleinen Paquete in blau Papier, gezeichnet H. B. Z, mit Bitte, beides, wie die vorigen Male, geneigtest weiter zu besorgen. Soviel ich weiß, befindet sich die Dame gegenwärtig in Trzibliz, doch wird Ihnen der Aufenthalt am besten bekannt seyn.

Die freundliche Entschuldigung dieses Auftrags darf ich von Ihrer Gefälligkeit wohl hoffen, indem ich die Ehre habe mich zu unterzeichnen.

Weimar den 3. November 1825.

115.

An den Großherzog Carl August.

[Concept.] [3. November 1825.]

Ew. Königlichen Hoheit
nehme mir die Freyheit, Beykommendes zu übersenden
und wünsche, daß es sich als Zeugniß beweise der
fortdauernden meteorologischen Aufmerksamkeit auf
5 der Sternwarte zu Jena.

Was die astronomischen Erfordernisse betrifft, so
hat Schrön die neuliche Anregung durch Geheimerath
Schweitzer bescheiden und dankbar aufgenommen. Ein
näheres Verhältniß zu Professor Wahl ist eingeleitet
10 und so wird wohl dieser Winter nicht ohne Nutzen
vorübergehen.

Durch eine besondere Veranlassung sind mir ganz
frische Früchte der Wassernuß (Trapa natans), auch
Körner der Zizania palustris zugekommen, wovon ich
15 dem Hofgärtner Eckell mit beyliegendem Billet den
größten Theil zugesendet habe, den übrigen bey mir
zu stillem Keimen aufbewahre. Ich wünsche, daß
dieser kleine Beytrag zu dem großen Vorrath wenig=
stens den guten Willen bethätige. Auch darf ich
20 wohl die Betrachtung der graphischen Darstellung in
Folge des ganzen Jahres=Laufes Höchst Deroselben
Aufmerksamkeit empfehlen. Es ist eine Arbeit des
Bibliotheksecretair Kräuter. Daß die Mittellinie mit
rother Farbe gezogen ist, gibt einen bessern Anhalt

zu Beurtheilung der Witterung, indem der Stand über derselben auf heitere und trockene Tage, unter derselben auf trübe und regnichte Tage deutet. Es dient eine solche Darstellung gar angenehm zu Recapitulation der vergangenen Wochen und Monate; auch das außerordentliche Steigen und Sinken fällt mehr als anderswo in die Augen.

116.
An Carl Wilhelm Stark.

Ew. Wohlgeboren

danke verbindlichst, daß Sie mir Gelegenheit gegeben, mich der angenehmsten und fruchtreichsten Tage meines Lebens zu erinnern: indem ich zugleich das besprochene Heft übersende und wünsche, daß es sich schicken möge, Ihr einsichtiges Urtheil darüber zu vernehmen. Im Allgemeinen hat man immer Ursache sich eines solchen Gesprächs zu enthalten da man gewöhnlich nur Enthusiasten und Widersacher antrifft.

Mit den besten Wünschen mich unterzeichnend.

Ew. Wohlgeb.

ergebensten Diener

Weimar den 5. November 1825.   J. W. v. Goethe.

117.
An Friedrich v. Müller.

Herr Canzler v. Müller ist zu einem frugalen Familienmahle Dienstag den VIII. November 1825 freundlichst eingeladen.

Goethe.

118.
An den Großherzog Carl August.
[Concept.]

Ew. Königliche Hoheit

verzeihen gnädigst, wenn ich, von alle dem unerwarteten Guten, das mich in diesen Tagen bestürmte, mich erst nach und nach erholend, mit Beykommendem später hervortrete.

1) In der Mappe befindet sich Einiges zu Aufklärung der verwandten und zu verwechselnden emetischen Wurzeln. Das dazu gehörige erste Eschwegische Heft liegt hier bey, so wie

2) das Verzeichniß Raphaelischer Gemälde vom Grafen Löpel.

Was noch auf Höchst Deroselben Befehle und Anordnungen Bezügliches zurücksteht werde nach und nach zu besorgen und auszufertigen nicht verfehlen.

Weimar den 11. November 1825.

119.
An Christian Gottfried Daniel Nees v. Esenbeck.

Ew. Hochwohlgeboren

haben mich die Zeit her mit so mancherlei Gutem heimgesucht, daß ich kaum zur Erinnerung bringe, wofür ich alles zu danken habe. Als Entschuldigung jedoch wäre gar Verschiedenes anzuführen.

Die Ausgabe meiner Werke gibt mir in diesem Augenblick viel Beschäftigung; die Sorge, ein würdiges

Exemplar dem Abdrucke zu bereiten, ist nicht gering, wenn sie mir schon von trefflichen Philologen und Grammatikern genugsam erleichtert wird. Die äußern Unterhandlungen in dieser wichtigen Angelegenheit und die Bemühung endlich die mir gnädigst von den teutschen Herrschern zugedachte Auszeichnung eines allgemeinen Privilegiums im Einzelnen bewirkt zu sehen, heischt gar mannichfache Schritte.

Oben an jedoch sollte ich unsere Festlichkeiten stellen, Feyertage, die der Mensch nur Einmal erlebt. Ein Regierungs-Jubiläum, verknüpft mit einer goldnen Hochzeit, beides ganz nahe vor dem 14. October gefeyert, wo die reinste, so lange im Stillen gehegte Dankbarkeit an's Licht zu treten sich nicht verwehren konnte. Lassen Sie die beykommenden metallenen Zeugnisse sich das Übrige andeuten. Auch habe ich deshalb nur Ihre Einleitung zu Brown lesen können, wofür ich von meiner Seite zum allerschönsten danke; in das Einzelne der Erfahrung wage ich keinen Blick, da Sie mich über die Richtung des Ganzen aufgeklärt haben. Und so erweitert sich denn das Wissen immer mehr, die Wissenschaft ordnet sich. Eins bietet dem Andern willig die Hand; hiernach werden denn fähige klare Geister in der Folge sich nicht über ihre Vorgänger zu beschweren haben. Ich wünschte nichts mehr, als daß wir unsere eignen Schüler seyn könnten.

Höchstmerkwürdig war mir vor einigen Wochen der Besuch von Herrn Professor Gruithausen. Auch hier bewahrheitete sich die alte Lehre, daß ein ächtes Verhältniß nur persönlich seyn kann. Was in der Ferne meiner Vorstellung als Wahrheit oder Irrthum erscheint, zeigt die Gegenwart als in Einer Individualität vereinigt; wir wissen alles zurecht zu legen, oder vielmehr, es legt sich alles von selbst zurechte. Bey dem grundguten Gruithausen ward mir die Operation der Ausgleichung nicht schwer. Die makro- und mikromegischen Beobachtungen wichtiger Gegenstände, begünstigt durch ein scharfes Organ, unterstützt durch hochverbesserte Werkzeuge, sind aller Aufmerksamkeit, aller Schätzung werth. Man nehme die ältern Mondcharten vor sich und sehe die Stufenfolge der Deutlichkeit bis in das Einzelne der Zeichnungen und lithographirten Blätter des genannten Freundes, so wird man freudig erstaunen und ihm gern erlauben, sich Vorstellungen zu machen die ihm zu fernerem Streben Lust und Muth erneuen. Seine Beharrlichkeit am Gegenstande bewährt sich sodann auch noch an manchen andern erfreulichen Entdeckungen im großen Naturfelde; und da war ihm denn die Freude wohl zu gönnen, daß man in Jena, kurz vor seiner Ankunft, sie nicht ahnend, in einer academischen Schrift ihm die Priorität einer seiner frühern Entdeckungen wieder vindicirt hatte.

Und nun sollte ich Ew. Hochwohlgeboren für gar mannichfaltig bisher Gesendetes meinen schönsten Dank abtragen; doch geschehe dieß alles in freundlichster

Anerkennung des zuletzt anher Gesendeten, der weitern Behandlung der von mir angedeuteten regelmäßigen Verstäubung einer ablebenden Fliege.

Wir dürfen wohl so sagen, da man ja aus der Verwesung, auf seltsame Weise, ein Fort- und Fortleben abzuleiten getrachtet hat. Aber höchstmerkwürdig bleibt es hier, daß eben dieses Ableben, diese eintretende Herrschaft der Elemente, die auf Zerstörung des Individuums hinausgeht, sich energisch durch Elasticität offenbart, und daß die sich entwickelnde aura sich wieder entschieden gestaltet! Eine solche abermalige Erscheinung möchte denn doch der Hylozoist zur Entschuldigung anführen.

Bey dieser Gelegenheit schien mir auch die Betrachtung merkwürdig, daß das Insect, indem es seiner Zerstörung entgegengeht, sich an Fensterscheiben, oder auch erhellten Plätzen anheftet, da es sich sonst, indem es seiner Lebensentwickelung entgegenreift, immer in's düstere Dunkele zurückzieht und seine Vollendung erwartet.

Was mir hierbey leid thut, ist, daß mir unter gegenwärtigen Umständen den morphologischen Heft herauszugeben schwer würde. Manches dazu ist gesammelt, aber ich habe noch viel Anderes wegzuarbeiten. Sollten Sie es jedoch nicht in den Acten brauchen wollen, so lassen Sie mich es zu jenem Zweck aufheben.

Recht Schade ist es, daß der schöne Gedanke, den Sie äußern, zu jener Festepoche nicht realisirt werden konnte; ich wünschte es längst; denn fürwahr! es ist immer schön und schmeichelhaft, unter den Sternen der Erde (um mit den Spaniern zu sprechen) einen anmuthigen Platz zu finden. Es hat mich immer gefreut, den König Alfons unter den Mondringen zu treffen.

Übrigens bin ich leider, wie schon geklagt, in mehr als einem Sinne von der Naturanschauung getrennt. Schon zwey Sommer war ich vom Reisen abgehalten; die Unbequemlichkeit meiner jenaischen Wohnung und Studenteneinrichtung überträgt das Alter nicht mehr, und so entbehr ich der nothwendigsten Anregungen; sogar scheue ich mich vor den Belvedere'schen ab= wechselnden Climaten; doch kommen manchmal die merkwürdigsten Blumen durch die Gunst unsrer hohen Botanophilen mir auf's Zimmer.

In beyliegendem versiegelten Papiere finden Sie den leidigsten Beweis des Hylozoismus, ich sage Beweis, wenn man sich nicht scheuen sollte, etwas so Unerfreu= liches zur Gewißheit zu bringen. Schließen Sie es an Ihre frühern Betrachtungen an und gönnen ihm einige mikroscopische Blicke.

(Vorstehendes, als mit gegenwärtiger Sendung unverträglich, erscheint nächstens begleitet von ver= wandten Dingen.)

Vorstehendes war schon vor einiger Zeit geschrieben und sollte fortgesetzt werden. Nun überfällt mich der

7. November unerwartet mit überschwänglicher Ehre und Freude. Ew. Hochwohlgeboren darf ich unter diejenigen zählen, die mir solches Glück von Herzen gönnen und die ich auch deshalb als gegenwärtige Theilnehmer gewünscht hätte. Erhalten Sie, in dieser für mich neuen Aera, die Gunst der früheren und regen mich von Zeit zu Zeit auf, damit ich meine Blicke in das Reich der Natur und in jene herrliche Fluß=Region mit neuem Antheil hinwende. Herrn d'Alton meine besten Grüße und Dank für das Übersendete; ich hoffe bald wieder so glücklich zu seyn, meine Wir=kung in die Ferne richten zu können.

unwandelbar

Weimar den 13. November 1825. J. W. v. Goethe.

120.

An Carl Ludwig Wilhelm v. Grolmann.

[Concept.]

Ew. Excellenz
haben die Geneigtheit gehabt, mir eine vielfach ver=ehrliche Gabe zu übersenden. Von einem verehrten Fürsten wird mir die hohe Gnade, deren Jubelfeyer ich nun auch nächstens zu begehen habe, abermals auf eine Weise bethätigt, die alles in sich schließt: Wohl=wollen, Gunst, gnädiges Andenken, unschätzbarste Theilnahme zugleich mit Versicherung irdischer Vor=theile, wie ich sie nur den Meinigen zu überliefern wünschen kann.

Und so darf ich denn wohl bitten, Ew. Excellenz mögen meine alleruntertänigste dankbare Anerkennung so hoher Geneigtheit in günstiger Stunde kräftigst ausdrücken und zugleich überzeugt seyn, daß ich in dem Maaße, wie mich das Wohl eines so erhabenen Gönners oft in Gedanken beschäftigt, ebenfalls die Thätigkeit seiner Getreuen von fern mit Antheil beobachte und es für Gewinn halte bey diesem Anlaß versichern zu können wie sehr es mich freue den Einfluß eines mit so reinen Gesinnungen ausgestatteten Geistes für das Wohl eines mir so theuren Landes wirksam zu sehen, und so unterzeichne ich mich mit wahrhafter Verehrung

Ew. Excellenz.

Weimar den 14. November 1825.

121.
An F. W. Riemer.

Die mir von des jetzt regierenden Königs von Bayern Majestät längst versprochene Gypsmaske der rondaninischen Meduse ist unterwegs und ich bereite mich nach dessen Ankunft sogleich dorthin zu schreiben, auch das Etui mit der Frau Großherzogin Bild zugleich abzusenden.

Wollen Sie beyliegendes Concept gefällig durchsehen und es morgen Abend mitbringen? wo ich mit mannichfaltiger Unterhaltung zu erfreuen hoffe.

Das Beste wünschend.

Weimar den 14. November 1825. G.

122.

An C. G. D. Nees v. Esenbeck.

Über zwey emetische Wurzeln.

Mit der in den Zeitungen auf's neue angepriesenen, besonders gegen die Wassersucht von Herrn v. Langsdorf empfohlenen brasilianischen Wurzel möchte es wohl folgende Bewandniß haben:

In dem Eschwegischen Journal von Brasilien und zwar der Seite 228· des ersten Heftes findet sich eine Pflanze, Raiz preta genannt, wegen ihrer Wurzelkräfte angerühmt. Daß sie dort mit der Ipecacuanha medicinalis zusammengestellt, ja mit ihr für identisch erklärt wird, deutet die nahe Verwandtschaft beider Pflanzen an.

Nun führt Ritter von Martius in dem ersten Heft seines Specimen materiae medicae Brasiliensis Seite 4 die Pflanze der officinellen Brechwurzel unter dem Geschlechtsnamen Cephaelis vor mit der specialen Bezeichnung Ipecacuanha, als dem bisherigen Trivialnamen. Das Kupfer Tab. I. stellt sie dar, und die schon längst berühmte Wurzel wird Tab. VIII Fig. 1. 2. 3 in ihrer braunen Farbe besonders aufgeführt.

Ein Bild der Raiz preta jedoch haben wir bey Eschwege in dem angeführten Theile Tab. III zu suchen. Daß diese Pflanze zum Geschlecht Cephaelis (sonst Callicocca) zu rechnen sey, entscheidet sich wohl. Auch sie gehört zur fünften Linnéischen Klasse, sie ist pentandrisch-monogynisch. Inflorescenz, Fructification, sowie der ganze Habitus vergleichen sich sehr erfreulich. Besonders aber haben beide Wurzeln die schlangenartige Tendenz, nur daß die der Cephaelis Ipecacuanha (emetica Persoon) sich paternosterartig trennt, da bey der Raiz preta nur eine Andeutung möglicher Einschnitte gefunden wird. Daß letztere nun auch zu den emetischen Pflanzen gehöre, ist wohl kein Zweifel. Daß sie, wie dem äußern Habitus nach, also auch an Heilkräften mit jener ersten weltbekannten verwandt seyn werde, läßt sich gar wohl vermuthen. Welche specifische Gewalt sie aber ausübe und über jene einen hohen Vorrang gewinne, das wird die ausübende Heilkunde nach und nach erproben.

—

Practische Mittheilung.

Die vom Herrn v. Eschwege aus Brasilien mitgebrachte Wurzel, deren medicinische Eigenschaften er als larirend, Brechen erregend, Harn treibend und Schweiß befördernd bezeichnet, habe ich bey verschiedenen Patienten angewendet. Es ließ sich zum voraus schon vermuthen, daß die angegebenen Wirkungen so vielfacher, fast entgegengesetzter Art, von Einem Mittel nicht hervorgebracht werden könnten. Da indeß doch eine zu erwarten war, keine Krankheit aber so viele Indicationen zuläßt als die Wassersucht, so versuchte ich sie bey zwey Subjecten dieser Art, ohne daß eine von jenen Excretionen auf irgend eine Weise wäre vermehrt worden oder auch nur erregt. Der Doctor Mirus, dem ich erlaubte, auf jede mögliche Weise und unter jeder Form Gebrauch davon zu machen, hat ebenfalls einen großen Theil der

Wurzel erfolglos angewendet, und wenn ich nicht irre, habe ich selbst nach Jena an Einen der beiden Herrn Starke einen Theil derselben zum Gebrauche überschickt. Von Jena aus aber bin ich ohne Nachricht darüber.

Sey es, daß ich, wie der Doctor Mirus, die Wurzel in zu kleinen Dosen angewendet habe, sey es, daß die Wirkung im Decoct sich nicht so erfolgreich aussprechen konnte, als in Pulverform; genug ich zog es am Ende doch vor, durch eigne Erfahrung erprobte Mittel anzuwenden als die Patienten, während sie, wie ich, auf die zweifelhafte Wirkung eines unbekannten Mittels hofften, mit jedem Tage kränker werden zu sehen. Proben von solchen Mitteln können nur in Hospitälern und in der Armenpraxis gemacht werden.

Dr. Rehbein.

Vorstehendes haben die Weimarischen Naturfreunde auf höchste Veranlassung zusammengestellt und wünschen nun von dem Meister dieses Faches zu Bonn das Nähere berichtigt und vollendet zu vernehmen.

Weimar den 16. November 1825. G.

123.

An Franz v. Elsholtz.

Die Hofdame
Lustspiel in fünf Acten.

Dieses Stück, in guten Alexandrinern geschrieben, hat mir viel Vergnügen gemacht. Die Absicht des Verfassers möchte seyn, das Lächerliche des Gefühls darzustellen. Nun ist das Gefühl an sich niemals

lächerlich, kann es auch nicht werden, als indem es
seiner Würde, die in dem dauernden Gemüthlichen
beruht, zu vergessen das Unglück hat. Dieß begegnet
ihm, wenn es dem Leichtsinn, der Flatterhaftigkeit
sich hingibt.

In unserem Drama spielen sechs Personen, die
durch schwankende Neigungen sich in Lagen versetzt
finden, die allerdings für komisch gelten dürfen; wo=
bey jedoch, da alles unter edlen Menschen erhöhten
Standes vorgeht, weder das Sittliche noch das Schick=
liche im allgemeinen Sinne verletzt wird. Das Stück
ist gut componirt, die Charaktere entschieden gezeich=
net; die sechs Personen verwirren sich genugsam durch=
einander und die Auflösung beruhigt das hie und da
besorgte moralische Gefühl.

Noch deutlicher zu machen, wovon hier die Rede
ist, sey mir vergönnt der Mitschuldigen zu er=
wähnen.

Verbrechen können an und vor sich nicht lächer=
lich seyn, sie müßten denn etwas von ihrer Eigenschaft
verlieren und dieß geschieht, wenn sie durch Noth oder
Leidenschaft gleichsam gezwungen verübt werden. In
diesem Falle nun sind die vier Personen des gedachten
Stücks. Was sie thun sind eigentlich nur Vergehen;
der Buffo entschuldigt sein Verbrechen durch das Recht
des Wiedervergeltens und somit wäre nichts daran
auszusetzen; auch ist es in der deutschen Literatur ge=
schätzt. So oft es jedoch seit funfzig Jahren auf dem

Theater hervortauchte, hat es sich niemals eines günstigen Erfolges zu erfreuen gehabt, wie der auf dem Königstädter Theater ganz neuerlich gewagte Versuch abermals ausweiset. Dieses kommt jedoch daher weil das Verbrechen immer Apprehension hervorbringt, und der Genuß am Lächerlichen durch etwas beygemischtes Bängliches gestört wird. In gleichem Sinne ist das neue Stück aus heterogenen Elementen bestehend anzusehen: das Gefühlerregende, Gemüthliche will man in der Darstellung nicht herabsteigen sehen und wenn man sich gleich tagtäglich Liebeswechsel erlaubt, so möchte man da droben gern was Besseres gewahr werden; besonders ist dieß Art der Deutschen, worüber viel zu sagen wäre.

Nur soviel: das Widerspenstige eines solchen Stoffes muß durch Verstand und Anmuth bezwungen werden, und dieß ist dem Dichter meist gelungen. Auch an der Ökonomie des Stücks finde nichts auszusetzen, nichts an der Scenenfolge; demohngeachtet kann es nicht als fertig betrachtet werden. Entschließt sich der Verfasser an dem ersten Acte viel, an den übrigen wenig zu thun, so werde ich, wie mir nur einiger Raum gegeben ist, meine Gedanken umständlich darüber eröffnen.

Weimar den 16. November 1825.   Goethe.

124.

An den Großherzog Carl August.

[Concept.]

Ew. Königliche Hoheit
geruhen aus beyliegendem Schrönischen Aufsatz zu ersehen daß er [sich] mit Aufmerksamkeit seinem Geschäfte widmet; da es denn wohl nicht fehlen kann
daß er sich nach Höchst Ihro Absichten ausbilde.

Weimar den 16. November 1825.

125.

An Bernhard Friedrich Voigt.

[Concept.]

Ew. Wohlgeboren
verzeihen, wenn ich den an mich gebrachten Wunsch
nicht zu erfüllen vermag. Meine Jahre und gar
mannichfache Pflichten verbieten mir irgend ein Geschäft zu übernehmen, das aus der Folge meines gegenwärtigen Lebensganges heraustritt. Sowohl wegen
früherer Verhältnisse zu Ihrem guten Vater, als auch
in Rücksicht Ihrer besondern Thätigkeit, würde gern
in diesem Falle gefällig gewesen seyn; so aber bleibt
mir nichts übrig als, das Beste wünschend, mich zu
fernerm geneigten Andenken zu empfehlen.

Weimar den [16?] November 1825.

126.

An J. H. Meyer.

Mögen Sie wohl, mein Theuerster, beykommenden Abdruck eines von der jungen Facius geschnittenen großherzoglichen Porträts mit der Medaille vergleichen? und mir ein schriftliches Gutachten, wie diese Arbeit besonders um Auge und Stirn zu bessern sey, gefällig mittheilen. Ich habe Gelegenheit dem guten und triebsamen Kinde, wenn sie ihre Sachen halbweg leidlich macht, einiges Verdienst zu verschaffen. Morgen Abend unter der Komödie sehen wir uns; ich habe manches vorbereitet.

Weimar den 18. November 1825. G.

127.

An J. F. v. Cotta.

Ew. Hochwohlgeboren
verzeihen wenn auf Ihr so geneigtes Schreiben vom 7. October ich erst später zu antworten gelange. Seit Monaten beschäftigen uns bedeutende Feyerlichkeiten und ihre Folgen, zuletzt hat noch der 7. November [mich] mit unerwarteten Gutem und Schönen überhäuft und an jeder andern Betrachtung gehindert, erlauben Sie daher daß ich auch dießmal nur einiger Hauptpuncte erwähne, deren Bestimmung den ersten Rang verdienen.

Bey dem 12. Punct entstehen folgende Fragen:

a) Wie wird der Autor und die Seinigen von der Anzahl der Subscribenten unterrichtet?

b) Wie von der Anzahl der Exemplare die sowohl in der Subscriptionszeit als nachher an Buchhändler überlassen werden?

c) Wie wird es mit dem Antheil des Autors an den einzeln abzudruckenden Stücken gehalten?

Daß dieses Letzte von großer Bedeutung sey, erhellet daraus daß eine besondere neue Ausgabe von Faust, in der J. G. Cottaischen Buchhandlung 1825, hier in Weimar für 1 rh. 10 Groschen verkauft wird.

Mögen Sie uns besonders aufklären wie es mit diesem neuen Abdruck gemeint sey? so werden Sie uns sehr beruhigen, denn wir dürfen nicht leugnen daß uns diese Erscheinung ganz unerwartet gewesen.

Und so muß ich auch noch vorläufig gedenken daß eine Ausgabe, die man ohne Anmaßung eine National= Angelegenheit nennen darf, nicht auf eine bloße Taschen=Ausgabe beschränkt bleiben kann; alle die mir gegenwärtig vorliegen sind unscheinbar, besonders die Schillerische, daher wäre nothwendig einen zwar nicht prächtigen aber doch anständigen Abdruck in Octav zugleich mit anzubieten. Wo man hinhört verlangt und erwartet ihn das Publicum. Auch sind höchst bedeutende neuere Offerten durchaus in solcher Vor= aussetzung gethan, ich lege die Proben bey die man eingesendet.

Überhaupt wünsche daß wir mit unserer Angelegenheit bald zum Abschluß kommen da man sich in den letzten Zeiten vor gesteigerten Anerbietungen, sogar mit höchster Empfehlung kaum zu retten weiß.

Hochachtungsvoll
gehorsamst
J. W. v. Goethe.

Weimar den 20. November 1825. J. A. v. Goethe.

128.
An Friedrich v. Müller.

Möchten Ew. Hochwohlgeboren Beykommendes beurtheilen und mir vielleicht mit einigen Bemerkungen zurücksenden, so würde ein Mundum besorgen, damit solches mit der Copie des k. k. Privilegiums morgen Abend von Ihnen bestens empfohlen nach Berlin abgehen könne

gehorsamst
Weimar den 25. November 1825. J. W. v. G.

129.
An Carl Ferdinand Friedrich v. Nagler.

Geneigtest zu gedenken.

Vorliegende Fragen, betreffend eine, sich auf dem eingeschlagenen Weg dem Ziele glücklich nähernde Gelegenheit, wären folgendermaßen vielleicht dankbar zu erwidern.

1) Beyliegende Abschrift des k. k. österreichischen Privilegiums zeigt, wie solches in bester Form, mit größter Geneigtheit ausgefertigt worden.

2) Sollte man königlich preußischer Seits die förmliche Ausfertigung eines gleichen Privilegii, in Betracht besonderer Umstände, nicht belieben, so wäre eine bestimmt zusichernde, von den Herren Ministern des Innern und Äußern vollzogene Eröffnung dankbar zu erkennen.

3) Das k. k. österreichische Privilegium lautet auf die sämmtlichen Länder der Monarchie; ein gleiches wünscht man von allerhöchster königlich preußischer Seite, besonders da, ungeachtet der vorhandenen Gesetze, von Köln aus hie und da Nachdrücke cursiren.

4) Auch ist in vorliegendem k. k. Privilegio der Zeit nicht gedacht; das Gleiche wünscht man von königlich preußischer Gnade, da ja ohnehin, bey Kraft des Gesetzes gegen den Nachdruck, hier gleichsam nur eine Ehrensache für den Verfasser obwaltet.

5) Die Reservation der Censur ist den Zuständen jener kaiserlichen Reiche ganz gemäß; in den protestantischen Landen ist nicht daran gedacht worden, noch daran zu denken.

In welcher Form aber auch man in Berlin mich begünstigen möge, so ergeht die angelegentliche Bitte dahin: daß die Ausfertigung in dem Gesetzblatt, auf die gewöhnliche Weise, wie alle gesetzlichen Verordnungen bekannt gemacht werden, zur öffent=

lichen Kenntniß gelange. Solches ist schon vom
königlichen Ministerium von Hannover, auch in den
Großherzogthümern Mecklenburg=Schwerin, Baden
und Hessen, ja, wie es verlauten will, von mehreren
beliebt worden.

Ein Weiteres will mir in dem Augenblick nicht
beygehen.
    Verehrend wie vertrauend
       gehorsamst
Weimar den 25. November 1825. J. W. v. Goethe.

130.

An Friedrich v. Müller.

Ew. Hochwohlgeboren
haben die Geneigtheit mich von der Medaillen=Angelegenheit gefällig zu unterrichten. Von Freund Meyer
erfahre daß sie wieder zur Sprache kommt. Ist denn
der greuliche Büschel beseitigt?
       gehorsamst
Weimar den 26. November 1825. J. W. v. G.

131.

An J. C. F. Körner.

[Concept.]

Das Manometer von Otto v. Guericke erfunden,
nachher auf manche Weise verändert und verbessert,
wird bey meteorologischen Untersuchungen nicht mehr

gebraucht, weil man aber doch ein solches zu besitzen wünscht, so ergeht hiedurch an Herrn Dr. Körner die Anfrage, welche Art und Einrichtung dieses Instrumentes er für die zweckmäßigste hält? ob er ein solches verfertigen, um welchen Preis und in welcher Zeit er es liefern wolle?

Hierüber der nöthigen Auskunft entgegensehend, mit den besten Wünschen.

Weimar den 26. November 25.

132.
An C. W. Schweitzer.

[Concept.]

Ew. Hochwohlgeboren
erlauben einige Zweifel zu gefälliger Beseitigung vorzutragen:

Im Begriff die am siebenten November von Seiten der Academie Jena mir erwiesene bedeutende Aufmerksamkeit schuldig zu erwidern, finde mich wegen der Form in einiger Verlegenheit.

Meine Absicht wäre, der Academie im Ganzen, den vier Facultäten im Besondern, nicht weniger Herrn v. Motz anerkennende Schreiben zu übersenden. Nun fehlt es mir aber an sicherer Bestimmung, was besonders den fünf Ersten gebühre. Äußere Adresse, innere Anrede, Titulatur im Context und am Schluß sind mir nicht ganz klar. Da ich aber das Geziemende und beiden Theilen Gehörige gern in Anwendung bringen möchte: so nehme mir die Freyheit, Hochdieselben zu bitten, mir darin behülflich zu seyn und meine Expedition zu reguliren und zu befördern.

Noch eine Frage sey hinzugefügt, ob ich dem Herrn Prorector besonders ein Schreiben zugehen ließe?

Weimar den [28.] November 1825.

133.
An C. F. Zelter.

Dein Griepen — mag ein recht guter Kerl seyn, aber ich weiß nicht mit ihm übereinzukommen; er hat sich von den Dingen unterrichtet die er bespricht, aber theils denk ich sie anders theils in einem anderen Zusammenhange.

Ich schlug das Buch auf und fand S. 336 §. 10 „die gewöhnliche Eintheilung in lyrische, didaktische, dramatische und epische Poesie u. s. w." Da schlug ich das Buch zu und dictirte was die Beylage ausweiset, was du denn für dich behalten wirst. Und auf diese Weise würde es mir mit dem ganzen Bande gehen, da muß ich es eben liegen lassen.

Deine Aphorismen dagegen habe ich mit Freuden auf= und angenommen. Du hast es wovon du sprichst, und so hat man es auch indem man dich hört; was du hier gibst versteht man, glaubt es zu verstehen und findet wenigstens ein Analogon in dem was man gewiß verstehet.

Laß uns auf unserer Weise beharren, fühlen und gewahr werden, denken und thun, alles Übrige ist vom Übel. Die neuere Welt ist den Worten hingegeben, das mag sie denn so weiter treiben und haben.

Deine Büste ist zu allseitiger Freude angekommen, alles Dankes werth, indem sie dich den Ersehnten so nahe heranbringt; nur finde ich, wie bey der meinigen auch, eine gewisse Übertreibung der Züge, die bey näherer Bekanntschaft nicht wohl thut.

So wie der Eindruck des Unglücks durch die Zeit gemildert wird, so bedarf das Glück auch dieses wohlthätigen Einflusses; nach und nach erhol ich mich vom siebenten November. Solchen Tagen sucht man sich im Augenblick möglichst gleichzustellen, fühlt aber erst hinterher, daß eine dergleichen Anstrengung nothwendig einen abgespannten Zustand zur Folge hat.

Versäume nicht, baldmöglichst die Folge meiner Briefe zu senden; die noch hier sehenden gehen über die Hälfte von 1820. Auch dieses Geschäft wünscht ich vollendet zu sehen. Ich bin höchst überdrängt, zwar nicht von Sorgen aber doch von Besorgungen und das kann sich zuletzt zu einem Grade steigern daß es fast dasselbe wird.

Möge dir alles gelingen! Dein neues Gebäude wird nun auch gekrönt seyn; es werde das Gleiche mit Allem was du so redlich heranführst. Und so lebe wohl und fahre fort mein zu gedenken.

Weimar den 26. November 1825. G.

Nachschrift.

So weit war ich gelangt als die heitere Nachricht eintrifft, dein Kranz sey nun auch erhöht und eine neue Epoche deiner großen und schönen Anstalt angetreten. Möge der Eifer im nunmehr befestigten Local gleich bleiben dem der Euch auf bisherigen Wanderungen schmückte. Nächstens gelangen zu dir noch manche Nachklänge unserer Feyerlichkeiten, an die sich die deine so wunderartig anschloß.

Alfred Nicolovius hat dir ja wohl auch einiges mitgebracht, wenigstens ward ihm so manches aufgeladen daß ich hoffen kann du seyst nicht vergessen.

Bis ich das Weitere vermelden kann, wünsche wohl und froh zu leben, auch bitte wiederholt um den Rest der Correspondenz.

Abgesendet den 29. November 1825.

[Beilage.]

Es ist nicht zulässig, daß man zu den drey Dichtarten: der lyrischen, epischen und dramatischen noch die didaktische hinzufüge. Dieses begreift Jedermann, welcher bemerkt, daß jene drey ersten der Form nach unterschieden sind und also die letztere, die von dem Inhalt ihren Namen hat, nicht in derselben Reihe stehen kann.

Alle Poesie soll belehrend seyn, aber unmerklich; sie soll den Menschen aufmerksam machen, wovon sich zu belehren werth wäre; er muß die Lehre selbst daraus ziehen, wie aus dem Leben.

Die didaktische oder schulmeisterliche Poesie ist und bleibt ein Mittelgeschöpf zwischen Poesie und Rhetorik; deßhalb sie sich denn bald der einen bald der andern nähert, auch mehr oder weniger dichterischen Werth haben kann; aber es ist, so wie die beschreibende, die scheltende Poesie, immer eine Ab= und Nebenart die in einer wahren Aesthetik zwischen Dicht= und Rede= kunst vorgetragen werden sollte.

Der eigene Werth der didaktischen Poesie d. h. eines rhythmisch, mit Schmuck von der Einbildungskraft entlehnt, lieblich oder energisch vorgetragenen Kunst= werkes wird deßhalb keineswegs verkümmert. Von ge= reimten Chroniken an, von den Denkversen der ältern Pädagogen bis zu dem Besten was man dahin zählen mag, möge alles gelten, nur in seiner Stellung und gebührenden Würde.

Dem näher Betrachtenden fällt sogleich auf, daß die didaktische Poesie um ihrer Popularität willen schätzbar ist; ja der begabteste Dichter sollte es sich zur Ehre rechnen, auch irgend ein Capitel des Wissens= werthen also behandelt zu haben. Die Engländer haben sehr preiswürdige Arbeiten dieser Art; sie schmeicheln sich in Scherz und Ernst erst ein bey der Menge und bringen sodann in aufklärenden Noten dasjenige zur Sprache, was man wissen muß, um das Gedicht verstehen zu können.

und so forthin!

G.

134.

An den Großherzog Carl August.

[Concept.] [30. November 1825?]

Ew. Königlichen Hoheit
habe vor allen Dingen verpflichteten Dank zu sagen
für die beiden Bände Voltairischer Nachlassenschaft.
Den ersten habe Ihro Kaiserlichen Hoheit, der Frau
Erbgroßherzogin eingehändigt. Ich wüßte nichts
Schrecklichers in dieser Art gelesen zu haben: man
glaubt sich unmittelbar in die Familie des Pelops
versetzt; die Impietät gegen den alten Mann wett-
eifert mit den Grausamkeiten des Atreus und Thyest.

Redlicher, hübscher und treuer kann man dagegen
nicht leicht einen Diener finden als Wagnière sich
hier erweiset.

Dagegen muß man denn freylich dem untreuen
Longchamp seine Unredlichkeit verzeihen, da er uns
die wichtigsten Blicke in das wüsteste Leben thun
läßt.

Bey so hohem Stande, so großem Vermögen, so
außerordentlichen Talenten führen diese vorzüglichen
Menschen ein so dissolutes Leben, daß es ganz unbegreiflich wäre, wenn man nicht nach und nach von
den Zuständen so vieler Zeit- und Staatsgenossen
wäre unterrichtet und zuletzt durch den Untergang des
Reichs von der allgemeinen innern Verderbniß wäre

überzeugt worden. Indessen kann man sich des
Lachens unmöglich enthalten, wenn wir den un=
ziemlichen Situationen begegnen, die, einzig in ihrer
Art, die einzigste Verkehrtheit andeuten!

2) Die mayländischen Briefe hefte mit Erlaubniß
zu den übrigen, die ich von dortigen Verhältnissen
besitze. Unser werther Cattanëo mag sich freylich
gegen frühere Zeit sehr genirt fühlen; es scheint,
man vergibt ihm nicht den Antheil den er an der
großen Epoche, wie sie das obere Italien im Stillen
noch immer bezeichnet, freylich mit Leidenschaft, den
damaligen Zuständen gemäß, genommen.

Lassen Höchst Dieselben an den guten wackern
Mylius etwas gelangen, so würde ich bey der nächsten
Sendung um das Trauerspiel: Adelchi von Alexander
Manzoni und zwar um zwey Exemplare bitten. Ich
wünsche eine Übersetzung davon zu veranstalten und
dazu darf ich das Prachtexemplar, was ich besitze,
nicht aufopfern. Verzeihung!

3) Das versteinte Gehölz und das daraus erbaute
Schloß hat Adele Schopenhauer selbst gesehen, ohne
zu wissen, was sie daraus machen sollte. Sie hat
auf mein Ansuchen in die Nachbarschaft geschrieben;
auch werde ich dieses Phänomens in einem Briefe
nach Frankfurt dieser Tage gedenken.

4) Döbereiners kurzes Hierseyn hat mir eine sehr
angenehme Unterhaltung und auf manches Befragen
gar hübsche Aufschlüsse gegeben, wobey ich denn wahres

Bedauern empfand, nicht so mobil zu seyn, um von den jenaischen immer fortschreitenden Bestrebungen meinen genügenden Vortheil zu ziehen.

135.
An C. W. Schweitzer.

[Concept.] [Ende November 1825?]

Ew. Hochwohlgeboren
für geneigt gegebene Fingerzeige auf das verbindlichste dankend, nehme mir die Freyheit anzufragen: ob anliegender Versuch, in die Anreden einiges Gleichgewicht zu bringen, nicht mißlungen sey? Sollte Hochansehnlich für illustris gelten? sollte man sich des hochachtbar bey den zwey letztern Facultäten bedienen können, damit die Anrede an die übrigen nicht allzu kahl erscheine? Der Fall ist außerordentlich und so dürfte auch etwas Ungewöhnliches zu entschuldigen seyn wenn es nicht unschicklich ist.

136.
An Georg Heinrich Ludwig Nicolovius.

[Concept.] [Ende November 1825?]

Der zurückkehrende liebe Sohn, verehrter theurer Freund, wird gar vielerlei zu berichten haben; er war mir und den Meinigen sehr willkommen, der ganzen weimarischen Societät nicht weniger. Er selbst wird erzählen, wie gut er überall aufgenommen worden, wie viel Bekanntschaften er gemacht, wie viel er Menschen kennen lernen, und aus diesen Relationen werden [Sie] seine Ansichten, seine Gabe zu beobachten und Verhältnisse zu benutzen am besten selbst beurtheilen.

Die Reinlichkeit seines jugendlichen Daseyns: Offenheit, Lust sich mitzutheilen, Gefühl des Schicklichen und durchaus anständiges eingängliches Betragen, das alles empfiehlt ihn und gewinnt ihm allgemeines Wohlwollen. Seine Kenntnisse die ohne Anmaßung hie und da durchleuchten, ein glückliches Gedächtniß, eine frische Vorstellungsgabe, Lust zur Thätigkeit, Leichtigkeit mit der Feder zu verfahren und in allen die Andeutungen eines mäßigen Vorschreitens geben für seinen Lebensgang die besten Hoffnungen.

Indem ich nun, mein Theuerster! zu einem solchen Sohne Glück zu wünschen habe, so gereicht es mir zur größten Freude, vorauszusehn, daß er an Ihrer Hand in das fernere Wissen, so wie in's thätige Leben geführt, von jugendlicher Reinheit nichts verlieren, sondern das, was einem jeden zum Ruhme und Vortheil gereicht: ein vertrauenswerthes Gemüth, ungetrübt sich erhalten werde.

137.

An J. Eckell.

[Concept.]

Ew. Wohlgeboren
überreicht Gegenwärtiges ein junger Mann, der sich
der Gärtnerey, mehr noch der Botanik gewidmet hat.
Seine Wünsche wird er selbst vortragen, auch sind
sie in beyliegendem Briefe der Frau Fürstin von
Reuß=Lobenstein umständlicher ausgedruckt.

In Betracht dieser Empfehlung glaube ich nichts
besseres thun zu können als ihn an Dieselben zu
adressiren, da Sie ihn am besten werden zu beurtheilen
wissen; so wie Ihnen auch allein bekannt ist inwiefern
er in Ihrem Kreis könnte brauchbar und nützlich
werden.

Mit vorzüglicher Hochschätzung.

Weimar den 1. December 1825.

138.

An den Auctionator W. Funke.

[Concept.]

Sie erhalten hiebey, mein werthester Herr Auctio=
nator, 10 rh. unseres Geldes, etwas weniges mehr
als Ihre Rechnung beträgt, da ich wünsche daß die
Zeichnung mit der größten Sorgfalt, vielleicht zwischen
zwey starke Pappen eingepackt werde. Sie könnte als=
dann auf der fahrenden Post unmittelbar unfrankirt

an mich gesendet werden, so wie die Noten in einem besondern Paquet.

Sie haben wohl gethan die Zeichnung nicht aus Handen zu lassen; daß ein Künstler mit darauf geboten gibt dafür schon ein gutes Vorurtheil. Deshalb dankbar schließe mit den besten Wünschen für Ihr Wohlergehen.

W. d. 4. Dez. 1825.

139.

An Carl Ernst Adolf v. Hoff.

[Concept.] [4. December 1825.]

Hochwohlgeborner

Insonders hochgeehrtester Herr!

Erst nach und nach gelange ich zu dem ruhigen Genuß des vielen Guten, das mir am siebenten November überraschend geworden, und mein verspäteter Dank mag selbst als Zeugniß gelten, wie sehr ich auf vielfache Weise mich erfreut und gerührt gefunden.

So wie der Eindruck des Unglücks durch die Zeit gemildert wird, so bedarf das Glück auch dieses wohlthätigen Einflusses und ich also desselben gar sehr, um nur wieder mir selbst anzugehören. Solchen Tagen sucht man sich im Augenblick möglichst gleichzustellen, fühlt aber erst hinterher, daß eine so ungewöhnliche Anstrengung einen abgespannten Zustand zur Folge haben müsse.

Ew. Hochwohlgeboren Sendung gehört zu denen die mich am meisten überraschten; denn ob ich gleich des freundlichsten Wohlwollens seit vielen Jahren versichert bin, so durfte ich doch nicht erwarten, daß mir dadurch ein so bedeutendes, die Vorzeit lieblich heranführendes, der Gegenwart immer gefälliges Geschenk bereitet seyn könne.

Habe ich das Glück, Ew. Hochwohlgeboren bey mir zu sehen so werden Sie das Bild in meiner nächsten Umgebung finden, wo ich es täglich mit dankbarer Zufriedenheit betrachte. Möge dieses Blatt indessen als reines einfaches Zeugniß Ihnen vorliegen.

Bedarf meine verzögerte Antwort jedoch noch einiger Entschuldigung, so finde sie diese in Beyliegendem. Was ich meinen Werthesten bey dieser Gelegenheit mitzutheilen wünschte, kommt in diesem Augenblick erst zusammen; werde es, freundlich empfangen, zu einem Andenken geneigtest aufbewahrt.

Abermals Verzeihung wenn die angezeigte Beylage zurück bleibt; es geschieht daß Gegenwärtiges nicht ferner noch verspätet werde.

140.

An Amalie v. Voigt, geb. Hufeland.

[Concept.] [4. December 1825.]

Wie herzerhebend war mir eine so freundliche, gewünschte, aber nicht erwartete Stimme, welche mir die schönsten Tage meines Lebens zurückruft, und mich an die Zeiten erinnert, da ich keinen Schritt als an der Hand einer einsichtigen Freundschaft gethan, wodurch es mir allein möglich ward ein höchstbewegtes Leben ohne Anstoß fortzuführen, indem eine jede Stockung durch weise Leitung und Mitwirkung des erfahrensten und bestgesinnten Mannes sogleich beseitigt werden konnte. Nehmen Sie daher meinen aufrichtigsten Dank für die gemüthvollen Worte, die mir so zutraulich beweisen, daß die Erinnerung des Vergangenen eben so lebendig bey Ihnen geblieben ist als bey mir, der ich durch das innerste Gefühl sowohl als durch äußere andringliche Umstände so oft an denjenigen erinnert werde, dessen Gegenwart mir, so oft ich Heil suchte, Beruhigung und Freude darbot.

Möge Ihnen, wie mir, ein solches Andenken so heilig als heilsam bleiben und dadurch eine so wohlgegründete Geistes= und Herzensverwandtschaft sich rein im Stillen verewigen.

141.
An Wilhelm Carl Friedrich Succow.

[7. December 1825.]

Magnifice,

Wohlgeborner,

insonders hochzuehrender Herr!

Ew. Wohlgeboren danke zuvörderst für den mir neuerlich erzeigten persönlichen Antheil an dem ehren=

vollen Feste, welches mir durch den gnädigsten Willen unsers verehrten Fürsten überraschend zu Theil geworden ist, und füge die Bitte hinzu, mich bey der Gesammtheit der hochlöblichen Universität Jena dergestalt zu vertreten, daß dieselbe versichert werde, wie ich alles das mir gegönnte Gute dankbarlichst anerkenne.

Wie sehr das in jedem Sinne beyfallswürdige Gedicht mich erfreut habe, würde ich lebhafter aussprechen, wenn es mich nicht, wie alles, was mir an diesem Tage widerfahren, zu stiller und demüthiger Beherzigung anmahnte.

Die beyliegenden Schreiben bitte ich den hochlöblichen Facultäten gefällig vorzulegen. Auch darin habe ich nur versuchen können, dasjenige theilweise auszudrücken, was mich in jenen Stunden, tausend Erinnerungen hervorrufend, ungetheilt beschäftigte. Und so nehmen denn Dieselben auch die Versicherung, daß ich sowohl der ganzen hohen Anstalt, als den einzelnen hochachtbaren Gliedern derselben, wie bisher so auch künftig hin, mich theilnehmend verpflichtet und verbunden halte.

Hochachtungsvoll mich unterzeichnend
  Ew. Magnificenz
    gehorsamster Diener
Weimar den 6. December 1825.   J. W. v. Goethe.

142.

An den Senat der Universität Jena.

[7. December 1825.]

Eine unausgesetzte Theilnahme, wie ich sie seit vielen Jahren an der Akademie Jena erwiesen, war eine der schönsten Pflichten, welche die große Thätigkeit eines verehrten Fürsten mir auferlegen konnte.

Ich darf mir schmeicheln, daß Beweise vorliegen, wie ich von jeher alles beyzutragen gedachte, um daselbst nothwendige, den Wissenschaften unerläßliche, einzelne Anstalten zu gründen; nicht weniger, wie ich in derselben Gesinnung und gleicher Vorsorge bis in die letzten Tage fortgefahren. Wie hoch ich daher die Aufmerksamkeit zu schätzen weiß, welche mir von seiten der verehrungswürdigen Gesammtheit, an dem durch Serenissimi Gnade vorgreifenden Fest einer fünfzigjährigen Dienstfeier, geneigtest erwiesen worden, halte ich für Pflicht, wenn auch nur mit wenigen Worten, dennoch tief empfunden, hier auszusprechen.

Ich muß gerührt seyn, wenn ich überdenke und mir vergegenwärtige, wie ich bey meiner ersten Ankunft einen Landsmann und nahen Familiennachbar, den unvergeßlichen Griesbach, schon zum Besten Jena's eifrigst beschäftigt fand; wie ich an ihm, und in der Folge an so vielen andern, je mehr ich mich in die Wissenschaften versenkte, den treusten Beystand, die redlichste Förderung gefunden. Nun aber muß ich mich höchlich erfreuen, daß ich bis auf den heutigen Tag noch immer Jena und Weimar wie zwey Enden einer großen Stadt anzusehen habe, welche im schönsten Sinne geistig vereint, eins ohne das andere nicht bestehen könnten.

Wenn ich von den vielen mir immer am Herzen bleibenden wissenschaftlichen Anstalten meine Sorgfalt nicht abwenden kann; so gereicht es mir zum größten Vortheil, auch von dorther in wissenschaftlichen und literarischen Unternehmungen erwünschtes Mitwirken und Eingreifen zu erfahren.

Da ich nun ein solches Verhältniß im Allgemeinen bis an das Ende meines Lebens als nothwendige Verwandtschaft zu ehren habe; so wüßte ich nichts mehr zu wünschen, als daß auch die einzelnen Glieder dieser großen Corporation mit Wohlwollen und Neigung mir zugethan bleiben mögen: denn wechselseitig freundlich-treue Gesinnungen fördern allein das was in der Stadt Gottes und der Sitten am dringendsten verlangt und am unerläßlichsten gefordert wird.

Mit Eifer werde ich daher jede Gelegenheit, so lang es mir vergönnt ist, ergreifen, um wie im Laufe meines Lebens, so auch fortan das in Worten Ausgesprochene, in der Wirklichkeit zu bethätigen.

Weimar den 24. November 1825.   J. W. v. Goethe.

143.

An die theologische Facultät
der Universität Jena.

[7. December 1825.]

Indem ich erst nach und nach mit Bewußtseyn das große Glück einsehen und schätzen lerne, das mir am siebenten November von so vielen Seiten widerfuhr, habe ich vorzüglich das Wohlwollen zu verehren, das mir von ganzen Corporationen gegönnt ward.

Hier begegnet mir nun höchst bedeutend das von einer verehrlichen theologischen Facultät mir zugedachte Zeugniß. In ganz geeigneter, einziger Form offenbart sich ein geistreicher Blick in's Ganze der Gegenwart und Vergangenheit und man erzeigt mir die Gunst, dasjenige was ich zu leisten wünschte, als gelungen gelten zu lassen.

Nun muß die Würdigung meines Bestrebens durch so gütige Richter an so hoher Stelle, mich mit dankbarer Freude beleben und den Wunsch befeuern: es möge alles was mir noch zu wirken erlaubt ist, immer dem Sinne gemäß erscheinen, welcher von so trefflichen, wohldenkenden Männern gebilliget worden.

Der ich so dankbar als hochachtend mich unterzeichne.

Weimar den 24. November 1825.   J. W. v. Goethe.

144.

An die juristische Facultät
der Universität Jena.

[7. December 1825.]

Einer hochansehnlichen juristischen Facultät, zu der ich, meinen früh'sten Studien und Bestimmungen zu Folge, mich anzuschließen geeignet bin, finde ich mich für die Aufmerksamkeit, welche sie an dem gnädigst angeordneten Festtage mir geneigt erzeigen wollen, dankbar verpflichtet.

Auch noch in gegenwärtigem Zeitmomente muß es mich höchlich freuen, in frühester Jugend dasjenige gewahrt zu haben, was in den Folgejahren als Grund aller rechtlichen Einsicht, als Regel des gesetzlichen Denkens und Urtheilens ohne Widerrede anerkannt wird. Ja ich darf wohl hinzufügen: wäre dieses Fach zu jener Zeit auf Akademieen wie gegenwärtig behandelt worden, so würde ich mich demselben ganz mit dem größten Eifer gewidmet haben.

Denn die Geschichte des Rechts und dessen Herankommen aus den früh'sten Zuständen, aus jenen der rohen und einfachen Natur, wie zu solchen die schon eine National- und Localbildung wahrnehmen lassen, blieb von jeher der Gegenstand meiner angelegentlichsten Betrachtungen.

Die römischen Antiquitäten, durchaus nicht begreiflich ohne Vergegenwärtigung des strengen Formelwesens dieser Nation, welches zuletzt der Anarchie und Tyranney selbst noch eine gewisse legale Gestalt zu geben trachtete, verfehlten ihre Wirkung nicht auf meinen jugendlich strebsamen Geist; aber nur jetzt, nach dem Verlauf von so vielen Jahrzehnten, wird mir durch die Bemühungen der außerordentlichsten Männer im Einzelnen klar, was ich im Ganzen keineswegs übersah, obwohl ahnungsvoll mir die Stelle bezeichnete, wo solches zu finden und zu entdecken seyn möchte.

Ebenfalls ward ich früh genug durch den Zeitsinn aufmerksam für das Verhältniß der Staatsgewalt auf Sitte und Unsitte, nicht minder für den kaum auszugleichenden Antagonismus des Geistlichen und Weltlichen, zweyer Kräfte, die vereint das Heil der Welt bewirken sollten.

Nur mit Lächeln kann ich an die Versuche denken, die ich damals in diesem Fache, blos geleitet durch allgemeine Ansichten, in einer, zwar nicht tadelnswerthen, aber doch nur in's Ferne gehenden Richtung entworfen, begonnen und ausgeführt: Alles Bestrebungen, die ich weder mißbilligen noch schelten kann, da ich in diesen Anfängen nichts gewahr werde, was meinen gegenwärtigen Überzeugungen und der Überzeugung verdienter, mitlebender Männer geradezu widersprechen möchte. Wie mich denn auch diese Gesinnungen und Grundsätze in einem langen, vielfachen Geschäftsleben, theils zu eigner Leitung, theils zu

Beurtheilung fremden Beginnens, niemals ohne Anweisung und Beyhülfe gelassen haben.

Möge dieses vielleicht zu umständlich Ausgesprochene von einsichtigen Männern verziehen seyn, indem dadurch nur angedeutet werden sollte, wie ich von allem was auch in diesem Fache auf der jenaischen Akademie gewirkt worden und in fremde Länder ausgegangen, mir zu Nutzen und Frommen den geziemenden Theil anzueignen, nicht verfehlt habe.

Der ich mir, so-lange es in meinem Kreise zu wirken vergönnt seyn wird, das Wohlwollen des ganzen hochansehnlichen Körpers, wie der einzelnen Glieder, dankbar anerkennend erbitte.

Weimar den 24. November 1825.   J. W. v. Goethe.

145.
An die medicinische Facultät
der Universität Jena.

[7. December 1825.]

Eine verehrliche medicinische Facultät vermehrt auf die angenehmste Weise die höchsterfreulichen Empfindungen, die am siebenten November gar mannichfaltig in meinem Innersten erregt worden.

Die Ehre, die Sie mir erweisen, einigermaßen verdient zu haben, beruhigt mich bey dem unerwarteten freundlichen Zeugniß. Denn ich darf mir schmeicheln, in den Vorhöfen, welche zu der ärztlichen Kunst führen, nicht müßig gewesen zu seyn, ja mich noch immer gern darin zu beschäftigen.

Ist mir nun ferner aus einem oft erneuerten krankhaften Zustande der bedeutende Vortheil hervorgegangen, daß ich mit würdigen Ärzten über meine eignen Übel und in Gefolg dessen auch über die allgemeinen Gebrechen der Menschheit in vielfachen Gesprächen mich zu belehren, veranlaßt wurde: so bin ich auch der eigentlichen Heilkunde nicht fremd geblieben.

Gelegenheit und Förderung hiezu gab der öftere Besuch mehrerer mineralischen Quellen und die erfahrungsreiche Betrachtung der Wirkung so wichtiger natürlicher Heilmittel auf den gestörten menschlichen Organismus, worüber sich zu ergehen wohl nirgends so viel Anlaß als an solchen Orten gefunden werden mag.

Daher ist es mir zur gewohnten Unterhaltung in trüben Stunden geworden, diejenigen Übel im Zusammenhange und in ihrer Allgemeinheit, ruhig gefaßt, zu betrachten, welche den Menschen im Einzelnen mit Ungeduld und Mißmuth zu überwältigen pflegen.

Verzeihe die hochachtbare Facultät, wenn ich meinen gefühltesten Dank in diese Art von Vortrag kleide, wodurch ich mich selbst der mir erzeigten Ehre nicht unwerth zu erweisen suche; denn wir können uns eines solchen Zuvorkommens nur in dem Sinne wahrhaft erfreuen, als wir uns dasselbe mit einigem Bewußtseyn aneignen dürfen.

Weimar den 24. November 1825.   J. W. v. Goethe.

146.

An die philosophische Facultät
der Universität Jena.

[7. December 1825.]

Das unerwartete Glück, welches mich am siebenten November von so manchen Seiten her überraschte, wird mir erst allgemach zu eigen, und mein verspäteter Dank selbst wird Zeugniß, wie sehr ich von so viel Wohlwollen gerührt sey.

Die verehrliche Facultät, welcher das weite Feld des reinen Denkens so wie des Überdenkens aller Natur=merkwürdigkeiten anvertraut worden, ist geneigt aus=zusprechen, daß Sie meinen Bemühungen von jeher eine schätzbare Aufmerksamkeit gegönnt habe. Von diesem Antheil konnte ich mich in einer langen Reihe von Jahren genugsam überzeugen, und ich ergreife nunmehr die Gelegenheit, ein offnes Geständniß hier=über abzulegen.

So entschieden und leidenschaftlich auch meine Sehnsucht gegen die Natur und ihre gesetzlichen Er=scheinungen gerichtet war, so konnte sie doch nur durch einen längeren akademischen Aufenthalt erst recht belebt, genährt, geregelt und stufenweise befriedigt werden.

Ein solcher ward mir seit vielen Jahren zu Jena, und ich bin dieser Akademie ganz eigentlich die Ent=

wickelung meines wissenschaftlichen Bestrebens schuldig
geworden.

Manche treffliche Männer, unmittelbare Theil=
nehmer an meinem gesteigerten rastlosen Bemühen,
sind dahin gegangen, andere leben entfernt in glück=
licher Lage. Wie erfreuen muß es mich daher, von
der gegenwärtigen Generation ein Zeugniß zu erhalten,
daß sie die Ausdauer meines Bestrebens mit fort=
währender Geneigtheit und Aufmerksamkeit begleite.

Und so hab ich endlich dankbar noch auszusprechen,
daß mir am feyerlichen Tage vergönnt gewesen, zwey
junge Männer der mir verliehenen Auszeichnung theil=
haft zu machen; beide wirken seit längerer und
kürzerer Zeit mit mir zu gleichen Zwecken, welche,
von so verehrlicher akademischer Corporation mit Bey=
fall anerkannt, uns auch fernerhin gemeinsam vor
Augen unverrückt bleiben sollen.

Hochachtungsvoll mich unterzeichnend
Weimar am 24. November 1825.   J. W. v. Goethe.

147.
An J. M. Färber.
[Concept.]

Der Museumsschreiber Färber erhält hiedurch
den Auftrag, inliegende Briefe nach ihren Adressen
sogleich zu bestellen; auch hat derselbe von den in=
liegenden, kleinen, Geld enthaltenden Paquetchen Nr. 1
an die Pedelle, Nr. 2 an den Universitäts=Gärtner

und Collegenpförtner gegen Schein abzugeben und wie das geschehen sey anher zu berichten.

Weimar den 7. December 1825.

148.
An Louise Seidler.

[Concept.]

Demoiselle Seidler erhält hiedurch den Auftrag der Hofdame Julie Gräfin v. Egloffstein Gnaden durch den Museumsdiener die Copie des Bildes von Rubens, dessen beide Söhne vorstellend, in das Atelier auf dem Schloß überbringen zu lassen; wie es denn auch nach Benutzung desselben wieder abzuholen und an seinen vorigen Ort zu bringen ist.

Weimar den 7. December 1825.

Großherzoglich S. Oberaufsicht.

149.
An C. G. D. Nees v. Esenbeck.

Ew. Hochwohlgeboren

sende hiebey die neusten unerfreulichen Zeugnisse eines krankhaften Organismus, mit den Bekenntnissen des Patienten, dem Gutachten eines denkenden Arztes und dem begleitenden Wunsche daß dadurch Ihre mikroscopischen Untersuchungen mögen gefördert seyn. Gar vieles drängt sich an mich heran, welches zu beseitigen wünsche; ein angefangener Brief folgt nächstens.

Gedenken Sie mein zu guter Stunde und lassen mich öfterer freundlicher Mittheilungen nicht ermangeln. Die lebhaftesten Grüße an Herrn d'Alton!
gehorsamst
5 Weimar den [9.] December 1825.   J. W. v. Goethe.

150.
An J. G. J. Körner.

Mit dem Wunsch daß beykommendes Fernrohr mit dem von Herrn Dr. Körner gefertigten möge verglichen werden.
Weimar den 10. December 1825.   Goethe.

151.
An Friedrich v. Müller.

10 Hiebey erfolgen die Acten. Mein Aufsatz ist fertig, doch ist höchst nothwendig denselben, so wie mein Schreiben an Rauch mündlich zu erläutern. Wünsche baldiges Zusammenkommen.
Weimar den 10. December 1825.   G.

152.
An J. v. Elsholtz.

15 Über das Lustspiel:
Die Hofdame.

Es war ein sehr glücklicher Einfall des Dichters, seine vornehmen Weltleute aus Italien zurückkommen zu lassen; dadurch verleiht er ihnen eine Art empirischer

11*

Idealität, die sich gewöhnlich in Sinnlichkeit und Ungebundenheit verliert, wovon denn auch schon glücklicher Gebrauch gemacht, noch mehr Vortheil aber daraus zu ziehen ist. Gehen wir schrittweise:

Die Scene, wo der Fürst, Adamar und der Hofmarschall allein bleiben, ist die erste ruhige des Stücks. Hier ist der Zuschauer geneigt aufzumerken, deswegen sie mit großer Umsicht und Sorgfalt zu behandeln ist, ohngefähr folgender Maßen:

Der Hofmarschall formalisirt sich über das Geschehene, als über etwas höchst Tadelnswerthes und Ungewöhnliches.

Der Fürst entschuldigt den Vorfall durch seine alte, wieder aufwachende Jagdliebe, bringt das Beyspiel von Pferden, welche der gewohnten Trompete und dem Jagdhorne unwiderstehlich gehorchen; bemerkt auch, daß über die wilden Schweine vom Landmanne schon viele Klagen geführt worden, und schließt, daß der Fall nicht so ganz unerhört sey, daß ein Beyspiel in Welschland ihm sey erzählt worden.

Der Hofmarschall kreuzigt und segnet sich vor Welschland, ergeht sich über die freye ungebundene Lebensart, an die man sich gewöhne, und gibt dem Umgange mit Künstlern alles schuld.

Der Fürst wendet sich scherzend an Adamar und fordert ihn auf, seine Freunde zu vertheidigen.

Adamar erwidert: man habe die Künstler höchlich zu schätzen, daß sie in einem Lande, wo alles zu

Müßiggang und Genuß einlade, sich die größten
Entbehrungen zumutheten, um einer vollkommnen
Kunst, dem Höchsten was die Welt je gesehen, uner=
müdet nachzustreben. (Dieß kann eine sehr schöne Stelle
werden und ist mit großer Sorgfalt auszuführen.)

Der Hofmarschall läßt die Künstler in Italien
gelten, findet aber ihr Äußeres gar wunderlich, wenn
sie nach Teutschland kommen. Hier ist heiter und
ohne Bitterkeit das Costüme der zugeknöpften Schwarz=
röcke zu schildern, der offne Hals, das Schnurbärtchen,
die herabfallenden Locken, allenfalls die Brille.

Der Fürst entgegnet durch Herabsetzung der Hof=
uniform, die er selbst an hat und die ihm wohl steht:
von einem geistreichen talentvollen Menschen, der in
der Natur leben wolle, könne man dergleichen Aufzug
nicht verlangen. Der Fürst, als seiner Braut entgegen=
reitend, muß sehr wohl gekleidet erscheinen und das
Auge des Zuschauers muß den Worten des Prinzen
widersprechen.

Der Hofmarschall läßt die Künstler=Maske in
Italien gelten, nur sollten sie nicht an teutschen
Höfen erscheinen: so habe sich neulich der Fürst mit
Einem ganz familiär betragen, es habe gar wunder=
lich ausgesehen, wenn Ihro Hoheit mit einem solchen
Natursohne aus dem Mittelalter durch die Felder
gegangen seyen.

Adamar nimmt das Wort, beschreibt Vergnügen
und Vortheile, die Natur mit einem Künstler und

durch sein gebildetes Organ anzusehen, dagegen verschwinde für den Kenner und Liebhaber jede andere Betrachtung.

Hofmarschall weiß nur allzusehr, daß man sich wechselseitig nicht überzeugen werde, nur könne er eine Lebensweise niemals billigen, woraus so unerhörte Begebenheiten, wie man diesen Tag erlebt, entspringen müßten.

Der Fürst tritt nun mit seiner Geschichte des Prinzen von Parma hervor; nur muß in der Erzählung dem Suchen und Forschen nach dem Bräutigam mehr Breite gegeben werden, so daß der Zuschauer neugierig, ja ungeduldig wird, wo er möge gefunden seyn.

Soviel von dieser Scene. Gelingt sie, so ist der Beyfall dem Stück versichert. Ich wiederhole: daß alles mit Heiterkeit, mit keinem mißwollenden Blick nach irgend einer Seite hin behandelt werden müßte, wie auch der Ausführlichkeit Raum zu geben. Der erste Act des Stücks überhaupt eilt zu sehr und es ist nicht gut, auch nicht nöthig, weil der Zuschauer noch seine volle Geduld beysammen hat.

Hierbey aber wird vorausgesetzt, daß Vorstehendes nur Vorschlag sey, den der Dichter sich erst aneignen, nach Erfahrung, Überzeugung, Denkweise bey sich lebendig werden lasse.

Will er das Gesagte benutzen und seine weitere Arbeit mittheilen; so soll es mir angenehm seyn und ich werde sodann über die folgende, so wie über die vorhergehende Scene meine Gedanken eröffnen.

Ich sende das Manuscript zurück mit wenigen Bemerkungen an der Seite dieser gedachten Scene und wünsche, daß es in der Folge mir wieder mitgetheilt werde.

An den übrigen Acten ist wenig zu erinnern. Nur noch ein allgemeines Wort: ein dramatisches Werk zu verfassen, dazu gehört Genie. Am Ende soll die Empfindung, in der Mitte die Vernunft, am Anfange der Verstand vorwalten und alles gleichmäßig durch eine lebhafte Einbildungskraft vorgetragen werden.

Mich geneigtem Andenken empfehlend.

Weimar den 11. December 1825.   J. W. v. Goethe.

Diese Verhandlungen bleiben zwischen uns ein Geheimniß.

G.

153.
An C. W. Schweitzer.

[Concept.]

Ew. Hochwohlgeboren

Zwecke so wie die Absichten des werthen landwirthschaftlichen Vereines durch Beygehendes gefördert zu sehen, ist mein aufrichtiger Wunsch. Das Allgemeinste halt ich in diesem Falle, ja sogar bey höheren Forderungen, für das Beste: der beschränkteste Geist faßt wenigstens diese Hauptunterschiede, dem Fähigen kann man nicht vorschreiben, wie weit er im Unterscheiden gehen soll.

Mich zu fernerem Wohlwollen angelegentlichst empfehlend.

Weimar den 11. December 1825.

[Beilage.]

Geneigtest zu gedenken.

In den landwirthschaftlichen Berichten wären allerdings nur auffallende Barometer= und Thermo= meterstände zu verlangen; wohl auch nur von solchen Mitgliedern welche das Instrument schon besitzen und Neigung zu dergleichen Beobachtungen empfinden. Es wird ohnehin in jedem Fall nichts versäumt, weil in den großherzoglichen Landen fast jeder Ökonom in der Nachbarschaft irgend eines angestellten Beobachters wohnt und sich deshalb befragen und belehren kann.

Da jedoch die atmosphärischen Erscheinungen, welche jedem Aufmerkenden in die Sinne fallen, als Correlate des Barometerstandes anzusehen sind; so wäre Trübe oder Klarheit, Umnebelung und Bewölkung mit Wenigem im Allgemeinen anzuzeigen.

Zu Beobachtung des Windes ist der Wolkenzug das Vorzüglichste und Sicherste; die Wolkengestaltung in ihren einfachsten Bestimmungen wäre auszusprechen, wie beyliegende Kupfertafel den Anlaß gibt.

Das verehrliche Directorium des landwirthschaft= lichen Vereins könnte die Witterungsberichte mit der

Hauptdarstellung der graphischen Hieroglyphik zusammenhalten, und es würde sich dann eine große Congruenz der atmosphärischen Erscheinungen ergeben, so wie Übereinstimmung derselben an verschiedenen Orten, selbst in Entfernungen, von welchen hier die Rede seyn kann.

Da der Ökonom die organischen Erzeugnisse der Erde als Hauptgegenstände zu beobachten hat, auch schon im Einzelnen durch die Tabelle darauf gewiesen ist; so sind auch schon die nutzbaren Hausthiere in Betracht gezogen. Nicht weniger ist das, bezüglich auf Schädlichkeit, sogenannte Ungeziefer unvergessen geblieben.

Vielleicht wäre noch die frühere oder spätere Ankunft der Zugvögel, eine geringere oder größere Vermehrung dieser Geschöpfe, wie auch der einheimischen Vögel und sonstigen Geflügels zu beachten.

Weimar den 1. December 1825.

151.

An Johann Friedrich Heinrich Schlosser.

Erst nach und nach gelange ich zu dem ruhigen Genuß des vielen Guten, das mir am siebenten November überraschend geworden, und mein verspäteter Dank mag selbst als Zeugniß gelten, wie sehr ich auf vielfache Weise mich erfreut und gerührt gefunden.

So wie der Eindruck des Unglücks durch die Zeit gemildert wird, so bedarf das Glück auch dieses wohlthätigen Einflusses und ich also desselben gar sehr, um nur wieder mir selbst anzugehören. Solchen Tagen sucht man sich im Augenblick möglichst gleich=zustellen, fühlt aber erst hinterher, daß eine so un=gewöhnliche Anstrengung einen abgespannten Zustand zur Folge haben müsse.

Und so komme ich endlich dazu, auszusprechen, mein Theuerster, wie höchst angenehm mir die Sendung gewesen und welchen schönen Platz sie unter den reichen, mir gewidmeten Gaben, in diesen Stunden eingenommen.

Daß eine frühere, wie aus dem Gedicht selbst hervorgeht, extemporirte Freundlichkeit gegen meine ältesten Freunde sich so lange erhalten hat und nach so langer Zeit in einer übereinstimmenden Periode eigentlich erst zur Erscheinung kommt, ist gar merk=würdig und ich habe allerdings für die geneigte Mittheilung zu danken, welche sich auch hier einer allgemeinen Theilnahme zu erfreuen hatte.

Lassen Sie beyliegende Blättchen sich empfohlen seyn und erneuern dadurch mein Andenken bey Wohl=wollenden und Getreuen; den Passavantschen bitte mich vorzüglich zu empfehlen.

Für die Mittheilung der kräftigen zeitgemäßen Lieder danke zum allerschönsten und schließe mit dem traulichsten Gruß an die lieben Ihrigen und mit dem

Wunsche, noch lange an einem so schönen und reinen Familienverhältnisse Theil nehmen zu können.
                        treu anhänglich
Weimar den 12. December 1825.   Goethe.

155.
An Friedrich v. Müller.

Eine unbestimmte Trauerpost von Norden her läßt sich in Weimar vernehmen; nur bey Ew. Hochwohlgeboren mag ich anfragen, wen es bedeute.

Weimar den 13. December 1825.   G.

156.
An den Großherzog Carl August.

[Concept.]   [14. December 1825?]

Ew. Königlichen Hoheit
auf verschiedene gnädigste Mittheilungen schuldige Erwiderung vorzulegen, nehme mir gegenwärtig die Freyheit.

1) Die hiebey zurückkehrenden poetischen Meditationen konnten mir keinen eigentlichen Beyfall abgewinnen. Der Dichter ist einer von jenen die ohne poetisches Naturell mit einer gewissen Umsicht und gebildeten Rhythmik aus dem schon Vorhandenen ein Drittes hervorbringen, woran man bey näherer Betrachtung gar leicht die Elemente erkennen kann woraus es gebildet worden. Und so lassen sich gar

wohl diejenigen Dichter nachweisen welche der Verfasser wieder verarbeitet hat. Das Subscribenten-Verzeichniß deutet auf einen sehr beschränkten Kreis von Verhältnissen. Canzler v. Müller hat übernommen sich näher darnach zu erkundigen.

2) Die derbe Haut des Alligators geht alsobald nach Jena ab.

3) Das Modell des Dammes behalte so lange hier bis ich es mit der Karte des Hafens, wo sich der merkwürdige Bau befindet, verglichen habe.

4) Die genau und scharf abgegossenen vorzüglichsten geschnittenen Steine des Stoschischen Kabinetts, auf's zierlichste mitgetheilt, werden Höchst Denenselben gewiß Freude machen. Ich für mein Theil sehe einen das ganze Leben hindurch gehegten Wunsch erfüllt. Die Nummern beziehen sich auf Winckelmanns Catalog dieses Kabinetts; wie die Abdrücke weiter fortrücken, werden sie eingesendet. Ein schönes Supplement zu den Lippertischen Ausgüssen.

5) Deren Benutzung sogleich nach Befehl eingeleitet worden.

6) Beygehendes Paquet erhalte durch einen Antiquarius Brewer von Cöln, welcher Höchst Denenselben schon mit einigen seiner Arbeiten will aufgewartet haben.

7) Das Schreiben von Schilling aus Berlin lege bey, um zu vernehmen, was für ein Bescheid darauf etwa gefällig seyn möchte.

157.

An den Großherzog Carl August.

[Concept.]

Ew. Königliche Hoheit
erlauben beykommende Sendung mit wenigen Worten
zu begleiten.

1) Die beiden graphischen Darstellungen zeugen
von der fortdauernden genauen Behandlung der jena=
ischen meteorologischen Anstalten, wie denn auch alles
Übrige, nach neulicher Anordnung und Einleitung,
seinen gemessenen Gang fortgeht.

2) Die beyliegende Note des v. Stein aus Bres=
lau erklärt die eingesandten lithographischen Blätter
genugsam. Das im neunzehnten Jahrhunderte sisy=
phische Bestreben erregt Verwunderung und Bedauern.
Wenn nur nicht gar das von vielen Stichen durch
klüftete Felsstück ehe es an Ort und Stelle gelangt
gelegentlich mit Donnergepolter auseinander bricht.

3) Ein Schreiben von Frankfurt gibt über den
fraglichen Poeten ohngefähr die Auskunft welche sich
nach der Subscriptions=Liste vermuthen ließ.

Zu Hulden und Gnaden mich angelegentlichst
empfehlend.

Weimar den 14. December 1825.

158.

An C. D. Rauch.

Ew. Wohlgeboren
liebwerthe Schriftzüge nach so geraumer Zeit wieder
einmal zu erblicken war mir höchst angenehm; sie
erinnern mich an das viele Treffliche was wir einer
so theuren Hand schuldig sind.

Ihr thätig ausgesprochener Wunsch, daß die letzte
Medaille das Verdienst der frühern erreichen und den
gleichen Beyfall verdienen möge, erkenne dankbarlichst,
es ist auch der Meine; deshalb hab ich sogleich Ihre
gefälligen Bemerkungen der beauftragten Commission
mitgetheilt, welche sich unter unmittelbarer Leitung
Serenissimi dieser Angelegenheit unterzogen hat, und
ich hoffe, daß sie davon dienlichen Gebrauch machen
werde. Ich selbst darf in dieser Angelegenheit höchstens
nur mit einem vertraulichen Rath hervorgehen.

Die Unterzeichnung des Herrn v. Bethmann am
siebenten November vermehrt noch um vieles das un=
schätzbare Gute das mir an diesem Tage geworden ist
und das mir erst durch Wohlwollen und Gunst von
Ihrer Seite noch im vollsten Maaße werden soll.
Aufrichtig zu gestehen so erhole mich erst jetzt von so
viel überraschendem Glück; es ist wirklich eine Auf=
gabe, sich das alles rein zuzueignen was uns Liebe,
Freundschaft und Hochachtung in Übermaaß zuge=
dacht hat.

Ihre große Thätigkeit, werthester Mann! wird gewiß immer mehr in Anspruch genommen, je mehr ein so lebendiges Wirken im Allgemeinen Zutrauen erregt, und Sie machen sodann möglich, daß ein frommes Erinnern die würdigste Art sich auszudrücken finde.

Der Waisenvater Francke und der Völkervater Maximilian erscheinen durch Sie auf gleiche Weise der Nachwelt empfohlen.

Möchten Sie auf der Hin= oder Herreise nach oder von München, den Umweg über Weimar für kein zu großes Opfer halten! Sie würden mich und die Meinigen, den Hof und alle Guten höchlichst erfreuen.

Die Statue für Frankfurt verdiente denn auch wohl eine nochmalige ernste Beredung, und mir wäre es zugleich höchst aufmunternd und belebend, ein so kräftiges Thun in meiner Nähe zu sehn, welchem gegeben ist, das was ich wünsche, wornach ich mich sehne, mit Geist und Leichtigkeit zu verkörpern.

Herrn Professor Tieck meine besten Grüße, vielleicht seh ich mit der Zeit auch einige von den kleinen Statuen und Gruppen in Abguß, welche diesem Zwecke gemäß gewiß mit vieler Kunst und Anmuth behandelt sind. — Sollte der neu angekommene Apollo=Kopf geformt werden, so gedenken Sie mein. Es ist mir allzuwohlthätig, wenn ich mich von Zeit zu Zeit wieder angefrischt fühle und ich veranlaßt bin, ein höheres Bedürfniß, in dem Augenblick da es befriedigt wird, in mir hervorzurufen.

Hochachtungsvoll
unwandelbar

Weimar d. 16 Dez. 1825. Goethe.

159.

An den Grafen C. L. v. Beust.

Ew. Excellenz
verzeihen geneigtest eine verspätete schuldige Antwort, welche durch die uns betroffene traurig=wichtige Nachricht wohl noch ferner aufgehalten werden könnte; doch zaudere ich nicht weiter und erlaube mir Folgendes:

Die am siebenten November mir über die Maaßen erzeigten Freundlichkeiten haben mich so zum Schuldner gemacht, daß dieser ganze Monat nicht hinreichte, sie nur einigermaßen dankbar zu erwidern. Nehmen daher Ew. Excellenz zuvörderst die Versicherung, daß Ihr neulicher Besuch von mir sehr freudig anerkannt worden und die persönliche Versicherung einer fortdauernden Theilnahme mir höchst schätzenswerth bleibe.

Die sämmtlichen freyen Städte haben sich nun auch förmlich eingefunden. Den verehrlichen Abgeordneten bitte daher gelegentlich meine dankbaren Gesinnungen auszusprechen.

Wären sodann die anhaltischen und schwarzburgischen Häuser sowie Hessen=Homburg hinzu-

zufügen, so würde vor Ablauf eines vollen Jahres diese
Angelegenheit wohl geendigt seyn. Immer ein kurzer
Termin für den Kreis, in welchem sie betrieben wurde.

Das königlich bayerische Ministerium hatte noch
unter der vorigen Regierung mancherlei Bedenken durch
Herrn Grafen v. Luxburg an mich gelangen lassen,
worauf ich denn in einem umständlichen Promemoria
die Lage der Sache nach Möglichkeit in's Klare gestellt
und auf demselben Weg dorthin befördert habe. Die
eingetretene Regierungs-Veränderung hat wohl eine
abschließliche Resolution und Ausfertigung gehindert.
Bis jetzt trug ich Bedenken den neuen Regenten des=
halb abermals anzugehen, vielleicht gibt es Gelegen=
heit bey dortiger Gesandtschaft eine geziemende Er=
innerung einzulegen.

Herr v. Nagler verspricht, in dem Sinne der
schon am hohen Bundestage gethanen Erklärung,
gleichfalls nächstens ein hinreichendes Document. Die
Form eines Privilegiums scheint dort nicht angenehm
zu seyn: eine bestimmte vom Minister des Innern
und Äußern vollzogene zusichernde Eröffnung hält
man für hinreichend. Abzuwarten ist auf alle Fälle,
was man dort belieben wird; auf jede Art wird wohl
der Zweck erreicht werden.

An die Allerdurchlauchtigsten, sowohl Majestäten
als Königl. Hoheiten habe Anfangs October nach dem
bekannten Formular unmittelbar die Bittschriften
gerichtet. Die meisten Documente sind formell und

in gnädigsten Ausdrücken eingegangen. Von Braunschweig aus tröstet man mich auf die Wiederkunft des Herzogs; von Brüssel her habe noch nichts vernommen. Da die Ausdrücke meines Schreibens allgemein sind, weder Luxemburg besonders, noch das ganze Königreich überhaupt aussprechen, so wäre die Frage: ob Seine Excellenz Herr Graf von Grünne, dem ich mich angelegentlichst zu empfehlen bitte, vielleicht in die Sache, wie sie schwebt, gefällig einwirken wollten. Wäre das Privilegium auf das Königreich nicht zu erlangen, so würde man wenigstens wegen Luxemburg beruhigt.

Mit vorzüglichster Hochachtung,
 diesmal in Trauer und Sorgen,
   Ew. Exzell.
  ganz gehorsamster Diener
Weimar d. 18. Dezember 1825. J. W. v. Goethe.

160.

An C. L. F. Schultz.

Das Jahr darf nicht zu Ende gehen, ohne daß ich mein Andenken bey Ihnen, verehrter Freund, erneuert hätte. Die Zeitungen haben Ihnen gesagt, in welchem Drang von Feyerlichkeiten ich beynahe seit vier Monaten lebe und ich gestehe gern, es war einige Fassung nöthig, um so viel Gutes zu überstehen. Kaum erhole ich mich von dem Wünschenswertheften, so tritt das ungeheure Weltereigniß herein, das in's Ganze von gränzenloser Wirkung uns im Innersten berührt und den zartesten persönlichen Antheil unbarmherzig verletzt.

Sagen Sie mir, wie Sie diese Zeit in Ihrer Abgesondertheit zugebracht, wie Sie sich mit Ihrer lieben Familie befinden, und ob Sie sich in dem alten Wetzlar nunmehr einheimisch fühlen.

Mit der fahrenden Post kömmt ein wohl emballirtes Kästchen, worin die versprochenen Gypsabgüsse sich befinden. Leider war der Gyps des Bildhauers zu alt und die Formen zu trocken, deshalb denn die Exemplare nicht gut gerathen sind, doch send ich sie einstweilen, weil der Kenner ja auch aus der einigermaßen abgeschliffenen Münze den hohen Werth derselben heraus zu ahnen weiß.

Eine kleine Schachtel ohne Adresse liegt bey, welche ich Herrn Bergrath Cramer einzuhändigen bitte. Will er mir dagegen ein mäßiges Stück Goethit zusenden, so werde ich es dankbar anerkennen, indem ich mich ihm zu geneigtem Andenken bestens empfehle.

Bald hoffe ich wegen Ausgabe meiner Werke das Nähere zu melden. Die Privilegien-Angelegenheit ist im Laufe des Jahrs so gut als zu Stande. Ein kurzer Termin, verhältnißmäßig zu den Wegen, welche sie hat machen müssen.

Schreiben Sie mir doch einige Worte zur Schilderung der Societät, wie sie den dortigen Club zu-

sammensetzt, auch, ob noch irgend Jemand von meiner
Zeit und Wer? sich dort befindet. Jene Localitäten und
Verhältnisse bleiben mir eine wundersame Erinnerung.
                                    treu angehörig
    Weimar den 18. December 1825.   Goethe.

161.
An Siegfried Bendixen.
[Concept.]

Die Hamburger Steindrücke haben schon längst
den Beyfall und die Bewunderung der Weimarischen
Kunstfreunde erworben wie sie solches auch öffentlich
gern gestanden; und so dank ich denn ebenmäßig für
die letzte Sendung zum allerschönsten; nicht zweifelnd
daß mein unternommenes Bildniß glücklich gelingen
werde. Und so dacht ich ferner nicht zu fehlen indem
ich die Worte Ihres gefälligen Schreibens rhythmisch
zurückgab.

Einige Kupferblättchen beylegend empfehle mich zu
geneigtem Andenken.

Weimar den 19. December 1825.

162.
An den Großherzog Carl August.
[Concept.]

Ew. Königliche Hoheit
nehmen Beykommendes gnädig auf; es ist ein alter
Wunsch, der zur Erfüllung reifend manches Gute be=
stätigen und bewirken kann.

Oberbaudirector Coudray steht zu Befehl das
Nähere zu erklären, wie es mich denn höchlich erfreuen
würde wenn Höchst Dieselben mich gleichfalls ver=
nehmen wollten.

Weimar den 19. December 1825.

163.
An J. F. v. Cotta.

Hochwohlgeborner
    insonders hochzuehrender Herr.

Als wir bey'm Beginn der Verhandlungen über
die neue Ausgabe der von Goethischen Werke ein
Honorar von hunderttausend Thalern sächsisch für
das Verlagsrecht auf zwölf Jahre mit Übertragung
sämmtlicher den Nachdruck verbietender Privilegien der
deutschen Bundes=Staaten als nicht unbillig voraus=
setzten, eröffneten Ew. Hochwohlgeboren uns nicht
allein eine Aussicht auf diese, sondern zeigten sogar
im Hintergrunde noch größeren Gewinn.

Hierauf gründete sich auch der Entwurf zu einem
festzustellenden Contract über dieses Unternehmen,
wenn manche Nebenerörterungen, nicht ohne Wichtig=
keit für das Geschäft beseitigt seyn würden.

Da sich nun durch Ew. Hochwohlgeboren letztes
Schreiben vom 30. November d. J. die Sache immer
mehr aufklärt, so verfehlen auch wir nicht noch Fol=
gendes zu bemerken.

Ob wir gleich im Fortgang unserer Unterhandlungen manche Offerte bedeutender Buchhandlungen theils stillschweigend theils schriftlich ablehnend zurückwiesen, so kehrten doch selbige in den letzten Zeiten mit solcher Dringlichkeit zurück und wurden so bedeutend daß wenn sie auch unserer ersten Ansicht nicht ganz entsprachen doch derselben ganz nahe kamen.

Hiernach möchte sich nun die Sache folgendermaßen gestalten, ohne jedoch in dem bereits vorliegenden Entwurf das Wesentliche zu verändern.

Alle zeitherigen Anträge und darauf gegründete Gebote zeigen deutlich, daß ein Absatz von vierzigtausend Exemplaren der projectirten Werke in nicht gar langer Zeit zu erreichen sey, wenn solche dem Publicum auf eine gehörige Weise dargeboten würden. Daher geht unser modificirter Vorschlag dahin, auf gedachte Anzahl von vierzigtausend Exemplaren sogleich zu contrahiren und das Honorar von hunderttausend Thalern sächsisch in bestimmten Terminen abgetragen zu sehen.

Die ganze Ausgabe würde in vier Jahren zu vollenden seyn, jährlich zwey Lieferungen jede zu fünf Bänden, welche der Autor successive abreicht.

Dagegen würde von Messe zu Messe der achte Theil des Honorars mit zwölftausend fünfhundert Thalern sächsisch gezahlt.

Und wie nun schon bestimmter Maaßen das Verlagsrecht auf die Privilegien der deutschen Bundes-

Staaten auf zwölf Jahre gesichert wird, so bleibt es auch bey der verabredeten doppelten Buchführung über dieses Geschäft, damit wenn erwiesen ist daß vierzig=tausend Exemplare abgesetzt sind alsdann die Be=dingung einträte daß dem Autor oder den Seinigen von zehntausend ferneren Exemplaren abermals zwanzig=tausend Thaler sächsisch zu Gute kommen.

Wie sich nun eine zugleich anzukündigende Octav-Ausgabe nöthig gemacht, so wünscht man auch, wie fernerhin über die Taschen=Ausgabe, Musterblätter, um darüber weitere Überlegungen anstellen zu können.

Dieses wird von unserer Seite umdestomehr er=forderlich da nicht verhehlt werden soll, daß der Autor von einem größeren Absatze Vortheil ziehe weshalb ihm denn die Verpflichtung gegen das Publicum ob=liegt für die Annehmlichkeit des Druckes und sonstige Beziehungen Sorge zu tragen.

Was die Taschen=Ausgabe betrifft so wäre zu wünschen, daß die neue Übersetzung der Tausend und einen Nacht, Breslau bey Joseph Max & Comp., zum Muster gewählt werden könnte; der neue Abdruck von Faust ist sowohl was Lettern als Papier betrifft höchst unerfreulich.

Hierbey wäre schließlich zu bemerken daß man von den einzeln zu druckenden Theilen, jeden Vortheil, wenn auch nicht unbedeutend, dem Herrn Verleger überlasse, weil eine dergleichen Berechnung vielleicht Dunkelheit in das Geschäft bringen könnte.

Den Wunsch auch nach Ablauf des gegenwärtig zu schließenden Contracts das alte Verhältniß fortdauern zu sehen glaubt man in dem Entwurf auch schon durch den Vorschlag ausgesprochen zu haben, daß beide Theile drey Jahre vor dem Ablauf desselbigen zusammentreten und sich wegen des Ferneren besprechen möchten. Sollte, wie nicht wahrscheinlich, alsdann keine Vereinigung zu treffen seyn, so müßte eine Concurrenz eröffnet werden und dem Autor frey bleiben dem Mehr- oder Minderbietenden seine Rechte weiter anzuvertrauen. Denn es kann in diesem Falle, wie man auch dießmal gesehen, nicht auf Mehr und Minder allein ankommen, sondern auf das Vertrauen, welches die Verlagshandlung einflößt: wie wir es denn auch dießmal, nach unseren frühesten Ansichten, mit voller Überzeugung Ew. Hochwohlgeboren zugewendet haben.

Sollten vorbemeldete Bedingungen Denenselben angenehm seyn so würde der Abfassung eines förmlichen Contracts nichts entgegenstehen.

Zugleich wünscht man den Entwurf der Anzeige wie sie in das Publicum gehen soll mitgetheilt zu sehen, um dasjenige anzuschließen was von Seiten des Autors hierbey auszusprechen wäre. Alles hierdurch getreulich Vermeldete hat die Absicht ein glückliches Verhältniß in jedem Sinne für jetzt und die Zukunft sicher zu stellen, wobey sich denn das wechselseitige Zutrauen als die beste Garantie jederzeit erweisen würde.

Die wir mit dem Wunsche schließen daß gegenwärtiges Geschäft wie so manche andere glückliche Unternehmungen Ew. Hochwohlgeboren zu vollkommener Zufriedenheit, so wie uns zu Beruhigung unseres Familienzustandes fernerhin gereichen möge.
Mit vorzüglichster Hochachtung
Ew. Hochwohlgeboren
gehorsamster Diener
Weimar den 21. December 1825.   J. W. v. Goethe.
J. A. von Goethe.

164.
An Friedrich v. Müller.

Hiebey die verlangten Blätter; doch bemerke daß ich sie an Küstner und Gerhard so eben selbst schicke.
W. d. 21. Dez. 1825.   G.

165.
An Friedrich Maximilian v. Klinger.

[22. December 1825?]
Die Erinnerung an unsere weimarischen mit froher Erhebung des Geistes und Herzens gefeyerten Feste wird auf einmal durch Trauertage verdüstert.
Lassen Sie sich den Überbringer, einen treuen tüchtigen Weimaraner, bestens empfohlen seyn. Er wird Ihnen im Einzelnen persönlich vortragen und erzählen, was Sie sich von unsern Zuständen im

Allgemeinen, auch entfernt recht gut, leider, vergegen=
wärtigen können. Wie unmittelbar berührt uns der
grimmige Schmerz des Ostens! und was sollen wir
beide in hohen Jahren dazu sagen, daß dem bedeu=
tenden Manne nicht ebensoviele zum Heile der Welt
gegönnt worden.

Ich muß aufhören, da ich gar nicht hätte anfangen
mögen; lassen Sie uns bis an's Ende in Liebe und
Treue verharren.

166.
An den Grafen
Sergej Semenowitsch v. Uwarow.

Ew. Excellenz
empfangen geneigt in gewohnter Güte den Überbringer,
Herrn Major v. Germar, einen wackern zuverlässigen
Weimaraner.

So höchst traurig die Gelegenheit ist, durch die
ich Gegenwärtiges, verehrter Mann, an Sie gelangen
lasse, will ich sie doch nicht versäumen, um mit den
wenigsten Worten meinen lebhaftesten Dank auszu=
sprechen für so manches wissenschaftliche Gute, was
uns durch unsere zurückkehrenden gnädigsten Herrschaften
von dorther geworden ist; nicht weniger für das geist=
reiche Heft, das uns eine der wichtigsten Epochen
des classischen Alterthums neu belebt vor die Seele
bringt.

Gegenwärtig vereinigt uns leider mit jenen fernen Gönnern und Freunden eine gemeinsame Trauer, welche keinen weiteren Ausdruck zuläßt, aber die Versicherung einer fortdauernden Anhänglichkeit nicht
5 verwehren will; ja, den Wunsch noch nothwendiger macht, Ihrem Andenken unwandelbar empfohlen zu seyn.

Treu angehörig

Weimar den 22. December 1825. J. W. v. Goethe.

167.
An Franz Wörth.

[Concept.] [22. December 1825?]
10 Wohlgebohrner
Insonders Hochgeehrtester Herr.

Herrn Major v. Germar, welcher in der traurigsten Angelegenheit sich eilends nach Petersburg verfügt, kann ich nicht abreisen lassen, ohne Gegenwärtiges an
15 Ew. Wohlgeboren baldigst befördert zu sehen.

Die höchst schätzenswerthen Gaben, welche uns von der hochansehnlichen mineralogischen Gesellschaft zu Petersburg, durch Vermittlung unsrer rückkehrenden gnädigsten Herrschaften, an die wissenschaftlichen An=
20 stalten nach Jena gelangt sind, haben in mehr als einem Sinne unsern Besitz vermehrt und unsre Einsichten erweitert.

Nehmen Sie dafür meinen aufrichtigsten Dank, um solchen des Herrn Präsidenten Excellenz und den vereinten Gliedern der Societät geneigtest vorzutragen und mich allerseits angelegentlichst zu empfehlen.

Ich bin überzeugt, daß unser gnädigster Herr der Großherzog, bey seinem nächsten Besuche der jenaischen Kabinette, sich an diesen Mittheilungen besonders erfreuen und unmittelbar für so wichtige Gaben seinen Dank abstatten werde, da er ununterbrochen, sowohl für das Ganze solcher Anstalten besorgt ist, als auch das Einzelne, was ihnen theilnehmend gegönnt wird, anzuerkennen und zu würdigen versteht.

Mit dem innigsten Antheil an der von Osten sich über die Welt verbreitenden Trauer.

168.
An Carl Theodor Küstner.

Hochwohlgeborner
 Insonders hochzuehrender Herr.

Es ist noch dieselbige Stadt Leipzig in die ich, gerade nunmehr sind es sechzig Jahre, mit der Welt völlig unbekannt, voll Zutraun und Hoffnung eintrat; dieselbigen Straßen sind es noch, in denen ich auf- und abwandelte, dieselben Häuser, wo ich aus- und einging, und vielleicht dieselben Zimmer, die mich als junges wunderliches Wesen so freundlich aufnahmen; sie sind es noch, wo nunmehr, nach einem solchen Zeitraum, von neu erworbenen Freunden eine ehrenhafte Feyer meiner Ansiedelung in der Nachbarschaft, als bedeutend für die Gegend und für mein Vaterland folgereich, in diesen letzten Tagen veranstaltet worden. Je mehr ich die Vergangenheit überschaue, wie sie sich zur Gegenwart herangebildet hat, desto mehr habe ich mich zu fassen und das Glück anzuerkennen, das meinem unablässigen Streben geworden ist.

Da der Trieb, das Gute und Wünschenswerthe zu verwirklichen, von jeher alle Welt in Thätigkeit setzte, so darf ich mich wohl erfreuen, daß gerade das meiner Natur gemäß war, was auf jene Zwecke hindeutete: denn wenn ich meine zufälligen und vorsetzlichen Einwirkungen auf die Außenwelt im Laufe meines Lebens betrachtete, so hätte ich oft zweifeln können, ob im Einzelnen, das was ich zu leisten wünschte, auch zu billigen sey; wenn aber zuletzt der Rechnungsabschluß, die Vergleichung des Sollen und Haben zu meinen Gunsten ausfällt, dergestalt, daß die Besten meiner Nation sich daran erfreuen und mit Eifer und Lebhaftigkeit auf die anmuthigste Weise es anerkennen: so habe ich weiter nichts zu wünschen, als nur die übrige Zeit, welche mir zu verweilen gegönnt ist, in einem solchen Gleichgewicht zu bleiben, daß ich weder an mir selbst, noch ein anderer an mir jemals irre werden könne.

Nehmen Sie diese traulichen Äußerungen als Wirkung derjenigen Empfindungen an, welche Ihr ehrenvolles Schreiben und die anmuthigen Beylagen bey mir erregen mußten, und vertheilen die anliegenden

Blättchen unter die wohlwollenden Freunde, denen ich auf's besonderste empfohlen zu seyn wünsche.

Ew. Hochwohlgeb.
gehorsamster Diener
Weimar den 24. December 1825. J. W. v. Goethe.

169.
An Wilhelm Christoph Leonhard Gerhard.

Wohlgeborner
Insonders hochzuehrender Herr.

Die schätzenswerthe Gesellschaft, die sich um das Zeichen der Lyra versammelt, erzeigte mir bald nach ihrer Stiftung die Ehre, mich unter die Ihrigen zu rechnen. Ihre anmuthigen Unterhaltungen, womit sie manchen Abend geist= und geschmackvoll zubringt, konnten mir nicht unbekannt bleiben und sind mir mehrmals von Theilnehmenden gerühmt worden.

Wenn sie nun ein Fest, welches freylich für mich von der größten Bedeutung ist, auch durch eine so angenehme Feyerlichkeit hat begehen wollen, so er= kenne ich solches auf das vollkommenste und danke Ew. Wohlgeboren, daß Sie mir die Art und Weise, wie solches geschehen, ausführlich überliefern mögen.

Ich würde auf alle Fälle, wenn auch mich dieses Unternehmen nicht beträfe, Anordnung und Aus= führung höchst glücklich halten; nun aber habe ich den besondern Bezug und zumal das anmuthige Ge=

dicht zu rühmen, worin Sie mit Geist darzuthun gewußt wie mannichfaltig die Auslegung und Anwendung eines gegebenen Symbols gefaßt werden mag, welches mir und meinen Freunden zu einer neuen interessanten Unterhaltung gereichte.

Nehmen Sie daher meinen besten, auf's innigste anerkennenden Dank und theilen beykommende Blätter den Freunden mit, die ich auf's allerschönste zu grüßen bitte und deren Andenken ich für immer bestens empfohlen zu seyn wünsche.

Ew. Wohlgeb.

ergebenster Diener

Weimar den 24. December 1825.   J. W. v. Goethe.

170.

An den Großherzog Carl August.

[Concept.]

Ew. Königliche Hoheit

hatten, es sind nun gerade zehn Jahre, mich in die Region der Meteorologie beordert. Die erste Aufgabe waren die Howardischen Wolkenformen, die ich zu lösen nicht unglücklich schien, wie denn eine einfach belehrende Abbildung noch in diesen Tagen dem landwirthschaftlichen Verein zu Gute kam.

Das Verhältniß der Barometerstände zu diesen Erscheinungen sollte nach und nach gefunden werden, so wie die Congruenz des Barometerstands über große

Weltbreiten gegenwärtig eine wichtige Beschäftigung ist. Der Februar des Jahres 1825 ist hiebey als Base genommen und schon sind wir in dem Falle von mehreren östlichen Stellen: von Petersburg, Taganrock, Tobolsk und Charcow Rechenschaft zu geben. Der weiteste westliche Beobachtungsort, Dublin, wird uns hoffentlich auch nächstens seine Erfahrungen mittheilen. Schon Daniell spricht aus: daß die Barometerstände in gleichen Breitengraden mehr als in den Längengraden übereinstimmen; wie sich es denn auch durch die neusten graphischen Darstellungen vor Augen legt.

Die Differenz wegen Berechnung und Bezahlung des Heftes der jährlichen Nachrichten 1823 ist nunmehr beseitigt. Bey dem schon ausgearbeiteten Heft von 1824 wird sie nicht vorkommen und mit dem Abschluß von 1825 wird alles vollkommen für jetzt und die Zukunft im Gange seyn.

Ew. Königliche Hoheit genehmigen diese kurzen Bemerkungen als Einleitung zu meinem verpflichteten Danke für das so schön gearbeitete und, wie es die wenigen Tage her scheint, so sehr empfindliche Instrument. Es ist schwer, sich einen Begriff zu machen von dem Elemente, worin es schwebt und wovon es bewegt wird. Die tägliche und stündliche Vergleichung mit Barometer und Thermometer, wozu noch das Hygrometer hinzuzufügen wäre, wird in einer Folge von Zeit die Zweifel vielleicht lösen, vielleicht aber

auch vermehren; ein Fall, in den wir gar oft durch
die Erfahrung versetzt werden.

An dem so schön gearbeiteten, kräftig zusammenge-
setzten, dem Hofrath Döbereiner übergebenen Magneten
will dieser bemerkt haben: daß das Instrument die
ihm gebotene Last bey hohem Barometerstand willig
trage, nicht so bey niederm. Bewahrheitet sich diese
Entdeckung, so muß ich sie für höchst bedeutend halten.

Und so kann ich, meinen verpflichteten Dank nochmals wiederholend, nichts mehr wünschen, als daß die
schönen wissenschaftlichen Mittelpuncte, welche Höchst
Dieselben so mannichfaltig angeordnet, sich immer
mehr beleben, indem sie vieles vereinigen immer
wirksamer werden und die Bezüge des Wißbaren
unter sich immer lebendiger darstellen mögen.

Weimar den 25. December 1825.

171.
An den König Ludwig v. Bayern.

[Concept.] [26. December 1825?]

In der wichtigsten Epoche des Herrschers, wo Er
zur Sorge für Millionen berufen, die höchsten
Forderungen an sich selbst macht, Ew. Majestät
alleruntertänigst aufzuwarten und mich zu fernerer
Huld und Gnade bescheidentlich zu empfehlen, würde,
so sehr ich mich auch dahin gedrungen fühlte, nicht
gewagt haben, wenn nicht die glücklichste Ermuthigung
mir so eben widerführe.

Daß ein so lange gehegter, so wohlwollend auf=
genommener Wunsch ganz nahe der Erfüllung sey,
vernehm ich durch den von Ew. Majestät Antlitz zu=
rückkehrenden Major v. Germar, welcher mich auch
des allergnädigsten Andenkens wiederholt versichert.

In freudiger Erwägung des hohen Glücks, stellt
sich das bedeutende uralte Bild vor mich, dessen An=
blick mir durchaus wichtig und erfreulich wird.

Wenn ich bedenke von wem diese Gabe kommt,
und in welchem -Zeitmoment; so werde ich zu den
tiefsten Betrachtungen aufgerufen. Es ist naturgemäß
und wir müssen uns im Alter gewöhnen, Verlust
zu erleiden, ohne Ersatz zu hoffen; aber ein mir im
Leben oft so günstiges Geschick läßt auch hier eine
Ausnahme statt finden, in dem Augenblick wo ein
verehrtester Fürst der Welt entrissen wird. Diesen
schmerzlichen Fall, obgleich in der Entfernung und
außer den Vortheilen eines unmittelbaren Bezuges,
muß ich tief empfinden, da allerhöchst derselbe seit
dreyßig Jahren mein gnädigster Herr geblieben und
ununterbrochen, bis auf die neuste Zeit, Sich guter,
froher, selbst an den gefahrvollsten Tagen durchlebter
Stunden mit Zufriedenheit erinnert. Kaum aber
erhole ich mich von der Bestürzung über diesen plötz=
lichen Verlust, als von eben der höchsten Stelle Trost
und Ermuthigung kräftig ausgeht und ich mir jenes
bedeutende Wort ohne Anmaßung aneignen kann:
der König stirbt nicht.

Möge daher mir erlaubt seyn einer Schuld zu gedenken, die ich nunmehr an Allerhöchst Dieselben abzutragen mich verpflichtet halte.

Zu den Jubelfeyertagen unserer theuren Fürsten gedachte ein Verein Denkmünzen prägen zu lassen, welche gewiß um desto willkommener seyn müßten, wenn eine allgemeine Theilnahme von Vielen auch durch Mitwirkung der höchsten Bezüge gekrönt wäre. Ihro Majestät der König beförderten dieses Vorhaben durch reichliche Unterzeichnung, wogegen ein dreyfaches Exemplar des großherzoglichen Bildes schuldiger Weise überantwortet ward.

Die Unternehmer sodann besorgten eine zwey̆te Denkmünze, unserer großgesinnten, großdenkenden Fürstin gewidmet; sie folgt hier gleichfalls, in der Überzeugung daß Ew. Majestät mit Beyfall Bild und Inschrift betrachten, wodurch das Andenken einer hohen Verwandten und ihrer großen folgereichen Standhaftigkeit nach Kräften gesey̆ert wird.

Vor mir aber steht ein langersehntes, einer mythischen Urzeit angehöriges Kunstwerck. Ich richte die Augen auf und schaue die ahnungsvollste Gestalt. Das Medusenhaupt, sonst wegen unseliger Wirkungen furchtbar, erscheint mir wohlthätig und heilsam, durch hohe Gunst und unschätzbares Andenken gewürdigt und geheiligt.

Ew. Majestät ist das reine Glück gewährt, sich nur am Fürtrefflichsten zu ergötzen, als würdige

Belohnung der wohlthätigen Aufmerksamkeit, die bis=
her Künstlern und Kunstwerken gewidmet war; und
wenn Allerhöchst Dieselben Gelegenheit besitzen, nach
unberechenbaren Anstrengungen, an dem Besten was
unsern Sinnen bescheert ist Sich zu erquicken und
nach wohlthätigen ernsten Bemühungen, Sich erfrischt
wieder herstellen, so darf nunmehr auch ich hoffen, daß
der Anblick des mir sonst nachbarlichen Originals,
außer dem hohen Kunsteindruck den es immer ge=
währt, bey Ew. Majestät auch jederzeit die Erinnerung
werde lebendig erhalten, wie ein getreuer Verehrer
durch die unmittelbarste Nachbildung dieses herrlichen
Schatzes über die Maßen glücklich geworden.

Weimar den   November 1825.

172.
An Leo v. Klenze.
[Concept.]

Ew. Hochwohlgeboren geneigtest angekündigte hohe
Gabe ist nunmehr glücklich angelangt; ich stelle sie
vor mich hin und bin in die Zeit versetzt, wo dieses
unschätzbare Kunstwerk mich nachbarlich oft begrüßte,
eine Zeit die mir so großen Genuß gab und der ich
soviel verdanke.

Da ich nun den Werth eines solches Besitzes in
seinem ganzen Umfang anzuerkennen weiß, so macht
es mich glücklich zu denken, daß ein erlauchter Fürst
dergleichen Schätze um sich zu versammeln gewußt,

in deren Betrachtung wir über uns selbst und über die vorhandene Welt hinaufgehoben, von allem was mühsam, beschwerlich und unerfreulich in unsern Zuständen auf uns anzudringen kommt, ohne weiteres befreyt, geheilt und frisch gestärkt erfunden werden.

Indem ich nun meinen submissesten Dank nächstens unmittelbar abzustatten nicht verfehle, so bitte mich indessen auf das geneigteste zu vertreten und meinem devotesten Vortrag eine allergnädigste Aufnahme vorzubereiten.

Und so mag ich denn auch nicht unterlassen Ew. Hochwohlgeboren Glück zu wünschen, daß Ihnen vergönnt war die hohe Kunst in der Sie sich zum Meister erhoben, zu Gründung eines so herrlichen Werkes vorlängst schon zu verwenden. Genießen Sie nunmehr des Glücks ein so großes und edles Unternehmen der letzten Vollendung heranreifen zu sehen; denn es ist von der Art zu schätzen daß es allein ein Menschenleben auf alle Zukunft zu verherrlichen sich eignet.

Der ich mich hochachtungsvoll zu unterzeichnen die Ehre habe.

Weimar den [26?] December 1825.

173.

An C. F. v. Reinhard.

Eigentlich, theuerster verehrtester Freund, bin ich auf unsern Canzler v. Müller neidisch, ja verdrießlich, denn seine Viel- und Schnellthätigkeit ist schuld, daß ich weniger unmittelbar von Ihnen vernehme und auch Sie auf diese Weise weniger von mir. Da es aber doch zuletzt auf ein günstiges, mentales Zusammenseyn in der Ferne ankommt, so wollen wir ihn loben daß er, einstimmig mit dem Genius der Zeit, velociferisch zu verfahren geeignet ist.

Und wofür ich ihm vor allen Dingen zu danken habe, sind unausgesetzte Nachrichten von Ihrem Wohlbefinden, von der Zufriedenheit in Ihrem neuen wünschenswerthen Zustand. Ich habe Sie, theuerstes Paar, in der Kronenburger Einsamkeit besucht, bin Ihnen nach Frankreich gefolgt und habe Sie nunmehr wohlbehalten zurückgebracht. Vor einigen Tagen sendeten Freunde mir illuminirte Frankfurter Prospectblättchen. Die Aussicht nach dem Untermaynthor ist gar zu reizend, der Weg deutet nach des Freundes Wohnung und ich glaubte über den Bäumen draußen die Kuppel des Belvederes zu erblicken, wo er einer so einzigen Aussicht in bester Gesellschaft genießt.

Um von mir zu reden: ich bin kaum aus dem Hause, kaum aus meinem Zimmer gekommen; im Verlaufe des vergangenen Jahrs hat mich die Privilegien-Angelegenheit durchaus im Athem erhalten, sie ist aber auch nunmehr so gut wie abgeschlossen. Immer genug für die Wege, die sie innerhalb der Bundesstaaten zu machen hatte. Herr Graf Beust, dem ich mich bestens zu empfehlen bitte, wird auf

Anfrage wohl das Weitere zu vermelden die Gefällig=
keit haben.

Der Verlag meiner Werke scheint sich auch zu
entscheiden, und so könnte ich denn das nächste Jahr
zu einer wünschenswerthen Arbeit gelangen. Die
Wiederaufnahme meiner früheren Arbeiten, die Re=
daction der späteren, die Ausfüllung des Lückenhaften,
die Sammlung des Zerstreuten, und was sonst noch
vorzunehmen wäre, sind freylich angenehme Beschäf=
tigungen, denn sie deuten denn doch zuletzt auf eine
gewisse Einheit hin, wodurch das Unternehmen sehr
erleichtert wird; nur darf ich nicht überdenken was
noch zu thun ist, sondern ich muß mir zur Pflicht
machen, nur das Nothwendige vorzunehmen und vom
Geschick abwarten, wie weit ich kommen soll, wobey
denn die Hauptsorge bleibt, alles so zu stellen, daß
das Geschäft auch allenfalls ohne mich seinen Gang
fortgehe.

Unsere Fest= und Feyertage, wahrhaft schön,
freudig und ehrenvoll, sind Ihnen durch unsern Freund
hinlänglich bekannt geworden. Ihr Segenswort aus
der Ferne kam mir eben recht liebevoll zu statten.

In so seltenem, ja einzigem Fall nimmt man sich
über seine Kräfte zusammen, um nur einigermaßen
dem Augenblick gewachsen zu erscheinen; hinterdrein
fühlt man denn aber doch, daß ein solches Übermaaß
von Kräftenaufwand eine gewisse nachlassende Schwäche
zur Folge hat.

Von den sonst üblichen, wenigstens halbjährigen Heften ist nichts zum Druck gefördert worden, obgleich davon Manuscript auch vorliegt. In naturwissenschaftlichen Dingen fährt die Witterungskunde fort, mich zu beschäftigen; ich suche meine Vorstellungen in einen Aufsatz zusammenzufassen, als ein Zeugniß wie diese Angelegenheit sich in meinem Kopfe gebildet hat. Ob die Natur mein Denken anerkennen will, muß abgewartet werden. Träfen wir jetzt, wie vor so vielen Jahren in Carlsbad zusammen, so würden Sie, wie damals mit der Chromatik, so jetzt mit der Meteorik geplagt seyn. Mich unterhält sie statt eines Schachspiels, ich ziehe mit meinen Steinen vorwärts gegen die Natur und suche sie aus dem geheimnißvollen Hinterhalt in die Klarheit des Kampfplatzes zu locken. Mit- und Übereindenkende erwart ich nicht so leicht, unvergessen eines alten großen Wortes: Et mundum tradidit disputationi corum, Cohelet III. 11.

Von Kunstwerken mancher Art habe zwar Weniges, aber Vorzügliches erhalten: einen Abguß der Medusa Rondanini danke ich einem Versprechen des Kronprinzen von Baiern, welches nun Königlich zur Erfüllung gekommen.

Eine große sorgfältige Zeichnung von Julius Roman, mit vielen Figuren, zum größten Theil wohl erhalten, ist eine köstliche Acquisition, ohne Zweifel das Original, das Diana von Mantua in Kupfer gestochen hat. Christus, vor der schönen Thüre des Tempels, nach Raphaels Vorgang, mit gewundenen Säulen geschmückt. Er beruhigt warnend die neben ihm aufrecht stehende beschämte Ehebrecherin, indem er zugleich die pharisäischen Susannenbrüder durch ein treffendes Wort in die Flucht schlägt. Sie entfliehen so kunstgemäß-tumultuarisch, so symmetrisch verworren, daß es eine Lust ist. Sie stolpern über die Bettler, denen sonst ihre Heuchelei zu Gute kam und die für dießmal unbeschenkt auf den Stufen liegen. Der Federumriß ist von der größten Nettigkeit und Leichtigkeit und fügt sich dem vollkommensten Ausdruck. Das Kupfer davon ist gewiß in der Städelischen Sammlung. Sollten Sie solche einmal besuchen, so fragen Sie danach und gedenken mein dabey. Bartsch peintre graveur Vol. XV. S. 434, Oeuvre de Diane Ghisi Nr. 4. Wird für eine der schönsten und wichtigsten Arbeiten genannter Künstlerin gehalten.

Einiger Majolika-Teller will ich auch noch erwähnen, die sehr geistreich und verständig gemalt sind. In der Mitte des sechzehnten Jahrhunderts gab es Talente zu Scharen, Mauern und Wände waren bemalt, und nun suchte sich eine geschäftige Kunst die beweglichen Räume der Tafel- und Büfetgeschirre zu ihrem Schauplatz.

Was für einen Kunstwerth man auch diesen Denkmalen einer nicht wiederkehrenden Zeit zugestehen mag, sie geben einen eigenen Eindruck. Es manifestirt sich hier ein heiterer Genius, der sich in Formen und Gestalten mit Beyhülfe der Elementar-Farben leicht und lustig zu verkörpern wußte.

Soll ich nun von diesen Nachbildungen des Lebens zum Lebendigen selbst übergehen, so habe ich zu sagen, daß die Meinigen, wenn auch nicht von der robustesten Art, doch im Ganzen wohl sind. Mein Sohn widmet sich nach wie vor den Geschäften, versieht meinen Haushalt und lebt übrigens ein geselliges Hof- und Stadtleben; der Frauenzimmer eigentlichstes Geschäft ist die englische Sprache, begünstigt durch angenehme unterrichtete Personen dieser Nation. Und was sonst Hof und Geselligkeit übrig lassen, verzehrt die Sorge für Weyhnachts- und Geburtstags-Geschenke, denen alle Arten Stickerey gewidmet sind. Der älteste Enkel, durch Leben und Lernen aus dem Kreise großväterlicher Liebe hinausgeführt, läßt mir den kleinen zurück, den zierlichen Pathen, der mir immer liebenswürdiger erscheint, je mehr er sich in meiner Nähe gefällt.

Nun aber, da ich mich an stillen Abenden mit diesen Blättern beschäftige und mich im Andenken an einen so hochverehrten Freund sanft in den Schlaf wiege, trifft uns der unerwartete Schlag aus Osten und zwar um so schrecklicher, als die wenigen Monate seit der Rückkehr der jungen Herrschaften die sämmtlichen mannichfaltigen Persönlichkeiten unsres hohen Familienkreises sich in den glücklichsten Verhältnissen

befanden und wirklich aussprechen dürften, daß sie
glücklich seyen. Mehr darf ich nicht sagen, denn hier
liegt ein Abgrund, an dem man sich nicht aufhalten
darf und der immer weiter klafft, je weiter man in
die Welt hinaussieht.

Und so nöthigt mich nun der letzte Blattraum
düster zu schließen, da ich heiter begonnen habe, doch
will ich zugleich, im Gegensatze mit jenem Tadel
unsres gemeinsamen Freundes, endigen mit seinem
Lobe; denn er hat viel und überviel zu der Feyer
unserer Feste, besonders auch des meinigen beygetragen,
und er ist's der mir in stetiger Folge, von Ihrem
Zustande, Ihrem Glück und fortwährender Neigung
höchst erfreuliche Kunde gibt. Möge dieß alles bleiben
so fortan bis dem Genius gefällt, auch so schöne
Bande zu lösen.
　　　　　　　　　　　　　　　　unwandelbar
Weimar den 26. December 1825. 　　J. W. v. Goethe.

174.
An den Grafen C. L. v. Beust.

Ew. Excellenz

vergönnen daß ich am Ende des Jahrs, zurückschauend
auf so manche Pflichten, welche mir im Laufe des=
selben zu erfüllen nicht gegeben war, auch der für
mich so wichtigen Angelegenheit gedenke und vor allem
die geneigte Theilnahme dankbar anerkenne, welche

Dieselben mir haben erzeigen wollen; wie ich sodann den treusten und aufrichtigsten Wünschen die Bitte hinzufüge: auch in der Folge möge gleicher Antheil gefällig und mir im vorliegenden Geschäft eine einsichtige Leitung ferner nicht versagt seyn.

Die Privilegien der vier freyen Städte sind nunmehr angelangt: durch gefällige Vermittlung des Herrn v. Leonhardi das von Frankfurt und Lübeck; durch Ew. Excellenz das von Bremen und Hamburg. Jene mit einem Schreiben unterzeichnet Danz, diese mit dem Namen Gries.

In dem Verzeichniß der verehrlichen Bevollmächtigten an einem hohen Bundestage finde ich ersteren als Gesandten der vier freyen Städte bezeichnet; der letztere unterschreibt sich in dem Erlaß vom 13. September als Gesandter der freyen Stadt Hamburg. Hiebey entsteht die Frage, ist Herr Syndicus Danz Gesandter der drey ersten Städte geblieben? und sollte es hinreichend seyn an beide genannte Herren meinen schuldigen Dank abzustatten? mit dem Ersuchen denselben an ihre Herren Committenten in meinem Namen gefällig zu übergeben, oder sollten vier besondere Schreiben an die genannten Städte selbst nöthig seyn? in welchem Falle ich mir Aufschrift Courtoisie und Unterschrift zu meiner Nachachtung erbitten würde.

Ew. Excellenz verzeihen diese fortgesetzten Behelligungen, nicht weniger, in Betracht unserer gegenwärtigen Lage, eine vielleicht dazwischen tretende Verzögerung ja ein mögliches Versäumniß.

Der große unerwartete Schlag von Osten her, welcher durch seinen Nachhall die ganze Welt erschüttert, trifft unsere Verhältnisse unmittelbar auf das gewaltsamste. Ew. Excellenz übersehen die schmerzliche Wirkung und empfinden das Peinliche meiner Stellung, da ich ein täglich theilnehmender Zeuge solcher Bekümmernisse bleiben muß. Ein hoher Familienkreis, der sich noch vor kurzem vollkommen glücklich preisen durfte, ist auf eine Weise verletzt, die keine Aussicht auf eine völlige Wiederherstellung hoffen läßt.

Und so darf ich denn auch wohl eben in Betracht von Ew. Excellenz wahrhafter Theilnahme zugleich erwähnen, daß ein höchst unangenehmer die Person Serenissimi berührender Fall hinzugetreten, indem Hofrath Rehbein, ein fürtrefflicher Arzt, welchem unser Fürst das verdienteste Vertrauen zugewendet, von einer tödtlichen Krankheit befallen worden, wobey wenig Hoffnung zu völliger Genesung Raum bleibt. Viele Getreuen finden sich dadurch für ihren Fürsten und zugleich für sich selbst besorgt in die bänglichste Verlegenheit gesetzt.

Solche unangenehme Mittheilungen verzeihen Ew. Excellenz gewiß einem unbegränzten Vertrauen: denn wo sollten wir in solchen Fällen einige Linderung finden, wär es nicht indem wir uns entschließen

gegen verehrte Männer, von denen wir gleiche Ge=
sinnungen erwarten dürfen, unsern Schmerz laut
werden zu lassen.

In vollkommenster Hochachtung mich unterzeichnend.
　　Ew. Excellenz
　　　　ganz gehorsamster Diener
Weimar den 28. December 1825.　　J. W. v. Goethe.

175.
An den Stadtrath zu Weimar.

[29. December 1825.]
Wohlgeborne, Wohlweise
Hochedle, Hochzuehrende Herrn.

Einem eingebürgerten Frembling kann wohl kein
besseres Zeugniß widerfahren als daß ihm seine
zweyte Vaterstadt nach funfzigjährigem Bleiben da=
durch ihre wohlmeinende Gesinnung zu erkennen gibt,
daß sie ihn nicht allein als nützlichen Bürger freund=
lich begrüßt, sondern auf die Seinigen auch für immer
gleiche Rechte und Beziehungen überträgt.

Das ehrenvoll überraschende Fest empfängt einen
schönen Theil seines Glanzes durch das Document,
welches meinem Sohn und Enkeln das hiesige Bürger=
recht verleiht. Nun bleibt mir, zu dem lebhaftesten
Danke aufgefordert, nur der Wunsch übrig, mich, so
lange mir gewährt ist hier zu verweilen, eines solchen
Wohlwollens unverwandt zu erfreuen, nicht weniger

daß meine Nachfahren das Zutrauen rechtfertigen mögen, das ein günstiges Vorurtheil in sie setzen wollen.

Mit unwandelbaren Gesinnungen mich unter=zeichnend,

Eines hochachtbaren Stadtraths
ganz ergebenster Diener
Weimar den 26. December 1825.   J. W. v. Goethe.

176.
An Carl Lebrecht Schwabe.

[Concept.]   [29. December 1825.]
Ew. Wohlgeboren
übersende hierbey ein gefällig zu beförderndes Schreiben. Möge es genugsam ausdrücken, wie ich in tief em=pfund'ner Dankbarkeit verharre, für die mir bezeigte unerwartete Theilnahme an einem glücklich erlebten und auf eine ungemeine Weise gefeyerten Fest.

Erhalten Sie mir mit Ihren würdigen Herren Collegen dieselben Gesinnungen, die mich in der Gegenwart erfreuen und für die Zukunft beruhigen, und nehmen wohlwollend beyliegende Blätter auf, in welchen ich, kurz gefaßt, dasjenige auszudrücken suchte, was viele Worte eher verhüllen als klar und eigen=thümlich an den Tag geben würden.

Weimar den 26. December 1825.

177.

An Carl August Hofmann.

[Concept.]

Ew. Wohlgeboren ersuche durch Gegenwärtiges, mir von der Wurzel, welcher emetische Kräfte zugeschrieben werden, Raiz preta genannt, von Herrn v. Eschwege aus Brasilien mitgebracht, für einen auswärtigen Arzt so viel zukommen zu lassen als Sie entbehren können, indem derselbe ihre Heilkräfte näher prüfen möchte. Wäre noch eine ganze Wurzel übrig, so würde sie dem Botaniker sehr willkommen seyn. Der ich diese Gefälligkeit dankbarlichst anzuerkennen nicht verfehlen werde, mich hochachtungsvoll unterzeichnend.

Weimar den 29. December 1825.

178.

An Georg Sartorius.

[Concept.]

Tausendmal heiße ich Sie zu Hause willkommen und danke dann allervörderst der lieben Frau Gevatterin für das werthe Schreiben das zu guter Stunde bey mir einlangte.

Hiebey folgt die zweyte Medaille, deren Bild Ihnen gar mannichfaltige köstliche Erinnerungen wieder vor die Seele rufen wird. Als die Unternehmer haben wir uns übrigens glücklich zu schätzen, daß die beiden Denkmünzen so gut gerathen sind; denn ich will niemanden vertrauen, was für Wechselfälle mich dieses Jahr über deßhalb beunruhigt haben. Von einer dritten, mir im Stillen, überehrenhaft zugedachten hat nur ein Vor- und Probedruck am siebenten November functioniren können. Möge das Werk von schöner Anlage noch einiges Hinderniß überwinden, um auch als Kunsterzeugniß an die vorigen sich glücklich anzuschließen.

Das dreyfache memento mori an unsern theuern lebenslustigen Mitjubilarius will freylich niemand recht zu Sinne, auch ist das Ellenbogenbild ganz unerfreuend; ich dächte der Treffliche hätte Kopfs genug, um ein Medailleurrund vollkommen auszufüllen. Man bedenkt nicht, welch ein ernstes gefährliches Geschäft ein solches Unternehmen sey. Der wackere, technischgewandte Loos und Compagnie behandelt es freylich mit behaglicher Trivialität.

Haben Sie auf dießmaliger Fahrt nach Norden genugsamen Stoff zu Ihren großen historischen Zwecken erobert und können Sie nunmehr an die völlige Ausführung Ihres Werkes mit Zuversicht herangehen, so soll es mich wahrhaft freuen und ich werde mir gern auch davon meinen Theil zueignen. Möge uns ein gutes Geschick wieder einmal zu rechter Stunde zusammenführen. Vor einem Jahr mußte ich leider die besuchenden Freunde an kranker Stelle empfangen.

Zum Schlusse Ihres Briefes erwähnen Sie der höchst bedeutenden öffentlichen Angelegenheit. Als Kronprinz hatte der jetzige Souverain sich immer gar freundlich bewiesen, auch hatten Sie ja selbst die Übergabe einer meiner Arbeiten an ihn vermittelt, als er noch in Göttingen studierte, und so ist er bis auf die neuste Zeit gnädig und theilnehmend geblieben, deshalb ich denn auch mit einiger Sorge dem so raschen Regierungsantritt zusehe. Freylich erinnert er an Kaiser Joseph: eben so wie dieser mußte er als Zuschauer der unseligsten Mißbräuche allzulange sich still verhalten. Möge ihm glücken was er vorhat!

Bleiben Sie mit den lieben Ihrigen mir immer gleich gesinnt! Freunde mit denen man so viele Jahre herangekommen ist werden immer unschätzbarer und näher verwandt.

— — —

Wie hart und grausam die Weltgeschichte abermals in unsere stillen einfachen Zustände eingreift, empfehl ich Ihrem theilnehmenden Gemüthe mit zu empfinden. Das liebenswürdigste, gerad in dem Augenblick heiterste, glücklichste Wesen wird genöthigt das Unmögliche schmerzlich gelten zu lassen. Wie uns allen zu Muthe ist und mir besonders wäre nicht auszusprechen. Noch vergangenen 15ten, unterrichtet von dem Unfall, sah ich die jungen Herrschaften bey mir in harmloser heiterer Unterhaltung. Nur so viel um nicht mehr zu sagen! Es ist zerbrochen was nicht hergestellt werden kann.

Möge der gute Geist über Ihnen walten.
Weimar den 29. December 1825.

179.
An den Großherzog Carl August.

[Concept.]

1) In einigen umständlichen Briefen des Präsidenten v. Esenbeck wird abermals von der Raiz preta gehandelt; zu welchem Geschlecht sie gehöre, können sich die Herren Botaniker nicht vereinigen. v. Martius kennt sie gar nicht und macht die Bemerkungen des v. Eschwege zweifelhaft. Es ist zwar nicht erfreulich, aber doch lustig, zu sehen, wie gerade die unterrichteten Männer eine solche Frage mehr in's Weite führen als in's Enge bringen. Ich will nunmehr an Director v. Schreibers deshalb ein Wort ergehen lassen, weshalb ich mir denn dessen Brief zurück erbitte. Vielleicht hat der wackere Dr. Pohl einige Exemplare in seinem Herbarium, woraus das Nähere sich ergibt. Indessen sende von der Wurzel, davon sich noch hier in der Apotheke etwas vorfindet, Musterstücke nach Cöln.

2) Mikroskopische Untersuchungen der famösen Haarkrankheit lege, mit oben genannten Naturkenners Zeichnung, bey. Thierisches will nichts erscheinen, allein

die Mißbildung: Trennung, Verschmälerung, Aus=
schwitzung der Haare ist merkwürdig genug und deutet
auf den Weichselzopf hin. Die mit laufender Feder
beygeschriebene Erklärung so wie der Brief selbst er=
folgen copeylich. Dem Verfasser muß man auf alle
Fälle nachsagen, daß er die Angelegenheit gründlich
behandelt hat.

Leider können wir diesen durch den guten Rehbein
veranlaßten Aufsatz ihm nicht mittheilen. Sein un=
erwarteter Unfall vermehrt die Bedrängniß dieser Tage.

Um desto mehr mich zu ferneren Hulden und
Gnaden empfehlend.

Weimar den 30. December 1825.

180.

An C. W. Göttling.

[31. December 1825.]

Indem Ew. Wohlgeboren ich bey'm Schlusse des
Jahrs irgend etwas einzuhändigen wünschte, wobey
Sie der vergangenen festlichen schönen Tage und zu=
gleich meiner Dankbarkeit für den so geneigten gründ=
lichen Antheil an einem mir so wichtigen Geschäft
gedenken möchten: scheint mir nichts hiezu geeigneter
zu seyn, als beyliegendes Paar wohlgerathener Bild=
nisse, welche einem jeden verehrenden Angehörigen
immer lieb und werth seyn müssen. Nehmen Sie
diese wohlgemeinte Gabe freundlich auf, erlauben mir

fernere Mittheilung der durchzusehenden literarischen Arbeiten und bleiben versichert daß mir, wieviel ich Ihnen dadurch schuldig geworden, jederzeit vorschwebt.

Hochachtungsvoll
ergebenst
Weimar den 29. December 1825. J. W. v. Goethe.

181.
An C. G. D. Nees v Esenbeck.

[Concept.] [31. December 1825.]

Die höchst treffliche Behandlung der unglücklichen Haarkrankheit bewahrheitet wieder das alte gute Wort: man solle vor die rechte Schmiede gehen, wenn man bald auf der Reise gefördert seyn will. Vorliegendes Übel deutet wirklich auf den Weichselzopf, über welchen ein sehr schöner Aufsatz in einer Reisebeschreibung vorkommt, wo man ihn nicht sucht: a Tour in Germany, by John Russel Vol. II, Artikel Krakau.

Beygehend übersende sogleich Musterstücke der von Herrn v. Eschwege aus Brasilien mitgebrachten Wurzel. Ich fürchte nur, daß dadurch die Frage sich noch mehr verwirren möge, als die von gedachten Reisenden in Kupfer gegebene Abbildung auf eine einfachere und keineswegs holzartige Wurzel hindeutet. Ich frage nächstens bey Herrn Director v. Schreibers in Wien an, ob vielleicht Herr Dr. Pohl auf diese Pflanze aufmerksam geworden und nähere Nachricht oder vielleicht gar eine aufgetrocknete Pflanze mittheilen kann und mag.

Inwiefern eine Copie der Tafel von Pinus pinea möglich sey erkundige mich zunächst. Außer dem Künstler, welcher die   nach=
gebildet, möchte gegenwärtig keiner zu dieser Arbeit sich eignen. Die Originaltafeln sind freylich von der trefflichsten Art.

Um nun von allen diesen Naturdingen auf das Menschlichste überzugehen, danke zum allerschönsten für die anmuthige Übersetzung eines verjährten lieben Lieds, das über 20 Jahr alt seine Frische, gerade in dieser fremden Sprache, recht heiter zurückgibt.

In Gedichten solcher Art identificiren sich beide Sprachen auf's gefälligste, und es ist rührend=erfreulich, diese frühern sehnsüchtigen Töne aus einem lieblichen Munde wiederklingen zu hören. Manches, was von kleinen Gedichten dieser Art in der neuen Ausgabe meiner Werke vorkommen wird, wünscht' ich wohl, wenn Tag und Stunde hinreicht, auf gleiche Weise wiedergegeben.

Weimar den   Januar 1826.

182.

An Wolfgang Adolph Gerle.

[Concept.]   [31. December 1825.]

Ew. Wohlgeboren
senden mir ein Kunstwerk das immer unmöglicher scheint, je länger man es ansieht; ja es würde ganz

unbegreiflich seyn, wenn man nicht zugeben müßte,
daß Freundschaft und Liebe die Gränzen der Ein=
bildungskraft selbst zu überschreiten vermögen.

Wie schmeichelhaft mir in diesem Sinne die un=
vergleichliche Gabe sey, die mir unerwartet aus der
Ferne kommt, und mir ein ganz neues höchstwerthes
Verhältniß ankündigt, dieß ermessen Sie selbst und
empfinden, wie dankbar ich seyn müsse.

Da ich nun aber mich allzutief verschuldet fühle
so ergreife ich zu einiger Erwiderung das Nächste,
was mir zu Handen liegt. Übersenden Sie dieß der
verehrten Frau als Zeugniß meiner Dankbarkeit,
die ich in Worte zu fassen ganz unvermögend wäre
und bleiben überzeugt, daß ich mich auch Ihnen für
die Vermittlung auf das angenehmste verpflichtet
fühle.

183.

An Christian Johannes Oldendorp.

[Concept.] [31. December 1825.]

Ew. Wohlgeboren
nach einer langen Zwischenzeit an mich erlassene ge=
fällige Sendung war mir sehr angenehm. Die treuen
und reinlichen Bildchen von bekannten bedeutenden
Gegenden mußten mir viel Vergnügen machen. Ich
erinnerte mich dabey, daß ich sie in früherer Zeit oft,
in guten Stunden vorbeyreisend, vor Augen gesehen.
Dabey thut es mir aber sehr leid, daß ich Ihre

literarischen Wünsche nicht erfüllen kann. In so hohen Jahren, wo man wünscht, seine Tage ruhig hinzubringen, vermehren sich meine Verpflichtungen auf mancherlei Weise, und zwar dergestalt, daß ich auch kleine Gefälligkeiten, die ich sonst so gern anbot, gegenwärtig versagen muß.

Ich habe daher das Paquet durch dieselbe Gelegenheit wieder zurückgesendet und bedaure, daß mir nichts übrig bleibt, als sonstigen guten Erfolg zu wünschen.

Zugleich empfehle ich mich geneigtem Andenken, welches ich in Ihrem schönen gebildeten Kreise durchaus erhalten wünschte. In demselben hoffe ich der Neigung vieljähriger Freunde, die sich aus früherer Zeit eines heitern Lebens und glücklicher Mitwirkung wohl gern erinnern, auch noch in diesen Tagen mich erfreuen zu dürfen. Und so schließe ich mit den besten Wünschen für Ihr Wohlergehen.

Weimar den 30. December 1825.

184.
An C. F. Zelter.

[31. December 1825.]

Du hast mir seit einiger Zeit, mein Theuerster, gar lebhafte Charakterzüge Eurer Berliner Tagesweise mitgetheilt, daß ich doch endlich auch etwas von mir hören zu lassen schuldig zu seyn glaube. Mir war es indessen wunderlich zu Muthe! Eine nothgedrungene

Wirkung, sowohl gegen die Nähe als in die Ferne,
hinderte mich meinem Willen zu folgen, welchem nach
ich dich schon längst einmal wieder besucht hätte.
Ihr Berliner jedoch seyd mir die wunderlichsten Leute,
Ihr schmaust und trinkt und verzürnt Euch unter
einander, so daß Mord und Todschlag im Augenblick
und tödlicher Haß in der Lebensfolge daraus ent=
springen müßte, wäre es nicht in Eurer Art, das
Widerwärtige auch stehen zu lassen, weil denn doch
am Ende alles neben einander verharren kann, was
sich nicht auf der Stelle aufspeist.

Dein sibyllinisches Blatt über Macbeth glaube
nach meiner Weise recht gut auszulegen; ich dachte
wenigstens dabey wie folgt:

Diese Bemühungen gehören zu denjenigen, welche
König Saul der Hexe von Endor zumuthete: die
großen Todten hervorzurufen, wenn wir uns selbst
nicht zu helfen wissen. Shakespear ist noch wider=
borstiger als jener abgeschiedene Prophet, und wenn
sie ihn gar in seiner Integrität hervorzaubern wollen,
dann geht es am wenigsten. Ein solches Mickmack
von Uraltem und Modernstem bleibt immer auf=
fallend, wie du es ganz richtig empfunden hast.

Was hilft alles Costumiren! Genau besehen sind
denn doch am Ende Schauspieler und Kleider, Deco=
rationen und Gespenster, Musiker und Zuschauer unter
einander nicht in Harmonie. Dieß hat dich bey einer
so bedeutenden Exhibition zerrissen. Vielen ist es

auch zuwider, ohne daß sie es gestehen; viele lassen es gut seyn, weil es nicht anders ist; sie haben bezahlt und ihre Zeit hingesessen.

Sieben Mädchen in Uniform machen auch hier das Publicum glücklich; denn so etwas ist zeitgemäß. Das Soldatengespiele zu einer halblüsternen Posse verwandt, läßt sich Jedermann gefallen, wenn unter dem Druck eines Shakespearischen Alps das Publicum seufzt und sich sehnt aus einem schweren Traum des Ernstes in die freye Luft der Thorheit.

Jetzt, da ich nicht mehr in's Theater gehe, sonst nichts damit verkehre, nur aber meine Kinder und sonstiges nachwachsendes Lebevolk zu beobachten habe, gehen mir ganz eigne Lichter auf. Immer nehmen sie Partei; bald seh ich sie in gerechten Urtheilen klar und verständig, bald in Vorurtheilen und Vorlieben ungerecht befangen und was alles daraus folgt, wie es uns längst bekannt ist; aber ich begreife doch erst das Mißbehagen der Danaidenarbeit während so vieler Jahre, in welchen ich bemüht war die wirklich großen, der Bühne verliehenen Vorzüge in Wirklichkeit zu setzen und zur Evidenz zu bringen. — In solche Betrachtungen haben mich deine Hexen verhext; trage deshalb die Schuld eigner Veranlassung.

Als belebte Folge jener festlichen Tage ist mir, wie ich bekennen muß, manches Gute geworden; auch manches Gute zu thun gibt es Gelegenheit, da der aufgeregte und doch nicht flackernde Enthusiasmus einen Jeden aus sich selbst in's Allgemeine trieb. Hiebey gelingt es denn auch, ein viele Jahre gewünschtes Gärtnerhaus an die Stelle des alten zu setzen, worin du dich auch einmal beholfen hast. Dieß ging ganz einfach, die Gewerken gaben ihren Vortheil auf und ließen mit frohem Sinn die Anstalt genießen was sie sonst für sich und die Ihrigen erworben hätten. Du weißt am besten, wie hoch dieß anzuschlagen ist.

Und da nun von manchen klugen und thätigen Menschen dieser allgemeine gute Wille gestärkt und geleitet worden, so ist in dem kleinen Kreis sehr viel geschehen, weil alle Glieder, groß und klein, sich lebendig erwiesen. Und hieraus erwächst denn auch mir noch manche angenehme Beschäftigung, um das Begonnene und Eingeleitete durch- und an's Ziel zu führen.

Zu Ausfüllung des Raumes Folgendes:

Eine große sorgfältige Zeichnung von Julius Roman, mit vielen Figuren, zum größten Theil wohl erhalten, ist eine köstliche Acquisition; ohne Zweifel das Original, das Diana von Mantua in Kupfer gestochen hat: Christus vor der schönen Thüre des Tempels, nach Raphaels Vorgang, mit gewundenen Säulen geschmückt. Er beruhigt warnend die neben ihm aufrecht stehende beschämte Ehebrecherin, indem er zugleich die pharisäischen Susannenbrüder durch ein treffendes Wort in die Flucht schlägt. Sie ent=fliehen so kunstgemäß-tumultuarisch, so symmetrisch=

verworren, daß es eine Lust ist. Sie stolpern über die Bettler, denen sonst ihre Heucheley zu Gute kam und die für dießmal unbeschenkt auf den Stufen liegen. Der Federumriß ist von der größten Nettigkeit und Leichtigkeit und fügt sich dem vollkommensten Ausdruck. Das Kupfer findet sich gewiß in Berlin und ist nachzuweisen: Bartsch peintre graveur Vol. XV. S. 434, Oeuvre de Diane Ghisi Nr. 4, wo es für eine der schönsten und wichtigsten Arbeiten genannter Künstlerin gehalten wird.

unwandelbar
Weimar den 30. December 1825.   Goethe.

So eben kommt dein Euryanthischer Brief, worauf nächstens fernere Erwiderung. — Zugleich empfehle: Berlinische Nachrichten, bey Haude und Spener Nr. 304.

185.
An J. H. Meyer.

[Ende 1825?]
Die zu der heutigen Sendung nach Genf nöthigen Papiere sind in des Herrn Canzlers Händen; er ist avertirt daß Sie sich deshalb an ihn wenden werden.

Heute zu Tisch hoffen wir auf Sie.
G.

186.

An Ludolf Christian Treviranus.

[Concept.] [November oder December 1825?]

Ew. Wohlgeboren
haben mir durch Übersendung der Wassernüsse und
der Zizania palustris viel Vergnügen gemacht. Ich
habe solche sowohl der Vorschrift gemäß bey mir be=
handelt, als auch eine gleiche Vorsorge der Belvedere=
schen großen Anstalt empfohlen. Bey'm Keimen und
Heranwachsen werden wir nicht ermangeln uns Ihrer
dankbar zu erinnern.

Sehr gerne würde ich auch ein getrocknetes Exemplar
ersterer Pflanze im Zustand ihrer Blätterfülle von
Denselben erhalten, indem es mit der Äußerung gegen
Herrn Baron v. Stein so entschieden nicht gemeint
war.

Mit besonderm Vergnügen ergreife die Gelegenheit
Ew. Wohlgeboren zu versichern, wie dankbar ich oft
der mannichfaltigen Belehrungen mich zu erinnern
habe, welche die Naturwissenschaft und ich, insofern
ich mich eifrig darum bemühe, Ihnen zu verdanken
habe. Mögen Sie sich auch fernerhin meiner wohl=
wollend erinnern.

Sollte ich irgend etwas Angenehmes zu erzeigen
im Stande seyn, so würde es mir zu besonderm Ver=
gnügen gereichen.

187.

An Dominikus Artaria.

[Concept.] [December 1825?]

Wenn Herr Artaria die bewußte Zeichnung des Guercin, zwischen starke Pappe gepackt und in Wachs=tuch eingenähet, unter meiner Adresse anher senden will, so soll es mir sehr angenehm seyn und ich zweifle nicht, daß sie mir bey'm Wiedersehen aber=mals wohlgefallen wird. Nach solcher Prüfung, die ich mir vorbehalte, zahle gern die geforderte Summe.

188.

An die Großherzogin Louise.

[Concept.]

Königliche Hoheit.

Als an dem heutigen in das vergangene Jahr zurückschauend seh ich so viel Dauerhaftes und Erfreuliches, am Schluß aber begegnet was nur Schmerzliches an Vergänglichkeit erinnern kann. Zur schönsten Beruhigung jedoch bleibt mir die Gegenwart des Beständigen der Huld und Gnade womit Höchst Dieselben mich beglücken und deren unwandelbare Fortdauer mir allein die Zukunft wünschenswerth macht.

Weimar den 2. Januar 1826.

189.

An den Großherzog Carl August.

[Concept.]

Königliche Hoheit.

Wenn die freud- und ehrenvollen Tage, womit uns das letzte Viertel des vergangenen Jahrs beglückte, uns beynahe über den dem Menschen gegönnten Zustand hinaus zu heben schienen; so hat uns der Schluß desselben, auf eine höchst unerwartete Weise, an das

tief Niederbeugende erinnert, wodurch wir unsere Ab=
hängigkeit anzuerkennen genöthigt sind. Weil jedoch
in jedem Falle Besonnenheit die Haupteigenschaft ist,
welche von dem Gebildeten verlangt wird, so halte
ich bey'm Eintritt des neuen Jahres für meine höchste
Pflicht umherzuschauen, wieviel, nach erduldetem Ver=
lust, noch übrig bleibt.

Höchst Dieselben sind überzeugt daß Ihro Huld,
Gnade und Neigung vor allem was auf mich ein=
wirkt oben an steht; und so schau ich denn mit
möglichster Fassung umher auf das Vorliegende, auf
manches Einzelne und besonders auf dasjenige woraus
Ew. Königlichen Hoheit einige vergnügte Unterhaltung
erwachsen könnte. Möge Gutes nach Gutem eintreten
und gelingen!

Und so hab ich denn mir auch Glück zu wünschen,
daß bey dieser neuen Epoche

1) eine angenehme Sendung eintrifft, die ich so=
gleich vorlege, es ist die 13. und 14. Lieferung des
Boisserée'schen Steindruckwerkes, welche, wie ich hoffe,
den vorigen an Verdienst gleichkommen werden.

2) An Director v. Schreibers vermelde alsbald
das Nöthige. Ein angefangener ausführlicher Catalog
über die große osteologische Sammlung in Jena läßt
mich einige Lücken bemerken, die vielleicht von Wien
her auszufüllen sind.

3) Denen guten Personen in Albany kann ich
nur erwidern, daß ich mich dieses Bercžy recht wohl

erinnere. Ich werde etwas Umständlicheres über mein Verhältniß zu ihm aufsetzen, wenn es auch den Wünschen seiner Nachkommen nicht entsprechen kann. Sein Aufenthalt in Florenz selbst war etwas mysterios; er hatte, bey Aufhebung der Klöster, sehr schöne alte Bilder gekauft, die er wieder abließ, wodurch ich mit ihm bekannt ward. Von seiner Herkunft und seinen Verhältnissen war niemals die Rede.

4) Den merkwürdigen Aufsatz von der Haarkrankheit werde mir vom Geheimen Hofrath Stark zurück erbitten; er ist mit großer Sorgfalt ausgearbeitet, recht wie es einem Mikroskopisten geziemt. Überhaupt bleibt das Verhältniß zu dem Verfasser instruirend und fruchtbar.

5) Leider daß ich diese Aufklärung nicht mit dem guten Rehbein theilen kann, der den pathologischen Fall zur Sprache brachte! Und so wird mir nur allzu fühlbar, welche bedeutende Unterhaltung über die wichtigsten Angelegenheiten der Menschheit ich fortan vermisse, da ich bisher, in täglichem Gespräche, physische, physiologische und pathologische Probleme mit ihm durchzudenken und durchzuarbeiten Gelegenheit fand, wozu denn noch die schöne Beruhigung kam, einen unterrichteten und vertrauten Arzt an der Seite zu haben.

6) Das Schreiben unsres Herzogs Bernhard ist wirklich höchst erfreulich und geisterhebend. Seine, zugleich tüchtige und verständige Behandlungsweise

jener neuen Bewohner der neuen Welt ist in vielfachem Sinne zu Betrachtungen aufregend. Dürfte ich wohl gelegentlich um die Journale bitten, sie würden mich über gar manches, was ich nur im Allgemeinen kenne, gar freundlich aufklären.

7) Der hoffnungsvolle Besitzer eines wahrscheinlich beireisischen Diamanten scheint wenigstens keinen Begriff von der Härte solcher Edelsteine zu haben. Um einen solchen echten Stein schleifen zu lassen werden große Summen erfordert. Findet er Jemand zunächst, der ihn schleift, so wird ein hübscher Bergkrystall zum Vorschein kommen, weniger werth als der rohe mit seiner Feuersteinhülle gewesen wäre. Doch bleibt es immer der Mühe werth, den Verfolg dieser Angelegenheit zu erfahren.

Weimar den 4. Januar 1826.

190.
An Carl Christoph Hage.

[Concept.]

Ew. Wohlgeboren
übergebe die von den Herren Boisserée und Strixner über vier Lieferungen des lithographischen Werks, eine Sammlung altdeutscher Gemälde vorstellend, eingesendete Rechnung.

Sämmtliche Lieferungen sind von mir Serenissimo übergeben worden und ich ersuche daher Ew. Wohlgeboren bald gefällig die Summe von 63 fl. 12 Kreuzern

an benannte Unternehmer zu übermachen und mir
davon gefällige Nachricht zu geben, da ich bey Ab=
tragung eigner Schulden gedachte Freunde auch von
dieser Seite befriedigt zu wissen wünschte.
Weimar den 5. Januar 1826.

191.
An Friedrich v. Müller.

Ew. Hochwohlgeboren vermelde in freundlichster
Erwiderung

ad 1) Der Verfasser des fraglichen Sonetts ist
Herr Carl Werlich von Rudolstadt.

ad 2) Sollte heißen: von Westen her, und ist
kein Gedicht, sondern ein Beyblatt zu der Cölnischen
Zeitung, wovon eine Stelle des reisenden Roussels
über mich und meine Zustände gegeben wird, und
möchte sich dieselbe nicht zum Abdruck bey dieser Ge=
legenheit qualificiren.

ad 3) Das Gedicht einer Freundin wage nicht zu
publiciren, eben so wenig als meine darauf erlassene
Erwiderung. Nur das schöne und musterhafte Kränz=
chen war Ursache, daß die Kenntniß davon außer
dem innersten Kreise gelangte.

ad 4) Die akademische Rede soll sogleich aufgesucht
werden.

ad 5) Hiebey die verlangten 50 Dankesblätter.

Übrigens wollen wir die Kaiser regieren lassen und sehen, wie wir mit uns selbst fertig werden.

Danckbar
gehorsamst
Weimar den 6. Januar 1826. J. W. v. Goethe.

192.
An Carl Gustav Carus
und Eduard Joseph d'Alton.

Wenn ich das neuste Vorschreiten der Naturwissenschaften betrachte, so komm ich mir vor wie ein Wandrer, der in der Morgendämmerung gegen Osten ging, das heranwachsende Licht mit Freuden anschaute und die Erscheinung des großen Feuerballens mit Sehnsucht erwartete, aber doch bey dem Hervortreten desselben die Augen wegwenden mußte, welche den gewünschten gehofften Glanz nicht ertragen konnten.

Es ist nicht zuviel gesagt, aber in solchem Zustande befinde ich mich, wenn ich Herrn Carus Werk vornehme, das die Andeutungen alles Werdens von dem einfachsten bis zu dem mannichfachsten Leben durchführt und das große Geheimniß mit Wort und Bild vor Augen legt: daß nichts entspringt, als was schon angekündigt ist und daß die Ankündigung erst durch das Angekündigte klar wird, wie die Weissagung durch die Erfüllung.

Rege wird sodann in mir ein gleiches Gefühl, wenn ich d'Alton's Arbeit betrachte, der das Gewordene

und zwar nach dessen Vollendung und Untergang dar=
stellt und zugleich das Innerste und Äußerste, Gerüst
und Überzug, künstlerisch vermittelt vor Augen bringt
und aus dem Tode ein Leben dichtet. So seh ich
auch hier wie jenes Gleichniß paßt. Ich gedenke, wie
ich seit einem halben Jahrhundert auf eben diesem
Felde aus der Finsterniß in die Dämmerung, von da
in die Hellung unverwandt fortgeschritten bin, bis
ich zuletzt erlebe, daß das reinste Licht, jeder Erkennt=
niß und Einsicht förderlich, mit Macht hervortritt,
mich blendend belebt und indem es meine folgerechten
Wünsche erfüllt, mein sehnsüchtiges Bestreben voll=
kommen rechtfertigt.

   Herren Carus und d'Alton
     zum neuen Jahre
      treu theilnehmend
       und ergeben
Weimar [7. Januar] 1826.   J. W. v. Goethe.

Bescheidene durch Vorstehendes veranlaßte Anfrage.

Die untere Kinnlade des Schellfisches erscheint
wie eine aufgeblasene Schote; durchsägt zeigt sich
zwischen der äußern und innern Lamelle ein fest=
anliegender Knochenkörper. Sollte man diesen als
Andeutung eines bey diesem Geschlecht nie zur Ent=
wickelung kommenden Zahnes halten dürfen?

193.

An den Freiherrn C. W. v. Fritsch.

Ew. Excellenz
erstatte dankbarlichst den höchst gelungenen Aufsatz,
welcher immer besser zu werden scheint jemehr man
sich mit ihm bekannt macht; nur wenig einzelne
Bemerkungen füge ich bleystiftlich zur Seite. Die
Hauptstelle glaubt ich in dem Sinne verfassen zu
müssen wie sie etwa in funfzig Jahren ein frey=
denkender Geschichtsschreiber aufführen würde.

Wenn das Einzelne durch die Zeit ausgelöscht
wird so geht das Allgemeine rein hervor; die Hand=
lungen verschwinden, die Gesinnungen bleiben übrig,
man hört auf nach den Mitteln zu fragen, die er=
reichten Zwecke treten vor die Seele des Betrachters.

Billigen Ew. Excellenz diese Gedanken, so werden
Sie beurtheilen ob ich in der Ausführung glücklich
gewesen. Das niedergeschriebene Wort, insofern der
Sinn einigermaßen annehmlich erscheint, einsichtiger
Wahl überlassend.

Verehrend, vertrauend angehörig.

J. W. v. Goethe.

Verzeihung der fremden Hand!
Die meine fördert nicht mehr

Weimar den 7. Januar 1826.

[Beilage.]

Leider ward jedoch in jenen bewegten Zeiten manches Mißverständniß fühlbar; das aufgeregte Gemüth deutscher Jünglinge und Männer, vertrauend auf vaterländische Gesinnungen und gelungene That, schien das Neubefestigte abermals zu bedrohen. Dieses gab den edelsten, zu Staatsverwesern berufenen Geistern sorgliche Bedenklichkeiten; und hier mußten zweyerlei Ansichten hervortreten: die eine, daß in der Zeit Bewegte, augenblicklich Aufbrausende sey unmittelbar zu dämpfen; die andere, dem Gang dieser Epoche solle man bedächtig zusehen und, auf dessen Verlauf achtsam bleibend, zu rechter Zeit dienliche Heilmittel anwenden.

Jene hielten sich durch manche tadelnswerthe, ja erschreckende Unregelmäßigkeiten berechtigt, auf ihren Grundsätzen zu verharren und deßhalb die nöthig erachteten Vorschritte gemessen zu thun; diese jedoch, überzeugt, daß nach vorübergegangener Crise eine frische Gesundheit sich offenbaren werde, suchten in stiller Milde das verlorene Gleichgewicht wieder herzustellen.

Freylich gehörten Jahre dazu, um diese Verfahrungsart zu rechtfertigen; und wir dürfen uns glücklich preisen, daß nach manchem Schwanken sich endlich bewahrheitet: nur ein allgemeines Vergeben und Vergessen könne ganz allein das verlorne Gleichgewicht sowohl, als das gestörte wechselseitige Vertrauen nach und nach wieder herstellen.

Wie erfreulich muß es daher seyn in Ihrer Gegenwart, verbundene Brüder, getrost auszusprechen, wie wir in so treuen, als mäßigen Gesinnungen, unverwandt ausdauernd und wirkend, uns von diesen erwünschten Folgen auch einen Theil ohne Anmaßung zuschreiben dürfen.

194.
An F. W. Riemer.

Mögen Sie, mein Werthester, Beykommendes noch einmal durchsehen, damit es Inhalts=, Zeit= und Ortgemäß erscheinen möge. Ich komme mir vor wie ein alter Einsiedler, der selten in die Landsgemeine kommt und alsdann doch wohl etwas vorbringt welches den Zuhörern nicht munden mag.

Vorbehältlich manches Andern, ein so eben eingehendes Nachgedicht mittheilend. Der Gedanke wäre gut nur müßte er würdiger und glücklicher ausgedruckt seyn.

Weimar den 7. Januar 1826.   G.

195.
An Sulpiz Boisserée.

Indem ich mich nach und nach von dem vielen Guten erhole, womit der siebente November mich überraschend beglückt hat, sehe ich mich zuerst nach Ihnen um und wünsche zu vernehmen, wie sich Ihre Gesundheit diese Monate über gehalten hat; sodann aber erlaube ich mir die Anfrage, wie es mit Ihren Geschäften und Unternehmungen geht und ob wir auch an unserm Theil bald davon erwünschten Genuß hoffen dürfen? Wie steht es mit Ihrem Domwerk, wie mit den lithographirten Blättern? Lassen Sie mir, was davon fertig ist, gelegentlich zukommen.

Von mir kann ich soviel sagen, daß ich mich diese Monate her, ungeachtet disproportionirter Anforderungen an meine Persönlichkeit, nach meiner Weise sehr wohl befunden, aber auch wiederholt erfahren habe, daß man sich gegen Freude so gut als Schmerz zusammennehmen und rüsten müsse.

Vorstehendes eine Weile schon unter meinen Papieren zaudernd wird auf einmal aufgeregt durch freundlichen Brief und Sendung. Köstlich wie immer sind die lithographirten Blätter. Schon vor ihrer Ankunft ließen sich die Weimarischen Kunstfreunde in Rücksicht auf die früher gesendeten folgendermaßen vernehmen:

„Immer sind wir noch der Meynung daß die vorzüglichsten Blätter, welche Herr Strixner in Stuttgart nach Gemälden altniederländischer und deutscher Meister aus der Sammlung der Herren Boisserée und Bertram verfertigte, den Rang über alle andere Steindrücke behaupten. Die äußerst zarte, nette Ausführung, gewaltige Kraft und Tiefe der dunklen Partien, im Bunde mit gewissenhaft treuer Darstellung des eigenthümlichen Charakters der Vorbilder, machen diese Blätter — (und wir zielen hier zunächst auf die spätere Wiederholung des heiligen Christophs nach Hemmling, wie auch auf die heilige Christina nach Schoorcel) in doppelter Hinsicht hochschätzbar; theils verhelfen sie zu richtigen Begriffen über die Kunstbeschaffenheit der dargestellten alten Gemälde und dem was die Meister derselben zu leisten vermocht; theils gehören sie auch hinsichtlich auf die mechanische Ausbildung des Steindrucks zu den vollkommensten Productionen desselben."

Vorliegendem sollte, mein Theuerster, noch einiges Allgemeine und Besondere vielleicht weniger Nöthige beygefügt werden, als Ihr wichtiger Brief anlangt, dessen Absicht und Inhalt wir zu schätzen wissen. Die beiderseitige Annäherung ist höchst erfreulich und so wird es wohl an einem völligen Abschluß zunächst nicht fehlen. Gegenwärtiges erhalten Sie mit umgehender Post wie es vorlag, mit der nächsten das Weitere. Ich sehe es als höchst glücklich an daß unser seit so vielen Jahren wirksames Verhältniß sich in diesem Falle so treulich als trefflich in Wirksamkeit erweist.

Herrn v. Cotta die allerbesten Empfehlungen.
 Herzlich danckbar, treu verbunden.
Weimar den 8. Januar 1826.   Goethe.

[Beilage.]

Nichts angenehmeres hätte mir in gegenwärtiger Lage begegnen können als daß Sie abermals in dem mir so wichtigen Geschäft vermittelnd eintreten wollen; vielleicht sind Sie mit den Ihrigen die einzige Person welche mitempfinden kann, wie schwierig die Entschließung sey, wenn man den gesammten Schatz eines operosen Lebens einem Dritten übertragen und sich dessen gewissermaßen entäußern soll. Mein höchster Wunsch ist daß meine Vaterstadt möge das Glück haben zum endlichen Besitz Ihrer unvergleichlichen Sammlung zu gelangen.

Und so darf ich denn wohl sagen daß wir zwar höchst ungern aber doch in Betracht Ihres Zusprechens auf die frühere Summe wieder zurückgehen, jedoch unter dem ausdrücklichen Vorbehalt, daß uns wenigstens etwas auf andere Weise zu Gute komme.

Ohne daß ich es erwähne sagen Sie sich selbst, daß der Handel bey uns genugsam durchgesprochen, berechnet, geboten und überboten worden, so daß wir in diesem Falle uns schmeicheln dürfen nicht unklar zu seyn und ohne Grund zu handeln. Ich lege daher den abermaligen Entwurf eines Contracts bey.

Der fünfte Punct ist nach Herrn v. Cottas Verlangen abgefaßt, der sechste enthält eine geringe Vergütung wodurch die in der neuern Zeit gesteigerten Gebote keineswegs aufgewogen werden; der zehnte enthält eine nach eigener dortiger Überzeugung unwahrscheinliche Hoffnung: daß man in der Folge langsam, nach und nach, die Früchte gegenwärtiger Entsagung genießen könne.

Die bisherigen Ereignisse, worauf wir diese Bedingungen fußen, will ich nicht weitläufig auseinandersetzen, es sey genug zu sagen: daß man erst nach und nach im Buchhandel die hohe Bedeutung des Unternehmens gewahr worden, daß große Gebote von sichern Häusern erfolgt und zugleich manches Angenehme, das Äußere der Ausgabe betreffend, zugesagt worden, ja daß man zuletzt im Gefolge der vollständig eingegangenen Privilegien ohne Bedenken ausgesprochen hat: die Angelegenheit sey für einen Einzelnen zu groß, man müsse sie durch Actien zu einer gesellschaftlichen erheben, wobey denn in der Ferne ein übermäßiger Gewinn gezeigt wurde. Mögen nun auch dergleichen Vorbildungen des Mercantilfundaments ermangeln, so zeugen sie doch von der großen, diesem Geschäft zugewendeten Aufmerksamkeit und von der mannichfaltigen Bewegung, welche dadurch in dem deutschen Buchhandel entstanden.

Entwurf.

1) Die neue Ausgabe von Goethischer Werke,

2) bestehend aus vierzig Bänden nach dem schon mitgetheilten Inhalts=Verzeichniß,

3) wird der J. G. Cotta'schen Buchhandlung zu Stuttgart überlassen und zwar

4) auf zwölf Jahre d. h. von Ostern 1826 bis Ostern 1838.

5) Der Betrag des Honorars ist vorerst auf sechzigtausend Thaler sächsisch nicht unter ⅙ Stücken festgesetzt.

6) Man bedingt sich jedoch außer vorgedachter Summe noch fünftausend Thaler in vorerwähnten Münzsorten bey Unterschrift des Contracts.

7) Die ganze Ausgabe wird in vier Jahren zu vollenden seyn, jährlich zwey Lieferungen jede zu fünf Bänden, welche der Autor successive abreicht, dagegen würde

8) von Messe zu Messe der achte Theil des Honorars mit 7500 Thalern sächsisch und zwar Ostern 1826 zum erstenmal, gezahlt.

9) Sind zwanzigtausend Exemplare abgesetzt, so tritt eine neue Berechnung ein und es werden

10) von jeden hiernächst abgesetzten eintausend Exemplaren dem Autor immer dreytausend Thaler, in vorerwähnten Münzsorten gezahlt, und so fort.

11) Von den einzeln zu druckenden Theilen überläßt man dem Herrn Verleger jeden Vortheil allein und behält sich nur eine noch zu bestimmende Anzahl Freyexemplare vor.

12) Diese neue Ausgabe von 40 Bänden besteht
A. in einer anständigen Octav-Ausgabe,

B. in einer Taschen-Ausgabe, bey beiden behält sich der Autor die Einwirkung bey Wahl des Formats, Papiers und der Lettern vor.

13) Ob nun gleich durch den Punct 10 der Zeitcontract aufgehoben scheint, so ist dieses jedoch nicht der Fall, sondern zu Anfang des 9. Jahres, treten beide theilnehmende Parteien zusammen und contrahiren auf's neue, nach Verabredung, in welcher Maaße der Contract festgesetzt werden soll. Käme alsdann, wie nicht wahrscheinlich, eine Vereinigung nicht zu Stande, so muß bey eröffneter Concurrenz dem Autor frey bleiben dem Mehr- oder Minderbietenden seine Rechte anzuvertrauen.

14) Die Übersicht über dieses ganze Geschäft wird durch eine doppelte Buchführung in noch näher zu bestimmender Maaße bedingt.

15) Der Subscriptionspreis wäre auf circa 20 Gulden festzusetzen.

16) Bedingt man sich die herkömmlichen Freyexemplare, wie solches auch bey der früheren Ausgabe statt gefunden.

Schließlich behält man sich vor, die beide contrahirende Theile gegen einander sicher stellenden juristischen Formen, in dem nach erfolgter Zustimmung in vorstehende Puncte förmlich zu entwerfenden Contract, noch nachzubringen.

pp

196.

An Friedrich v. Müller.

Gestern Abend habe ich nur einen flüchtigen Blick über diesen Ocean gewagt und entferne mich alsobald wieder davon. Das Werk ist, auch nur im Allgemeinen überschaut, bewundernswürdig; man wird besser thun, davon zu schweigen, es zu genießen und sich daraus zu belehren. Empfehlen Sie mich dem vortrefflichen Herrn Verfasser aber und abermal.

Hiebey die kleine Vergütung für die Diener; die bewußten Schreiben erfolgen, sobald eingewilligt ist.

Gedenken Sie aber doch auch vorher meiner Wünsche gegen den Verleger: uneigennützig zu seyn wäre mir dießmal gar zu unbequem; Sie werden schon geneigt dafür sorgen. Ich habe dagegen noch Einiges, womit ich das Heft ausstatten kann.

Das Übrige mündlich. Mich bestens empfehlend.

gehorsamst

Weimar den 9. Januar 1826. J. W. v. Goethe.

197.

An Friedrich v. Müller.

Ew. Hochwohlgeboren

erhalten hiebey den wohlgelungenen Aufsatz zurück, er wird, bey wiederholtem Lesen, nur erfreulicher. Sollte es thulich seyn, am schicklichen Ort, mit einer be=

deutenden Stelle der Frau Gemahlin und fürstlichen Familie noch zu gedenken, so wäre es zum Vortheil.

2) Wollten Sie beyliegenden Brief des Grafen Portolis für mich einmal abschreiben lassen und eine Abschrift des wichtigen Documents für Sich behalten. Durch eine Stelle eines Briefs des Grafen Reinhard wurde veranlaßt, Ihnen solchen zu schicken nebst einem kurzen Promemoria, welches gelegentlich mittheile.

3) Könnten Sie mir bald ein illuminirtes Exemplar der symbolischen Bilder meiner Decoration und zwölf Exemplare schwarz gedruckt verschaffen, so geschähe mir ein besondrer Gefallen, welchen zu erwidern nicht verfehlen würde.

4) Was sagen Sie zu beyliegendem poetischen Blatte? Der Gedanke möchte gut seyn, nur ist die Ausführung kaum gelungen.

Anderes möge auf mündliche Berathung verspart seyn.

gehorsamst

Weimar den 11. Januar 1826. G.

198.

An den Freiherrn Heinrich von der Tann.
[Concept.]

Ew. Hochwohlgeboren
haben vor einiger Zeit mir freundlich angeboten, meine Sammlung der Handschriften vorzüglicher Personen geneigt zu vermehren und ich erkenne solches mit ver=

pflichtetem Dank. Ein Verzeichniß derselben wäre nicht so leicht, weil sie aus vielen Abtheilungen, theils in Futteralen, theils gebunden, auch in ältern und neuern Stammbüchern besteht. Wollen Dieselben aber die Gefälligkeit haben, mir etwa eine Partie von denen, die Sie ablassen können, zu übersenden: so würde davon, was mir fehlt, zurückbehalten und das Übrige mit Dank und beygefügten Einzelnheiten aus meinem Doublettenvorrath zurückschicken, oder sonst etwas Freundliches zu erweisen trachten.

Für solche Gefälligkeit dankbar verpflichtet, habe die Ehre, mich zu unterzeichnen.

Weimar den 11. Januar 1826.

199.

An Sulpiz Boisserée.

Die Eile womit wir die, bey Einlangung Ihres werthen Schreibens, zur Ausfertigung vorbereitet liegenden Papiere fortschickten wird Sie überzeugen wie viel uns daran liegt das angeknüpfte Geschäft ruhig fortzusetzen und es freut uns daß wir durch jene Erklärung denen durch Sie gethanen Vorschlägen aus eigenem Antrieb entgegen kommen.

Lassen Sie mich jedoch das Hauptübel, das bey dieser Verhandlung obwaltet, aussprechen: es ist dieß: daß der Verleger jederzeit genau weiß was ihm und seiner Familie frommt, der Autor dagegen völlig darüber im Dunkeln ist. Denn wo sollte er in dem völlig gesetzlosen Zustande des deutschen Buchhandels Kenntniß nehmen was darinnen Rechtens ist, was Herkommens und was nach sonstiger Convenienz Buchhändler sich einander verzeihen und gegen die Autoren erlauben. Daher kommt es denn daß der Verleger sich gar bald, auch in den wichtigsten Fällen, entschließt, der Autor dagegen schwanken und zaudern muß.

Sodann auch setzt Ihr liebes Schreiben uns in nicht geringe Verlegenheit. Sie haben, wie es einem Vermittelnden wohl ansteht, die Argumente des Herrn v. Cotta, welche derselbe gegen uns aufstellt, treu überliefert; sollen wir jedoch die Gegengründe, womit wir jene zu entkräften glauben, deutlich und unumwunden aussprechen, so kommen wir in den unangenehmen Fall das Vergangene wieder zur Sprache zu bringen, welches wir lieber, da von Erneuerung eines früheren guten Verhältnisses die Rede ist, der Vergessenheit überließen.

Vielleicht kommen wir auch zum Zwecke ohne daß wir Sie mit einer so unangenehmen Darstellung behelligen dürfen.

Ich wünsche dieß um so mehr als ich mir in meinen Jahren in jedem Geschäft alle Empfindlichkeit verbiete und nur darauf sehe wo es gegenwärtig steht und wie der Gang desselben gefördert werden kann.

Auch finden sich für uns in Ihrem Briefe dunkle Stellen, die, eben wegen jener oben beklagten Ungewißheit der Verhältnisse, uns vielleicht erst nach wiederholtem Lesen und Überlegen klar werden.

Haben Sie die Gefälligkeit das von uns in der letzten Sendung Vorgeschlagene und Zugestandene mit dem Freunde zu überlegen und dasjenige was uns noch scheidet genau zu articuliren.

Meine entschiedene Vorliebe für das Verhältniß mit Herrn v. Cotta hat sich seit 1823, als dem Termine des Ablaufs unseres früheren Contracts, immer unverrückt erwiesen; wie ich mich auf die seit jener Zeit erlassenen Briefe durchaus berufen kann, deren Inhalt, wenn ich mich auch der Worte und Ausdrücke nicht erinnere, diesen Gesinnungen ganz gewiß entspricht.

Lassen Sie uns also auf diesem concilianten Wege fortfahren, auf welchem Sie gewiß das Vergnügen haben eine für beide Familien so wichtige Angelegenheit zum Abschluß zu bringen.

Und hiezu komme denn noch einiges Förderliche. Daß die vollständigen Werke angekündigt werden geb ich gleichfalls nach, vielleicht setzte man, wie bisher, die erste Zahl der Bände auf vierzig, worin poetische Werke, ästhetische, literarische, kritische, historische und sonst versprochen würden. Die Zahl der wissenschaftlichen bliebe unbestimmt. Wobey sich von selbst versteht, daß sie nach Maaßgabe der vierzig vorhergehenden honorirt werden. Die Redaction derselben wird indessen treulich besorgt.

Kunst und Alterthum, Morphologie u. s. w. gingen ihren ernsten Schritt vorwärts.

Dann ist wohl zu bemerken der Ort, daß in meinem Nachlaß bereinst, besonders auch in meiner wohlgeordneten Correspondenz sich Dinge finden werden welche, bey kluger Redaction, für das Publicum von hohem Interesse seyn müssen; deßhalb ich denn auch herzlich wünsche daß Herr v. Cotta mit den Meinigen und denen Männern, die mit mir arbeiten, und denen nach mir so wichtige Papiere zu behandeln zufallen, in ein zutrauliches humanes Verhältniß gelange.

Daß die Anzeige zugleich ein Musterblatt enthalte, auch als Muster gedruckt sey, wie der mir übersendete v. Humboldtische Bogen das Beyspiel gibt, ist sehr wünschenswerth.

Auch sehe aus der Ankündigung von Herders Werken daß nicht Pränumeration sondern Subscription verlangt werde, wodurch alle Beschwerden, wie solche über die Schillerische Ausgabe laut geworden, auf einmal gehoben sind.

Wegen der bisherigen Gebote können wir aus unseren streng geführten Acten soviel vermelden daß seit dem April vorigen Jahres von bedeutenden zwanzig Buchhandlungen Anträge geschehen welche, wie die Wichtigkeit des Geschäfts sich nach und nach aufklärte, zuletzt von ganz sicherer Handlung 70,000 Reichsthaler und 80,000 Reichsthaler von zweyen dergleichen geboten worden und zwar mit Beybehaltung des Termins von zwölf Jahren.

Nun aber schließe ich mit der dringenden Bitte: werden Sie nicht müde die Sache wechselseitig auf= zuklären; denn auf alle Fälle müssen die in einer so wichtigen Sache sich hervorthuenden Mißverständnisse und Schwierigkeiten, durch den obwaltenden guten Willen, sich endlich beseitigen lassen. Wofür wir auch Ihnen gern jetzt und in lebenslänglicher Folge den aufrichtigsten Dank abstatten.

So treu als vertrauend
                                    angehörig
Weimar den 12. Januar 1826.   J. W. v. Goethe.

200.
An Julius Elkan.
[Concept.]

Herr Hofbanquier Elkan wird hiedurch höflichst ersucht an die Herren Kunsthändler Artaria und Fontaine in Mannheim die Summe von fünfund= funfzig Gulden rheinisch, für erhaltene Zeichnung, gegen Quittung auszahlen zu lassen und sich der Erstattung gedachter Summe von meiner Seite als= bald zu gewärtigen.

Weimar den 12. Januar 1826.

201.

An den Senat der freien Stadt Frankfurt.

Einem Hohen Senat
Verehrung und Vertrauen!

Niemand wird läugnen, daß demjenigen ein besonderes Glück zugedacht sey, der sich gern und mit Freuden seiner Vaterstadt erinnert. Mir ist es geworden, indem ich mich rühmen darf, durch Geburt einer der vier Städte anzugehören, welche ihre Freyheit von den ältesten Zeiten her bis auf den heutigen Tag erhalten haben.

Gewiß ist kein schönerer Blick in die Geschichte, als derjenige der uns belehrt, wie die Städte des nördlichen und südlichen Deutschlands, durch Thätigkeit, Rechtlichkeit, Zuverläsigkeit die bedeutendsten Körper gebildet und sowohl über dem Meere als über den Bergen, indem sie Leben und Handel verbreiteten, sich die größten Vortheile zu sichern wußten. Daher ist solchen Corporationen anzugehören für den denkenden und fühlenden Menschen von der größten Wichtigkeit, und er ehrt sich selbst, wenn er auszusprechen wagt, daß er des treuen biedern Sinnes seiner frühesten Stadtgenossen sich, auch entfernt, unter den mannichfaltigsten Umständen und Bedingungen nicht unwerth zu erweisen das Glück hatte, ja, wenn man ihm das Zeugniß nicht versagt, daß er den gemäßigten Freysinn, eine rastlose Thätigkeit und geregelte Selbstliebe, wodurch seine Mitbürger ausgezeichnet sind, an sich in den vielfältigsten Lagen zu erhalten getrachtet hat.

Nehmen deßhalb die Hochverehrten freyen Städte, deren jede ich mit der Empfindung eines Mitbürgers betrachten darf, meinen verpflichteten Dank, daß sie durch ein entschieden ausgesprochenes Privilegium mir und den Meinigen die ökonomischen Vortheile unabläßig bemühter Geistesarbeiten haben zusichern wollen.

Darf ich nunmehr mit der Hoffnung schließen, daß diese glückliche Einleitung auch künftig andern Mitgenossen der literarischen Welt zu Gute kommen werde, so empfinde den Vorzug doppelt mich eben so getrost als verehrend unterzeichnen zu können.

Eines hohen Senats
ganz gehorsamster Diener
Johann Wolfgang v. Goethe.

Weimar den 13. Januar 1826.

202.

An F. W. Riemer.

Auf der Spazierfahrt habe unsere Angelegenheit nochmals gründlich durchgedacht und wünsche ehe Sie Hoheit sprechen nochmalige Unterhaltung.

W. d. 13. Jan. 1826. G.

203.

An C. F. Zelter.

Wenn ich gleich, mein Allertheuerster, in meinen alten Tagen mich nicht grade mit den Ellenbogen durchzufechten habe; so kannst du dir doch, mit einiger Einbildungskraft, schon vorstellen daß ich, wenn du mich auch nur als Lenker meines eigenen Fuhrwerks betrachtest, dieses Jahr her nicht viel dämmern, ruhen und säumen durfte; deßhalb mir denn unterwegs dein freundlich aufmunterndes Wort sehr oft zu Gute gekommen, indem es mir anschaulich machte daß andere anderes zu überwinden haben, und daher ein jeder sich wacker halten und nach seiner Art und Stelle sich behaupten muß.

Ich kann mir, in meiner fast absoluten Einsamkeit, kaum vorstellen daß solche Lust= und Lärmbilder an dir vorüber gehen, an denen du mir aus deinem Spiegel Theil lässest. Mit Macbeth und Euryanthen geh es, durch Aufwand, parteiische Anregung und selbst durch Anerkennung des Trefflichen, wie es will; beide geben keine eigentlich erquickende Vorstellung, jener aus Überreichthum des Gehaltes, diese aus Armuth und Magerkeit der Unterlage. Doch weiß ich freylich nicht mehr was ein Theater=Publicum sey, oder ob es im Großen und im Kleinen sich befriedigen, vielleicht auch nur beschwichtigen lasse.

Ein Abglanz davon erscheint mir jedoch dorther, da meine Kinder die Bühne nicht entbehren können, und das laß ich denn auch gut seyn.

Die Recensionen der Haude = und Spenerischen Zeitung mag ich gerne lesen; wie man denn überhaupt, wenn man auch nur selten in die Tagesblätter hineinsieht, manches ganz Vernünftige trifft woraus eine allgemeine gute Richtung, eine redliche Kennung und Anerkennung sich hoffen läßt.

Ich bin persönlich das Widerbellen durch viele Jahre gewohnt worden, und spreche aus Erfahrung: wir haben noch lange nicht zu fürchten daß wir überstimmt werden wenn man uns auch widerspricht. Nur keine Ungeduld! immer fort gehandelt und mit unter gesprochen! so findet sich am Ende noch eine genugsame Zahl die sich für unsere Art zu denken erklärt. Niemanden aber wollen wir hindern sich seinen eignen Kreis zu bilden; denn in unseres Vaters Hause ist Wohngelaß für manche Familie.

Angenehmes im Kunstfache ist mir widerfahren daß ich eine schöne Zeichnung von Julius Roman und eine von Guercin erhielt. Zwey solche Männer unmittelbar vergleichen zu können, sich an jedem nach seiner Art zu ergötzen und zu belehren, ist für denjenigen vom größten Werth der über Kunst und Kunstwerke auch wohl manchmal Worte macht, sie aber doch nur für nothwendiges Übel hält. Könnte ich nur von Zeit zu Zeit an Euren Gesängen Theil nehmen, ich wollte versprechen: mir nie darüber auch nur eine Sylbe zu erlauben.

Ein Heft suche zu lesen etwa funfzig Seiten stark; es ist überschrieben: „Zwey Balladen von Goethe, verglichen mit den griechischen Quellen woraus sie geschöpft sind, von Director Struve. Königsberg 1826." Indem der Verfasser Euch an den Born führt woher ich den Trank geholt, ist er freundlich genug zu beweisen daß ich das erquickliche Naß in einem kunstreichen Gefäß dargereicht habe. Was der Dichter vor so vielen Jahren wollte, wird doch endlich anerkannt. Es ist von dem Zauberlehrling und der Braut von Korinth die Rede. Mein Folgendes soll sich unmittelbar anschließen. „Wer will der muß!"

Und warum sollten wir nicht auch müssen?

Angehörig seyn und bleiben.

Weimar d. 15. Januar 1826.   Goethe.

204.
An Alois Clemens.

[Concept.]

Ew. Wohlgeboren
haben mir ein besonderes Vergnügen gemacht, welches ich dankbar erkenne, daß Sie meiner bey Bearbeitung Darwinischer Ideen freundlich gedenken. Die Verdienste dieses Mannes sind mir zeitig bekannt geworden, und ich habe mich durch ihn auf meinen wissenschaftlichen Wegen auf mehr als eine Weise gefördert

gesehen. Seine Werke brachten mich mit Hofrath Brandes in nähere Berührung, und ich versäumte nicht, in der Geschichte meiner Farbenlehre besonders Warings zu gedenken. Seit jener Zeit sind sie mir aus den Augen gekommen, und es wird mir gewiß wohlthätig, wenn Sie mir das früher Gekannte mit allem Gewinn der späteren Jahre wieder vor die Seele bringen. Dabey soll mir höchst angenehm seyn, auch von Ihrer Denk= und Studienweise das Nähere zu erfahren, indem ich von mancher Seite gar viel Gutes und Schönes von Ihren Bestrebungen vernommen habe.

Mich zum wohlwollenden Andenken zum besten empfehlend.

Weimar den 15. Januar 1826.

205.
An Theodor Martius.
[Concept.]
Ew. Wohlgeboren
haben mir durch die übersendete Flasche einen sehr wünschenswerthen Beytrag zu meinem chromatischen Apparat verliehen. Das Phänomen, daß eine reine Trübe bey durchscheinendem Licht die gelbe Farbe, bey zurückgeworfenem mit dunklem Hintergrunde die blaue sehen lasse und daß man ferner durch Ver= mannichfaltigung des Beleuchtens und Beschattens die sämmtlichen Farben des bekannten Kreises hervor=

bringen könne, halte ich nicht allein für höchst wichtig, sondern für das Fundament aller Chromatik.

Mit besonderem Antheil nehme daher den so entscheidend in die Augen fallenden Versuch auf, zu welchem jene Infusion die beste Gelegenheit gibt. Je mehr und je öfter Sie diese Erscheinung denkenden Männern und Jünglingen vor Augen stellen, desto mehr wird eine Abtheilung der Physik, der ich mich besonders gewidmet habe, und die noch nicht zu allgemeiner Klarheit gelangen konnte, sich dem Auge des Geistes eröffnen und ihre hohe Wichtigkeit immer mehr bethätigen.

Erhalten Sie mir ein wohlwollendes Andenken und empfehlen mich allen die Ihren Namen führen, der besonders werthe und würdige Andenken bey mir jederzeit aufregt.

Weimar den [15?] Januar 1826.

206.
An J. H. Meyer.

Es will sich nun fast zu lange verziehen bis ich wieder zu einem vertraulichen Abendgespräch gelange. Mein Fuhrwerk ist in schlechten Umständen, deshalb solches nicht habe senden können.

Mögen Sie die beygemeldete Erlaubniß ausfertigen und die Erfüllung besorgen.

Sagen Sie mir ein Wort, wie es Ihnen geht. Die Kälte setzt sich meinen allgemeinen Ordnungs-

absichten entgegen, deswegen suche ich sie im Kleinen
vorzubereiten.

Die Guercinische Zeichnung nimmt sich auch bey
Tage recht gut aus und was wir neulich bemerkten,
tritt noch mehr hervor. Ich freue mich darauf, bey
dieser Gelegenheit mich mit Ihnen ferner noch über
diesen Meister zu unterhalten.

Auch von Hof- und Weltsachen möchte ich das
Nähere besprechen; die Schwankungen sind noch immer
größer, als man sich vorstellt, und man beruhigt sich
über die geheimen Machinationen aus Bequemlichkeit
durchaus zu früh.

Empfehlen Sie mich gelegentlich höchsten Orts
zum Allerschönsten und Besten.

Treulichst

Weimar den 16. Januar 1826. G.

207.
An Johann Friedrich Rochlitz.

Wenn Sie, mein theurer vielgeprüfter Freund,
räthselhaft finden sollten daß mit dem Gegenwärtigen
einige Fasanen anlangen; so gehört folgende Auflösung dazu.

Eine Gesellschaft von Musikfreunden, nachdem sie
sich einen Abend mannichfaltig ergötzt hatte, gedachte,
bey'm frohen Mahl, daß man Ihnen den größten
Theil dieses Vergnügens schuldig sey, indem Sie uns

mit einem so trefflichen, sich immer wohl haltenden Instrumente versehen; man trank Ihre Gesundheit und wünschte, daß Sie von den guten Jagdbissen mitgenießen möchten. Hiernach ward nun der gute Gedanke laut, daß die Vögel sich gar wohl zu Ihnen bewegen könnten. Ein Jagdfreund übernahm die Besorgung und nun kommen sie, begleitet von den besten Wünschen zum neuen Jahr und in Hoffnung, daß Sie solche gleichfalls mit Freunden theilnehmend, und unsrer eingedenk, genießen werden.

treulichst

Weimar den 18. Januar 1826.   J. W. v. Goethe.

208.

An C. W. Göttling.

[18. Januar 1826.]

Ew. Wohlgeboren
übersende hiebey einige Blätter zu geneigtem Gebrauch. Ein aufmerksamer Leser hat bey einigen Bänden meiner Werke seine Bemerkungen aufgeschrieben, welche sogleich mittheile, mich zu geneigtem Andenken und fortdauernder Mitwirkung allerschönstens empfehlend.

ergebenst

Weimar den 16. Januar 1826.   J. W. v. Goethe.

209.

An C. F. Zelter.

„Wer will der muß!" und ich fahre fort: wer einsieht der will. Und so wären wir wieder im Kreise dahin gelangt wo wir ausgingen: daß nämlich man aus Überzeugung müssen müsse; für die nächst folgende Zeit können wir daher viel Gutes hoffen.

So manches auf Kunst und Wissenschaft bezüglich kommt mir fast täglich vor die Augen, darunter wäre nichts Falsches wenn der Mensch nicht schwach wäre und er nicht zugleich das was für ihn das Letzte ist auch für das Letzte halten wollte. Überhaupt aber begegnen mir sehr viel schöne, reine, hohe Ansichten. Man läßt gelten was man nicht erreichen kann, man freut sich des was man nicht zu thun im Stande wäre, wie denn doch am Ende jeder tüchtige Mensch verfahren muß um selbst etwas zu seyn, um nach seiner Weise zu wirken, was auch Dilettanterey und damit nothwendig verknüpftes Nivelliren, im Laufe des Tages verderben oder hindern mag. Am Ende stellt sich alles her, wenn derjenige welcher weiß was er will und kann, in seinem Thun und Wirken unabläßig beharrt. Du weißt es am besten und erfährst es jeden Tag.

Von einigen Werken bildender Kunst, die mir zunächst in's Haus gekommen sind und auf deren Werth

ich mich im Augenblick stütze, fühl ich mich gedrungen
Folgendes zu vermelden. In Rom wohnte ich im
Corso, dem Grafen Rondanini gegenüber; dieser besaß,
nebst andern herrlichen Kunstwerken, das Angesicht,
die Maske einer Meduse, über lebensgroß, aus weißem
Marmor, von merkwürdiger Vortrefflichkeit. Wir
Künstler und Kunstgenossen besuchten sie oft, ja ich
hatte sogar einen guten Abguß derselben auf meinem
Saale stehen. Diesen Anblick, der keineswegs ver=
steinerte sondern den Kunstsinn höchlich und herrlich
belebte, entbehrte ich nun seit vierzig Jahren, wie so
manches andere Große und Schöne. Endlich ver=
nehme daß sie mir so viel näher, daß sie nach München
gerückt sey, und wage den kühnen Wunsch einen Ab=
guß davon zu besitzen. Dieser ist nicht zu gewähren,
aber ein trefflich erhaltener Abguß, auf Ihro des
Kronprinzen Hoheit Befehl von Rom verschrieben,
wird mir nun durch die Gunst Ihro Majestät des
Königs.

Da es verpönt ist hierüber Worte zu machen sage
nur soviel: daß ich durch diese sehnlich gehoffte Gegen=
wart über die Maßen glücklich bin und nur wünschte
daß uns beiden verliehen wäre sie zusammen [zu]
betrachten.

Doch erneut sie mir von einer Seite ein schmerz=
lich Gefühl, denn ich muß mir dabey wiederholen:
jener Zeit, da ich den Werth solcher Schätze nicht
genugsam einsah, standen sie mir vor Augen; jetzt,

da ich sie auf einen gewissen Grad zu würdigen ver=
stehe, bin ich getrennt von ihnen durch weite Klüfte.
Indessen mag es auch gut seyn! Denn man
kommt doch in Gegenwart solcher Dinge, die zu grö=
ßerer Zeit, durch mehrvermögende Menschen hervor=
gebracht worden, außer Geschick und Richte. Und
selbst das verständige Bemühen, sich dadurch nicht zu
einem falschen Streben hinreißen zu lassen, erweckt
ein peinliches Gefühl, wenn es nicht gar damit endigt
unsere Lebensthätigkeit zu verkümmern.

Und nun laß ich dir abschreiben was ich über ein
späteres, in seiner Art hochzuverehrendes Kunstwerk
in diesen Tagen aufgesetzt habe:

Eine große sorgfältige Zeichnung von Julius
Roman mit vielen Figuren, zum größten Theil wohl
erhalten, ist eine köstliche Acquisition, ohne Zweifel
das Original das Diana von Mantua in Kupfer
gestochen hat. Christus, vor der schönen Thüre des
Tempels, nach Raphaels Vorgang mit gewundenen
Säulen geschmückt. Er beruhigt warnend die neben
ihm aufrecht stehende beschämte Ehebrecherin, indem
er zugleich die pharisäischen Susannenbrüder durch ein
treffendes Wort in die Flucht schlägt. Sie entfliehen
so kunstgemäß tumultuarisch, so symmetrisch ver=
worren daß es eine Lust ist, stolpern über die Bettler,
denen sonst ihre Heuchelei zu Gute kam und die für
dießmal unbeschenkt auf den Stufen liegen. Der
Federnumriß ist von der größten Nettigkeit und Leichtig=

keit und fügt sich dem vollkommensten Ausdruck. Siehe Bartsch peintre graveur Vol. XV. p. 334. Blat und Nachweisung finden sich gewiß in Berlin.

Allem Guten befohlen!

W. 21. Jan. 1826. G.

210.

An den Freiherrn Carl v. Gersdorf.

[Concept.]

Hochwohlgebohrner Freyherr,
Höchstgeehrtester Herr.

Ew. Excellenz haben durch die freundlich=bedeutende Sendung mir eine ganz unerwartete große Freude gemacht. Wenn ich Dieselben zu feyerlicher Stunde bey mir begrüßen konnte, so vermehrte dieß die fest= lichen Empfindungen, die uns damals über uns selbst erhoben; deshalb hatte denn die Erneuerung eines so schätzbaren Andenkens für mich den größten Werth.

Es muß ganz eigne, große Gesinnungen in uns erregen und fördern, wenn wir im Einzelnen bethätigt finden, was wir im Ganzen aus einer gewissen Ferne innerhalb unsrer Lebzeit betrachteten, daß, während unser Bemühen und Streben nach würdigster Über= zeugung sich mit möglichster Thätigkeit richtete, auch andere in ihrem Kreise zu hohen Zwecken sichere und folgerechte Schritte thaten.

Das mir übersendete Heft gibt uns das sicherste Zeugniß, wie binnen einer langen Reihe von Jahren ein trefflicher Mann dem andern folgend, unter erhabenem leitendem Schutze ein Geschäft fortführte, so daß es nicht allein bis auf den heutigen Tag besteht, sondern auch immer fortschreitend sich der Zeit und ihrem Gewinne gemäß in Thätigkeit erhält, wodurch denn ganz unschätzbare Einwirkungen auf den einzelnen Staat, auf die Verbündeten, ja auf die Welt geleistet und ausgebreitet werden.

Dieß alles zu beherzigen gibt das mir zu dankbarster Anerkennung mitgetheilte Werk die beste Gelegenheit; und wenn man im Laufe des Lesens durchaus zu ernsten Betrachtungen und Gefühlen gestimmt wird, so erheitert die angefügte Zeichnung den Blick, indem sie uns auf einmal durch Vergleichung darlegt, wie viel Unnützes und Hinderliches nach und nach von einem Stande weggenommen worden, dessen Bestimmung es ist, so beweglich und freythätig zu seyn, als Augenblicks so kräftige wie rasche Unternehmungen verlangen.

Möge das alles nach dem Willen und unter dem Schutze eines so lange höchstbedeutend wirkenden Fürsten, unter der einsichtigen und glücklichen Leitung Ew. Excellenz in möglichster Dauer fortwirken und auch mir vergönnt seyn, die mir beschiedene Zeit über ein theilnehmender Zeuge zu bleiben und zugleich alles des Wohlwollens zu genießen, welches zu verdienen ich bestrebt war, wenn es mir auch über Verdienst geworden ist.

Weimar den 21. Januar 1826.

211.
An C. F. v. Reinhard.

[Concept.] [23. Januar 1826.]

Zuvörderst also, verehrtester Freund, meinen lebhaftesten Dank für das wohlgerathene Bildniß, welches, wenn auch von einem Liebhaber gefertigt, eine geistreiche Ähnlichkeit keineswegs verläugnet. Die Zeichnung hat viel Vorzüge vor dem lithographirten Blatte, doppelten Dank also, daß Sie mir solche haben zutheilen wollen. Auch unsere Frau Großherzogin hatte Sie sogleich erkannt und sich daran erfreut.

Veranlaßt durch eine Stelle Ihres freundlichen Briefes, die ich abschriftlich beylege (A), verfaßte ich ein kurzes bescheidenes Promemoria (B) welchem ich Ihre Aufmerksamkeit erbitte.

Könnte man von den Verhandlungen der Pariser Commission wovon das Nähere gleichfalls beyliegt (C) etwas Umständlicheres erfahren so wäre es von großem Werth. Die Angelegenheit wegen des Nachdrucks darf und kann nicht ruhen; ich glaube meinen Zeitgenossen und der Welt schuldig zu seyn auf denen mir gegönnten Vortheilen nicht egoistisch zu verstummen.

Da die bisherigen auswärtigen Vorgänge der Nation, welcher Sie, mein Theuerster, verpflichtet sind, zur größten Ehre gereichen und nach den eben benannten Einleitungen zunächst gereichen werden; so haben Sie auch gewiß deshalb doppelte Neigung die

Sache in's Klare zu setzen, worauf es eigentlich jetzt nur ankommt.

Die französischen Journale worin diese Angelegenheit zunächst, wie sich erwarten läßt, ausführlich behandelt wird kommen auf alle Fälle früher zu Ihnen als zu mir und ich darf deshalb eine baldige Mittheilung hoffen. Den Herrn Grafen Beust bitte mit den schönsten Empfehlungen auch hievon in Kenntniß zu setzen.

Gedencken Sie mein zu guter Stunde mit den theuren Ihrigen; mich wird es immer höchlich freuen wenn ich direct oder indirect von beyderseitiger Zufriedenheit und heiterm Wohl vernehme.

[Beilage.]
Geneigtest zu gedenken.

Im Laufe des vergangenen Jahres las ich in den Zeitungen, daß ein französischer Componist und dessen Verleger, weil sie den Text einer Oper ohne Begrüßung und Einwilligung des Poeten unter die Noten gesetzt und edirt hatten, den gegen sie erhobenen Prozeß verloren und zum Ersatz verdammt worden.

Neuerlich las ich daselbst gleichermaßen, daß in Paris eine Commission von namhaften Männern niedergesetzt worden, welche für die Rechte und Befugnisse des Autors Sorge tragen sollten.

Ferner zeigt die Abschrift eines Schreibens des Minister Grafen Portalis vom Jahr 1810, daß ein Gesetz auch zu Gunsten der Ausländer vorhanden sey.

Da nun dieses schwerlich möchte in der Zeit aufgehoben seyn, auch höchstwahrscheinlich ist, daß die obgemeldete Commission nicht engherziger denken werde, als ihre gesetzgebenden Vorgänger, so darf ein deutscher Autor allerdings den Wunsch hegen, zu erfahren, wie diese Angelegenheit gegenwärtig in Frankreich steht, und würde für die ihm so wichtige Nachricht auf das höchste dankbar seyn.

Weimar den 10. Januar 1826.

212.
An Franz Ignaz v. Streber.

[Concept.] [24. Januar 1826.]

Ew. Hochwürden freundlichste Zuschrift hat mir eine besondere Freude bereitet; denn ein höchstunterrichteter Mann, welcher sich in dem beneidenswerthen Zustande befindet, die anziehendsten Kunstschätze des Alterthums und der neuern Zeit täglich vor Augen zu haben, für ihre Erhaltung und Vermehrung zu sorgen, überzeugt mich, daß auch dasjenige seiner Aufmerksamkeit werth sey, was mir zu Gunsten in diesem Fache durch höchste Gnade geschehen ist.

Die Medaille, zu meinem am 7. November vorigen Jahres gefeyerten Dienstjubiläum geprägt, war eine

höchst überraschende Gabe, wie jeder Fühlende mit mir empfinden wird. Sie ward an jenem Tage nur in wenigen Exemplaren mir und den Meinigen eingehändigt, und außerdem nur noch Einmal auf der
5 öffentlichen Bibliothek niedergelegt; doch darf ich hoffen, daß es meinem gnädigsten Herrn gefallen werde, mir nächstens dieselbe, zu weiterer Mittheilung, in mehreren Exemplaren zu gewähren.

Ew. Hochwürden bleiben überzeugt, daß ich die
10 Absicht zu schätzen wisse, diese Denkmünze in einen so großen und einzigen Schatz mit aufnehmen zu wollen; daher ich gewiß nicht verfehle, eins der ersten mir zu Handen kommenden Exemplare alsobald zu übersenden.

Dieser Versicherung darf ich wohl hinzufügen, daß
15 ich meinen Brief mit einer gewissermaßen traurigen Empfindung schließe: denn eine so geneigte Zuschrift regt in mir den täglichen, kaum zu erfüllenden Wunsch nur lebhafter auf, mich in die Residenz begeben zu können, wo so vieles Herrliche, gegen welches
20 meine Studien ganz eigentlich gerichtet sind, verwahrt wird und wo, außer dem freundlichen Empfang so hochgebildeter Bewohner, ich mir auch wohl des Glücks schmeicheln dürfte, Ihro Königlichen Majestät, dem erhabenen Kenner, Sammler und Förderer, für
25 bisherige gnädigst erwiesene unschätzbare Huld einen alleruntertänigsten Dank persönlich zu Füßen zu legen.

Weimar den 16. Januar 1826.

213.

An Carl Friedrich Naumann.

[Concept.] [24. Januar 1826.]

Ew. Wohlgeboren
mir zugesendete wichtige Schrift kam bey mir zur
guten Stunde und ich habe sie sogleich bis Seite 45
mit Vergnügen wiederholt gelesen. Hier aber stehe
ich an der Gränze, welche Gott und Natur meiner
Individualität bezeichnen wollen. Ich bin auf Wort,
Sprache und Bild im eigentlichsten Sinne angewiesen
und völlig unfähig durch Zeichen und Zahlen, mit
welchen sich höchst begabte Geister leicht verständigen,
auf irgend eine Weise zu operiren.

Indem ich aber für den mir verständlichen Theil
den besten Dank ausspreche, füge ich den Wunsch hin=
zu, daß es Ihnen nunmehr gefallen möge, die Kry=
stallographie den Zwecken des deutschen Studirenden
anzunähern, damit solche junge Männer, welche die
Hauptbegriffe der Naturwissenschaft zu fassen nur die
Zeit haben, nicht abgeschreckt werden, sondern von
einer Lehre den elementaren Gewinn ziehen, den jeder
nach Fähigkeit und Liebhaberey alsdenn steigern möge.

Betrachten wir die Naturwissenschaften in ihrer
gegenwärtigen Stellung, so werden sie dem Liebhaber
immer unzugänglicher. Das erweiterte Feld gehört
am Ende nur den Meistern, welche sich darin unter=
halten, oder auch bestreiten; nun muß aber die Zeit

kommen daß die Breite wieder in die Enge gezogen wird, daß die Hülfswissenschaften sich auf einen gewissen Mittelpunct beziehen und wirklich Hülfe leisten.

Beschaut man Krystallographie, stöchiometrische und elektrische Chemie, so findet man diese in einander greifenden Regionen gränzenlos unübersehbar. Wäre von diesen dreyen eine allgemeine vielleicht nur historische Kenntniß gegeben und mit einer faßlichen Mineralogie, wovon ja schon Beyspiele vorhanden sind, in Verbindung gebracht, so müßte jeder Studirende für unentbehrlich halten, seinen Geist mit solchen Vortheilen zu schmücken. Wie gern würde jeder eine Lehre vernehmen, die ihm so große Umsichten in's Ganze und so schöne Einsichten im Einzelnen gäbe.

Hiebey aber dürfen wir uns nicht verläugnen, daß, wenn die Wissenschaft alle Ursache hat das Quantitative dem Qualitativen gleichzustellen, ja es vorzüglich zu behandeln, dennoch, wenn vom Unterricht die Rede ist, der Lehrer sehr im Vortheil sey der versteht für die sinnliche Jugend das Qualitative hervorzuheben, worauf die Empirie doch eigentlich angewiesen ist. Dieses wäre sodann die exoterische Lehre, die desto sicherer und glänzender seyn würde, wenn sie die wohlbegründete esoterische, als festen Hintergrund und erhöhende Folie, durch sich durchscheinen ließe.

Nehmen Ew. Wohlgeboren Vorstehendes als Zeugniß des mir in der, leider nur allzukurzen Zeit Ihres Hierseyns eingeflößten und durch mitgetheilte Schriften

nur erhöhten Vertrauens. Fahren Sie fort mir, in=
sofern ich noch in Ihrer Nähe wandle und wirke,
ein gleiches zu erhalten und lassen mich an Ihren
gründlichen Arbeiten, insofern sie mir faßlich bleiben,
ununterbrochen Theil nehmen.

In Hoffnung über diese wichtige Angelegenheit mich
fernerhin unterhalten zu können unterzeichne mich mit
aufrichtiger Hochachtung und Theilnahme.

Weimar den 18. Januar 1826.

214.
An J. Elkan.
[Concept.]

Herr Hof=Banquier Elkan wird hiedurch höflichst
ersucht, neunundvierzig Gulden an das geheime Ex=
peditions=Amt des königlich baierischen Staats=Mini=
steriums des Innern nach München baldigst auszahlen
zu lassen und die Erstattung der Auslage sogleich
von Unterzeichnetem zu gewärtigen.

Weimar den 28. Januar 1826.

215.
An Joseph Sebastian Grüner.

[29. Januar 1826.]

Ew. Wohlgeboren
haben leider schon den Tod unsres guten Rehbeins
vernommen; er wird bey Hof und in der Stadt sehr
vermißt, ich besonders verliere viel an ihm, denn ich

konnte in meinen Jahren und bey meinen körperlichen Zuständen mich ganz auf ihn verlassen. Er gab mir täglich Belehrung und Rath, in außerordentlichen Fällen entschiedene Hülfe. Doch freylich war sein eigner Zustand so krankhaft, daß man sich für ihn freuen muß, solchen unvermeidlichen Übeln früher entgangen zu seyn.

Die mir übersendeten Mineralien, so wie die durch gedachten Freund erhaltenen Victualien sind glücklich angekommen.

Da ich gewiß bin, daß die von oben her eingeleitete Untersuchungs-Commission bey der Stadt Eger glücklich vorbey gegangen, so freue ich mich, Sie in neuer und anerkannter Thätigkeit zu wissen.

Fahren Sie fort, wie es die Gelegenheit gibt, Ihre Umgegend mineralogisch und geognostisch kennen zu lernen, damit, wenn ich die Freude habe, Sie diesen Sommer zu besuchen, ich manchen wichtigen Punct neu aufgeschlossen finde.

Ich gebe mir Mühe, den beliebten und belobten Göthit für Sie zu erhaschen; noch hat es mir nicht gelingen wollen. Eingegangen ist bey mir zeither wenig Neues, doch hoffe ich auch für Sie nächstens etwas zusammenzulegen. Sagen Sie mir gelegentlich, ob Ihnen vielleicht mit einigen rohen Stücken Meerschaum gedient sey.

Betrachten Sie das Wenige, ja Geringe als ein Zeichen, daß ich immer in einiger Verbindung mit

Ihnen und dem lieben Böhmen zu bleiben wünschte. Ein persönliches Zusammentreffen möge sodann auf die herkömmliche freudige Weise zu hoffen seyn.

Der guten Wittwe Rehbein scheint es ganz leidlich zu gehen; für die Kinder der ersten Ehen ist gesorgt, Vormünder bestellt und nach unsern Pensionseinrichtungen kann es ihr an einem mäßigen Einkommen nicht fehlen. Leider empfinden alle Patienten des werthen Verstorbenen gar sehr den Mangel seines Beyraths.

Den lieben Ihrigen mich bestens empfehlend, so wie den guten Kindern die besten Fortschritte und ein preiswürdiges Gelingen fortgesetzter Studien wünsche.

Eben als ich im Begriff bin zu schließen, kommt mir die Beylage in die Hände. Das Mineralien=Comptoir zu Heidelberg läßt sich auch, wie Sie sehen, auf Tausch ein; ich glaube daher, es wäre räthlich, daß Sie mir sogleich ein Verzeichniß schickten dessen, was Sie anzubieten haben, nicht weniger den bey=liegenden Catalog wieder zurück und vorgestrichen, was Sie dagegen wünschen. Ich würde die Sache bestens empfehlen und in der Folge für wohlfeilen Transport sorgen.

Der ich mich bestens empfehle und meiner mit Geneigtheit zu gedenken bitte.

unwandelbar
ergebenst
Weimar den 27. Januar 1826. J. W. v. Goethe.

216.

An Carl Franz Anton v. Schreibers.

[Concept.] [29. Januar 1826.]

Ew. Hochwohlgeboren
geneigtes Schreiben war mir höchst angenehm, da es
mich an die Zeiten eines lebhafteren Verkehrs so
willkommen erinnerte. Den schönen naturwissenschaft=
lichen Studien, welche Ew. Hochwohlgeboren, wenn
gleich mit mancher sorgenvollen Bemühung, so glücklich
fördern, bin ich zwar nicht ganz fremd geworden,
welches freylich unmöglich wäre; aber ich habe doch
meine Thätigkeit nach andern Seiten hinwenden
müssen, um nur einigermaßen dasjenige zu leisten,
was Zeit und Umstände von mir fordern.

Nehmen Sie daher den besten Dank, daß Sie
mir diese angenehmen Fächer wieder zur Erinnerung
bringen, wie ich denn auch von seiten meines gnädigsten
Herrn die besten Grüße zu vermelden und zugleich
den Wunsch zu eröffnen habe, es möchte Ihnen gefällig
seyn, für die noch in Händen habende Summe etwas,
das unser osteologisches Kabinett bereichern könnte,
gefällig anzuschaffen und anher zu senden.

Hiebey wäre dießmal nicht von ganzen Skeletten
die Rede, sondern es würden auch Schädel und allen=
falls einzelne Theile seltener und merkwürdiger Thiere
sehr angenehm seyn, wobey die in Händen habende

Summe auch wohl um ein Mäßiges überstiegen werden könnte.

Da sich ein gewünschter Kopf des Nilpferdes kaum finden möchte, so wäre ein vollständiger Schädel des Wallrosses schon angenehm, von welchem bisher der vordere abgesonderte Theil nur bey uns aufgestellt war. Der Schädel eines Rhinoceros, Löwen oder Eisbären würde gleichfalls unsere Sammlung wünschenswerth vermehren, wie denn noch gar manches dergleichen aufzuzählen wäre.

Vielleicht lassen aber zu völliger Sicherheit beider Theile Ew. Hochwohlgeboren von den Bearbeitern dieses Fachs ein kurzes Verzeichniß, mit bemerkten Preisen aufsetzen, da dann Entschließung und Zahlung in kurzem erfolgen könnte.

Der doppelten Jubelfeyer unsrer gnädigsten Herrschaften, einer funfzigjährigen Regierung und eben so lange dauernden höchsten Ehestandes, haben Ew. Hochwohlgeboren gewiß den aufrichtigsten Antheil gewidmet. Daß seit meiner Anwesenheit in Weimar gleichfalls ein halbes Jahrhundert verflossen, veranlaßt mich zu den frömmsten Betrachtungen, sowie die jenem Tage meiner Ankunft gegönnte unerwartete Feyer mich zu der demüthigsten Anerkennung auffordert.

Indem man bey einer solchen Epoche, bey allem was in ihr uns Gutes zufließt, an das Vergangene zurückdenkt und die großen Prüfungen überschaut, wodurch eine redliche Thätigkeit gar oft gehemmt worden; so fühlt man die Forderungen, die ein bedeutendes Leben an uns machte, so streng und gewissermaßen drückend, daß alle selbstischen Gefühle dadurch ertödtet werden und dasjenige als eine Last auf uns liegt, was uns früher vielleicht zu Eitelkeit und Übermuth verführt haben möchte.

Lassen Ew. Hochwohlgeboren mich von diesen Betrachtungen zu Ihrem eignen Zustande übergehen, von welchem Sie mir vertraulich melden. Freylich ist das Übermaaß der Schätze, die sich bey Ihnen aufhäufen, so groß, daß die Einbildungskraft des Entfernten sich's nicht vergegenwärtigen kann, und Sie bemerken ganz richtig, daß, wenn einmal dergleichen Bereicherungen naturwissenschaftlicher Umsicht mit Mühe, Gefahr und Kosten an Ort und Stelle gelangt sind, doch nachher, um sie zur öffentlichen Kenntniß, zum allgemeinen Nutzen zu bringen, eine neue Expedition gleichsam nöthig sey, um das Publicum, besonders das deutsche, zu hinreichendem Antheil zu bewegen.

Herrn Dr. Pohl bitte mich zum allerbesten zu empfehlen; ich habe des würdigen Mannes, seit ich seine Bekanntschaft in Eger gemacht, sehr oft wieder gedenken müssen. Ich wünsche uns allen Glück, wenn das Mögliche von seinen Eroberungen mitgetheilt würde. Vielleicht hat er die Gefälligkeit, das Nähere über eine Pflanze mitzutheilen, von welcher Herr v. Eschwege in seinem Journal von

Brasilien, Heft 1, S. 228 spricht, auch sie auf der dritten Tafel abgebildet vorlegt. Sie führt den Namen Raiz preta, ihr werden emetische Kräfte in hohem Grade zugeschrieben. Die Botaniker aber, mit denen ich darüber conferirt, können nicht einig werden, zu welchem Geschlecht sie zu rechnen sey.

Die übersendeten organischen Wetterbeobachtungen waren sehr angenehm. Vielleicht haben Ew. Hoch=wohlgeboren die Gefälligkeit, bey dem Wechsel der Jahreszeiten dergleichen auch künftig mitzutheilen. Die meteorologischen Beobachtungen der jenaischen Sternwarte vom Jahre 1824 sind nun auch heraus=gegeben; ich sende sie mit der fahrenden Post.

217.
An den Freiherrn C. W. v. Fritsch.

Ew. Exz.

genehmigen meinen verbindlichsten Danck für die Über=sendung des Königl. Bairischen Privilegiums, und entrichten solchen gefällig an des H. Grafen Luxburg Excell.

Die schuldigen 49 fl. werden sogleich nach München unmittelbar ausgezahlt.

Verehrend, vertrauend.

Ew. Excell.
gehorsamster Diener
Weimar d. 29 Jan. 1826. J. W. v. Goethe.

218.

An die Großherzogin Louise.

[Concept.]

Ew. Königliche Hoheit
nehmen das werthe Schatzkästchen, wie es noch in Verwahrung der getreuen Diener und Angehörigen sich fand, zu dem heutigen willkommenen Tage gnädigst auf. In verschiedenen Metallen enthält es die Bilder ausgeprägt, die wir mit immer gleicher Verehrung betrachten und welchen hier die treusten und frömmsten Wünsche das Geleit geben.

Weimar den 30. Januar 1826.

219.

An Sulpiz Boisserée.

Euer Wort sey ja! ja!
also ja! und Amen!
Das Nähere nächstens.

W. d. 30 Jan. 1826.   J. W. v. Goethe.

220.

An Friedrich v. Müller.

[Concept.]

Auf rückkehrendem Blatte wünschen Ew. Hoch=wohlgeboren daß ich nebst dem Votivblatte vom 7. November auch die Jubelbeschreibung (ich vermuthete

vom 3. September) an Herrn v. Wilamoff senden
sollte. Nun erhalt ich aber, wahrscheinlich von Hoff=
mann, die Freymaurer=Analecten, 3. Heft; soll dieses
fortgehen so schreibe einige Worte hinein, ist es ein
Irrthum so erbitte mir die großherzogliche Jubelscher.

Weimar den 30. Januar 1826.

221.
An den Großherzog Carl August.
[Concept.]
Ew. Königliche Hoheit
erlauben, daß ich sogleich, jedoch nur wie es mir
soeben vorschwebt, über die gnädigsten Mittheilungen
mich zu äußern wage.

1) Den gedruckten Aufsatz habe zwar nur angeblickt,
trete aber sogleich und entschieden Höchst Deroselben
Äußerung bey. Noch vor kurzem schrieb mir ein
tüchtiger Freund: „Ich halte es für naseweis und
gefährlich, in Gottes Rathsstube durch das Schlüssel=
loch zu sehen."

2) Von dem Improvisator habe ich mir viel
erzählen lassen, auch ihn selbst überhört. Es ist ein
recht hübsches Talent, welches durch die große Aus=
bildung unsrer Sprache, Rhythmik und Reim endlich
gar wohl möglich ward und sich, nach gegebenem
Beyspiel, bald wiederholen wird. Bis jetzt ist er
noch in den Kreis der modernen, subjectiven, mit sich

selbst beschäftigten, in sich selbst befangenen Poesie eingeengt. Was sich auf innere Erfahrung, Gefühl, Gemüth und Reflexion darüber beschränkt, gelingt ihm recht gut, und eine Aufgabe, die hiezu Gelegenheit bietet, wird er glücklich lösen; zu allem eigentlich Gegenständlichen aber hat er seine Fähigkeiten bisher noch nicht ausgebildet, ja er fühlt, wie alle jüngere Neuere, gewissermaßen eine Scheu vor dem Wirklichen, worauf denn doch alles Imaginative sich gründen und alles Ideelle sich niederlassen muß. Meine Aufgabe war: Hamburg, und zwar als wenn er so eben wieder dahin zurückkäme, zu schildern. Da ergriff er gleich den sentimentalen Faden von seiner Mutter, seinen dortigen Freunden, ihrer Liebe, Duldung und Beyhülfe zu sprechen. Die Elbe blieb ein Silberfaden, Rhede und Stadt waren für nichts dabey, von dem thätigen Menschengetümmel keine Spur, so daß man eben so gut in Naumburg oder Merseburg hätte anlangen können. Ich habe ihm dieß alles redlich eröffnet und wenn er sich nun jetzt zu seinen Haus- und Familiengefühlen noch das Panoram einer nordischen großen Handelsstadt ausbildet, so kann er was Vorzügliches leisten.

Aber eben diese Bekehrung und Sinnesänderung vom abgegränzten Innern in's gränzenlose Äußere, vom einfachen Angebornen zu mannichfaltigem Mitgebornen wird unsern jungen Zeitgenossen schwer, ja unmöglich. Schon einige Jahre her habe ich gar manchen mit dem treusten Rath zu fördern gesucht, allein wenn sie auch einmal einen Anlauf genommen, so fallen sie Augenblicks wieder in ihre elegische Litaney zurück. Verzeihung dieser weitläufigen Ausführung!

3) Die Bestimmung wegen des neuen Arztes ist allerdings beruhigend; denn ich überzeuge mich immer mehr und mehr, daß die Bekanntschaft eines solchen Mannes mit den Persönlichkeiten, die er zu behandeln hat, höchst wünschenswerth bleibe. Ein Hauptpunct bey jedem Urtheil ist die Vollständigkeit der Prämissen; und diese kann denn doch nur in einer Reihe von Zeit erlangt werden. Und so zweifle ich denn nicht, daß dieser schon geprüfte Mann der höchsten Familie zuvörderst und allen, die er nach und nach kennen lernt, zu Nutz und Frommen gereichen werde. Ich selbst wünsche mich mit ihm zu unterhalten und, insofern meine, fast Hahnemannische Diät und gewisse Hausmittel nicht mehr auslangen, seiner Leitung anheim zu geben.

Hienach darf ich denn wohl gestehen, daß gerade in diesen letzten Tagen, bey der Unbestimmtheit einer ärztlichen Hülfe, mir die Sorge für Höchst Deroselben Befinden doppelt peinlich gewesen. Die unmittelbare Gegenwart eines sicheren Rathgebers wird bey Zufälligkeiten am wünschenswerthesten.

Weimar den 31. Januar 1826.

222.

An die Gräfin Caroline v. Egloffstein.

Schon seit einigen Tagen geh ich, theuerste Freundin, mit dem Gedancken um Ihnen etwas Liebes und Gutes zu erweisen; aber ich konnte nichts finden was meinen Wünschen und Gefühlen genügt hätte. Und so will ich denn auch jetzt nur mit Worten ausdrücken welchen Danck ich empfinde für den Antheil mit dem Sie immerfort an mir und den Meinigen festhalten, besonders auch für die treue Neigung die Sie Ihrem Frühgespielen und Hofgenossen unverändert gönnen wollen.

Sodann verzeihen Sie wenn ich diese Gelegenheit ergreife auszusprechen: daß die körperlichen Leiden welche Sie von Ihren Freunden, wie von der Welt scheiden mir höchst peinlich sind, und Sie werden meinen Zustand schmerzlicher mitempfinden wenn ich versichere: daß ich [mir], bey Ihrer letzten Anherkunft, mit der Hoffnung geschmeichelt habe, Sie würden die einsamen, fast öden Stunden, die sich manchmal um mich her zu lagern drohen, durch Ihre Gegenwart beleben und gestalten. Hiemit aber sey genug, wonicht zu viel gesagt.

Gönnen Sie mir Ein Wort wo ich irgend zu Ihrer Zufriedenheit beytragen kann! Eine gestrige Absendung nach Petersburg wird unserm Freund ein

Lächeln abgewinnen; dieß verleihen Sie auch mir und bleiben einer ewigen Anhänglichkeit versichert.

unwandelbar

W. d. 31. Jan. 1826.   Goethe.

223.

An L. W. Cramer.

[Concept.]

Ew. Wohlgeboren werden, bey Ankunft des Gegenwärtigen, wohl schon das Schächtelchen erhalten haben, welches ich einer Sendung an Herrn Geh. Ober=Regierungs=Rath Schultz beypackte, worin sich ein Stückchen Dornburger Cölestin befand, welchem nichts als die Größe fehlt; denn von dieser Stärke finden sich gegenwärtig nicht leicht an= sehnlichere Stücke; auch sind einige kleine Blitzröhren dabey, welche immer verdienen aufgehoben zu werden als letzte Verzweigung der durch den Blitz im Sande gewirkten wurzelähnlichen Erscheinungen.

Nun wünschte ich aber ein Stückchen Göthit, welcher sich auch freylich mag rar gemacht haben; es steht dagegen etwas Carpholith, auf Gneisen, von Schlackenwalde, zu Dienste und was ich noch sonst vielleicht dazulegen kann.

Crystallisirten Andalusit von Albenreuth, ingleichen Wawelit zwischen Pilsen und Prag habe, wenn ich nicht irre, schon früher gesendet.

Überhaupt geht es mit neuen Mineralien etwas flau; die Aufmerksamkeit der Naturfreunde wendet sich auf andere Seiten. Lassen Sie mich bald von Ihrem und des Herrn Geh. Ober-Regierungs-Raths Befinden das Nähere erfahren und bleiben auch nach längeren Pausen meines aufrichtigen Antheils gewiß.

Weimar den [Anfang?] Januar 1826.

224.
An Carl Cäsar v. Leonhard.

Ew. Hochwohlgeboren
geneigte Sendung hat mich auf das angenehmste an frühere lebhaftere Mittheilungen erinnert, dabey mich aber auch sogleich darauf gewiesen, daß Sie niemals von meiner Seite kommen, indem ich bey Ihren vielfachen Leistungen immerfort zu Rathe gehe. Wie nun das gegenwärtig Überschickte mich schon einige Tage erfreut, so wird auch das angekündigte Werk mir höchst willkommen seyn. Wissen und Wissenschaft thun solche eilige Schritte, daß nur ein so rüstig-gewandter Mann, wie Sie, denselben nachkommen kann.

Da ich die beiden letzten Jahre nicht nach Böhmen gelangte, wo ich sonst immer, den Sommer durch, zu geologischen und mineralogischen Betrachtungen aufgerufen wurde; so habe ich in diesem schönen Felde wenig genossen, noch weniger geleistet, und mir war daher das Taschenbuch sowohl, als die Hefte der

Zeitschrift eine höchstwillkommene Anregung. Vielleicht gelingen mir einige Bemerkungen, die sich für die letzte qualificiren.

Hiebey bringe Folgendes zur Kenntniß: in Eger befindet sich ein Freund unsrer schönen Studien, Herr Polizeyrath Grüner; er kennt und benutzt die Umgegend, auch hat er in Böhmen sowohl als im Auslande Correspondenten und theilnehmende Freunde und ist auf's Tauschen gar wohl eingerichtet. Ich habe ihm also gleich den Catalog des Heidelberger Mineralien-Comptoirs mitgetheilt, ihm überlassend anzuzeigen, was er zu besitzen wünscht und ihn zugleich ersucht, ein Verzeichniß dessen zu geben, was er ablassen kann. Ich müßte mich sehr irren oder es sind Gegenstände drunter, die auch für Sie interessant sind. Wir haben gemeinschaftlich gar wohl ausgebildete Andalusiten in Quarz entdeckt, der einen Gang in Glimmerschiefer macht; nur springt das Gestein nicht immer günstig und wird auch nicht häufig gefunden. Gar manches Andere wird das Verzeichniß eröffnen. Ich würde beide Theile ersuchen, sich wechselseitig zu contentiren, die Spedition könnte allenfalls durch mich gehen, es sey, daß der Transport durch Fuhrleute oder fahrende Post besorgt würde.

Haben Sie die Gefälligkeit, mir von dem Augitporphyr und was sonst zu den v. Buchischen Beobachtungen und Überzeugungen dienlich wäre, gelegentlich mitzutheilen. Die Gedanken, die ein solcher Mann bey Betrachtung der Natur hegt, nehmen unseren Antheil gar kräftig in Anspruch. Legen Sie vielleicht auch ein interessantes Stückchen Albit bey, so wird meine Sammlung von Felsspathen, die ohnehin sehr vollständig ist, dadurch nur reicher werden. Wie viel verdankt überhaupt mein Kabinett nicht schon Ihrem Wohlwollen.

Höchst merkwürdig bleibt uns immer die Ähnlichkeit, ja Gleichheit der Hauptgebirgsarten über den ganzen Erdboden. Doch warum sollte nicht das Einfachste, das Gestein, sich überall gleichen, und die verschiedene Localität sich nur durch Abweichungen bezeichnen, da das Zusammengesetzteste, der Mensch, überall in eben diesem Sinne seines Gleichen findet?

Ew. Hochwohlgeboren mit einer neuen Lebensgefährtin beglückt zu wissen, freut mich wahrhaft und innig. Nun kann ich mich überzeugen, daß Sie wieder zu dem wünschenswerthen häuslichen Zustand gelangt sind, an dem ich vor Jahren so herzlichen Antheil nahm. Empfehlen Sie mich der Werthen und lassen mein Andenken in Ihrem häuslichen und geselligen Kreise immerfort lebendig seyn.

Mit dem Postwagen sende das neuste Heft der meteorologischen Beobachtungen der Sternwarte zu Jena mit den beiden vorhergehenden Jahrgängen. Die dortigen Witterungskundigen nehmen ja wohl auch an unsern Bemühungen Theil, und geben uns Gelegenheit, die ihrigen zu nutzen.

Wobey ich bemerke, daß der Aufsatz des Herrn Professor Meinecke in Halle, in dem mineralogischen Taschenbuche Seite 74, mir sehr merkwürdig war. Auch ich folge diesen Naturerscheinungen treulich; nur lassen mir meine übrigen Thätigkeiten nicht Raum, mich mit einzelnen auswärtigen Freunden der Wissenschaft darüber zu unterhalten.

Vielleicht gewährt mir in dem laufenden Jahre ein günstiges Geschick zu wiederholter Mittheilung die erwünschte Muße.

Zu wohlwollendem Andencken mich zum allerschönsten empfehlend.

Ew. Hochwohlgeb.

gehorsamster Diener

Weimar d. 3. Febr. 1826.   J.W.v.Goethe.

225.

An J. F. v. Cotta.

Da sich die Beruhigung zu der unser Geist gelangt nicht mit Worten und Zeichen ausdrücken läßt, so erlaube mir Ew. Hochwohlgeb. im Allgemeinen das Höchstbedeutende zu sagen: daß ich seit Jahren erst in diesen Stunden eine wahrhafte Zufriedenheit empfinde wo ich gewiß bin daß die Resultate meiner literarischen Thätigkeit in Ihre Hände gelegt sind; ein gültigeres Zeugniß wechselseitigen Vertrauens konnte nicht gegeben werden.

Schritt für Schritt wird sich darthun daß ich kein ander Geschäft mehr habe als diese Ergebnisse meines Lebens uns beyderseitig zu Ehr und Vortheil abzuschließen. Sie handeln in gleichem Sinne, und da ist denn wohl keine Frage daß wir etwas Werthes und Würdiges zu Tage fördern werden.

Zu wohlwollender Mitwirkung fernerhin mich und meinen Sohn allerbestens empfehlend

Ew. Hochwohlgeb.

gehorsamster Diener

Weimar d. 3. Febr. 1826. J. W. v. Goethe.

226.

An Sulpiz Boisserée.

Was wollt ich nicht geloben, mein allertheuerster, wenn ich Sie eine Stunde sprechen könnte! Denn wie sollte mir Blat und Feder genügen! Ich muß mich nur sogleich eines mythologischen Gleichnisses bedienen: Sie erscheinen mir wie Herkules der dem Atlas, dem Prometheus zu Hülfe kommt. Wüßten Sie was ich dieses Jahr gelitten habe, Sie würden solche Bildlichkeiten nicht übertrieben finden.

Doch eigentlich ist es der schon längst gekannte, geprüfte Freund Sulpiz, der uns das unmöglichste Bauwerck als vollendet vor Sinn und Seele bringt, der uns durch das Labyrinth uralter Gewölbe und Kreuzgänge zu klarem Anblick durchführt; welcher

verdiente die unschätzbarste Gemäldesammlung zu
erwerben, zu besitzen und nutzbar zu machen. Und
dieser wendet nun sein thätiges Wohlwollen gegen
mich und das Meinige!

Sie haben Sich, lassen Sie es mich gerade zu
sagen, so klug als tüchtig, so edel als grandios gezeigt,
und ich fange nur an mich zu prüfen ob ich meinen
Dank bis an Ihre Leistung steigern kann.

Soviel für heute. Dem Urquell alles Schönen
und Guten zum frömmsten und allertreusten empfehlend
angehörig

Weimar d. 3. Febr. 1826.   J. W. v. Goethe.

227.

An Christian Moritz Engelhardt.

Ew. Wohlgeboren
habe für die angenehme reichhaltige Sendung viel=
fachen Dank zu sagen; sie versetzte mich in die Zeiten,
wo man so gerne verweilt, weil eine productive Ein=
bildungskraft das Barbarische, was sie mögen ge=
habt haben, mildert und gemüthlich versöhnt. Sodann
haben Sie zugleich einen heiligen Namen, der mir
in manchem Sinne lieb ist, aus der düsteren Zeit an=
muthig heranklingen lassen. Nicht weniger angenehm
war es mir, die Früchte Ihrer mir schon wohl=
bekannten literarischen Thätigkeit so reichlich vor
Augen zu sehen.

Höchst wünschenswerth ist mir sodann, daß die schriftlichen, auf meinen Straßburger Aufenthalt bezüglichen Papiere in den Händen eines Mannes liegen, von dessen sittlichen Gesinnungen mir genannte zuverlässige Männer, bey früherem Erwähnen die sichersten Zeugnisse gegeben haben; denn was die angezeigten Papiere betrifft, so kann ich zu deren Publication meine Einwilligung nicht geben, ja ich muß förmlich und ernstlich dagegen protestiren.

Der erste Entwurf von Iphigenie gehört, wie Sie aus der nächstens erscheinenden Anzeige der neuen Ausgabe meiner Werke ersehen werden, nach dem dreyßigsten Bande in die Epoche, wo ich dem Publicum von meinen Studien und von der Steigerung meiner ersten Arbeiten Rechenschaft zu geben gedenke. Was die Briefe und andere Einzelnheiten betrifft, so ist es nicht räthlich dergleichen, selbst nach dem Ableben des Schreibenden, geschweige bey seinem Leben zu propaliren; auch werden Sie bey näherem Bedenken sich gewiß mit mir überzeugen, daß dergleichen besonders in diesem Falle nicht zulässig sey.

Wie ich meinen Aufenthalt in Straßburg und der Umgegend darzustellen gewußt, hat allgemeinen Beyfall gefunden und ist diese Abtheilung, wie ich weiß, immerfort mit besonderer Vorliebe von sinnigen Lesern beachtet worden. Diese gute Wirkung muß aber durch eingestreute unzusammenhängende Wirklichkeiten nothwendig gestört werden. Nun habe ich bisher, besonders seitdem eine so hoch privilegirte letzte Ausgabe meiner Werke lautbar geworden, das höchst wünschens= werthe Ereigniß erlebt, daß mir von mehreren Orten, auch unaufgefordert, Briefschaften und Denk= blätter mancher Art eingereicht worden, von denen ich denn in der Folge meiner Arbeiten und Dar= stellungen den schicklichsten Gebrauch zu machen im Falle bin.

Indem ich nun Ew. Wohlgeboren dieses ver= melde, so zweifle ich nicht einen Augenblick Dieselben werden, in gleicher Gesinnung, die in Händen habenden Schriften mir einhändigen und dafür meines aufrichtigen Dankes und Anerkennung gewiß bleiben.

Wie ich nun aller derjenigen öffentlich dankbar erwähne, welche von jeher, so auch in diesen letzten Zeiten einer abschließenden Rechenschaft, mir so treu als edel an Handen gegangen, so werden Ew. Wohl= geboren hier einen bedeutenden Ehrenplatz einnehmen und mit trefflichen Männern, deren Sie einige selbst genannt in Reih und Glied auftreten.

Weil denn aber doch niemand zuzumuthen ist, daß er sich eines werthen Besitzes entäußere ohne durch irgend etwas Erfreuliches die Lücke wieder ausgefüllt zu sehen, so finde ich mich gerade in dem Fall Ihnen etwas anzubieten, wovon ich hoffen kann, es werde die gewünschte Wirkung hervor bringen.

Empfehlen Sie mich, wenn es Gelegenheit gibt, Herrn Professor Arnold auf's beste. Mit aufrichtigen Wünschen dieses Blatt abschließend.

ergebenst
Weimar den 3. Februar 1826. J. W. v. Goethe.

228.
An J. A. G. Weigel.

[Concept.]

Das mir in diesen Tagen zu Handen gekommene Verzeichniß von Kupferstichen, d. d. Leipzig den 24. Januar 1826, enthält ein Blatt welches ich wünsche.

Nr. 113. Die große Orgel in der Kirche des heiligen Baro zu Harlem. Nach Toorenburgh, groß Folio, 1 rh. 20 Groschen.

Da das Blatt in großem Format ist; so wird es wohl auf eine Rolle aufzuwickeln seyn; wie ich denn sorgfältige Einpackung erbitte. Was ich deshalb schuldig werde, wird sogleich abgetragen.

Mich zu geneigtem Andenken empfehlend, das Beste wünschend.

Weimar den 4. Februar 1826.

229.
An Sulpiz Boisserée.

Beygehend übersende eine beabsichtigte Anzeige des Inhalts meiner Werke; sollte dabey nichts zu erinnern seyn, so kann sie, wie sie vorliegt, abgedruckt werden.

Hierauf würde nun eine schuldige und schickliche Anerkennung der verliehenen Privilegien von meiner Seite erfolgen, schließlich aber Rechenschaft zu geben seyn, inwiefern man diese Ausgabe als eine sämmtlicher Werke, als vollständig und von der letzten Hand ausgegangen zu betrachten habe. Dagegen erbitt ich mir den Entwurf, wie der Herr Verleger von seiner Seite die Unternehmung anzukündigen gedenkt, ingleichen das Verzeichniß der Buchhandlungen, welche die Sammlung der Subscription übernehmen, da ich an jedem Hauptort durch meine Freunde mitzuwirken gar wohl im Falle bin.

Inwiefern beyliegender von Cöln mir zugegangener Antrag zu beachten sey, erbitte mir einige Nachricht, indem ich dem Manne auf eine oder die andere Weise, wenn auch ablehnend etwas Freundliches erwidern möchte.

Der gleichfalls beyliegende Contracts-Aufsatz enthält wörtlich des Herrn Dr. Boisserée brieflich mitgetheilte Puncte und wüßte daher nichts hinzuzusetzen; wird von dorther gleichfalls nichts dabey erinnert, so kann das Concept, wovon wir eine Abschrift besitzen, in Erwartung eines gegenseitigen Exemplars sogleich mundirt und vollzogen werden.

Gegenwärtige Sendung, mich und die Meinigen bestens empfehlend

Weimar d. 5. Febr. 1826.   Goethe.

Fahren Sie fort, mein Freund, das Wohlbegonnene weiter zu leiten und zu fördern! Von Post= zu Posttagen erhalten Sie das Fernere.

W. d. 5. Febr. 1826. G.

230.
An Sulpiz Boisserée.

Meiner gestrigen Sendung schicke ich alsobald Gegenwärtiges nach, jedoch nicht mit eben der Geistes=freyheit; denn ich kann nur wiederholen: daß mich eine innere Stimme warnt und andeutet es sey nicht wohlgethan die Personen zu nennen welche sich in diesem wichtigen Geschäft vertraulich und wohlwollend an mich gewendet und nach und nach zu höchst be=deutenden Anträgen sich gesteigert haben.

Eine solche, auch gegen einen Freund gethane Eröffnung könnte Mißverhältnisse hervorbringen die mir zu Verdruß und Vorwurf gereichen dürften.

Wäre aber auch ein solches warnendes Gefühl, durch Verstandes=Argumente und durch eine Neigung einem Freunde zu willfahren, überwindlich; so tritt ein Fall ein der mir eine solche Mittheilung un=möglich macht. Es ward mir nämlich von einem vieljährig geprüften Freund und Geschäftsmanne ein völlig ausgefertigter, mit allen Sicherheiten versehener und mit hohen Empfehlungen begleiteter Contract vorgelegt, der in Rücksicht meiner Jahre für mich höchst vortheilhaft war. Eine starke Summe, gleich zu Ostern zahlbar, sollte mich in den Stand setzen gewisse ökonomische Plane auszuführen und ihnen durch unmittelbar nachfolgende Zahlungen Gewicht zu geben; worauf ich gegenwärtig verzichten muß.

Bin ich nun aber gewiß daß Herr v. Cotta in wahrer Neigung für meine Person und in Betracht eines alten geprüften Verhältnisses so viel gethan, als er gegen sich und die Seinigen verantworten konnte; so geht aus dem Gesagten und aus dem Erfolg hervor daß ich, in gleicher Gesinnung, jene lockenden Anträge standhaft abwies und das aus dem ganzen Geschäft sich entwickelnde Gute meinen Nachkommen zuwendete.

Ich darf also kaum wiederholen daß ich die Urheber besonders dieses letzten Antrags zu nennen nicht wagen darf; denn was sollten edle, schon durch Ablehnung ihrer wohlwollenden Vermittlung gekränkte Freunde wohl empfinden, wenn auf irgend eine Weise auch nur eine Andeutung transspiriren könnte daß ich das, im größten Vertrauen Behandelte nicht vollkommen bey mir verschlossen und versiegelt hätte.

Über dieses und Verwandtes mehr erlauben Sie noch ein und das andere Wort. Die Hauptsache ist so glücklich gestellt daß ich nun auch in dem ganzen Verhältniß nur Klarheit und Zufriedenheit wünschen kann.

treu ergeben

Weimar den 6. Februar 1826.   J. W. v. Goethe.

231.

An den Großherzog Carl August.

[Concept.]

Ew. Königlichen Hoheit
glücklicher und vorsichtig ausgeführter Gedanke, den
vorüberziehenden poetischen Wundervogel zu fixiren,
wird gar manche heilsame Folge veranlassen. Die
junge Welt, von der ich täglich Kenntniß nehme, ist
immerfort beschäftigt, sich in fremden Sprachen
umzuthun, und, da sie fast überall einigen Anfang
haben, so muß ich ihnen das Zeugniß geben, daß es
ernst ist, im Grammatischen, besonders der Recht=
schreibung und sonstig Erforderlichem zuzunehmen.
Hiezu ist also die beste Gelegenheit eröffnet und ich
zweifle nicht, daß man sie begierig ergreifen werde.

Und so ist denn auch zu hoffen, daß der junge
Mann sein Hierseyn benutzen und sein practisches
Talent durch eine tiefere Einsicht in die Forderungen
der Poesie zu seinen und unsern Ehren steigern
werde.

Das Schreiben des erfahrnen Seemanns ist mir
von großem Werth: man erblickt darin gar hübsch
den aufmerksamen Practiker, um theoretische Ansichten
wenig besorgten Mann. Auch er ist, wie alle Welt,
fast mehr an sittlich=politische Ereignisse geheftet, als
auf sein eignes Metier, welches er nur als Symbol
der großen Weltverhältnisse behandelt.

Von Erfahrungen genügt mir der Hauptausspruch, daß ein starkes Fallen des Barometers auf dem Meere, wie auf dem Lande, die großen Stürme andeutet. Beyspiele kommen oft genug in Schiffernachrichten vor. Daß es aber hier als allgemein anerkannt ausgesprochen wird hat für mich viel Bedeutung.

Von Mylius aus Mayland erhalte ich, in Gefolg bey seinem Hierseyn gepflogener Unterredungen, eine angenehme, mannichfaltige Sendung von Büchern und Heften, wobey auch Cocons von Seidenwürmern sich befinden, theils in ihrer Integrität, worin sich noch der durch Dampf oder heißes Wasser getödtete Wurm findet und welche dann eigentlich zu gut gemacht und abgesponnen werden; sodann liegen durchfressene Cocons bey, woraus der zur Begattung bestimmte Schmetterling entschlüpft ist. Sie werden zu Floretseide benutzt. Ferner einige Stränge rohe Seide.

Es ist angenehm, diese so höchst bedeutend gewordene Naturerscheinung wieder einmal vor Augen zu sehen; mir jedoch ist sie deswegen besonders erfreulich, weil ich mich an meine Jugendjahre und die desfallsigen Bemühungen im väterlichen Hause erinnere. Weswegen ich denn auch wohl Verzeihung des umständlichen Erwähnens zu erlangen hoffe.

Eh ich Lenzen mit den herrlichen Crystallisationen des Thales Fassa erfreue, gedenke ich sie noch einmal mit unserm Crystallographen aufmerksam durchzusehen.

Gnädigste Erlaubniß zu ferneren Mittheilungen erbittend.

Weimar den 7. Februar 1826.

232.
An C. F. v. Reinhard.

Vor allen Dingen, verehrtester Freund, für den An=
theil, den Sie am Autor und seinen Gerechtsamen Über=
rhein so treulich nehmen wollen, verpflichteten Dank.

Dieses Blatt aber soll eigentlich dienen um zu
melden: daß ich mit der J. G. Cotta'schen Buchhand=
lung zu Stuttgart endlich abgeschlossen und derselben
die neue Ausgabe meiner Werke in Verlag gegeben
habe. Ihrem freundschaftlichen Mitgefühl sey diese
für mich und die Meinigen so bedeutende Entscheidung
zutrauensvoll hingegeben.

Noch eigentlicher jedoch setze ich hinzu, daß Freund
Sulpiz bey dieser Gelegenheit sich musterhaft benommen
hat, ja lassen Sie mich bekennen, daß ohne ihn das
Geschäft vielleicht nicht zu beendigen gewesen, sondern
in eine unauflösliche Verwirrung gerathen wäre. In
solchem Conflict standen die mehrfachen Interessen,
die im Laufe der bedeutenden Unterhandlungen rege
geworden.

Sollte mir nun nicht alsobald beygehen, wem ich
diese für mich so fruchtbare, zu inniger Freundschaft
herangewachsene frühere Bekanntschaft verdanke.

Sie sind es, mein Theuerster; und mit diesen wenigen Worten spreche ich gar viel aus, gar viel Gutes, das mir seit soviel Jahren anhaltend geworden ist. Deßhalb auch heute nicht mehr, außer Folgendem, das Sie gewiß interessiren wird.

Man hat mir die Zeitschrift le Globe, vom September 1824, also wohl vom Anfang an, zugesendet und fährt damit posttäglich fort. Dem Vergangenen widme ich jeden Abend einige Stunden, ich bezeichne, streiche vor, ziehe aus, übersetze. Dieß gibt eine wundersame Übersicht über den Zustand der französischen Literatur, und, da sie mit allem zusammenhängt, über das Leben und Treiben in Frankreich. Lassen Sie mich vermuthen, daß ich diese bedeutende Mittheilung auch Ihrer Vorsorge schuldig sey. Nächstens mehr davon. Tausendfachen Gruß und Wunsch.

treu anhänglich

Weimar den 7. Februar 1826. J. W. v. Goethe.

233.

An F. W. Riemer.

Sie erhalten hiebey, mein Theuerster, abermals ein Stück der projectirten Anzeige meiner Werke; es kommt zwischen dem Verzeichniß und dem Schluß, den Sie in Händen haben, zu stehen. Sehen Sie es gefällig durch, wir sprechen morgen über das Ganze.

Weimar den 9. Februar 1826. G.

234.

An F. W. Riemer.

Verzeihen Sie, mein Bester, wenn ich Ihnen einen unangenehmen Augenblick mache! Aber ich muß Sie inständigst bitten Ihre Scherz und Spottreime zu secretiren; besonders in der jetzigen Epoche, wo sie zu Schaden und Verdruß gereichen könnten. Die Aufopferung ist gering gegen den zu besorgenden Erfolg. Mündlich mehr wenn Sie es begehren.

Treulichst

W. d. 13. Febr. 1826.   Goethe.

235.

An C. F. F. v. Nagler.

Ew. Excellenz
haben mich seit langem berechtigt, von Ihrer wohl=
wollenden Thätigkeit alles zu hoffen und zu erwarten.
In diesem Betracht muß ich um Vergebung bitten,
wenn ich auszusprechen genöthigt bin, daß die herr=
liche Sendung mich doch überraschte. Ein vollendetes
Äußere, ein entscheidendes Innere, das eine blendend
für die Sinne, das andere dem Geiste mehr als genug=
thuend. Dagegen wollen mir Worte, denen ich sonst
so ziemlich gebieten kann, dießmahl nicht zu Diensten
stehen.

So sey mir denn gegenwärtig nachgesehen, nur das Wenigste zu sagen und meine innigsten Dankgefühle durch diese Zeilen gleichsam nur durchblicken zu laſſen; wobey ich noch die Bitte hinzufüge, ein an Ihro Königliche Majeſtät zu richtendes allerunterthänigſtes Dankſagungsſchreiben vorher geziemend mittheilen zu dürfen. Auch wünſchte ich beſtimmten Wink, ob die Abſicht Beyfall verdiene, die ich hege, den beiden Herren Staatsminiſtern, Excellenzen, denen ich perſönlich bekannt zu ſeyn das Glück habe, jedem insbeſondere meine Schuldigkeit brieflich abzutragen.

So danckbar als vertrauend und angehörig
gehorſamſt
Weimar den 15. Februar 1826.   J. W. v. Goethe.

236.
An den Grafen C. L. v. Beuſt.

Ew. Excellenz

geneigtes und ermunterndes Schreiben macht den Anfang meiner dießjährigen Geſchäfts-Akten und würde mich lebhaft erinnern an alles was ich im vorigen Jahre vielfach ſchuldig geworden, wenn nicht meine dankbaren Empfindungen ſich immer gleich blieben und mit Dero gefälligen Theilnahme ſich ſtetig fortbewegten. Daher füge denn auch weder Bitte noch Wunſch hinzu in gewiſſer Überzeugung, daß das angetretene Jahr ebenfalls zu meinen Gunſten fortſchreiten werde, wobey ich denn auch von Ew. Excellenz dauerndem Wohlbefinden und einer fort=

gesetzten glücklichen Geschäftsthätigkeit der entschieden=
sten Zeugnisse nicht zu ermangeln hoffe.

Warum ich aber erst jetzt wieder einige Meldung
thue, das sey durch den Wunsch entschuldigt von
dieser Angelegenheit als geendigt sprechen zu können,
wohin sie sich denn nunmehr auch zu neigen scheint.

Danksagungen an die vier freyen Städte, und
wohin es sonst noch nöthig schien, sind längst ab=
gegangen; eingekommen dagegen waren bisher das
königlich bayersche Privilegium, nicht weniger von
Anhalt=Bernburg und Köthen, von Schwarzburg=
Sondershausen und Rudolstadt. Des königlich nieder=
ländischen soll in den Zeitungen gedacht seyn und so
würde es nur an den herzoglich braunschweigischen, an
Dessau und an Homburg fehlen.

Nun aber ging vor einigen Tagen das königlich
preußische bey mir ein, und da es über Frankfurt
gekommen, darf ich hoffen daß Ew. Excellenz es selbst
gesehen und gelesen haben, weil jede Andeutung des
Inhalts und Beschreibung der Form übertrieben
seyn müßte. Verlegen bin ich daher wirklich, Aus=
drücke zu finden, des Herrn v. Nagler Excellenz nur
einigermaßen schicklich zu danken. Dürfte ich mir
deshalb, wie in bisherigen Fällen, geneigte Wort=
führung auch in diesem geziemend erbitten.

Übrigens darf ich nicht unerwähnt lassen, daß
auf dem Couvert der Name des Herrn Baron Vrients
v. Berberich zu bemerken gewesen, woraus hervorgeht,

daß die Postfreyheit dieses Paquetes durch die oberste Behörde selbst eigenhändig ausgesprochen worden, welcher Aufmerksamkeit ich denn gleichfalls dankbar= lichst verpflichtet bin.

Indem ich dießmal nun mit den besten Hoffnungen und treusten Wünschen meinen Brief abschließe, so erbitte mir die Erlaubniß, bey nunmehr technisch und merkantilisch vorschreitendem Geschäft über einige Puncte, die sich auf das öffentliche Verhältniß zu den hohen Bundesstaaten beziehen, mit einigen ge= ziemenden Anfragen hervortreten zu dürfen.

In danckbarem Vertrauen zu fernerer geneigten Theilnahme mich angelegentlichst empfehlend,
gehorsamst
Weimar den 15. Februar 1826.   J.W.v.Goethe.

237.
An J. G. Lenz.

Ew. Wohlgeboren
sende mit vielem Dank den anvertrauten Band Corre= spondenz zurück. Auch dieser gibt Zeugniß Ihrer unermüdlichen Thätigkeit. Fahren Sie fort, wie bisher das Museum zu bereichern und in Ordnung zu halten, so wird für unsre übrige Lebzeit in diesem Fache nichts mehr zu wünschen übrig bleiben.

Bey dem schnellen Austritt des werthen, hoch= geschätzten Gablers dürfen wir den Mann glücklich preisen, der bis zur äußersten Gränze seinem Geschäft mit Lust und Treue vorgestanden. Möge ich Sie auf's Frühjahr in dem Ihrigen heiter und fröhlich wiederfinden!

Ew. Wohlgeb.

ergebenster Diener

Weimar den 18. Februar 1826.   J. W. v. Goethe.

238.

An den Grafen C. L. v. Beust.

Ew. Excellenz

vergönnen, daß ich Gegenwärtiges unmittelbar an mein Voriges anschließe und von den nächsten Schritten in einer so hochbegünstigten Angelegenheit vorläufige Rechenschaft gebe; wobey ich bemerke, daß der hier mitgetheilten Stelle das Verzeichniß der sämmtlichen Werke vorangehe.

Hierauf liegt mir nun ob, der außerordentlichen Begünstigung zu gedenken, womit die sämmtlichen hohen Bundesglieder mich ausgezeichnet haben. Weil ich nun aber im Ausdruck, besonders was die Titulatur betrifft, welche in diesem Falle ihre besondern Eigenheiten hat, nicht fehlen möchte, so liege die hierauf bezügliche Stelle bey mit gehorsamster Bitte und Anfrage, ob vielleicht etwas darin zu bedenken oder daran zu ändern seyn würde.

In Wunsch und Hoffnung eines ferneren wohl=
wollenden Andenckens unterzeichne mich, danckbar
verehrend,
 Ew. Exzellenz
  ganz gehorsamsten Diener
Weimar d. 20. Febr. 1826. J. W. v. Goethe.

239.
An C. F. Zelter.

Heute nur ein Wort! das dir nicht wunderlich
vorkommen möge!

Dem Hofe, der Stadt und mir besonders ist leider
ein Arzt weggestorben, dessen Verlust kaum zu ersetzen
scheint. Du lebst und wirckst so lange in Berlin,
siehst und hörst, genießest und leidest, kennst und denckst
soviel; sollte dir nicht ein tüchtiger Arzt zwischen
dreyßig und vierzig Jahren bekannt seyn den du
wonicht empfehlen doch nennen möchtest. Freylich
einen Mann der allenfalls noch mobil wäre.

Laß niemanden hievon mercken und melde was du
melden kannst baldigst
     treu=vertrauend
Weimar d. 20. Febr. 1826. Goethe.

240.

An Johann Christian Bläser.

[Concept.]

Das an mich gerichtete verbindliche Schreiben, mein werthester Herr, vom 10. Januar ist mir seiner Zeit richtig geworden und ich habe daraus Ihre Neigung ersehen, welche Sie hegen, an Verbreitung der Subscription auf die neue Ausgabe meiner sämmtlichen Werke günstig mitzuwirken. Wie ich nun von meiner Seite diese freundliche Absicht dankbar anerkenne, so habe davon dem Freyherrn v. Cotta, mit dessen Buchhandlung zu Stuttgart ich wegen des Verlags contrahirt, die nöthige Kenntniß gegeben und ich zweifle nicht, daß derselbe darauf reflectiren werde. Wollen Sie sich indeß an genannten Herrn Verleger unmittelbar wenden, so möchte dadurch das Geschäft auf alle Fälle beschleunigt werden.

Weimar den 20. Februar 1826.

241.

An C. F. A. v. Conta.

[Concept.]

Ew. Hochwohlgeboren
verzeihen der übereilten und sogleich hergestellten Entsiegelung eines so eben bey mir eingelangten mit dem

Couvert durch Siegellack zusammenhängenden Briefes. Ich ergreife die Gelegenheit um mich geneigtem An= denken bestens zu empfehlen.

Weimar den 22. Februar 1826.

242.
An Carl Jacob Ludwig Iken.
[Concept.]

Ew. Wohlgeboren
freundliche Sendung war mir besonders angenehm; sie überzeugt mich von fortwährender Theilnahme und unabwendbarem Vertrauen, wofür ich einen wohl= empfundenen aufrichtigen Dank abstatte.

Was die Absicht Ihres vorhabenden Werkes betrifft, von welchem Sie mir Anzeige und Proben mitgetheilt, so kann ich sie persönlich nicht anders, als loben und billigen. Schätzt man einmal die dichterischen An= klänge aus allen Zeiten, von allen Orten her, so sind diese gewiß achtbar genug um sich damit zu beschäftigen. An den serbischen Gedichten haben wir ein wichtiges Fundament, um die östliche Poesie kennen zu lernen, weiter aufzubauen und anzuknüpfen, und der Kampf mit dem halben Monde, der dort doch das eigentliche Thema bleibt, ist ja noch nicht geendet. Durch die Sorgfalt des Herrn Fauriel sind uns die patriotisch=heroischen Interjectionen der Su= lioten mitgetheilt worden. Die neugriechischen geben etwas mehr Bild und haben eher einen Körper.

Das Wenige, was Sie mir senden, wo das Romanische den Osten und Westen verbindet, ist allerdings bemerkenswerth. Begeben wir uns nun durch einen Sprung an die Ostsee, so finden wir die: Dainos, die litthauischen Volkslieder übersetzt und gesammelt von L. J. Rhesa. — Auch diese, handschriftlich längst in meinem Besitze, werden jetzt schätzbares Gemeingut. Auch Böhmen hat uns Allerliebstes mitgetheilt aus der Königinhofer Handschrift; und wo wollte ich endigen, wenn ich von allem sprechen wollte, was ich deshalb gesammelt, gedacht und notirt habe. Doch wiederhole zum Schluß: jede Zugabe zu diesem großen und allgemeinen poetischen Feste bleibt nur wünschenswerth. Es wird sich zeigen, daß Poesie der ganzen Menschheit angehört, daß es überall und in einem Jeden sich regt, nur an einem und dem andern Orte, oder in einer und der andern besondern Zeit, so dann aber, wie alle specifische Naturgaben, in gewissen Individuen besonders hervorthut. Wie diese Ansicht von dem Publicum getheilt werde, scheint mir auch nicht ganz ungünstig, indem doch von allen Seiten das Einfach=Wahre geschätzt wird, ja dieser Sinn sogar bey unsern Nachbarn, den Franzosen, Platz greift und sich sehr fröhlich entschieden hervorthut.

Weimar den 23. Februar 1826.

243.

An Johannes Müller.

[Concept.]

Ew. Wohlgeboren
will lieber gleich und im Allgemeinen für die
bedeutende Sendung meinen verbindlichsten Dank ab=
statten, als daß ich Gefahr laufe, durch ein näheres
Betrachten derselben eine schuldige Erwiederung zu
verspäten.

Die Vorbereitungen zur Ausgabe meiner sämmt=
lichen Werke, die ich auch Ihnen empfohlen wünsche,
beschäftigen mich schon einige Jahre und entfernen
mich von unmittelbarer Betrachtung der äußeren
Natur, in welche gegenwärtig nur verstohlene Blicke
thun darf, damit der große Reiz, womit sie mich so oft
an sich zog und alles Ästhetisch=Productive verschlang,
mich nicht wieder ergreife und von einem Geschäft
ableite, welchem alles Zaudern und Stocken höchst
gefährlich werden könnte. Nehmen Sie daher meine
beste Anerkennung, daß Sie Gelegenheit gaben, mich
von Ihren, mir bisher auch nicht fremd gebliebenen
Bemühungen näher zu überzeugen und einzusehen, wie
Sie nach Art und Weise, die ich auch für die rechten
halte, im Reiche der Natur vorzudringen bemüht sind.

Freylich ist die Region, in der wir uns umthun,
so weit und breit, daß von einem gemeinsamen Wege
eigentlich die Rede nicht seyn kann; und gerade die,
welche vom Centrum nach der Peripherie gehen, können,

obgleich nach einem Ziele strebend, unmöglich parallelen Schritt halten, und sie müssen daher, insofern ihnen die Thätigkeiten anderer bekannt werden, immer nur drauf achten, ob ein jeder seinem Radius, den er eingeschlagen, getreu bleibt.

In diesem Sinne habe ich die Bemühungen der Mitlebenden, Älterer und Jüngerer, seit geraumer Zeit zu betrachten gesucht.

Die Divergenzen der Forscher sind unvermeidlich; auch überzeugt man sich bey längerem Leben von der Unmöglichkeit irgend einer Art des Ausgleichens. Denn indem alles Urtheil aus den Prämissen entspringt, und, genau besehen, jedermann von besonderen Prämissen ausgeht, so wird im Abschluß jederzeit eine gewisse Differenz bleiben, die dem einzelnen Wissenden angehört und erst recht von der Unendlichkeit des Gegenstandes zeugt, mit dem wir uns beschäftigen, es sey nun, daß wir uns selbst, oder die Welt, oder was über uns beiden ist, als Ziel unsrer Betrachtungen ins Auge fassen.

Nehmen Sie dieses Wenige freundlich auf. In meinen Jahren muß man sich bescheiden, am Wege genugsam auszuruhen und andere vorübereilen zu lassen, an die man in früherer Zeit sich gar zu gern angeschlossen hätte.

Da ich jedoch die Absicht hege, nach vollendeter Ausgabe ästhetisch-kritischer Werke, auch dasjenige vorzuführen, was sich auf meine Naturstudien bezieht;

wozu ich denn vorläufig Gedrucktes und Ungedrucktes
zusammenzustellen und ihm wenigstens durch Andeuten
einige Folge zu geben bemüht bin, so steht mir als=
dann die Freude bevor, Ihnen wieder zu begegnen,
welche ich durch einen treuen Händedruck, wie gegen=
wärtiger, den ich abschiedlich reiche, zu feyern wünschen
und hoffen darf.

Weimar den 23. Februar 1826.

244.
An Johann Christian Stark.

[Concept.]

Ew. Wohlgeboren
wird Nachstehendes, wenn solches noch nicht bekannt
seyn sollte, gewiß Vergnügen machen; mir war es
höchst angenehm, indem es mich an unser neuliches
Gespräch erinnerte.

Von seiten der französischen Akademie der Wissen=
schaften thut sich überhaupt manches Wünschenswerthe
hervor. Der Bildungsschritt von dem, schon im Ey
vor der Befruchtung enthaltenen polypenartigen Wesen,
durch die Froschquappen durch, bis zu vierfüßiger
Vollendung ist neuerlich von Herrn Dutrochet gar
löblich durchgeführt worden. Er scheint mit den
beyden hier genannten Männern ein harmonisches
Triumvirat auszumachen, dem unser Carus und andere
treffliche Deutsche entschieden ehrenvoll entgegen kommen.

Durchaus wird es der Mühe werth, dorthin seine Aufmerksamkeit zu richten. Alles Stationäre, woran wir hie und da noch sehr leiden, verbannt sich nach und nach in Frankreich von selbst und es steht daher für uns auch eine gute Wirkung zu erwarten.

Weimar den 23. Februar 1826.

[Beilage.]

Herr Geoffroy Saint=Hilaire zeigt einen monstrosen Pferdekopf, dessen Mißbildung in einer unnatürlichen Entwickelung der beiden Gehirnhälften bestand, besonders der linken. Die Base des Gehirns schien vollkommen in dem normalen Zustand, doch nahmen die Sehnerven daher nicht ihren Ursprung; man sah von ihnen keine Spur, wenn schon außerwärts die Augen ihre gewöhnliche Entwickelung erreicht hatten.

Herr Serres, welcher die Section der Mißgeburt vorgenommen hatte, war jedoch so glücklich, die Sehnerven zu entdecken, welche er mit dem optischen Aste des fünften Paares anastomisirt fand. Herr Geoffroy Saint=Hilaire bemerkt, daß diese Organisation sich der des Maulwurfs nähert; und so könnte eine solche Bemerkung die Zweifel genüglich entscheiden, welche die Existenz der Sehnerven dieses Thieres ungewiß machen. Er kündigt zugleich eine Abhandlung des Herrn Serres über diesen Gegenstand an.

Nicht, daß bey dem Werke des Herrn Despretz nichts zu wünschen übrig bliebe: der historische Theil scheint mir nicht vollständig genug; ich hätte den Beweis des Gesetzes beschleunigter Bewegung zu finden gewünscht, nicht aber Galilei's ewigen Triangel, der doch Anfängern unverständlich bleiben möchte. Gleicherweise vermißt man die Beschreibung des Barometers, insofern es zu den Höhemessungen dient. Wenn man sich aber auch schon über solches Unterlassen beklagt, so gibt man gerne zu, daß dieses Buch doch das vollständigste sey das wir in Frankreich besitzen. Und so dünkt uns, man könne durch die allgemeine Encyclopädie der physischen Kenntnisse keinem bessern Leitfaden folgen. Das Werk des Herrn Despretz faßt die Wissenschaft zu Gunsten des Lehrers und des Schülers zusammen und in diesem doppelten Bezug ist der Physik ein wahrer Dienst geschehen.

245.
An den Großherzog Carl August.

[Concept.] [24. Februar 1826.]
Ew. Königliche Hoheit
haben durch Übersendung der v. Zachischen Hefte mir einige höchst interessante Abende bereitet. Es ist merkwürdig zu sehen, wie der Meister, von den Genuesischen Bergen aus, Himmel, Erde und Meer beherrscht, die Cometen für immer verabschiedet oder

ihnen eine bestimmte Rückkehr anbefiehlt, die Höhen der Gebirge mißt, die Reiche der Welt in Triangel schlägt, Ufer und Buchten immer genauer bezeichnet; die Seefahrer sodann in die unbekanntesten gefährlich=
⁵ sten Gegenden absendet und was sonst nicht alles. Er ist wirklich in diesem Augenblicke Herr der ganzen Meßwelt, bestätigt und verwirft, theilt Ehren, Würden und Schmach unwiederruflich aus, wobey es denn Herrn Kannitverstan wohl wäre gerathen gewesen,
¹⁰ wenn er es besser verstanden hätte.

Einiges, auch mir besonders merkwürdig, habe aufgezeichnet. Die Hefte gelangen auf die Jenaische Sternwarte.

Der gute Brewer zu Cöln war die Medaille zu
¹⁵ erhalten höchst glücklich, empfiehlt sich zu Gnaden und übersendet die Fortsetzung der Cölner Chronik.

246.
An Carl Cäsar v. Leonhard.

[Concept.] [28. Februar 1826.]
Ew. Hochwohlgeboren
erhalten hiebey zu gefälliger Mittheilung an das Mineralien=Comptoir:

²⁰ A) Den Catalog gedachten Comptoirs, wo der Eger Freund unterstrichen hat, was er zu erhalten wünscht;

B) Ein besonderes Verzeichniß, worum es ihm vorzüglich zu thun wäre;

C) Ein Verzeichniß, was derselbe dagegen zum Tausch anbieten kann.

Wollten Sie mir nur ein Verzeichniß zusenden, was man von letzterem in Heidelberg brauchen kann, so würde ich den Freund veranlassen, das Verlangte wohlgepackt an mich zu senden. Schickte man mir dagegen von Heidelberg das von ihm Gewünschte, so würde ich beide Kisten zugleich den Liebhabern absenden.

Ich weiß recht gut, daß ein Tauschhandel, besonders in diesem Fache, Schwierigkeiten hat, weil jeder Theil seine Lieferung wahrscheinlich höher anschlägt als der andere; und, genau besehen, Mineralien kaum auf einen Geldpreis zu setzen sind. Der erste Versuch wird jedoch das Nähere ausweisen, und da beide Theile, meiner Vermittelung zu Liebe, auf das billigste verfahren werden, so zweifle nicht, auch für die Folge, an guten Verhältnissen.

Der erste Kasten kann auf der fahrenden Post, unfrankirt an mich abgehen; ich werde gleichermaßen den egerischen dagegensenden. In der Folge läßt sich durch die Fuhrleute, welche das Egerwasser verführen, eine wohlfeile Spedition einleiten.

Nunmehr, in Bezug auf mein Letztes, habe die Ehre, mit dem Wunsche zu wohlwollendem Andenken empfolen zu seyn, mich zu unterzeichnen.

Weimar den 25. Februar 1826.

247.

An Friedrich v. Müller.

Ew. Hochwohlgeboren
haben die Gefälligkeit, neulich besprochener maßen, ein
Glied der großherzoglichen Regierungs=Canzley, etwa
morgen, Freytag den 3. März nach 10 Uhr, zu
Legalisirung des bewußten Documents, geneigtest zu
beauftragen. Ich werde mit meinem Sohn zu dessen
Empfang bereit seyn.

Dankbar! In Hoffnung eines baldigen freundlichen
Besuches.
       gehorsamst
Weimar den 2. März 1826. J. W. v. Goethe.

248.

An C. W. Göttling.

Ew. Wohlgeboren überschicke gegenwärtig einen der
ersten Bände, mit dem Wunsche, Sie mögen die Durch=
sicht desselben einigermaßen beschleunigen, indem der
Termin heranrückt, wo ich das Manuscript der ersten
Sendung an den Verleger abzugeben habe; mit den
folgenden hat es alsdann keine Eile.

Die Betrachtung über die Selbstbiographie ist sehr
wichtig und erfreulich. Es wäre schön zu untersuchen,
ob nicht Protestanten mehr als Katholiken zu Selbst=
biographieen geneigt sind. Diese haben immer einen

Beichtvater zur Seite und können ihre Gebrechen hübsch einzeln los werden, ohne sich um eine fruchtbare Folge zu bekümmern; der Protestant im entgegengesetzten Falle trägt sich selbst die Fehler länger nach und ihm ist es doch um ein sittliches Resultat zu thun. Montaigne und Descartes sind mir deshalb merkwürdig: ohne selbst Protestanten zu seyn, leben sie doch in einer Epoche des vielanregenden Protestantismus. Lassen Sie uns diese Gedanken weiter verfolgen. Für bisherige Mitwirkung höchlich verpflichtet.

ergebenst

Weimar den 4. März 1826. J. W. v. Goethe.

249.

An Friedrich v. Müller.

Ew. Hochwohlgeboren
machen mir viel Vergnügen, wenn Sie die Einleitung treffen, daß ich, nach beendigter Beschauung im Erbprinzen, wenigstens einen Theil des bedeutenden Werkes bewundere.

Für den rückkehrenden Niethammerischen Brief bestens dankbar, wünschte wohl zu erfahren, wo von der vorsehenden Synodalversammlung nähere Kenntniß zu finden wäre.

gehorsamst

Weimar den 5. März 1826. Goethe.

250.

An Sulpiz Boisserée.

Da Herr v. Cotta, gerade in dem für unser Unternehmen so wichtigen Momente, mit landschaftlichen Geschäften überhäuft seyn möchte, so ersuchen wir Sie, mein Werthester, die gefällige Vermittlung fortzusetzen, auch zu gelegener Zeit und Stunde an unsern Freund das Nöthige gelangen zu lassen. Sie erhalten daher:

1) Den vollzogenen und vidimirten Contract.

2) Ein Duplum, zu dortiger gefälliger Unterschrift und Legalisation.

3) Die Fortsetzung der von des Autors Seite zu erlassenden Anzeige, welcher hinzugefügt wird,

4) Die Anzeige des Verlegers nach dem Vorschlage des Herrn v. Cotta mit einigen Abänderungen.

Dabey ist jedoch Folgendes zu bemerken:

a) Herr v. Cotta hat, in dem Entwurfe gedachter Anzeige, den Subscriptionstermin nur bis zu bevorstehender Ostermesse gesetzt, da diese aber sogleich eintritt, auch nach dem genehmigten Contract § 5 die Subscriptionszeit noch ein Halbjahr nach Anfang des Druckes offen bleiben soll, welcher nach § 4 erst mit Michael dieses Jahr beginnt; so haben wir vorläufig die Subscriptionszeit bis zu Michael 1826 in der Anzeige gestellt.

b) Da früher schon die Nothwendigkeit erkannt worden besondere Aufmerksamkeit auf Druck und Papier der Anzeige und besonders des Probeblattes zu wenden, so bringt man dieses dringend in Erinnerung. Sollte man hier nicht schon neugegossene Lettern in Anwendung bringen? Denn das Auge wird durch das Versprechen daß neue gegossen werden sollen, nicht befriedigt. Hier muß ein wirkliches Muster aufgestellt werden.

c) Vorbemerktes wird um so mehr zu beachten seyn da man sich nicht verhehlen darf daß eine heftige Opposition gegen dieses Unternehmen hervortreten wird. Sie präludirt schon bedeutend genug, wie man aus der Frankfurter Zeitung Nr. 20 und 37 ersehen kann. Freylich beruft man sich dort auf die allzusehr vernachlässigte Ausgabe von Schillers Werken. Deshalb wird es höchst nöthig uns gleich Anfangs in Kredit zu setzen und von unserer Seite zu zeigen daß es Ernst sey, mit einer sorgfältigen Ausgabe hervorzutreten, worüber denn noch gar manches zu verhandeln seyn möchte.

Soviel für dießmal mit wiederholter Bitte um fortgesetzte freundliche Theilnahme.

treulichst

Weimar den 6. März 1826.   Goethe.

251.

An H. C. F. v. Heygendorf, geb. Jagemann.

Indessen Ihnen, meine theure Freundin, Lob und Dank gebührt, glauben Sie sich entschuldigen zu müssen und quälen sich selbst mit unbilligen Vorwürfen.

Ich habe mich über die Art gefreut, wie mein Drama wieder einmal dem Publicum würdig zur Anschauung kam. Die Bemühung der sämmtlichen Theilnehmenden, das Möglichste zu thun, war unverkennbar.

Wollte man jedoch eine solche Aufführung in's Vollkommene steigern, so möchte gar manches vorbedacht, beredet, geübt und durch wiederholte Proben die Künstlerin in vollkommene Sicherheit gesetzt werden, ein Stück von Anfang bis zu Ende gleichmäßig durchzuführen, das so viel gemüthliche und körperliche Anstrengung erfordert.

Lassen Sie sich ja nicht entmuthigen; legen Sie sich die Rolle an's Herz, wiederholen Sie solche in der Zwischenzeit, auch ohne äußere Veranlassung, so wird Ihnen gelegentlich eine Vorstellung gelingen, die nichts zu wünschen übrig läßt. Sie haben alle Mittel dazu, aber die Schwierigkeit bleibt immer, daß uns die erforderlichen Kräfte jederzeit im Augenblick zu Gebote stehen sollen.

Nehmen Sie meinen wiederholten Dank und erhalten mir ein freundliches Andenken.
                    Treugesinnt
Weimar, am 6. März 1826.   J. W. v. Goethe.

                    252.
            An den Großherzog Carl August.
[Concept.]
            Ew. Königliche Hoheit
geruhen aus beykommendem Protokoll zu ersehen daß der sämmtliche Inhalt des Münzkabinettes in den untern Raum gebracht ist. Secretär Kräutern sind die Schlüssel versiegelt gelassen worden, damit Höchst Denenselben die Beschauung jederzeit zu Befehl stehe. Wie nun weiter zu verfahren seyn möchte daß der kleinere, noch nicht katalogirte Theil auch völlig in Ordnung komme, ist schon besprochen und eingeleitet wovon das Nähere in kurzer Zeit gemeldet werden soll.
    Möge alles zu Höchst Ihro Zufriedenheit gereichen.
b. 13. März 1826.

                    253.
            An C. F. F. v. Nagler.
    Ew. Excellenz
erlauben, daß ich mein an Ihro Königliche Majestät gerichtetes allerunterthänigstes Danksagungsschreiben

Dero geneigten Vermittlung hiedurch geziemend em=
pfehle. Wie ich nun schuldigermaßen eine Abschrift
beyzulegen nicht ermangele, so wünsch' ich nur vor
allen Dingen, daß der Vortrag Dero Beyfall nicht
5 verfehlen möge. Denn alles wohl betrachtet, sah
ich mich in einem schwierigen Falle, indem ich mich
gedrungen fühlte, mit freyem Geiste und heiterem
Gemüthe meinen schuldigen Dank abzutragen und
mich doch zugleich in den Gränzen geziemender Ehr=
10 furcht zu erhalten hatte. Nehmen Ew. Excellenz
diesen Versuch, wenn er auch nicht ganz gelungen
seyn sollte, hochgeneigt auf und geruhen denselben zu
fördern.

Nun aber erlauben Dieselben noch zu melden,
15 daß es hiesigen Gönnern und Freunden eben so wie
mir selbst ergeht. Was auch von der würdigen
Schönheit des mir verliehenen Documentes verkündet
wird, jedermann der es erblickt, findet es doch
über alle Erwartung bewundernswerth, so daß mir
20 bey jedesmaligem Vorzeigen der theure Gegenstand
wieder neu erscheint und meine Verpflichtung des=
halb immerfort frisch und neu lebendig empfunden
wird; in welchen Gefühlen ich denn auch gegen=
wärtig abschließe, bittend und hoffend, Ew. Excellenz
25 werden mir zu völliger Beendigung des Geschäftes
geneigtest beyräthig seyn. Nur so kann ich hoffen,
den tief empfundenen Dank nach allen Seiten hin
pflichtmäßig abzutragen und nichts zu versäumen,

was eine so hohe Begünstigung nur immer fordern möchte.

Danckbar verehrend.

Ew. Excellenz

gehorsamster Diener

Weimar den 15. März 1826. J. W. v. Goethe.

[Beilage.]

Inhalt
beykommender Sendung.

—

1) Ein alleruntertänigstes Schreiben an Ihro des Königs von Preußen Majestät.

2) Die Abschrift desselben zu geneigter Einsicht.

3) Ein schuldiges Rückschreiben.

4) Ein dergleichen mit vertraulicher Äußerung.

5) Ein Brief an des Herrn v. Schuckmann Staats= Minister des Innern, Excellenz.

6) Ein dergleichen an des Herrn Grafen Bernstorff Staats= Minister der äußern Angelegenheiten, Ex= cellenz.

Zu gefälliger Aufnahme

bestens empfehlend

Weimar den 15. März 1826. G.

254.
**An den König Friedrich Wilhelm III.
von Preußen.**

Allerdurchlauchtigster
Großmächtigster Allergnädigster
König und Herr.

Die von Ew. Königlichen Majestät mir zuge=
wendete Landesherrliche Gnade ist von einer solchen
Bedeutung, daß ich sie mit dem vollkommen freudigen
Danke, wie geschieht, zu empfangen kaum fähig seyn
würde, wäre mir nicht schon längst das Glück
beschieden, mich denen beyzählen zu dürfen, die Aller=
höchstihro glorreichem Wirken in treuer Gesinnung
angehören. Denn das Wichtigste, was von Kunst
und Wissenschaft in Ew. Königlichen Majestät weit=
umfassenden Reiche sich bewegt und schafft, ließ mich
seit langen Jahren nicht ohne Kenntniß und Antheil.

Männer, welche unter Allerhöchstem Schutz nach
einsichtigem Befehl arbeitend das Treffliche vollbringen,
solche standen von früh an mit mir in traulichen
Verhältnissen, und durch fortdauernde Wechselwirkung
ist eine geistige Mitbürgerschaft eingeleitet, welche
über Zeit und Ort hinaus ein gegenseitiges Glück
befördert.

In diesem Sinne darf ich daher mit einiger
Beruhigung des Vorzugs genießen, daß Allerhöchst=
dieselben mich als einen getreuen Angeeigneten be=

trachten und mir gleiche, ja ausgezeichnete Rechte mit den Ihrigen verleihen wollen.

Indem ich nun auf's neue in solchem Umfange Ew. Königlichen Majestät verpflichtet werde, so kann mir kein anderer Wunsch übrig bleiben, als der: es möge die so hochbegünstigte Ausgabe meiner sämmtlichen literarischen Arbeiten in den lebendigen Thatkreis, der Allerhöchstdieselben umgibt, aufgenommen, dort in ihrer Art einen wünschenswerthen Einfluß verbreiten, um so auch auf die übrige Welt einzuwirken, die von keinem Guten, das unter Ew. Majestät belebendem Scepter sich hervorthut und waltet, jemals ausgeschlossen worden.

Ehrfurchtsvoll
Ew. Königlichen Majestät
alleruntertänigster Diener
Johann Wolfgang von Goethe.
Weimar den 15. März 1826.

255.
An C. F. F. v. Nagler.

Hochwohlgeborner
Hochzuverehrender Herr.

Mit überraschendem Vergnügen habe das von Ihro Königlichen Majestät in Preußen, auf einen gegebenen Vortrag der hohen Ministerien der innern und äußern Angelegenheiten, mir gegen den Nachdruck

meiner Werke verliehene ausdrückliche Privilegium für
den ganzen Umfang der königlich preußischen Staaten,
nach erhaltener Zusendung durch Ew. Excellenz, in
gebührenden Empfang genommen.

Indem ich nun das sowohl dem innern Gehalt
als der äußern Form nach höchst vollkommene Docu=
ment vor Augen habe; so entsteht in mir das lebhafte
Verlangen, meinen verpflichtetsten Dank allerhöchsten
und hohen Orts nicht allein von mir selbst geziemend
und würdig ausgesprochen, sondern ihn auch durch
Ew. Excellenz geneigte Vermittlung noch mehr zu
wohlgefälliger Aufnahme geeignet und empfohlen zu
sehen.

Empfinde ich nun über die Erreichung meines
angelegentlichsten Wunsches die höchste Freude, so
kann doch Ew. Excellenz hohes Bewußtseyn sich nicht
verschweigen, vom ersten Beginnen des bedeutenden
Unternehmens bis zum endlichen Gelingen den förder=
samsten Einfluß mannichfach bethätigt zu haben.
Übersehe ich in Gedanken den Weg, den diese An=
gelegenheit seit ihrem ersten Auftreten genommen,
überall erblicke ich zugleich Ew. Excellenz vorwaltende
Theilnahme durch Rath, Einleitung, Lenkung, Vor=
schub und glücklichen Abschluß.

Unter solchen Umständen würde ich außer Fähig=
keit bleiben, meiner Dankbarkeit einen nur in etwas
gegründeten Ausdruck zu verschaffen, wenn mir nicht
eben hierbey Ew. Excellenz eigenes Gefühl des gern

und freythätig Geleisteten zu Hülfe käme und Sie in der Selbstfreude an dem Vollbrachten den ersten und besten Theil der Genugthuung finden ließe.

Und so darf ich hoffen, in jeder künftigen Erinnerung an dieses Gelingen auch ein abermaliges Zeugniß und einen wiederholten Beweis meiner fortdauernden Dankbarkeit mit aufleben zu sehen, da sie auf eine so unvergängliche Weise mit Ihrem eigensten Interesse vergesellschaftet ist.

Danckbar, verehrend
Ew. Excellenz
gehorsamster Diener
Weimar den 15. März 1826. J.W.v.Goethe.

256.

An den Grafen Christian Günther v. Bernstorff.
[Concept.]

Hochgeborner Graf,
Hochzuverehrender Herr.

So eben ist ein Jahr vergangen daß Ew. Excellenz mir die Versicherung gaben in einem für mich und die Meinigen höchst wichtigen Geschäft geneigt einwirken zu wollen, und Hochdieselben bethätigten dadurch ein persönliches meinen Bemühungen gegönntes Wohlwollen, wovon ich schon längst überzeugt gewesen. Nehmen Sie nunmehr auch den verpflichtetsten Dank nach glücklich beendigtem Geschäft, das verhältniß=

mäßig zu dem Weg den es zu machen hatte noch
bald genug an's Ziel gekommen.

Ich aber habe bewundernd zu verehren die
ausnehmende Vorsorge, welche ein hohes königlich
preußisches Ministerium sowohl auf den vollkommen
erschöpfenden Inhalt als auf das nicht genug zu
schätzende so kostbare als geschmackvolle Äußere ver=
wenden wollen, damit der mir und den Meinigen
zugedachte bedeutende Vortheil durch ein Zeugniß
majestätischer Gnade und Auszeichnung noch erhöht
würde.

Wie schwer, wie unmöglich aber es mir fallen
müsse mich dieserwegen in Worten geeignet auszu=
drücken, darf ich wohl einem allgemeinen Gefühl
anheim geben und mich darauf verlassen daß die
dankbarste Anerkennung unbezweifelt bleibe, welche
mir und den Meinigen durch einen so glänzenden
Abschluß eines schwierigen und bedenklichen Geschäftes
zur Schuldigkeit geworden. In Ermangelung eines
Besseren und Ausführlicheren also möge Gegenwärtiges
einstweilen gelten, bis es sich ausweist ob meiner
Bemühung gelingt die fragliche Ausgabe meiner Werke
mit der hohen mir erwiesenen Gunst einigermaßen
in Übereinstimmung zu bringen.

Und so ermuthige ich mich zu der geziemenden
Bitte, es möge Ew. Excellenz gefallen meinen aller=
unterthänigsten Dank, welchen ich unmittelbar pflicht=
mäßigst abzutragen nicht verfehlte, nach Umständen und

Ermessen zu wiederholen und ihm denjenigen Ausdruck zu verleihen, der höchsten Orts am meisten wohlgefällig seyn könnte.

Weimar den 15. März 1826.

257.
An Friedrich v. Schuckmann.
[Concept.]

Hochwohlgeborner
hochzuverehrender Herr.

Ew. Excellenz mir so theurer Name, eigenhändig unterzeichnet zu Sanctionirung eines für mich und die Meinigen allergnädigst beschlossenen so bedeutenden Documents, war mir im vielfachsten Sinne erfreulich und rührend, und ich verwehre mir nicht auszusprechen daß ich erst vor kurzem, vieljährige Correspondenz durchsuchend, auf frühere Zeugnisse traf wo mir Hochdieselben eine zutrauliche Gewogenheit gönnen wollen.

Die mancherlei Nachtheile des Alters, wohin denn besonders zu rechnen ist, daß wir nach und nach Freunde, Gönner und mannichfache Bezüge auf sittliche, wissenschaftliche, bürgerliche Erfordernisse zu vermissen haben, werden in solchen Momenten uns entrückt, wenn wir vor Augen sehen was uns übrig blieb und wie solche dauernde über das Vergängliche hinausreichende Verhältnisse gleich sibyllinischen

Blättern den höchsten Werth behaupten, daß sie der alles verflüchtigenden Zeit entgegen, sich für uns in vollthätiger Wirksamkeit erhalten mögen.

Und so wage noch schließlich die geziemende Bitte es möge gefällig seyn meinen alleruntertänigsten Dank, welchen unmittelbar schuldigst abzutragen ich nicht verfehlte, noch wie es schicklich gefunden würde zu wiederholen, auch das mir gegönnte Glück auf gesetzliche Weise zur Kenntniß des Publicums und der Behörde gelangen zu lassen.

Weimar den 15. März 1826.

258.
An C. E. F. Weller.

Um ein kleines aber nothwendiges Geschäft mit Ihnen zu besprechen, wünsche, mein bester Herr Doctor, [Sie] morgen Donnerstag den 16. März zu guter Zeit bey mir zu sehen. Es soll von Ihnen abhängen das Mittagsbrod mit uns einzunehmen.

Herrn Major die besten Grüße.

Weimar den 15. März 1826. G.

259.
An C. F. Zelter.

Wie beykommendes Blatt, worauf ich großen Werth lege, den Kunstfreunden und Geistverwandten erscheinen mag will ich ruhig erwarten. Der Beherrscher musicalischer Harmonien wird darin gewiß etwas Jugenartiges finden, wo das Mannichfaltigste sich zu bewegen, sich zu sondern, begegnen und zu antworten weiß. Dieses Blatt ward schon mit dem Stuttgarter Kunstblatt ausgetheilt, es kommt aber dort, weil es zusammengefaltet ist, nicht vollständig zur Erscheinung. Verwahre es wohl und denke darüber.

Tausend Grüße an den trefflichen Langermann; ich habe seine triftigen Worte der höchsten Behörde vorgelegt und erwarte nächstens das Weitere darüber zu hören. Dein Werthes, abgeschlossen den 4. März, mit angenehmen Beylagen, gibt manches zu denken. Nächstens hoff ich Raum zu genügender Erwiderung zu finden; jetzt geht es gar bunt bey und neben mir zu, so daß ich dem Tag nicht hinreiche und er mir nicht. Ein treues Lebewohl!

Weimar den 18. März 1826.   Goethe.

260.
An C. W. Göttling.

Ew. Wohlgeboren
Beyfall, den Sie meinen Scherzen gegönnt, war mir höchst erfreulich; denn ich will gern gestehen daß dergleichen im Stillen viele vorliegen, ich aber Bedenken trage sie an den Tag herauszulassen. Fahren

Sie fort in Ihrer sorgfältig-geistreichen Theilnahme und hören nicht auf denjenigen zu verbinden, der sich dankbar unterzeichnet.

ergebenst

Weimar den 18. März 1826.   J. W. v. Goethe.

261.
An Johann Evangelista Purkinje.
[Concept.]

Ew. Wohlgeboren

freundliche Sendung war mir abermals höchst angenehm. Der sichere Schritt, mit dem Sie auf Ihren Wegen fortgehen; die Klarheit, wie Sie davon Rechenschaft geben, ist ermunternd und belebend. Man wird nicht allein auf eine leichte Weise aller der Erfahrungsschätze theilhaft, die Sie der Natur mit so großer Bemühung und Aufopferung abgewonnen haben, sondern wird auch bey eignen Arbeiten durch ein solches Beyspiel aufmerksam, wie man zu verfahren habe.

Die echte Originalität bethätigt sich darin, daß es nur eines Anstoßes bedarf um sie aufzuregen, worauf sie denn ganz eigen und unabhängig den Weg des Wahren, Tüchtigen und Haltbaren zu verfolgen weis.

Alles, was mir bey einem beharrlichen Wandeln eben in dem Reiche des Sehens, Schauens, Beobachtens,

Erinnerns und Imaginirens vorgekommen und vorgeschwebt, trifft mit Ihrer Darstellung vollkommen überein, indem es durch sie zum Bewußtseyn gesteigert wird.

Hätten doch meine übrigen Paragraphen sich des Glücks zu erfreuen, das Ihnen der 41ste verdankt! Ich habe die Knechtschaft der wissenschaftlichen Geister nie in dem Grade möglich gedacht, als ich sie finde. Das Newton'sche Gespenst übt immerfort seine Herrschaft aus, wie Trufel und Hexen im düstersten Jahrhundert. Um desto mehr freue ich mich Ihres reinen, lichten, lebendigen Ganges und preise die Jugend glücklich, die Ihnen eine gleiche Bildung schuldig wird.

Erfreuen Sie sich der schönen seltenen Gabe eines freyen, ungetrübten, unmittelbaren Anschauens der innern und äußern Natur und erhalten mir ein wohlwollendes Andenken.

Weimar den 18. März 1826.

262.
An den Großherzog Carl August.
[Concept.]

Ew. Königliche Hoheit
erhalten mit verpflichtetem Dank zurück:

1) Die seltsamen Documente einer unterminirten Welt. Sie erregen Staunen und verbieten fast alles Nachdenken.

2) Die Notizen wegen einiger ärztlichen Subjecte. Allerdings wird eine Nachricht von Liegnitz abzuwarten seyn.

3) Das Gestein in dem runden Schächtelchen hat folgende Bedeutung; Höchst Denenselben wird erinnerlich seyn eine Notiz in den Zeitungen, daß die Ruine von Scharfenstein bey Kybriz, über Elfeld deshalb Aufmerksamkeit verdiene, weil sie zum Theil aus versteintem Holz gebaut sey, ja weil sogar noch versteinte Stämme aus dem Boden herausschauten. Durch wohlwollende Freunde empfing ich beykommende Musterstückchen, die aber nur ganz gewöhnlicher Thonschiefer sind. Der gute reisende Maler, von dem sich jene Anzeige herschrieb, mag also kein sonderlicher Geolog gewesen seyn.

4) Ich erinnerte mich daß die Abgüsse von Hedlingers Medaillen bey Miecheln in Basel zu haben waren. Es ist auch sogleich deshalb an Artaria geschrieben worden.

19 März 1826.

263.

An Sulpiz Boisserée.

Am 6. März Nachts ist ein Paquet mit allem Nothwendigen und Erforderlichen von hier abgegangen, welches den 14., als dem Datum Ihres lieben Briefes, schon hätte in Stuttgart seyn sollen, wo es denn nun auch wird angekommen seyn, worüber ich nächstens Nachricht hoffen darf.

Möge ich denn zugleich erfahren, daß die Schwankungen Ihrer Zustände sich wieder gesetzt haben. Diesen Winter ist [es] mir körperlich ganz wohl gegangen; ein leidliches Befinden war aber auch nöthig, um den Todesfall des Kaiser Alexander zu übertragen, der, wie ein Blitz vom heitern Himmel, in unsere glücklichen fürstlichen Familienverhältnisse hereinschlug und so mit auch alle die nächsten Verhältnisse zum Erschüttern brachte.

Von dem letzten Hefte Ihrer Steindrücke konnte ich auch noch nicht mit Freude und Theilnahme sprechen. Jetzt nur soviel: da die vorigen schon so vortrefflich waren, denkt man doch immer, es werde noch besser. Die Predigt gegen den Ketzer ist abermals ein hoher Triumph der Lithographie.

Der Umriß des Charons ist auch sehr gut und charakteristisch gerathen. Treiben und helfen Sie, was Sie können, daß uns das ausgeführte Blatt des Künstlers gewiß und bald zu Theil werde. In der neuern Kunstgeschichte macht es auf jeden Fall Epoche. Man kann bey dieser Gelegenheit doch einmal über ächte Symbolik ein vernünftiges Wort sprechen.

Leben Sie recht wohl, empfehlen mich den lieben Ihrigen und erlauben mir in dem so wichtigen Geschäft Ihre geneigte Theilnahme fort und fort in Anspruch zu nehmen. Herrn v. Cotta viel Gutes und Freundliches!

Sobald ich Nachricht habe, daß meine oben gedachte Sendung angekommen, vermelde ich das Weitere. Mein ganzes Geschäft ist indeß, das abzudruckende Exemplar auf's allerbeste auszustatten.

im unsichern Leben treulich festhaltend
Weimar den 20. März 1826. Goethe.

264.
An Friedrich v. Müller.

Ew. Hochwohlgeboren
nehme mir die Freyheit ein Anliegen unseres werthen Knebels zu empfehlen. Der gute Ungeduldige sieht nicht ein daß man damit Serenissimum nicht behelligen darf; Sie beurtheilen am besten was allenfalls zu thun sey und helfen ein wenig nach.

In Hoffnung Sie morgen Abend in guter Gesell= schaft zu sehen
gehorsamst
Weimar den 22. März 1826. Goethe.

265.
An den Grafen David v. Alopeus.

[Concept.] [25. März 1826.]
Hochgebohrner Graf,
Hochzuverehrender Herr.

In dem Augenblicke, da mir von Berlin durch allerhöchste Gnade ein für mich unschätzbares Document des wichtigsten Inhalts und der würdigsten Form zukommt und mich zu der gefühltesten Dankbarkeit aufruft, erhalte ich durch Ew. Excellenz ungemeine Aufmerksamkeit einen Kunstschatz auf welchen ich so lange begierig war, der in meinen Sammlungen eine höchst bedeutende Lücke auszufüllen geeignet ist.

Da meine nächste Umgebung an bedeutenden Kunstwerken nicht reich genannt werden kann, und meine Jahre mir verbieten, die Anschauung derselben auswärts aufzusuchen; so bleibt mein höchstes Bestreben, jedes Augenäherte, Abgeleitete, auf das Vortrefflichste Hindeutende, davon sich Herschreibende immer vor Augen zu haben um mich daran zu erquicken und zu belehren.

Unter solche Gegenstände gehören nun ganz ohne Zweifel die geschnittenen Steine, die uns den hohen Geist der Vorzeit, in einen engen Raum gebannt, getreu erhalten und zuverlässig, auch verlorene Kunstwerke in den glücklichsten Nachbildungen vor's Auge stellen.

Gar manche solcher Sammlungen besaß ich bisher; nur dasjenige, was in Petersburg aufbewahrt ist, war mir noch nicht beschieden, und so wünsche ich nur, daß der geneigte Geber sich überzeugen möge, wie der bey jedem Beschauen erneuerte Dank sich durch wahrhafte Schätzung des Verliehenen eines solchen Besitzes werth zu stellen trachtet.

Seit geraumer Zeit war mir bekannt, daß die herrliche Kaiserstadt auch in der Art wichtige Schätze

aufbewahrt; nun kann ich an diesen trefflich gelungenen Abgüssen gar wohl erkennen und unterscheiden, was für kostbare Denkmale des Alterthums nach und nach dorthin gelangt sind, indem uns hier die
5 würdigsten Kleinode sonstiger Sammlungen abermals entgegen kommen. Überwiegend ist sodann die Zahl uns bisher unbekannter auf die wichtigsten Gegenstände und eigenste Kunstepochen hindeutender Exemplare.

Verzeihen Ew. Excellenz dieser vielleicht zu weit=
10 läuftigen Ausführung; aber ich könnte gar wohl verleitet werden noch weiter zu gehen, um im Einzelnen anzuzeigen, wie höchst schätzbar mir dieses unerwartete Geschenk begegnen mußte. Habe es also bey dieser allgemeinen Andeutung sein Bewenden, um so mehr,
15 da Ew. Excellenz als Kenner diese herrlichen Perlen aus dem Ocean der Vorzeit selbst zu schätzen verstehen und deshalb meinen Dank für den anerkannten Werth der Gabe in dem Falle sind, sich selbst auszulegen pp.

Weimar den 15. März 1826.

266.
An Gottfried Bernhard Loos.

[25. März 1826.]

20 Aus Ew. Wohlgeboren Offizin sind schon manche schöne Medaillen hervorgegangen, aber ich weiß nicht ob ich mich irre wenn ich die mir gefällig gewidmete für besonders vorzüglich halte. Nehmen Sie dafür

meinen lebhaftesten Dank und entrichten solchen ge=
fällig, mich vielmals empfehlend, denen Herren
Levezow und König, für ihren sorgfältigen Anteil.

Ersteren hätte ich wohl bey seiner Durchreise zu
sprechen gewünscht; dergleichen Gelegenheit sollte man
nicht versäumen. Persönliche Bekanntschaft ist der
Grund zu allen wahren Verhältnissen, und so freue
ich mich noch immer Ihnen und den werthen Ihrigen
an merkwürdiger Stelle begegnet zu seyn. Erhalten
Sie mir sämmtlich ein wohlwollendes Andenken!
  Ew. Wohlgeboren
        ergebenster Diener
Weimar den 23. März 1826.   J. W. v. Goethe.

267.
An J. H. Meyer.

[Concept.]   [27. März 1826.]

Schon seit einigen Tagen, mein Theuerster, hab
ich nichts von Ihnen vernommen und finde mich
deshalb in großer Verlegenheit. Zwar wünschte ich
daß Sie sich drüben wie es Noth thut abwarteten,
und ich habe deshalb wegen Ihres Ausbleibens keine
Sorge; doch verlangt mich näher zu wissen ob es sich
auch wirklich mit Ihnen bessere und ob die Hoffnung
sich vermehre Sie bald wieder hier in Ihrer Bequem=
lichkeit zu sehen. Gewiß sind Sie drüben auch gut
versorgt, grüßen Sie Ihren wackern Hauswirth von

mir auf's beste, lassen mir aber ja durch Schuchardt mit umgehender Post das Nähere wissen. Herzlich grüßend und das Beste hoffend.

268.
An C. G. D. Rees v. Esenbeck.

[Concept.] [27. März 1826.]

Ew. Hochwohlgeboren
konnten längst Gruß und Sendung wieder einmal von mir erwarten, aber ich stecke so tief in Brief=schulden, daß ich mit dem besten Willen nur wenige Procente nach und nach abtragen kann.

Und nun will ich gleich mit einer Frage anfangen: Sie verlangten vor einiger Zeit die Copie einer Tafel aus dem kostbaren Pinuswerke; ich finde nicht gleich die Stelle Ihres Briefes und ersuche Sie deßhalb um erneute Kenntniß. Welche Tafel ist es? und wäre noch jetzt eine Copie brauchbar? Der einzige Künstler, der sie hier leisten kann, ist eben unbe=schäftigt, und die Jahrszeit erlaubt auf der Bibliothek zu arbeiten. In das Haus durft ich den Band nicht abgeben.

Hiezu füge noch eine Bitte um einige Abdrücke der Goethea, welche ich möchte illuminiren lassen; die in meinen Händen noch schwarz befindlichen sind zwar auf schönes Papier das aber trinckt.

An unseres Fürsten Jubelfeste hatt ich mein Haus mit mancherlei Emblemen verziert, diese gaben natürlich vielfachen Sinn und es entsprang manche Frage, Deutung und Streit. Ich machte mir den Spaß einige, durch Stich und Illumination vervielfältigte Bilder zu commentiren; hier ein Paar, es sind überhaupt achte die ich nach und nach übersende.

Haben Sie die Güte mir von Zeit zu Zeit Nachricht von Ihrer Thätigkeit zu geben. Ich darf diesen Sommer auf ruhige Monate hoffen und habe denn doch manches was ich mittheilen sollte.

Ein sehr schöner Brief vom Grafen Sternberg liegt auch noch unerwidert.

In Witterungsbetrachtungen bin ich diese ganze Zeit her nicht säumig gewesen; was ich beobachtet und nach meiner Art gedacht, möcht ich auch wohl überliefern.

Das Anerbieten meiner sämmtlichen Werke wird nun auch bald erscheinen; ich empfehl es Ihrer Aufmerksamkeit.

Unsere Cölner Fastnachtsfreunde kann ich dießmal nicht loben, das Programm war nicht gut erfunden und viel zu abstract, auch verdient der gute Gruithuisen eine solche Behandlung nicht. Was er gesehen und mittheilt ist aller Ehren werth, und man sollte ihm die Freude lassen, es nach seiner Art zu commentiren und zu erklären. Ein jeder darf ja die Bemühungen des fleißigen Mannes auf eigene Weise benutzen.

Seit May vorigen Jahrs wachsen wieder frische Pflanzen des Bryophyllum calycinum vor meinen Augen auf. Nach meiner Art, die sich eine symbolische Monographie liebt, macht mir die Betrachtung derselben viel Vergnügen; ich will suchen, meine Gedancken darüber und dabey ordnungsgemäß aufzuzeichnen. Eine der früheren mehrjährigen Pflanzen ist vor'm Jahr reichlich zur Blüthe gekommen und die älteren Stengel-Blätter brachten zugleich, in der Luft hängend, muntere frische Pflänzchen hervor. „Alles in Einem und aus Einem" glaub ich mit Augen zu sehen. Ich muß endigen sonst möcht ich in's Abstruse gerathen.

Weimar den 24. März 1826.

Doch will ich nicht schließen, ohne auszusprechen, daß mir Purkinje durch sein zweytes Bändchen viel Freude gemacht hat. Die Sicherheit seiner Vorschritte ist bewundernswerth.

269.
An Christian Gottlob Frege und Comp.
[Concept.]

Ew. Wohlgeboren
haben mir seit verschiedenen Jahren für Rechnung der J. G. Cottaischen Buchhandlung zu Stuttgart auf meine Assignationen mehrere Posten ausgezahlt; da ich aber seit einiger Zeit von dem mir gegönnten

Credit keinen Gebrauch gemacht so frage vorerst ge=
ziemend an ob Dieselben gegenwärtig eine Assignation
auf gedachte Handlung von 1500 rh. sächsisch zu hono=
riren geneigt sind.

Wobey ich zugleich bemerke daß ich von gedachter
Handlung in diesen Tagen eine bedeutende Summe,
in Gefolg des über die neue Ausgabe meiner Werke
geschlossenen Contracts zu erwarten habe, wahrschein=
lich durch die Vermittlung von Ew. Wohlgeboren,
da dann obgenannte Summe sogleich abgezogen werden
könnte.

Der ich mir hierüber gefällige Antwort erbittend
mich zu geneigtem Andenken empfehle und die Ehre
habe mich zu unterzeichnen.

Weimar den 28. März 1826.

270.
An Alfred Nicolovius.

[Concept.] [28. März 1826.]

Schon längst, mein Werthester, würde auch ich
Ihnen geschrieben haben, wenn ich nur etwas zu
melden hätte was Sie nicht schon wüßten, das heißt
denn also daß Ihr Andenken hier am Orte noch sehr
lebhaft ist und Ihre Abwesenheit schmerzlicher em=
pfunden würde wenn unsere Schönen, welche des aller=
liebsten Fremdlings bewegliche Flatterhaftigkeit allzu=
bald kennen lernten, sich nicht von ihrer Seite an

zurückgebliebenen und neuantretenden jungen Freunden zu trösten Veranlassung gefunden hätten.

Da Sie indessen in Berlin nicht säumen werden in gleich angenehmen Verhältnissen umherzuwandeln, so möchte denn wohl ohne beiderseitigen merklichen Verlust dieses vorübergehende Geschick sich auflösen.

Verzeihen Sie mir dergleichen amphigourische Redensarten und legen solche zum besten aus. Ferner lassen Sie mich guter Nachrichten nicht ermangeln: wie Ihre Vorbereitung zur Akademie sich anläßt? wann und wohin Sie zu gehen gedenken?

Die Einladung zur Subscription auf meine Werke erhalten Sie nächstens, und ich bin überzeugt daß es Ihr eigener Wunsch und Trieb ist dieses Unternehmen zu begünstigen. Die Fortsetzung des sehr artigen poetisch=historisch=kritisch=bildlichen Katalogs, über das was sich von den frühsten Zeiten her auf meine Arbeiten bezieht, hat mich an manches Vergessene erinnert ja mich von unbekannt Gebliebenem benach= richtigt.

Von der neusten Verwendung der Ihnen wohl= bekannten Festbilder hiebey einige Beyspiele; Freunden und Gönnern gewinnen Sie vielleicht dadurch ein Erinnerungslächeln ab.

Nun aber, da Sie als der bereiteste Commissionär berühmt sind, der nicht allein das Aufgetragene be= sorgt, sondern die Aufträge die man ihm geben könnte voraus erräth, übernehmen Sie das fromme Geschäft beykommendes Blatt Ihrem Herrn Vater ehrerbietigst vorzulegen.

Der Wunsch mehrerer wackerer Männer ist darin deutlich ausgesprochen; er ist auch der Meine, aber das Urtheil über die Möglichkeit der Erfüllung kommt Ihrem Herrn Vater allein zu. Die Schwierigkeiten sind uns nicht unbekannt, die Mittel sie zu heben außer unserm Gesichtskreise; es kommt also hier nur darauf an ob Ihr Herr Vater einige Hoffnung gäbe und den Weg andeuten möchte den man zum Ziel einzuschlagen hätte.

Einer in bedrängten Umständen, von einem Hausvater in den besten Jahren verlassenen Familie zu Hülfe zu kommen ist eine Aufgabe, selbst für vereinte Wohlwollende schwer zu lösen; deshalb ihnen denn nicht zu verargen ist wenn sie sich dort nach Hülfe umsehen woher so manchem geholfen wird. Erhalten Sie Verzeihung wegen der Anfrage, bitten Sie um möglichste Theilnahme und lassen mich hierauf, so wie auf die vorstehenden Puncte bald einige Nachricht wissen.

271.
An Johann Heinrich Daniel Zschokke.
[Concept.] [31. März 1826.]
Ew. Wohlgeboren
haben mir gefällig eine chromatische Arbeit übersendet, woraus ich ersehe, daß Sie, der bisherigen Lehre zugethan, die Frucht meiner Bemühungen der Nachwelt

überweisen. Ich kann es mir sehr wohl gefallen lassen und bin auf ein solches Geschick längst vorbereitet! Denn indem ich die Schritte der Mitlebenden, älteren und jüngeren, seit geraumer Zeit betrachte,
5 bin ich zu ruhiger Ansicht gelangt, die ich etwa folgender Maaßen aussprechen würde:

(inseratur.)

Nehmen Sie diese zutrauliche Äußerung freundlich auf, erhalten Sie mir wohlwollende Gesinnungen
10 und danken dem werthen Herrn Sauerländer für die geneigte Mittheilung Ihrer Werke, die uns diesen Winter, in guter Gesellschaft vorgelesen, gar manchen vergnügten, lehrreichen Abend verschafften.

Mich bestens empfehlend und alles Gute wünschend.

Lesarten.

Der vierzigste Band, Goethes Briefe von August 1825 bis März 1826 enthaltend, ist mit Benutzung der vorhandenen Vorarbeiten von Carl Schüddekopf bearbeitet. Als Redactor ist Bernhard Suphan betheiligt.

Wiederholt aus den vorigen Bänden:

Briefe von und an Goethe befinden sich, wenn nicht das Gegentheil ausdrücklich bemerkt wird, im Goethe- und Schiller-Archiv unter den alphabetisch geordneten Briefen.

Es bedeutet g eigenhändig mit Tinte, g^1 eigenhändig mit Bleistift, g^2 eigenhändig mit Röthel, g^3 eigenhändig mit rother Tinte. In den Handschriften Ausgestrichenes führen die Lesarten in Schwabacher Lettern an, Lateinischgeschriebenes in *Cursivdruck*.

Über Behandlung der Concepte vgl. XXXIX, 273.

*1. Vgl. zu 427 (Bd. 3). Gebrochener Foliobogen von Johns Hand 3,5 Vor angelegentlichſt ist mich aus dem Folgenden zu ergänzen 7 g Dazu ein Concept von derselben Hand, Abg. Br. 1825, 109, woraus zu bemerken: 1,4 Immobilität g aus Imbobilität 5 jedoch g üdZ 6 Gewächſe g üdZ 12 ſtehen g über ſehen munter g über Munter aus 16 Phänomene g aus Phänome 17 ſogenannten g üdZ 2,1 werden g aus werde 3 ihm g^1 aus ihn 4 von g üdZ 10—13 aR mit der Ziffer 3.) 14 3) g^1 später hinzugefügt 16 Sie g aR für ſie 17 und g üdZ 24 Walds 27 klopfte g aus lopfte Dieſe g über Jene 3, 1—8 fehlt

Vgl. Tageb. X, 86, 1. 22. 23. Antwort auf des Grossherzogs Briefe vom 24. und 27. Juli 1825 (Briefwechsel II, 265. 267)

1, 5 vgl. Tageb. X, 86, 14—17   13 Meteorological Essays and Observations by John Frederic Daniell, vgl. 22, 20. 23, 4. 26, 15. 192, 8 und Tageb. X, 84, 21. 85, 5. 9. 86, 1. 2; Auszüge daraus, vom 1. August 1825 datirt: Naturwiss. Schriften XII, 227—231   2, 3. 4 vgl. 18 d. B.   5 vgl. 23, 8   14. 15 Band XII, Abth. 2, vgl. Tageb. X, 80. 10. 11.

2. Vgl. zu 4102 (Bd. 14).   Johns Hand   3, 19 Gedichte g üdZ   23 nun g üdZ   24 zu g üdZ   4, 19 Leupold   27—5, 9 g Gedruckt: Briefwechsel IV, 72.   Dazu ein Concept von Krauses Hand, Abg. Br. 1825, 111, woraus zu bemerken: 3. 9 incl. fehlt   13. 14 Welt strebend abmüdet   15 den Papir g aus Pabir   18 aussehn   23. 24 hervorgetreten und sollen doch nun in — Rahmen friedlich erscheinen   4, 2 besonders   11 jedoch] hingegen   18 unsrer   19 Leupolt   20 mit] durch   22 Königstädtsche   26 durch einige gute   27—5, 9 fehlt mit Ausnahme des Datums

Vgl. Tageb. X, 88, 1. 2   3, 9 Zelters Briefe an Goethe, vgl. 108, 7. 141, 18 und zu XXXIX, 199, 14   18. 19 Band 3 und 4 der Ausgabe letzter Hand   4, 4 vgl. 5, 12. 6, 18. 50, 26. 86, 15. 325, 19. 330, 18 und zu XXXIX, 190, 1   19 vgl. 7, 4. 50, 27. 54, 20. 86, 16   22 vgl. zu XXXIX, 187, 20   23. 24 Der Neubau der Singakademie, vgl. 108, 12. 141, 24 und zu XXXIX, 156, 11   5, 1 vgl. 48, 12. 69, 21, Tageb. X, 87. 1—5. 12—16 und Zelters Antwort vom 25. August 1825 (Briefwechsel IV, 75).

*3. Concept von Johns Hand in dem Fascikel des G.-Sch.-Archivs „Acta Privata. Die neue vollständige Ausgabe meiner Schriften betr. Vol. II. A. Die Verhandlungen mit Hrn: v. Cotta wegen des Merkantilischen betr. Ingleichen andere Buchhändlerische Antraege enthaltend. 1825", Bl. 68   5, 19 zu g über in   21. 22 von Glück zu sagen g aus uns glücklich zu schätzen   22 zu g üdZ   23 reines, trauliches g aR für unschätzbares   6, 2 in nach m(einige)   5 Bezug g über Verhältniß   genaue g aR für vertraulichste   9. 10 Zusammenwirken g über Verhältniß

Vgl. Tageb. X, 88, 3—5.   Antwort auf Cottas Brief vom 30. Juli 1825 (in demselben Fascikel, Bl. 67), worin dieser sich beklagt, dass er auf sein letztes Schreiben vom 24. Mai (vgl. zu Bd. 39 Nr. 180) weder in Paris noch in Stuttgart, wo er an demselben Tage eingetroffen, Antwort erhalten habe. „Leider steht unser verewigter Freund, Schiller, uns nicht mehr zur Seite, der so freundlich und umsichtig das Finanzielle unserer Verhältnisse sonst besorgte. Sein Andenken und alles, was sich damit vereinigt und demselben in einem langen Zeitraum zart und schön anreiht, mag mich vertretten und wird gewiss im Stande seyn jedes Missverständniss zu heben wenn irgend eines derselben bestehen sollte — Wünschten Sie mich zu sprechen, so bin ich nun frei zu jeder Zeit zu Ihnen zu kommen" 5, 12 vgl. zu 4, 4   23 Sulpiz Boisserée, vgl. 9 d. B. Cotta antwortet am 27. August 1825 aus Cöln (in demselben Fascikel, Bl. 89). Über die weiteren Verhandlungen vgl. 9. 29. 48 59. 74. 127. 163. 195. 199. 219. 226. 229. 230. 250. 263 d. B.

4. Handschrift (wohl John, 7, 12 g) nicht zugänglich. Gedruckt: Gegenwart 1878 Nr. 30 S. 198

Vgl. Tageb. X, 88, 5—7   6, 15 = 3 d. B.   16. 17 vgl. Bd. 39 Nr. 242   18 vgl. zu 4, 4   21 vgl. zu 7 und 8 d. B. 23 Von Schmeller, vgl. zu XXXIX, 267. 7   7, 4 vgl. zu 4, 19.

*5. Vgl. zu 3718 (Bd. 13), Nr. 3699. Johns Hand 7, 17 wenn   23 g Dazu ein Concept von derselben Hand. Abg. Br. 1825, 108 b, woraus zu bemerken: 7, 23. 24 fehlt mit Ausnahme des Datums

Zur Sache vgl. Bd. 33 Nr. 118 und 13. 32. 46 d. B.

*6. Concept von Johns Hand, Abg. Br. 1825, 112   8, 5 Unter g¹ aus Ich aber habe unter   aber liegt g¹ üdZ   der g¹ aus den   7 pp g¹ udZ   11 es üdZ   16 die nach sodann 19 baroke g aus paroke

Vgl. Tageb. X, 88, 27. 28: eine Antwort Zelters fehlt. Zur Sache vgl. XXVII, 335, Werke 13 II, 342.

*7. Concept von Johns Hand, Abg. Br. 1825, 113 b   9, 1 Sie — hierdurch aus Der Biblioth(ek)schr(eiber) Färber erhält hierdurch   2 HE. üdZ   3 derselbe über er

Zur Sache vgl. zu 6, 21 und 8 d. B.

*8. Concept von Johns Hand, Abg. Br. 1825, 113   9, 12 der aus an die   Cottaische   18 unterzeichnet g¹ über sign. beides nach 18

Zur Sache vgl. zu 6, 21 und 7 d. B.   10, 6 vgl. zu Bd. 39. Nr. 231. 243.   Dazu ein Concept des Frachtbriefs nebst Declaration von Johns Hand, Abg. Br. 1825, 107 b. 108, mit der Adresse „An die J. G. Cottaische Buchhandlung in Stuttgart. Nebst Inhalt vor Nässe zu bewahren", der Notiz „NB. den 6. Aug. 25 nach Jena an Färber abgegangen" und einer gedruckten Declaration der J. G. Cotta'schen Buchhandlung vom 7. Mai 1825:

Weimar ben [6.] August 1825.

Dieselben empfangen hiebey durch Fuhrmann die hier unten verzeichneten Güter. Der Fuhrmann hat solche wohl conditionirt und in Zeit von Tagen bey Verlust der Fracht zu liefern. Nach richtiger Ablieferung belieben Sie ihm Fracht und Spesen zu bezahlen und mit dem Gute selbst nach Bericht zu verfahren.

Ein Käſtchen emballirt I. G. C. B. Stuttgart enthaltend Zeichnungen in Werth 400 fl. im Gewicht einen halben Centner.

Declaration.

Der Unterzeichnete erklärt hiermit daß das emballirte Käſtchen ſignirt I. G. C. B. Stuttgart enthaltend Zeichnungen im Werth 400 fl. kein Kaufmannsgut ist, sondern mir blos zur Ansicht zugesandt worden wie beyliegende Declaration vom 7. May 1825 von Stuttgart gleichfalls besagt. Diese hiemit zurückgehende Sendung daher frey einpaſſiren zu laſſen wird das wohllöbliche Königliche Zollamt hiedurch höflichſt erſucht. Weimar [6.] Auguſt 1825.

Ein Schreiben der Oberaufsicht vom 12. August 1825 (Schreiberhand) an den Conducteur H. L. F. Schrön in Jena, die Beschäftigung des nach Jena zurückgekehrten Mechanicus Sieglitz bei der Sternwarte daselbst betr., in „Acta observatorii Nr. I. Acten der Grossherzoglichen Sternwarte zu Jena, das Personal der Sternwarte und das Geschäft im Allgemeinen betr. Vol. I. 1812—47", Bl. 44.

9. Vgl. zu 6161 (Bd. 22). Augusts Hand 10,14 beikommenden 16 aus auf Rasur aus alle ben 11,2 ben 24 höchsten 16 Vorbalét 19.20 g Neben dem Datum von Boisserées Hand: (soll heißen 13t. Aug.) 12,15 wunschenswerth 14,5—23 g 6 Unter der 19 des Datums von Boisserées Hand: 13,23 Neben dem Datum von Boisserées Hand: (soll

heißen 13 t) und mit dem Vermerk Boisserées: „empf. 19 t in
Wiesbaden Antw. am 23 u 26 28." Gedruckt: S. Boisserée
II, 388. Dazu ein Concept von Augusts (10, 9—14, 6) und
Johns (14, 7—21) Hand in dem zu 3 d. B. genannten Fascikel
des G.-Sch.-Archivs. Bl. 72—77, woraus zu bemerken: 10, 23
auf *g* über auch meine einzelnen Productionen 11, 1 die]
der 2 den bewegtem *g* aus bewegten 3 der allgemeinen
Cultur so nach ist 7 nur noch thun 15 sprechen 19. 20
fehlt 22 Jahr 12, 7 mercantile 17 öffentliche und un=
bewundene 18 diese] die 25. 26 annähernde 26 Propositionen
g aus Proposition 27 Um nun aber 28 sächsisch fehlt, so
immer 13, 8 wenigstens später aR hinzugefügt 15 betrifft
18 unangenehmen *g* aus unangenehmes 22 ohne weiteres einträte
22. 23 solchen Schwankungen 24. 25 versichern 14, 5. 6 fehlt
7 Beykommendes] Vorstehendes Sohn diktirte 8 wenig 8—10
daß — Augenblicke — sey g^1 aR 10 vor nach mir 11 be=
deutendes] zierliches 15 in welchem g^1 über wodurch sich 16 sich
g^1 üdZ 16. 17 Anlaß nahm g^1 über Vorsatz faßte 17 und
Einigung fehlt 17. 18 gegenwärtiger g^1 über der 19 eine g^1
über die 20 eigenen 21 wohlgemeint nach zu 22. 23 fehlt;
dafür aR von Augusts Hand: den 5ten Aug. 25

Zur Sache vgl. zu 3 d. B. Boisserées Antworten vom
23. und 26. August 1825 aus Wiesbaden: S. Boisserée II,
391. 393, vgl. 29 d. B. 10, 14 vgl. die Beilage 11, 23 vgl.
zu XXXVIII, 16. 6 12, 10 vgl. zu XXXVIII, 19, 3. 4 13 vgl.
zu Bd. 39 Nr. 1 28 Von den Brüdern Brockhaus am 15. Mai
1825, vgl. zu Bd. 39 Nr. 174 5. 220 1 13, 3 vgl. zu Bd. 39
Nr. 180 8. 9 vgl. den Brief des Buchhändlers Wilhelm
Hoffmann in Weimar an August v. Goethe vom 9. Juni 1825
(in dem zu 3 d. B. genannten Fascikel des G.-Sch.-Archivs,
Bl. 35), worin dieser bei Selbstverlag und 30000 Auflage
einen Gewinn von 280000 Thalern herausrechnet 14, 11
vgl. G.-Jb. XVII, 3—13 14 vgl. 33, 4. 174, 16. 175, 15 und
187, 8 d. B.

10. Handschrift unbekannt. Gedruckt: Thüringer
Hausfreund 1874, Nr. 5, S. 80.

*****11.** Concept von Johns Hand, Abg. Br. 1825, 114 15, 13
der nach dem dritten [üdZ] Schlußgesang

15, 14 Der „Schlussgesang" in den Liedern „Zur Logenfeier des dritten Septembers 1825" (Werke 111. 69), componirt von Hummel, vgl. 34, 7. 58, 15. 62, 16. 69, 6 und zu Bd. 39 Nr. 240.

*12. Handschrift von John im Besitz des Herrn Hermann Geipel in Weimar, deponirt im G.-Sch.-Archiv 16, 14 *g* Dazu ein Concept von derselben Hand, Abg. Br. 1825, 114ᵇ, woraus zu bemerken: 16, 7 gefälliger Bemühungen *g* aus der gefälligen Bemühung   11 es *g* üdZ   sehn persönlich *g* üdZ 14. 15 fehlt mit Ausnahme des Datums

Vgl. Tageb. X, 91, 11. 12. Antwort auf des Adressaten Brief vom 13. August (Eing. Br. 1825, 187), worin dieser über seinen Aufenthalt in Paris und die Besorgung Goethischer Aufträge (Horarbewegungen der Atmosphäre und Barometerstand in Paris im Februar 1825 betreffend) berichtet; vgl. Tageb. X, 94, 3—6. 125, 13. 14   16, 10 vgl. Tageb. X, 91, 1.

*13. Concept von Johns (16, 16—17, 17. 18, 18—20, 10) und Augusts (17, 18—18, 16) Hand, Abg. Br. 1825, 115   16, 17 Beykommendes nach mir   mit *g* üdZ   17, 9 jenaischen *g* üdZ 9. 10 den Bibliothekar aR für nochmals empfehlen für   10 und *g*¹ über die goldene für   11. 12 nochmals — empfehlen *g*¹ aR für die silberne Medaille erbitten   12 welche nach für   13 also *g* üdZ   14 ununterbrochen aus ununterbrochene   19 Vielleicht *g*¹ aus vielleicht   18, 17 *g*   23 Dännemark   20, 6 einen Dazu frühere Concepte unter den Manuscripten zu den „Annalen", Einzelbl. 1801 (257 ff.), Einzelbl. 1802 (Schema zu 298 ff.), Einzelbl. 1805, Abs. 538 ff.

Vgl. Tageb. X, 92, 21—23. 93, 25—27   16, 20 Am 3. September 1825, vgl. 18, 11. 25, 4. 34, 7. 16. 36, 17. 37, 6. 13. 40, 16. 42, 10. 43, 9. 50, 7. 52, 6. 53, 16. 56, 7. 58, 5. 59, 6. 62, 13. 69, 13. 26. 71, 3. 83, 1. 85, 4. 199, 19. 270, 16   17, 2 vgl. zu 5 d. B. 10 vgl. 38, 8—15   21. 22 Vulpius, vgl. zu XXXVIII, 170, 7 19, 21 vgl. Bd. 33 Nr. 118.

14. Vgl. zu 268 (Bd. 2). Johns Hand   20, 19 zuletzt *g* üdZ Gedruckt: Briefwechsel II. 366. Dazu ein Concept von derselben Hand, Abg. Br. 1825, 119, woraus zu bemerken: 20, 18 verkäuflich   19 reichen *g*¹ aus Reichen   21 ihn *g*¹ aus ihm   21, 3 irre *g*¹ aus irr   17 er nach so kann   22, 5. 6 fehlt mit Ausnahme des Datums   6 den 19. fehlt

Nach Tageb. X, 92. 24. 25 concipirt am 17. August 1825. Antwort auf Knebels Brief vom 15. August 1825 Briefwechsel II, 364¹, worin dieser einen jungen Mann, den ältesten Sohn des Pfarrers Fritsch in Löbstädt empfiehlt, der, zu einer Pfarrstelle auf dem Lande berufen, sich in Dresden als Maler auszubilden wünschte   21,13 Ein von Knebel übersandtes Bild seines Clienten, „das er in kurzer Zeit seiner Rückkunft, blos nach einem Kupferstich verfertigt hat".

*15. Concept von Johns Hand. Abg. Br. 1825, 121   22,16 verschiedener g^1 über einiger   17.18 einiges — Geschäfte g^1 aus einiges mit sich führendes Interesse und Vorkommenheiten   22 in Höchst Ihro Namen nach auch aR   23,2 Zeit g^1 alt sich g^1 aR   3 dem Willen g^1 über sich   4—11 folgt mit Verweisungszeichen auf Bl. 122   4 Daniell g^1 aR für es   6 ihm g^1 aR   12 Nachdem g^1 üdZ   mir nach hat   13 habe ich g^1 aus und ich habe   17 eine g^1 üdZ   19 ein nach denn weiteres g^1 aus Weiteres   20 befestigen kann nach erhalten kann   Auf Bl. 123 folgt g^1 und verkehrt geschrieben: Nicht unwürdig, heiter und leicht wie ein anmuthiges Nachspiel schließt sich an diese freye Bemühung ein kleines auf schwarzem Papier ausgeschnittnes Bildchen, von einer mit Geschmack und Kunstfertigkeit begabten Dame [Adele Schopenhauer?]

Vgl. Tageb. X, 93, 11. 12   22, 13 vgl. 25, 10 und zu XXXIX, 248. 9. 10   20 vgl. zu 1, 13   23. 8 vgl. zu 2. 5   13 „Der neue von München eingetroffene Mechanicus" vgl. Tageb. X. 89. 7—9. 90. 4 und zu 8,9 d. B.

16. Vgl. zu Bd. 39 Nr. 106 (Bl. 53). Johns Hand 24,14 Herrn   26,3—5 g Gedruckt: Grenzboten 1874 III, 267. Dazu ein Concept von derselben Hand in dem Fascikel des G.-Sch.-Archivs „Acta Privata Die neue vollständige Ausgabe meiner Schriften betr. Vol. I. A. Die Verhandlungen an dem Bundestag betr. ... 1825", Bl. 62, woraus zu bemerken: 24. 8 waren nach weg   9 nunmehr   13. 14 zugleich g^1 aus sogleich   14 Copien g^1 über Munda   23 so g^1 aR   nächstens (aR) persönlich   25, 4 so höchst erwünschte   6 vorzüglich g^1 über höchlich   7 heitere g^1 über angenehme   9 welcher Aufenthalt g^1 aR für noch   10. 11 gegen — noch g^1 üdZ   12 ich üdZ   15 dem g^1 aus den   16 müsse aus müssen   dem g^1 aus den   17 zwar g^1 üdZ   18 doch g^1 üdZ   19 öfflichen   Gefühls g

über Empfindungs- Freudenbezeugungen 20 nehmen nach zu 23 vermelben *g* aus melben 24 auch *g* üdZ 26. 27 Beruhigung nach großen 27 derer *g*¹ üdZ 28 Möge sie *g* aus Mögen Sie auch von üdZ als über auch 26, 3—5 fehlt mit Ausnahme des Datums

Vgl. Tageb. X, 93, 12—14. Antwort auf des Adressaten Brief vom 4. 5. August 1825 (in demselben Fascikel, Bl. 57), worin er die Verwechslung der in Bd. 39 Nr. 241 angekündigten Schreiben (an den Grossherzog von Mecklenburg-Schwerin, die Herzöge von Braunschweig, Meiningen und Coburg) mit vier andern (an den Grossherzog von Baden, Kurfürsten von Hessen, Grossherzog von Hessen und Herzog von Nassau) meldet 24, 16 Der vom 11. Juli 1825 datirte und mit einem vom 1. August datirten Begleitschreiben des Ministers Hans Ernst v. Globig (vgl. zu 22 d. B.) am 8. August 1825 eingetroffene Interimsschein des kgl. sächsischen Kirchen-Raths und Ober-Consistoriums in demselben Fascikel, Bl. 59. 60   25, 4 vgl. zu 16, 20   10 vgl. zu 22, 13   14 vgl. 120, 22. 126, 1. 139, 13. 176, 11. 199, 19. 270, 21   24 Die Jubiläumsmedaille zum 3. September 1825, vgl. 37, 10. 41, 5. 43, 20. 50, 7. 83, 11. 85, 9. 104, 4. 105, 5. 114, 14. 134, 3, 21. 23. 27. 28. 30 d. B. und zu XXXIX, 118, 14.

*17. Concept von Johns Hand, Abg. Br. 1825, 107   26, 11 verpflichtesten

Das fehlende Datum nach Tageb. X, 95, 4. 5. Antwort auf des Adressaten Brief aus Gotha vom 31. Juli (Eing. Br. 1825, 172), mit dem er sein Werk über die Canarischen Inseln übersendet, vgl. Tageb. X, 85, 25. 26. 86, 6; für den dazu gehörigen Atlas dankt Goethe in Bd. 41 Nr. 8.

*18. Concept von Johns Hand, Abg. Br. 1825, 127   26, 16 dazu gehörigen *g*¹ aR   17. 18 zu — Bibliothek, *g*¹ aR für zu weiterer Beförderung zu (*g*¹ über in) den Museum (*g*¹ über Musäeen, dieses *g*¹ aus Museen) und Bibliotheken   19 eine *g*¹ aus seine   27, 1 ich *g*¹ üdZ   unangenehm nach mir empfand *g*¹ über war   2 eines *g*¹ über Ihres   3 ward *g*¹ aus war   9 mich *g*¹ aus mir   10. 11 Phänomenen nach besondern   12 so nach und   16 dem *g*¹ aus den   18 von nach aus   auszurichten *g*¹ aus ausrichten   19 solches *g*¹ aus solchen   zu thun *g*¹ über auszurichten

Datum, wie bei Nr. 19 und 20 d. B., vermutungsweise nach Tageb. X, 95, 13 („Concepte und Munda von Briefen") 26, 15. 16 vgl. zu 1, 13   27, 16 vgl. zu XXVII, 20, 4.

*19. Concept von Johns Hand, Abg. Br. 1825, 125 28, 6 ſuchte g^1 ſpäter hinzugefügt   7 auch nach Sie   11 Frau — Goethe aR   ſie] Sie   15 Wir hatten g^1 aus Sie hatte   19 ſchönſtens g^1 aR   20 höchſte   gar g^1 aR für höchſt   24 Wäre g^1 aus wär   25 Juni g^1 aus Junn)

Datum nach Tageb. X, 95, 13. Antwort auf des Adreſſaten Brief aus Dublin vom 15. Juli (Eing. Br. 1825, 182), worin dieser einen Dubliner Freund, the Honorable Henry Joy, Sollicitor General of Ireland, der mit seinen Verwandten Deutschland besuchte, empfiehlt; vgl. Tageb. X, 91, 19. 20 („Besuch von dem Irländer Joy, welcher schöne Mineralien von Giesecke brachte"). 91, 22. 28. 92, 1. 15. 16   28, 18 Metzler v. Giesecke schreibt: „Ich übersende bey dieser Gelegenheit für Dero Sammlung eine Topasstufe und Feldspath Kristall, welche mit den Beryllen in der Grafschaft Down sich finden, bey, so wie auch die seltnen goldgelben und blauen Fasorquarze von dem Gregun Berge in Südafrika"   22 vgl. 107, 5. 119, 2. 133, 2. 191, 15. 16. 200, 4. 272, 11. 12   27 vgl. 20 d. B.

*20. Concept von Johns Hand, Abg. Br. 1825, 129 29, 5. 6 Klammer g^1 5 mir g^1 üdZ   5. 6 ſollte [üdZ] — laſſen) g^1 aR für hätte unterlaſſen ſollen   10 ſie g^1 über dieſelben 16 in Verabredung g^1 aR

Datum nach Tageb. X, 95, 13. Über den Adreſſaten vgl. zu 7908   29, 5 vgl. Bd. 36 Nr. 44   9 = 18. 19 d. B. 12 vgl. Bd. 36 Nr. 44, Bd. 37 Nr. 39.

*21. Handschrift von John in dem Fascikel des G.-Sch.-Archivs „Acta die zu Serenissimi Jubelfeyer auszuprägende Medaille betr. 1824", Bl. 131, erst nachträglich aufgefunden; darnach ist im Text einzusetzen: 30, 5 Medaillen   9 Kein Alinea. Ferner ist zu bemerken: 30, 11 wohl gleichfalls, vermuthlich Schreibfehler, Dittographie aus der vorhergehenden Zeile   12 Schönen   17 Hier folgt g: gehorſamſt J. W. v. Goethe.   19—24 Die Nachſchrift auf Bl. 129 lautet (7. 8 g):

Wegen des beykommenden Wunsches v. Herrn Soret in dem Meyerschen Billet ausgesprochen lege noch ein Blatt bey, wie solches nach Genf gelangen könnte, in welchem wegen der Bestellung das Nöthige besagt ist.

Da der Contrakt von mir schon unterschrieben worden so 5 können Sie solchen mit HE. Hofrath Meyer gleichfalls unterzeichnen
wie oben u immer

G.

Hofrath Meyer wird sich deßhalb melden.

Das Concept von derselben Hand, Abg. Br. 1825, 130, hat: 30, 6 ausdrücke g^1 üdZ   11 ihn g^1 über denselben   13 doch g^1 üdZ   15 zeitig g^1 aus Zeitig

Vgl. Tageb. X, 96, s. 9   30, 3 vgl. Tageb. X. 95, 24—28 5 = 23 d. B.   10 vgl. 32, 21 und zu 35, 2. 3.

*22. Concept, eigenhändig, in dem zu 16 d. B. genannten Fascikel des G.-Sch.-Archivs, Bl. 69   31, 7 Meinigen g aus meinigen   15 im nach nicht ermangeln werde   15. 16 nicht ermangle davon g^1 aR   16 auch nach nicht weniger   18 hochpreislichen g^1 aR   Adresse g: Des Herren Präsidenten v. Globig Exzell. nach Dresden

Vgl. Tageb. X, 96, 15—17. 98, 3. 4. Antwort auf des Adressaten, kgl. sächsischen Conferenzministers, Präsidenten des Kirchenraths und Directors der Gesetzcommission (1755—1826, vgl. ADB. IX, 237), Brief vom 1. August 1825 (in demselben Fascikel, Bl. 59), womit dieser den zu 24, 16 erwähnten Interimsschein übersendet.

23. Vgl. zu Bd. 38, Nr. 194.   Johns Hand   33, 17 g Gedruckt: K. Eggers, Rauch und Goethe, Berlin 1889, S. 127. Dazu ein Concept von Johns Hand in dem zu 21 d. B. genannten Fascikel des G.-Sch.-Archivs, Bl. 116, woraus zu bemerken: 32, 9 nebeneinander g üdZ   12 können g über dürfen   13 den nach wohl   25 die Unternehmer g^1 über wir 33, 10 wie sonst g üdZ   11 finden g über sehen   17. 18 fehlt mit Ausnahme des Datums

Die „Medaillenprobe" (zwei Bleiabdrücke der Jubiläumsmedaille, vgl. zu 25, 24) kam am 11. August (Tageb. X, 90, 17), die Medaillen selbst am 25. August (Tageb. X, 95, 24. 25) in Weimar an   32, 16 Christian Friedrich Tieck übersandte mit einem undatirten Briefe (G.-Jb. VII, 204) die Statuten des in Gründung begriffenen „Vereins der Kunstfreunde im preussischen Staate", vgl. Eggers, C. D. Rauch II, 15 21 vgl. zu 30, 10   33, 4 vgl. zu 14, 14   11 Über Rauchs Aufenthalt in Weimar mit seiner Tochter Agnes im Juni 1824 vgl. zu XXXVIII, 169, 24.

*24. Concept von Johns Hand in dem Fascikel des G.-Sch.-Archivs „Die Herausgabe der Schiller'schen Correspondenz betr. 1824—29", Bl. 18

Vgl. Tageb. X, 96, 18. 19. Antwort auf der Adressatin Brief aus Bösleben vom 8. August 1825 (in demselben Fascikel, Bl. 16), womit sie Charlotte v. Schillers Brief an Goethe aus Cöln vom 27. Juli 1825 übersendet, in welchem es über die Herausgabe des Goethe-Schiller-Briefwechsels heisst: „Was die künftige Verfügung des Manuscripts betrifft, so ist es mir sehr erfreulich von meiner Schwester erfahren zu haben, dass Sie schon selbst auf die Deponirung desselben bedacht sind. Den Ort der Deponirung überlasse ich Ihrer Wahl bin aber damit einverstanden, wenn Sie Gründe haben das Manuscript in Weimar nicht deponiren zu wollen, und ohne Ihrer Verfügung vorgreifen zu wollen scheint mir Frankfurth, oder jede andre Behörde zur Deponirung geeignet, welche dem unmittelbaren Einflusse derjenigen Personen nicht so sehr unterworfen ist die etwa durch die Besorgniss verletzt zu werden ein Interesse an der Verhinderung der Herausgabe haben könnten".

*25. Concept von Johns Hand, Abg. Br. 1825, 128ᵇ 34, 10 machen nach ʒ(u)   Frühere Concepte auf einem Einzelblatt zu den „Annalen" von 1801 (257 ff.) und nochmals 1802 (Schema zu 298 ff.).

Antwort auf des Adressaten Brief vom 26. August (Eing. Br. 1825, 197), worin er noch eine Revision der Gedichte zur Logenfeier des 3. September (vgl. zu 15, 14) übersendet mit der Anfrage, ob einige Dutzend Exemplare auf Velin in Quart zu drucken seien.

*26. Concept von Johns Hand, Abg. Br. 1825, 126ᵇ 34, 15 Stell

Vgl. Tageb. X, 85, 22. 23. 86, 16. 17. 98, 16—18.

*27. Vgl. zu 6243 (Bd. 22), Bl. 72. Johns Hand 35, 14 g Dazu ein Concept von derselben Hand, Abg. Br. 1825, 131, woraus zu bemerken: 35, 2 Des nach An 14—17 fehlt mit Ausnahme des Datums

Vgl. Tageb. X, 97, 9—11. Antwort auf des Adressaten Brief vom 29. August (Eing. Br. 1825, 198), worin dieser um die Medaillenacten („damit ich die erforderl. Berechnungen zusammenstellen könne u. die neuerlichst zurückgekommenen Circularien einheften lasse") und um das antwortende Schreiben an Rauch (vgl. zu 30, 10) bittet 35, 2.3 Das Concept von diesem Briefe des Kanzlers Friedrich v. Müller an Christian Daniel Rauch, welches Goethe aufgesetzt hat, befindet sich von Johns Hand in dem zu 21 d. B. genannten Fascikel des G.-Sch.-Archivs, Bl. 134, und lautet:

Weimar den 29 Aug. 1825.

Wohlgebohrner,

Hochzuehrender Herr Professor!

Den nicht genug zu beeilenden dankbaren Beyfall über unsre so schön gelungene Denkmünze hat Herr St. M. v. Goethe vor- 5 läufig ausgedruckt und ich wiederhole denselben in meinem und im Namen des sämmtlichen Vereins. In einer solchen Angelegenheit der allgemeinen Billigung schon zum voraus gewiß zu seyn, ist von dem größten Werthe.

Beykommende — nun gefälligst zu quittirende Berechnung — 10 bezieht sich auf die hieher gesendete und zwar dergestalt daß die schon überschickte Baarschaft in Abrechnung gebracht ist, die Vollzahlung aber, welche ich durch anliegenden Wechsel ad 566 rh. 4 Groschen Preuß. Courant bewirke, noch jenen Ansatz etwas übersteigt, indem wir noch um 66 rh. 16 Groschen das Honorar 15 des wackern Künstlers billigermassen erhöhen.

1—3 Vom Kanzler v. Müller (*M*) nachträglich hinzugefügt 4. 5 über — Denkmünze *M* üdZ 8 allgemeinen *g* aus Allgemeinen 10 nun — quittirende *M* üdZ 11 hieher nach in Copie wieder beyliegende Dazu *g*¹ aR: Wird abgeändert nach dem was indessen geschehen 13. 14 welche — bewirke *M* aR 14 etwas nach um 15 um 66 rh. 16 gr. *M* aR das nach bronzene Exemplare aufs neue bestellen und um deren baldige Übersendung bitten zugleich aber auch Dazu *g*¹ aR gleichfalls (vgl. zu Zeile 11)

Letzteres thun wir um so lieber als wir dem wackern Mann einen Wunsch, den Ew. Wohlgeboren bevorwortet, mit dem besten Willen nicht erfüllen können, da wir ihn denn ersuchen müssen sich in unsere Lage zu versetzen.

⁵ Das Comite hängt nicht von sich selbst ab, wir haben den zahlreichen Subscribenten Rechenschaft abzulegen, darunter mehrere sehr ansehnliche Beyträge gegeben, worunter aber auch sich mancher Grillen= und Hitzkopf findet: man hat Garantie zu leisten daß die Medaille keine verkäufliche Waare werde, woraus ein unüber=
¹⁰ sehliches Mißvergnügen entstehen dürfte. Wir eröffnen jedoch um theilnehmende Liebhaber zu befriedigen eine zweyte Subscription, wozu das Blatt beyliegt: der Betrag wird hierher an unsern Rechnungsführer den Bibliotheks Secretair Kräuter gezahlt und durch diesen werden die Exemplare in tuchgefütterten Büchschen
¹⁵ bald möglichst versendet.

Sehr ungern bemerken wir hierbey den schon eingetretenen Fall, daß ein, an den Hofbildhauer Kaufmann bey seiner Abreise von Berlin abgegebenes Exemplar, durch unvorsichtige Mittheilung, den größten Verdruß würde veranlaßt haben, hätte nicht ein
²⁰ glücklicher Zufall den Eklat, der aus voreiligem Vorzeigen ent= springen wollte, im Augenblicke noch verhindert.

Wenn wir uns also auf die Natur des Contracts beziehen, daß bey bezahlten Stempeln kein Exemplar als für den Bestellenden ausgeprägt werden kann, so möge Herr Brandt uns verzeihen,
²⁵ wenn wir, um unserer aller willen uns daran festhalten; denn wie traurig wäre es wenn ein so hoch gelungenes Werk noch zuletzt durch eine unsichere Behandlung zu Ärgerniß, Verant= wortung und Mißhelligkeit führen sollte.

Demnächst will ich Ew. p. ersuchen, noch zwölf Exemplare
³⁰ in Silber und Einhundert in Bronze baldigst abprägen zu lassen

---

1 Dazu g^1 aR Ingleichen der Übergang abzuändern (vgl. zu Zeile 356, 11)   5 wir haben g über sie ist   6 abzulegen g über zu geben schuldig   14 in tuchgefütterten g aus mit Tuch ausgefütterten   17 ein aus eine   19 würde — haben g^1 aus hätte veranlaßen können   20. 21 voreiligem — wollte g^1 aus voreiligen vorweisen hätte entspringen müssen   20 Vorzeigen M aus vor= weisen   29—358, 12 M aR   29 will über soll   Zwölf über Sechs   30 Einhundert aus Einhundert u. funfzig   zu lassen üdZ

und hierher übermachen zu wollen, deren Geldbetrag sogleich berichtigt werden wird.

Schlüßlich kann ich Ew. Wohlgeboren nicht genug aussprechen wie dankverbunden ich mich auch persönlich Ihnen finde und wie groß meine Freude, über das herrliche Gelingen unseres durch Sie so begünstigten Unternehmens ist. Mit der innigsten Hochachtung immerdar

Ew. Wohlgeboren p

v. Müller.

Die für Sie, Herrn Prof. Tiek und Herrn Brandt bestimmten Exemplare belieben Sie davon zu nehmen, auch eins an Herrn R.[egierungs] R.[ath] Schmidt abzugeben.

35, 3 Das Concept der neuen Subscription (vgl. 357, 11), welches gleichfalls Goethe aufgesetzt hat, befindet sich, ebenfalls von Johns Hand, in demselben Fascikel, Bl. 136, und lautet:

Ankündigung.

Da sich nach geschlossener erster Subscription, zu der in Berlin veranstalteten, treflich gerathenen Jubiläums Medaille für S. K. H. den Großherzog mehrere Liebhaber gemeldet, welche dergleichen Exemplare zu besitzen wünschten; so hat man eine abermalige Unterzeichnung eröffnen wollen und zwar nunmehr dergestalt: daß, für die Unterzeichnung und Bezahlung mit drey Thalern Sächsisch, ein bronzenes Exemplar abgereicht werde. Es sollen die Subscribenten dieser zweyten Reihe, sobald die erste versorgt ist, ungesäumt befriedigt werden. Die Expedition besorgt Bibliotheks-Secretair Kräuter dahier.

Weimar d. 28 Aug. 1825.

---

5 durch nach von Ihnen 15 treflich *M* über sehr wohl 15. 16 für (auf) — Großherzog *M* üdZ 17 Nach wünschten *M* aR: die, der Würde des Gegenstandes gemäß, käuflich nicht seyn können, dann wieder gestrichen Nach abermalige *M* üdZ: nachträgliche, dann wieder gestrichen 19 und Bezahlung *g* üdZ 20 bronzenes Exemplar *g* aR für eine bronzene, für die Unterzeichnung von zehen Thalern *S.* eine silberne Es nach und über ferner 22. 23 Die — Kräuter *g* aR 23 dahier *M* aR

*28. Vgl. zu 6243 (Bd. 22), Bl. 71. Johns Hand 36, 9 *y*
Dazu ein Concept von derselben Hand, Abg. Br. 1825, 131ᵇ,
woraus zu bemerken: 36, 1 Brandt aR für Rauch 9. 10 fehlt
    Vgl. Tageb. X, 97, 18—20 („Hofrath Meyer sendete einen
neuen Brief aus Berlin. Communication desshalb mit Herrn
Canzler von Müller"); der Brief von Rauch an Meyer, datirt
Berlin, 27. August 1825, in dem zu 21 d. B. genannten Fascikel des G.-Sch.-Archivs, Bl. 138.
    *29. Vgl. zu 6330 (Bd. 23). Eigenhändig 36, 20 Unter-
schrift abgeschnitten
    Antwort auf Cottas Brief aus Cöln vom 27. August 1825
(in dem zu 3 d. B. genannten Fascikel des G.-Sch.-Archivs,
Bl. 89), worin es heisst: „Indem ich in meinem frühern vor
meiner Pariser Reise geschriebenen Brief [vgl. zu Bd. 39
Nr. 180] für das Honorar Ihrer sämtlichen Werke gesichert
gegen jeden Nachdruck 10,000 rh. mehr als jeder andere
anbot, wollte ich zeigen, dass ich unser Verhältniss nicht
blos auf die Contracte gegründet, sondern Ihnen zeigen
möchte, dass ich dasselbige über alles hochschätze — Durch
die Anerbietungen andrer bis zu 50,000 rh. ist dieses Mehr
Anerbieten zur Summe von 60,000 rh. gestiegen, die Ihr
Sohn bis zu 100,000 rh. erhöht wünschte. Diess, und vielleicht mehr ist möglich je nachdem sich die Theilname des
Publikums erweiset — Mein Vorschlag ist daher: Die
60,000 rh. als Grund Honorar festzusetzen, für jede weitre
über zwanzig tausend [sich] meldende Subscribenten von
zehentausend noch 20,000 rh. zu entrichten, so dass also
60,000 rh. ohne weitres festgesetzt, wenn 30,000 Subscribenten
sich meldeten dann 80,000, wenn 40,000—100,000, wenn 50,000
Subscrib. p. 120,000 rh. und so weiter von mir als Honorar
bezahlt würden — Auf diese Weise vermehrte sich das
Honorar nach der Theilname des Publikums, ohne es jedoch
von dieser allein es abhangen lassen und da wir die Sub-
scriptions Zeit auf Ein Jahr festsezen könten so würde sich
auch bald eine bestimte Ansicht ergeben — Der Preiss
müsste dabei sehr wohlfeil, ungefähr 14—16 rh. für 40 Bände
festgesezt werden, um möglichst viele Subscribenten zu erhalten". Zur Sache vgl. zu 3. 9 und 48 d. B.

*30. Concept von Krauses Hand im G.-Sch.-Archiv un-
datirt, auf demselben Foliobogen wie das folgende Concept
37, 2 geruhen g^1 aus beruhen   gnädigst g^1 üdZ   3 demselben
4 und nach wurden   ausgebrachte   5 Möge g^1 über wie

Da Goethe am Morgen des 3. September 1825 schon
„früh 6 Uhr zu Serenissimo in's römische Haus" (Tageb. X,
98, 24) als erster Gratulant ging, ist es fraglich, ob dieses
Schreiben, welches die Jubiläumsmedaille zu begleiten bestimmt war, abging. — Sicher ist dies unterblieben (vgl.
12—18 mit 59, 5—15) bei folgendem äusserst fehlerhaft ge-
schriebenem Concept an den Grossherzog Carl August
von Krauses Hand, dictirt am 3. September 1825, auf demselben Foliobogen wie 30 d. B.:

Ew. Königlichen Hoheit
schuldigst vermeldend daß die Ausstellung der freyen Zeichenschule
bereit steht von Höchst Demselben angeschaut zu werden, auch die
Sammlung der Zeichnungen und Kupferstiche mehr in Ordnung
gebracht worden, so lege beygehendes im Namen aller Getreuen 5
verfaßte Gedicht vor, mit gnädigem Blick wie jene Kunstversuche
und gelegentlich anzusehn.

Wie denn der hier anwesende treulich Glück wünschende
Grüner [sich] mit der Hoffnung schmeichelt daß das Egerische
Sorbenvolk bey der heutigen hohen Feier gleichfalls bildlich in 10
seinen Sitten, Gebräuchen und Kleidungen vortreten und in
Maaßen glückwünschen dürfe. Schließlich darf ich nicht versäumen
anzuzeigen daß der Kammerconsulent Schnauß bey dieser höchst
erfreulichen Epoche auch sein Schärflein einzulegen wage, indem
er die Büste seines verdienten Vaters nebst einer wichtigen Samm= 15
lung juristischer Disputationen in neun und dreyßig Bänden mit
doppeltem Katalog Höchstihrer Bibliothek einverleibt und sich zu=
gleich Höchstdero Gnaden geziemend empfohlen hat.

*31. Handschrift von John in dem Fascikel „Acta der
Universitätsbibliothek zu Jena von den Jahren 1825—1831"
38, 3—5 g Dazu ein Concept von derselben Hand, Abg. Br.
1825, 132, woraus zu bemerken: 37, 10 empfangen g über er=
halten   11 den über auf die   38, 3—5 fehlt mit Ausnahme
des Datums

Vgl. Tageb. X, 99, 17. 18, zu 25, 24 und 39—41 d. B.

32. Handschrift des eigentlichen Briefes unbekannt gedruckt: W. v. Biedermann, Goethe-Forschungen I, 253. Dazu ein Concept von Johns Hand in dem Fascikel des G.-Sch.-Archivs „Privat Acten die von Serenissimo, am Jubilaeums-Feste gnädigst verwilligten Decorationen betr. 1825", Bl. 3, woraus zu bemerken: 38, 7 ſchuldigen s dem aus den 14 ihnen g aus ihm 18. 19 haben mogen [!] nach erbitte 20—22 fehlt mit Ausnahme des Datums. Concept der Beilage von unbekannter Hand in demselben Fascikel, Bl. 2 39, 11 Hiernach — ſcheinen g aus Da es mir denn ſcheinen will 13 die erſten g über mehre 14 zu gestrichen, dann durch Puncte wiederhergestellt 15 in aus im

Antwort. auf des Adressaten Brief vom 1. September 1825 (in demselben Fascikel, Bl. 1), worin es heisst: „Ew. Excellenz verehrliche Mittheilungen vom 17. Aug. [vgl. 13 d. B.] habe ich Gelegenheit genommen Sr Königlichen Hoheit dem Grossherzog vorzulegen und Höchstdieselben sind sehr gern geneigt, auf die Verwendung Ew. Excellenz den Grafen Vargas-Bedemar zum Mitglied des Grossherzogl. Haus-Ordens zu erheben. Nur ein Zweifel ist noch dem Grossherzog beigegangen, ob nemlich dem Maltheser-Ritter gestattet sey, fremde Orden zu tragen; Seines Erinnerns sind diese Ritter in dem gleichen Fall mit den Mitgliedern des deutschen Ordens, denen die Annahme eines fremden Ordens untersagt ist. Ew. Excellenz soll ich ersuchen, diesen Zweifel zu lösen, und allenfalls selbst gefälligst den Betheiligten zu sondiren"; vgl. 46 d. B. 38, 8—10 vgl. 17, 8—20. Güldenapfel erhielt die goldene und Kräuter die silberne Verdienstmedaille (vgl. 31 und 39—41 d. B.], am Bande des Falkenordens zu tragen.

*33. Vgl. zu 2677 (Bd. 9). Johns Hand

Vgl. Tageb. X, 99, 21. 22. 24 — 26. Carl August schreibt an Goethe (Eing. Br. 1825, 218): „Ich dancke bestens für alles übersendete. Morgen, Montag, Eilf Uhr od. etwas später gedencke ich in die Ausstellung zu kommen. Besser gesagt nach Einweihung der Bürgerschule, welches wohl nach Eilf Uhr alle seyn wird. 4. 9. 25 C. A. Meine Frau hat so eben die Einw. der Bürgerschule auf Morgen halb zehn bestellt. Also bleibts so wie ich oben geschrieben habe."

*34. Concept von Johns Hand, Abg. Br. 1825, 133   40, 9 den Verzeichnißen *g* aus dem Verzeichniß   auch *g* über noch 10 lebendig *g* über bestens   11 etwas nach auch

Vgl. Tageb. X, 99, 11—13 und zu Bd. 39, Nr. 231. 243.

35. Vgl. zu Bd. 33, Nr. 229. Eigenhändig. Gedruckt: A. Sauer, Briefwechsel zwischen Goethe und Sternberg, S. 117. Dazu ein Concept von Johns Hand, Abg. Br. 1825, 133ᵇ, woraus zu bemerken: 40, 15 herzlich= fehlt   19 um aus und   20 überdauern] überstehen   41, 2 unseres   jedoch] voran 3 voran fehlt   6 Ihm zu *g*¹ aus Ihnen zum   freudigen 11 Sommers mir geziemend freundlich erbitte   12. 13 fehlt

Antwort auf des Adressaten Brief aus Wien vom 1. September 1825 (Sauer S. 113), vgl. 92, 1—3   40, 16 vgl. zu 16, 20   41, 5 vgl. zu 25, 24.

*36. Handschrift von John in dem zu Bd. 36, Nr. 196 genannten Fascikel, Bl. 40. Dazu ein Concept von derselben Hand im G.-Sch.-Archiv, woraus zu bemerken: 41, 15 Dorpat, St. Petersburg und Moskau dieses Jahrs aR   18 Moskau 21 Unterschrift fehlt

Vgl. Tageb. X, 100, 3. 4. 7. 8.

37. Vgl. zu 6136 (Bd. 22). Eigenhändig. Gedruckt: Goethes Briefe an Frau v. Stein³ II, 460

Antwort auf den Brief der Adressatin vom 5. September (Eing. Br. 1825, 278), mit dem diese den Brief ihres Sohnes Fritz v. Stein übersendet, der dessen Bedauern aussprach, zum Jubiläum des Grossherzogs nicht erscheinen zu können.

*38. Concept von Johns Hand, Abg. Br. 1825, 134 42, 9 nun da mir *g*¹ über sobald wir   12 höchstbedeutenden *g*¹ aR   15 gegenwärtig, *g*¹ aR   16 zugerichteten Hause *g*¹ aus zugerichtetem Haus   19. 20 etwa — Septembers, *g*¹ aR   43, 4. 5 diesen Monat *g*¹ aR für den September   8 bewirthen *g*¹ über begrüßen   10 gesund nach gleichfalls

Datum nach 42, 15; die Eröffnungsvorstellung (Rossinis Semiramis) fand am 3. September 1825 statt, vgl. Weimars Jubelfest am 3ten September 1825 I, 57 ff. Antwort auf des Adressaten Brief aus Frankfurt vom 29. August (Eing. Br. 1825, 211), worin dieser die Übersendung von drei Theaterdecorationen, von Sanguirico in Mailand gemalt, ankündigt.

*39. Handschrift von John in dem zu 31 d. B. genannten Fascikel 44, 7 g Adresse: „An Herrn Professor Dr. Güldenapfel Wohlgeb. in Jena. Schleunigſt zu antworten." Dazu ein Concept von derselben Hand, Abg. Br. 1825, 139ᵇ, woraus zu bemerken: 43, 23 7. aus 17.   44, 2 und g üdZ   4 ſchleunigſt g üdZ   7. 8 fehlt

Vgl. Tageb. X, 101, 2 und zu 32. 40 und 41 d. B.

*40. Concept von Johns Hand, Abg. Br. 1825, 139 44, 9. 10 HE. Hofmechanikus Körner g aR   12 verlautete g aus verlautet   16 ſchleunigſt g aR

Vgl. Tageb. X, 101, 2. 3 und zu 39 d. B.

*41. Concept von Johns Hand, Abg. Br. 1825, 140 45, 2 ſchleunige nach eine   Antworten g aus Antwort   4 Dazu aR: Sämtlich [Nr. 39—41] am 10. Septbr durch einen bezahlten Boten abgegangen

Vgl. Tageb. X, 101, 3—5 und zu 39 d. B.

42. Vgl. zu 268 (Bd. 2). Eigenhändig. Gedruckt: Briefwechsel II, 368

45, 5 Alfred Nicolovius, Goethes Grossneffe, war am 28. August in Weimar angekommen und blieb bis Ende November 1825, vgl. 142, 10. 136 und 270 d. B., Tageb. X, 96, 28. 97, 1. 13. 23. 24. 98, 10. 99, 1. 2. 11. Er kam am 12. September aus Jena zurück, vgl. Tageb. X, 101, 17   7 Vermuthlich Knebels Gedicht „An Goethe zum 28. August 1825", gedruckt in den Jahresblüthen von und für Knebel, Weimar 1825; falsch Briefwechsel II, 368.

43. Handschrift unbekannt. Gedruckt: Schlesier, Schriften von F. v. Gentz V, 277, Schriften der G.-G. XVII, 183. Dazu ein von Riemer durchcorrigirtes Concept von Johns Hand in dem Fascikel des G.-Sch.-Archivs „Acta Privata Die neue vollständige Ausgabe meiner Schriften betr. Vol. I. B. Die Verhandlungen an dem Bundestag betr. . . . 1825", Bl. 2, woraus zu bemerken: 45, 13 mir aR   18—46, 4 indem — erhalten aR für indem gleich bey Eröffnung des Bundestags ſchon am [Lücke] ein günſtiger Vortrag von des HE. Präſidial-Geſandten Excellenz eingeleitet worden, welcher (denn) auch (ohne) allgemein (aus allgemeine) eine (üdZ) günſtige Zuſtimmung erhalten   5 hat fehlt   6 Ob nun ſchon über Da jedoch   10 ich doch aR   12 gedachtes Privilegium üdZ   ertheilt

über angebrachtes Gesuch mehrere Priv(ilegien) 12. 13 von andern aber aus andern jedoch 14. 15 und — sehen aus wie ich denn noch einigen andern zunächst entgegen zu sehen alle Ursache habe 19 dem] den 21 des aus der 21. 22 Privilegium 26 Vermittellung 47, 2. 3 Excellenz aR 5 welcher aus welche 7 müsse aus muß 12 daß — möge aR für Dieselben mögen 13 einzuziehen aus einziehen 15 zugedachte 16 zugesagte 21 die erste üdZ 22 dem] am abgegebene nach erste 25 Vervollständigung nach Vervollkommnung ständigkeit 27. 28 unterrichten belieben nach belehren 48, 4 — 6 fehlt mit Ausnahme des Datums

Vgl. Tageb. X, 101, 12—14   45, 12 vgl. Bd. 39 Nr. 61. Zur Sache vgl. ferner 54 d. B.

*44. Concept von Johns Hand, Abg. Br. 1825, 138 48, 8 vielfache g^1 üdZ 12 Schulz 18. 19 zu vernehmen hoffe g^1 aus vernehme 20 manche aus manchen 22 diesem g^1 aus diesen 49, 6 mich g^1 üdZ

Vgl. Tageb. X, 101, 14—16. Antwort auf des Adressaten Brief aus Wetzlar vom 15. März (Eing. Br. 1825, 215)

48, 12 vgl. zu 5, 1. Cramer antwortet am 15. October (Eing. Br. 1825, 273): „Die Einlage [Nr. 45] habe ich dem Herrn Geheimenrath Schulz, sobald derselbe mit seiner Familie aus Bad Ems zurückgekehrt, behändiget, worauf er alsbald zu mir kam, und ich nicht nur seine und seiner Familie persönliche Bekanntschaft machte, sondern auch das Vergnügen hatte, ihn in unser Casino, dessen erster Director ich jezo im 4ten Jahr bin. aufgenommen zu sehen"; vgl. 179, 28.

45. Vgl. zu 6901 (Bd. 25). Johns Hand 49, 13 Wolf 50, 27 Leupold 51, 10 Kramer 23. 24 g Gedruckt: Briefwechsel S. 328. Dazu ein Concept von derselben Hand, Abg. Br. 1825, 135, woraus zu bemerken: 49, 8 theuerster nach werde 14 die Freundin g^1 über sie 15 um g^1 aR für und Jubel g^1 über Jubiläums 19 die g^1 über meine 21 Äußerungen g^1 aus Äußerung 22. 23 auch — hinnehmen g^1 aus aufnehmen 23 wenn fromme Seelen g^1 aus wie andere 24 frohen g^1 über seligen haben g^1 über müßen 50, 1 zu g^1 üdZ 2 können g^1 üdZ 5 Mitwirkung nach der 6 hat g^1 aus hatte 19 Es g^1 aus es 20 nicht nach sie 21—51, 7. 15—24 mit g^1 Verweisungszeichen auf Bl. 137 23. 24 bitte — beachten

g^1 aus mache ich aufmerksam auf 25 zu bildlicher g^1 aus auf bildliche 26 entschlossen g^1 über gewendet 27 Leupold 51,3 des gemeldeten g^1 nach gedachten 5 auch) g^1 aR nicht nach auch 20 eine wahre aR für eine 23. 24 fehlt mit Ausnahme des Datums

Vgl. Tageb. X, 101, 15. 16. Antwort auf des Adressaten Brief aus Ems vom 28. August — 1. September 1825 (Briefwechsel S. 325) 49, 13 Amalie Wolff, geb. Malkolmi, hatte am 8. September (Tageb. X, 100, 15. 16) die ihr von Schultz mitgegebene „Berliner Medaille", welche von Loos, König und Levezow veranstaltet (vgl. zu 266 d. B.) und dem 28. August 1825 gewidmet war, übergeben 50, 7 vgl. zu 25, 24 11 vgl. Briefwechsel S. 327, Eckermann III, 188 26 vgl. zu 4, 4 51, 10 = 44 d. B. 19 vgl. 179, 10.

*46. Concept von Johns Hand in dem zu 32 d. B. genannten Fascikel des G.-Sch.-Archivs, Bl. 8 52, 8 Wie g^1 aus wie 10 ehrenvolle g^1 über ausgezeichnete 53, 2 als Ordenskanzler g^1 aR 6 und — Verhältnisses g^1 aR 8 13.] g später eingefügt. Darunter die Adresse (vgl. Tageb. X, 113, 27 — 114, 1. 115, 20 — 22): „Dem Allerdurchl. Fürsten und Herrn Herrn Christian Friedrich Kronprinzen von Dännemark Königl. Hoheit nach Coppenhagen. Mit einem Pak. in braunen Wachstuch Enthaltend Papiere von Bedeutung C. F. K. D." Auf Bl. 9^b folgen die ausführlichen Adressen (vgl. 53, 4) des Grossherzogs und v. Fritschs, darunter folgende „Bemerkung. Da die [über der] Ordenskanzley keine Sporteln berechnet, noch irgend ein Geschent annimmt so habe dem Diener in Ew: Hochgeb. Namen Vier Ducaten verehrt, so daß Dieselben also weiter nichts zu beobachten haben."

Vgl. Tageb. X, 102, 5. 6 und zu 13. 32 d. B. Die Antwort des Adressaten aus Kopenhagen vom 3. October 1825 in demselben Fascikel, Bl. 10; vgl. ferner 107 d. B.

*47. Vgl. zu 6378 (Bd. 23). Eigenhändig mit Bleistift. Das fehlende Datum ergänzt nach Tageb. X. 102, 17. 18 („Mundum der Punctation an Cotta. Mit Riemern die nächsten Concepte durchgegangen") 53, 12 Wohl der Brief an den Fürsten Metternich, 56 d. B.

48. Vgl. zu 6161 (Bd. 22). Johns Hand 54, 20 Leupoldische 55, 3 Leupold 9. 10 g Mit dem Vermerk Boisserées:

„Empf. Stuttgt. 19ᵗ Septbr. Antw. 15 Octob." Gedruckt: S. Boisserée II, 395. Dazu ein Concept von derselben Hand in dem zu 3 d. B. genannten Fascikel des G.-Sch.-Archivs, Bl. 99, woraus zu bemerken: 53,15.16 buntbekränzten aus buntbegränzten 19 den Händen g^1 aus der Hand 54,1 schauen— drein g^1 aR für besinnen sich 9 hohe nach und Vorbild g aus Bild 12 selbst g üdZ erquickt nach selbst 22 drückt— aus g^1 für sagt 24 Der nach das Weitere 25 heiter g^1 üdZ 27 Bilde g^1 aR 55,9—11 fehlt mit Ausnahme des Datums. — Handschrift der ungedruckten Beilage von John in der Univ.- Bibliothek zu Bonn

Vgl. Tageb. X, 102,15.16; Antwort auf des Adressaten Briefe vom 23. und 26. August 1825 (S. Boisserée II, 391. 393) 53,16 vgl. zu 16,20 54,2 vgl. zu 16,14 7 vgl. zu 5,23 15 vgl. zu 29 d. B. 17 vgl. 57,20. 58,17 und zu 56 d. B. 20 vgl. zu 4,19 22 = 4 d. B. 55,4 Professor Johann Friedrich Leybold, Hofkupferstecher in Stuttgart (1755 — 1838), vgl. Werke 34 II, 96 12—22 Zur Beilage vgl. 56 d. B.

*49. Vgl. zu 6243 (Bd. 22). Johns Hand

Vgl. Tageb. X, 102,9.10 („Reckel schrieb an einigen Abschriften"); über Alexander Roeckel vgl. Burkhardt, Zur Kenntnis der Goethe-Handschriften, Wien 1899, Nr. 50 und S. 21.

*50. Concept von Johns Hand, Abg. Br. 1825, 143, auf einem Foliobogen mit 52 d. B. 56,16 erscheinen g aus scheinen 57,4 enthält nach es 9 daß nach al Das fehlende Datum (Strehlke III, 209 falsch: „November") nach der Stellung in den Conceptheften und 60,13—18

56,7 vgl. zu 16,20 57,3 vgl. zu 60,13—18.

51. Vgl. zu Bd. 39, Nr. 106 (Bl. 57). Johns Hand 58,7 g Gedruckt: Grenzboten 1874 III, 268. Dazu ein Concept von derselben Hand in dem zu 43 d. B. genannten Fascikel des G.-Sch.-Archivs, Bl. 9, woraus zu bemerken: 57,22 Expeditionen g^1 aR für Erklär entschiedenen Erklärungen 23 wohl g^1 aR auch g^1 üdZ 58,1 sollicitiren g aus solicibiren 4 denselben g über ihn 4.5 und — Tage g^1 aR 7.8 fehlt mit Ausnahme des Datums

Vgl. Tageb. X, 102, 24. 25   57, 19. 20 vgl. zu 56 d. B.;
eine Abschrift des Metternich'schen Briefes in dem zu Bd. 39,
Nr. 106 genannten Fascikel, Bl. 58.

52. Vgl. zu 6186 (Bd. 22).   Johns Hand   255, 24 *g*
Gedruckt: W. v. Biedermann, Goethe-Forschungen 1, 254.
Dazu ein Concept von derselben Hand, Abg. Br. 1825, 144ᵇ,
woraus zu bemerken: 58, 16 eines nach deſſen   24. 25 fehlt
mit Ausnahme des Datums

Vgl. Tageb. X, 102, 25. 26   58, 13 vgl. zu 5 d. B.
15 Fritsch dankt am 14. September (Eing. Br. 1825, 233)
nochmals „für die herrlichen Gesänge" zur Logenfeier (vgl.
zu 15, 14)   17 vgl. zu 54, 17.

*53. Concept von Johns Hand, Abg. Br. 1825, 141
59, 3 Gegenwärtigen *g* aus gegenwärtigen   11 Schnauß aus
Schanauß   18 Man *g* aus man   60, 1 Taktyliotef *g* aus
Taktyliotät   10 Wir *g* aus wir   15 Es *g* aus es   20 fernern
g üdZ

59, 2. 3 vgl. Tageb. X, 100, 13—15. 21. 22   5 Der Hofadvokat
und Kammerconsulent Dr. Carl August Constantin Schnauss
überreicht am 29. Juli (Eing. Br. 1825, 173) das Schreiben an
die Oberaufsicht, in welchem er die Stiftung seines Vaters
(vgl. über ihn B. Suphan in der Deutschen Rundschau 1903,
Februar, S. 219 ff.) anbietet; vgl. zu 30, 1 d. B.   16 vgl. zu
5 d. B.   23 Carl August hatte aus Thümmels Nachlass in
Altenburg mehrere galvanische Apparate erworben, die
Döbereiner „ins Inventar nehmen" sollte (vgl. Briefwechsel
II, 267)   60, 1 vgl. Tageb. X, 104, 3. 4. 15. 16. 105, 12. 13;
Carl August hatte sie durch v. Lindenaus Vermittlung für
200 Thaler gekauft (vgl. Briefwechsel II, 268)   13 vgl. 57, 3.
Carl Augusts Antwort vom 16. September 1825: Briefwechsel II, 268.

54. Handschrift von John im Besitz des Grafen Anton
v. Prokesch-Osten in Gmunden; hier nach einer im G.-Sch.-
Archiv befindlichen Abschrift der Gräfin Friederike Prokesch
60, 24 physische   62, 22. 23 *g*   Gedruckt: Schlesier, Schriften
von F. v. Gentz V, 280, Schriften der G.-G. XVII, 185. Dazu
ein von Riemer mit Bleistift durchcorrigirtes Concept von
derselben Hand in dem zu 43 d. B. genannten Fascikel des
G.-Sch.-Archivs, Bl. 10, dem zu 60, 24 gefolgt und woraus ferner

zu bemerken ist: 61, 1. 2 ist es mir öfter [nach wohl] begegnet aR für habe sehr oft erfahren   2 fernen Orten über ferne 2.   3 etwas Bedeutendes aus eine bedeutende Sendung   4 Weite über Entfernung   mit Verstand aus verstandesgemäß   10 Schritte aR für Einwirkung   14 mehrmals über oft   14. 15 Ahnungs= glauben aR aus Aberglauben   15 mit — getheilte aR   19 HE. üdZ   24 mir nach gleichsam beschränkend   62, 1 auszubrucken 7 höchsten Dankes aus alles Dankens   10 denen nach in   22—24 fehlt mit Ausnahme des Datums

Vgl. Tageb. X, 103, 7   61, 17. 18 = 43 d. B.   18. 19 vgl. zu 54, 17   62, 16 Das Gedicht „Zur Logenfeier des 3. Septembers" (Werke III, 67), vgl. zu 15, 14   18 vgl. zu 16, 20.

55. Vgl. zu Bd. 37, Nr. 53 (Schreiberhand, wohl John). Gedruckt: H. Uhde, Goethes Briefe an Soret, Stuttgart 1877, S. 19

63, 3 Soret notirt unter'm 16. September 1825: „J'ai reçu 56 médailles, dont 6 en argent; les lui envoie", vgl. zu 25, 24   6 vgl. H. Uhde a. a. O. S. 180   10 Von Bovy vgl. XXXIX. 53, 8.

56. Handschrift von Schreiberhand (wohl John) im Fürstlich Metternich'schen Archiv in Plass. Nach einer Abschrift von Prof. Weber gedruckt: Schriften der G.-G. XVII, 206. Dazu ein Concept von Johns Hand, von Riemer (R) durchcorrigirt, in dem zu 43 d. B. genannten Fascikel des G.-Sch.-Archivs, Bl. 12, woraus zu bemerken: 63, 16 Hoch= fürstlichen aus Hochfürstl.   18 Das erste ich üdZ   64, 1 völlig g üdZ   7 bald hierauf aR für nach und bisher   17 Bunde aus Bund   18 der österreichischen Monarchie aR für des Reiches   23 Nun aR für Hier   25 und — wissen aR für deshalb ich denn mir nicht zu rathen wüßte   27 vertreten aR für verträte   65, 3—5 Eine — zu John auf R aus Wäre eine so hohe durch Ew: Durchlaucht gnädigste Vermittelung auch nur als einzelne unschätzbare Gnade zu   6 aber über jedoch   7 Wohl= wollens aus Wohlwollen   8 unverhoffter aR für unschätzbarer   9 den über einen   14. 15 fortwährend bethätigen über zur Ueberzeugung dienen   15 Das zweite ich aR   17 ich doch   21 Gnadenerweise aR für Gnadenbezeugung   27 sey aus seyn werde   66, 1 in gleicher und aus gleichmäßig in   3—6 fehlt

Vgl. Tageb. X. 103, 15. 16 und zu 53. 12. Antwort auf Metternichs Brief vom 6. September 1825 (Schriften der G.-G. XVII. 205), vgl. zu 54, 17 63 vgl. Bd. 39 Nr. 67.

*57. Vgl. zu 6243 (Bd. 22). Johns Hand   66, 13 mögen 66, 10 vgl. 70 d. B.

58. Vgl. zu Bd. 39 Nr. 1. Johns Hand   67, 23—27 *g* Gedruckt: H. Th. Gaedertz. Bei Goethe zu Gaste, Leipzig 1900, S. 342. Dazu ein Concept von derselben Hand in dem zu 43 d. B. genannten Fascikel des G.-Sch.-Archivs, Bl. 16, woraus zu bemerken: 66, 20 übersendend nach zu   21 Hoch *g*¹ üdZ   67, 8 diese Angelegenheit *g*¹ aR   20 mich nach und 21 zu über in   fernerm *g*¹ aR   21. 22 zum allerbesten [aus bestens] empfolen wünschend [aus wünsche] *g*¹ aR   23—27 fehlt mit Ausnahme des Datums

Vgl. Tageb. X, 103, 26. 27   66, 20 Wohl eine Abschrift des Metternich'schen Briefes, vgl. zu 54. 17. Zur Sache vgl. zu 235 d. B.

Hier folgt ein von Goethe im Namen seines Sohnes aufgesetzter Brief vom 18. September an den Buchhändler **Josef Max in Breslau** (abgedruckt von August Geyder in R. Prutz' Deutschem Museum 1864, Nr. 25. S. 889), der gleichlautend **an die Brüder Friedrich und Heinrich Brockhaus in Leipzig und an Georg Reimer in Berlin** abging (vgl. Tageb. X, 103, 27—104, 1):

Ew. Wohlgeboren
vermelde schuldigst, obgleich mit einigem Zaudern, daß mein Vater nach vielfachen Verhandlungen mit der von Cotta'schen Buchhandlung zu Stuttgart wegen der neuen Ausgabe seiner Werke den
5 Contract abgeschlossen.

Wenn nun auch hierbey in Betracht kam, daß derselben den frühern Verbindungen gemäß, das Recht zustand, sich den übrigen allenfalsigen Anerbietungen gleichzustellen, so konnte doch dieses kaum hier von einigem Einfluß seyn, indem Herr von Cotta ein
10 so entschiedenes Übergebot sowohl für die Gegenwart als für die Zukunft gethan, daß es unrecht, ja vergebens gewesen wäre, anderweitige Unterhandlungen anzuknüpfen oder zu erneuern.

Daß wir den Ernst, womit Sie das Geschäft begünstigt, aller Ehren und alles Dankes werth halten, sind Sie überzeugt

und wir werden Ihnen doppelt verpflichtet seyn, wenn Sie fort=
fahren, sich für das Geschäft zu interessiren und zu der anzu=
kündigenden Subscription kräftig beyzutragen; indem der Familie,
so wohl für jetzt als für die Zukunft, ein ansehnlicher Theil des
zu hoffenden Gewinnes zugesagt ist. Fahren Sie fort, meiner ₅
freundlich zu gedenken und geben Sie mir Gelegenheit, irgend
etwas Angenehmes zu erzeigen.

Mit der größten Hochachtung
        ergebener Diener
Weimar den 18. September 1825. J. A. v. Goethe. ₁₀

Max antwortet am 26. September (Eing. Br. 1825, 262)
und bittet Goethe um ein Vorwort zu einem von ihm ge-
planten Neudruck des „Simplicissimus". — Concept des
gleichlautenden Schreibens an Georg Reimer (vgl. zu Bd. 39
Nr. 222 3) von Augusts Hand in dem zu 3 d. B. genannten
Fascikel des G.-Sch.-Archivs, Bl. 111, mit der Notiz am
Schluss: „In simili mut.[atis] mut.[andis] an die HE. Gebr.
Brockhaus zu Leipzig u. HE. Buchhändler Max zu Breslau."

*59. Vgl. zu 6330 (Bd. 23). Johns Hand 68, ₁₉. ₂₀ g)
Dazu ein Concept von derselben Hand in dem zu 3 d. B.
genannten Fascikel des G.-Sch.-Archivs, Bl. 110, woraus zu
bemerken: 68, ₂ hiermit nach hiebey ₃ wichtigsten nach am
meisten bedeutenden ₅ wohl vorzüglich die 12. 13 versäume —
und John auf g^1 aR für entsteht nun die Frage ob es Ew:
Hochwohlgeb. für Zeitgemäß halten daß dieses gegenwärtig
geschehe, wobey denn 14 auszusprechen John auf g^1 über anzuzeigen wäre 15 Anzeige nach gleiche hievon John auf g^1
üdZ 17 die — bereitend John auf g^1 aR 19—21 fehlt mit
Ausnahme des Datums

Nach Tageb. X, 104, ₂₂ abgegangen am 20. September
1825. Zur Sache vgl. zu 29 d. B. 68, ₄ vgl. zu 54, ₁₇
₉ vgl. zu 24, ₁₆.

Diesen Brief begleitete ein zweites im Namen seines
Sohnes aufgesetztes Schreiben von Goethe an J. F. v. Cotta,
welches im Original, vgl. zu 6330 (Bd. 23), von Augusts Hand
lautet:

Ew. Hochwohlgeboren

Beykommendes zu übersenden erbitte mir von meinem Vater die Erlaubniß und ergreife diese Gelegenheit um auszusprechen: wie sehr ich mich freuen muß daß ein so lang geprüftes väterliches
5 Verhältniß auch auf mich und die Meinigen erstreckt werden soll; je bedeutender und sicherer es für die Zukunft eingeleitet ist, desto werther muß es mir seyn und ich darf versichern daß ich es in seinem ganzen Umfang erkenne.

Die Absendung des Gegenwärtigen beeilend verfehle nicht
10 zwey bedeutende Abschriften nächster Tage vorläufig zu übersenden, einiges zu melden und über anderes anzufragen.

Der ich die Ehre habe mich bey dieser Gelegenheit mit vollkommener Hochachtung zu unterzeichnen
Ew. Hochwohlgebohrnen
15 gehorsamer Diener
Weimar den 16. September 1825. J. A. von Goethe.

Dazu ein Concept von Augusts Hand in dem zu 3 d. B. genannten Fascikel des G.-Sch.-Archivs, Bl. 102, woraus zu bemerken: 4 ein aus eine 7 und nach ja 8 anerkenne 10 zwey *g* über einige vorläufig *g* üdZ 12 bey — Gelegenheit fehlt 16 16. geändert in 20. Dazu die Notiz aR: „appon. der Entwurf Sub I. Die Beilagen sub △ und ☐ in Abschrift"; diese Beilagen, ebenfalls von Augusts Hand in demselben Fascikel, Bl. 103—108, lauten im Concept (frühere Concepte ebendaselbst lose eingelegt):

Entwurf I.
1. Die neue Ausgabe von Goethischer Werke,
2. bestehend aus Vierzig Bänden nach dem schon mitgetheilten
20   Inhaltsverzeichniß,
3. wird der von Cottaischen Buchhandlung in Stuttgart, überlassen und zwar:
4. auf Zwölf Jahre.
5. Der Betrag des Honorars ist vorerst auf
25   Sechzig Tausend Thaler sächsisch, nicht unter ⅙ Stücken festgesetzt.

---

17 Entwurf *g* 21 in Stuttgart mit Tinte auf *g*¹ aR

6. Man bedingt sich jedoch außer vorgedachter Summe fünf Tausend Thaler bei Unterschrift des Contracts.
7. Das Übrige in Terminen, nach Maaßgabe der Ablieferung des Manuscripts.
8. Sind Zwanzig Tausend Exemplare abgesetzt so trit eine neue Berechnung ein;
9. von denen hiernächst abgesetzten Zehn Tausend Exemplaren kommen dem Autor abermals
   Zwanzig Tausend Thaler in vorerwähnten Münzsorten zu Gute;
10. und so fort bei jeden abermaligen Absatz von Zehn Tausend Exemplaren.
11. Ob nun gleich hierdurch der Zeitcontract aufgehoben scheint, so ist dieses jedoch nicht die Meinung sondern zu Anfang des neunten Jahres treten beide theilnehmende Partheien zusammen und contrahiren aufs Neue nach Verabredung in welchen Maaße der Contract fortgesetzt werden soll.
12. Wie die von Goethische Familie von der Zahl der Subscribenten und sonst abgesetzten Exemplaren unterrichtet werden könne wäre auszumitteln, welches wohl am leichtesten durch besondere Buchführung über dieses Geschäft geschehen kann.
13. Der Subscriptionspreiß der 40 Bände wäre mäßig zu setzen, 14—16 Thaler wie schon erwähnt worden.

Weimar d. 20. Septbr. 1825.

Δ

A. Über Form und Format der Ausgabe wäre zu conveniren und deßhalb Musterblätter einzusenden.

B. Die in das Publikum auszustreuende Anzeige wäre auf gleiches Papier wie künftig das Werk selbst zu drucken und als Muster auszugeben.

C. Wie denn auf möglichste Egalität des Druckes zu halten seyn wird da man jetzt in Teutschland überall bemüht ist die größte Sorgfalt und Eleganz auf Druck und Papier zu wenden und so mit dem Auslande zu wetteifern anfängt, es wird daher

---

1 jedoch — Summe mit Blei aR   25 John aR

auch hier auf diese Gegenstände ein besonders Augenmerk zu richten seyn.

D). Wie viel Bände stark jede Lieferung seyn soll wäre auszusprechen.

E. In welchen Terminen.

F. So auch wäre die Zeit festzusetzen wie der Autor theilweise das Manuscript, oder das Original Exemplar abzuliefern habe.

G. Da man das Möglichste gethan um einen correcten Text zu erhalten so wünscht man denn auch daß dorten alle Aufmerksamkeit auf die Correctur gerichtet werde.

H. Da aber außer diesen noch manche litterarische Unterhandlung nöthig ist, weil verschiedene Zweifel und Fragen entstehen können, wie es in gewissen Fällen in Betreff der Materie und Form zu halten sey? so wünschte man daß ein geprüfter Litterator ins Mittel träte an welchen man das revidirte Hauptexemplar sendete und mit welchem man sich wegen unvorhergesehener Anstöße berathen könnte.

Was die Sicherung gegen den Nachdruck betrifft so wird Herr von Cotta eine Abschrift der sämtl. Verhandlungen am Bundestage und alles dessen was darauf erfolgt baldigst mitgetheilt.

Die Erklärung des Fürsten Metternich kann als Hauptbase der ganzen Verhandlung angesehen werden, die Preußische Einwirkung wird ebenso wenig fehlen und das Übrige wird wie aus den vorliegenden ersichtlich) nach und nach beikommen.

Ein Decret des Oberconsistoriums zu Dresden als Vorläufer des Privilegiums welches abschriftlich hier bei liegt, fordert daß in Leipzig bei dem Büchercommissarius die nöthige Anzeige geschehe, dieses würde wohl nach abgeschlossenen Contract mit Benennung des neuen Verlegers zu bewirken seyn.

Einige andere Dinge werden sich leicht daraus ergeben.

Zu bedenken ist jedoch wie die sämtlichen Verhandlungen und Privilegien durch den Druck in das Publikum zu bringen seyn möchten: mein Vorschlag wäre ein solches Heft, welchem man auch die Namen der Subscribenten hinzufügen könnte und was man sonst zu Einleitung der Ausgabe außer der schon öffentlichen

Anzeige thun möchte, zu verfassen, es sey nun daß man es als ein Vorheft (Vorbändchen) dem Publico darbrächte. Für einen großen Theil des Publikums würde es gewiß viel Interesse haben, denn eben alles was in der Sache vorgegangen ist in mancher Rücksicht bemerkenswerth.

Dieß ist was mir vorläufig beigeht, das weitere mir vorbehaltend.

Den 20 ten Sept. 25.

60. Vgl. zu 4102 (Bd. 14). Johns Hand 69,18 darauf *g* aus auf den dritten September 22 einmal *g* aus ein paar mal 70,7 *g* Mit Zelters Notiz: „Angek. 24 7br". Gedruckt: Briefwechsel IV, 84. Dazu ein Concept von derselben Hand, Abg. Br. 1825, 145, woraus zu bemerken: 68,23 Angefündigten nach g(lücklich) 69,14 mehr *g* üdZ 15 unserm *g* aus unserm 17 Sie — will *g* aR für Sie wollen 18 darauf] auf den dritten September zusammenbrucken *g* aus zusammenbruck 24 ist nach ich 27 mannlicher 70,7. s fehlt mit Ausnahme des Datums s 19.] 20.

Nach Tageb. X, 104,24 erst am 20. September 1825 abgegangen. Antwort auf Zelters Brief vom 25.— 27. August und 8. September (Briefwechsel IV, 75. 81) 68,22 vgl. zu 3,9 69,2 Das „Silberjubiläum" der Berliner Singakademie und Liedertafel 6 Zur Logenfeier des 3. September 1825, Werke III, 68, Zwischengesang („Lasst fahren hin das allzu Flüchtige!", vgl. zu 15,14 10 vgl. Briefwechsel III. 76. 82 18 Weimars Jubelfest am 3ten September 1825. Abth. I. II. Weimar. bey Wilhelm Hoffmann. 1825 21 Wohl die erbetene Auskunft über den Staatsrath Schultz enthaltend, vgl. zu 5, 1—6.

Hier folgt das undatirte, nach Tageb. X, 104,23 am 20. September abgegangene Concept (von unbekannter Schreiberhand) eines Briefes an Johann August Gottlieb Weigel, der am 16. September (Eing. Br. 1825, 241) einen Kunstkatalog eingesandt hatte, (Eing. Br. 1825, 242), vgl. 63 d. B.:

Wenn Ew. Wohlgeboren aus dem übersendeten Catalog mir Nᵒ 39 Lucas v. Uden, 6 Blatt Landschaften, gefällig überschicken wollten, so werde alsbald die dafür schuldigen 4 rh. 16 Groschen entrichten.

Ihro Königl. Hoheit dem Großherzog irgend ein Kunst=Er= zeugniß anzubieten würde wohl am besten durch Herrn Rath Hagen, des weißen Falkenordens Ritter, geschehen, welcher der= gleichen *Serenissimo* vorzulegen beauftragt ist.

61. Vgl. zu Bd. 39 Nr. 65. Johns Hand   70, 23 *g* Gedruckt: K. Fischer, Briefwechsel zwischen Goethe und K. Göttling. München 1880, S. 9. Dazu ein Concept von derselben Hand in dem Fascikel des G.-Sch.-Archivs „Acta Privata. Die neue vollständige Ausgabe meiner Schriften betr. Vol. III. A. Die aesthetisch-kritischen Verhandlungen wegen der Ausgabe selbst betr. 1825", Bl. 43ᵇ, woraus zu bemerken: 70, 12 durchzulaufen *g*¹ über durchzusehen   17 denen= selben *g*¹ aus denselben   23. 24 fehlt mit Ausnahme des Datums

Vgl. Tageb. X, 105, 4. 5.   Göttlings Antwort vom 27. Sep- tember 1825 (vgl. Werke XXII, 361) in demselben Fascikel, Bl. 44.

*62. Vgl. zu 3718 (Bd. 13), Nr. 3713.   Johns Hand 71, 18 *g*   Dazu ein Concept von derselben Hand, Abg. Br. 1825, 146ᵇ, woraus zu bemerken: 71, 4 Herren   5 verleihen *g*¹ über gönnen   10 mit — Bildniß, aR   11 vorlängst *g*¹ aR 12 er üdZ   14 und nach suchen   18. 19 fehlt mit Ausnahme des Datums

Vgl. Tageb. X, 105, 6. 7   71, 4 vgl. zu 5 d. B.   8 vgl. Bd. 39 Nr. 110. Lenz antwortet am 20. September: Eing. Br. 1825, 243.

*63. Concept von Johns Hand. Abg. Br. 1825, 147

Vgl. Tageb. X, 105, 7. 8 und die Antworten Weigels vom 16. und 30. September: Eing. Br. 1825, 241. 261.

64. Vgl. zu 6186 (Bd. 22).   Johns Hand   72, 8 lies: Originale   20. 21 *g*   Gedruckt: W. v. Biedermann, Goethe- Forschungen I, 255. Dazu ein Concept von derselben Hand in dem zu 43 d. B. genannten Fascikel des G.-Sch.-Archivs, Bl. 27, woraus zu bemerken: 72, 6 den über das   7 Öster= reichischen *g*¹ üdZ   8 dessen *g* aus deren   9 anzufragen *g*¹ aus anfrage   10 geneigt seyen *g*¹ üdZ   eine *g*¹ aus ein   11 deßhalb *g* üdZ   an nach geneigtest   12 ihm auch *g*¹ aus auch demselben

13 wenig aus wenigen   14 Kaiſrl. John auf g^1 aR   erlegen John auf g^1 erlegen möge über abzutragen welche   14—17 und — auch den Betrag [g über werde] John und g aR   17 allhier g^1 aus hier   verfehlen g über ermangeln   20—22 fehlt mit Ausnahme des Datums

72,7 Der vom Grafen Saurau (vgl. zu 66 d. B.) unterzeichnete, vom 30. August datirte und am 20. September eingegangene Erlass (Tageb. X, 104, 25. 26) befindet sich in demselben Fascikel, Bl. 17   11 vgl. 73, 9—11. 74, 19—23, 68 d. B. und Tageb. X, 105, 18—21.

65. Vgl. zu 6186 (Bd. 22). Johns Hand   73,3 blech g üdZ   12. 13 g Gedruckt: W. v. Biedermann. Goethe-Forschungen I, 256. Dazu ein Concept von derselben Hand, Abg. Br. 1825, 147^b, woraus zu bemerken: 73, 4 Regierungsrath   5 denn g aus wenn   8 beſtellt nach ſogleich   11 Nach ließ folgt: um ſolches meiner Sendung beyzufügen   12—14 fehlt mit Ausnahme des Datums

73, 3 vgl. Tageb. X, 106, 8—10   9—11 vgl. zu 72, 11.

*66. Concept von Johns Hand in dem zu 43 d. B. genannten Fascikel des G.-Sch.-Archivs, Bl. 29   73, 13 Maße g^1 aus Maſſe   74, 5 geworden g aus worden   20 Hofes g^1 aus Hofe   21 erſucht iſt g aR für freundlich übernehmen wird   22 Hofkanzley g aus Hofkanzeley   23 zu erheben g aR für in Empfang zu nehmen   24 entſchiedenen g^1 üdZ

Vgl. Tageb. X, 107, 17; zur Sache zu 72, 7   74, 20. 21 vgl. zu 72, 11.

*67. Concept von Johns Hand in dem zu 43 d. B. genannten Fascikel des G.-Sch.-Archivs, Bl. 31   75, 13 ward g aus war   24 wenigen g aus einigen

Vgl. Tageb. X, 107. 17. 18; zur Sache zu 72, 7 und zu Bd. 39 Nr. 82. 153.

*68. Concept von Johns Hand in dem zu 43 d. B. genannten Fascikel des G.-Sch.-Archivs, Bl. 28   76, 19 aller John auf g^1 üdZ   77, 1 dafür John auf g^1 aR   6 hiedurch John auf g^1 üdZ   7 zu John auf g^1 üdZ   8 die Güte haben John auf g^1 üdZ   dafür John auf g^1 über ſolches Denenſelben   9 wiſſen John auf g^1 über haben

Vgl. Tageb. X, 107, 18. 19; zur Sache zu 72, 11. Die Antwort des Adressaten, weimarischen Geschäftsträgers in Wien, datirt vom 8., eingegangen am 15. October 1825, in demselben Fascikel, Bl. 48.

*69. Concept von Johns Hand (78, 2 neben nach hint(er)), Abg. Br. 1825, 148, auf einem am Schluss des Quartalheftes eingehefteten Foliobogen, dessen erstes Blatt abgeschnitten ist. Hier seines wichtigen Inhalts wegen in den Text aufgenommen, obwohl Fragment. undatirt und ohne Adressaten Datum vermuthungsweise nach der Stellung in den Quartalsheften.

*70. Abschrift von unbekannter Schreiberhand in dem zu 43 d. B. genannten Fascikel des G.-Sch.-Archivs, Bl. 39 80. 13 mehre aus mehrere 81. 20 Darunter die Notiz: „Expedirt und an HE. Canzler von Müller übergeben" (vgl. Tageb. X, 109, 1. 2)

Concipirt am 25. und 29. September, abgeschlossen am 1. October 1825 (Tageb. X, 106, 17. 18. 107, 27. 28. 108, 18. 19). In einem abschriftlich (in demselben Fascikel, Bl. 8) durch den Adressaten (bairischen Gesandten in Dresden) dem Canzler v. Müller mitgeteilten, am 16. September 1825 (vgl. Tageb. X, 103, 7—9) bei Goethe eingegangenen Erlass des bairischen Ministers Grafen v. Rechberg vom 1. September 1825 an den Grafen v. Luxburg heisst es in Bezug auf Goethes an den König von Baiern gerichtetes Gesuch: „Wenn nun Seine Königl. Majestät kein Bedenken tragen, der diesfalls [am 26. April 1825 an Carl August] ertheilten Zusage allergnädigste Folge geben zu lassen, so kann doch nach den hierunter angenommenen Grundsätzen, ein Privilegium weder auf unbestimmte Zeit noch auf so lange Dauer als gebeten worden, sondern höchstens auf zehen Jahre verliehen werden. Auch ist erforderlich, dass der Gesammttitel, unter welchem Göthe's sämmtliche Werke nun dem Publikum vorgelegt werden sollen, und ob solche im Selbstverlage des Verfassers oder welches andern Unternehmers erscheinen Behufs der Ausfertigung des allerhöchsten Königlichen Privilegiums, demnächst noch angezeigt werde. Der Königl. Gesandte, Geh. Rath, Graf v. Luxburg erhält daher den Auftrag dieses dem Betheiligten in geeigneter Weise zu eröffnen, worauf dessen Erklärung auf gleichem Wege gewärtiget wird."

Ein Schreiben der Oberaufsicht vom 1. October 1825 (Schuchardts Hand) an den Conducteur H. L. F. Schrön in Jena, die Bibliothek der Sternwarte daselbst betr., in „Acta observatorii N⁰ II. Acten der Grossherzoglichen Sternwarte zu Jena das Inventarium der Sternwarte betr. Vol. I, 1820 ff.", Bl. 13; zwei Schreiben der Oberaufsicht von demselben Tage an den Professor G. G. Güldenapfel in Jena, 1) die Anstellung des Seminaristen Liebeskind als Bibliotheksdieners an der akad. Bibliothek, 2) die Verbürgung des Hofraths Voigt und Professor Goebel für Studirende bei Ausleihung von Büchern betr., in den „Acta der Universitäts-Bibliothek in Jena von den Jahren 1825—1831"; endlich ein Concept der Oberaufsicht von demselben Tage (Schreiberhand) an den Rentamtmann Müller in Jena, das Miethgeld für das Absteigequartier der Oberaufsicht in Jena betr., in dem Fascikel der Oberaufsicht „Acta Erbauung einer neuen Gärtner Wohnung im Grossherzgl. botanischen Garten zu Jena betr." (Tit. 3, Nr. 4), Bl. 3.

*71. Concept von Johns Hand in dem zu 43 d. B. genannten Fascikel des G.-Sch.-Archivs, Bl. 35—82, 1 bie nach für 2 betreffend g üdZ 10 mir ſchmeichle üdZ 11 in aR für für die 12 zu ſehen nach wünſche 13 die Ehre habe mich aus mir es zur Ehre rechne mit Adresse auf Bl. 34ᵇ: „Sr. Excellenz des Herrn Freyherrn von Marschall Herzogl. Nassauischen wirklichen Geheime Rath u. Staats-Minister auch mehrerer hohen Orden Grosskreuz nach Wiesbaden"

Vgl. Tageb. X, 109, 11—13. Antwort auf das vom 17. September datirte, am 25. September 1825 bei Goethe eingegangene Schreiben des Adressaten (in demselben Fascikel, Bl. 25), mit dem dieser das auf 50 Jahre ertheilte nassauische Privileg übersandte.

Ein Schreiben der Oberaufsicht vom 3. October 1825 (Schuchardts Hand) an den Conducteur H. L. F. Schrön in Jena, die Instandsetzung mehrerer Instrumente durch den Mechanicus Sieglitz betr., in „Acta observatorii N⁰ II. Acten der Grossherzoglichen Sternwarte zu Jena das Inventarium der Sternwarte betr. Vol. I. 1820 ff.", Bl. 15; ein zweites Schreiben der Oberaufsicht von demselben Tage

(Schuchardts Hand), ebenfalls an den Conducteur H. L. F. Schrön in Jena, die Grossherzogl. Sternwarte und meteorol. Anstalt daselbst betr., in „Acta observatorii N̂o IV. Acten der Grossherzoglichen Sternwarte zu Jena, die regelmässigen meteorologischen Beobachtungen im Allgemeinen und das meteorologische Jahrbuch im Besondern betr. Vol. I. 1821—32", Bl. 65.

*72. Concept von Johns Hand, Abg. Br. 1825, 149 82,16 das nach es an ein(em)

82,18 Vermuthlich der darmstädtische Hof-Maler Gläser, der am 28. September (Eing. Br. 1825, 257) zum Jubiläum des Grossherzogs ein Bild einsendet, vgl. Bd. 41 Nr. 172.

*73. Concept von Johns Hand, von Riemer mit Blei durchcorrigirt, Abg. Br. 1825, 150 83,1 Trang *g* aus Trau 3,4 hätte sich aR für wäre 5 darstellen lassen aus darzustellen gewesen 9 zu sehen hoffe *g* über werden dürfte 18 uns — sehn aR für wir mögen sämtlich 20 göttingische Universitäts-Jubiläum aR für Jubiläum der Göttingischen Universität zusammen zu aR wobey denn aus bey welchem Feste sodann 22 *g* aR

Vgl. Tageb. X, 109, 13. 14. 110, 10. 11. Antwort auf des Adressaten Brief aus Göttingen vom 28. September (Eing. Br. 1825, 256), worin es heisst: „Unter den gar vielartigen frohen Überraschungen die mir in den verflossenen Tagen von nah und fern geworden sind, haben mich die güldnen Worte auf der schönen Kapsel mehr als ich sagen kann gerührt, und die freudigsten Reminiscenzen von mehr denn 50 Jahren her in voller Lebendigkeit bey mir geweckt. Indess remittire ich das meinen Gefühlen so theure Stück auf möglichst kurze Zeit und sehe seiner Rückkehr mit Inlage einer Medaille sehnlich entgegen welche es der Adresse zu folge, mit welcher es mir am Sonnabend zu Händen kam, enthalten sollte"; diese erste Sendung war nach Tageb. X, 102, 26. 27 am 15. September 1825 von Weimar abgegangen 83,1 vgl. zu 16, 20 3 Zu Blumenbachs (vgl. ADB. II. 748) funzigjährigem Doctor-Jubiläum, vgl. zu 209, 11. 12 11 vgl. zu 25, 24 20 Die Universität Göttingen wurde 1734 von König Georg II. gegründet, am 17. September 1737 eingeweiht; Blumenbach starb am 22. Januar 1840.

74. Vgl. zu 6161 (Bd. 22). Johns Hand 84, 25 g
Mit Boisserées Vermerk: „Empfangen 8 Octob." Gedruckt:
S. Boisserée II, 396. Dazu ein Concept von derselben Hand,
Abg. Br. 1825, 151, woraus zu bemerken: 84, 5 zugleich nach
mir 8 vermelben g^1 über jagen 10 mein Befinden g^1 aus
meine Zustände 16 ferneren g über nächsten zu g über mit
22 mich g aus mit 23 erneuerendem 25. 26 fehlt mit Ausnahme des Datums
Vgl. Tageb. X, 110, 11. 12 84, 1 vgl. Tageb. X, 110, 14. 15
7 vgl. Boisserées Antwort vom 15. October 1825 (S. Boisserée
II, 396).

75. Handschrift unbekannt; vgl. zu Bd. 38 Nr. 150.
Gedruckt: Rezensionen und Mittheilungen über bildende
Kunst, Wien 1864, Nr. 21. Dazu ein Concept von Johns
Hand, Abg. Br. 1825, 152, woraus zu bemerken: 85, 2 bin g^1
später zwischengeschrieben   eine dankbare [g^1 aus dante]
Erwiederung 3 ich mich, sogleich 4 vergangenen g^1 aus Vergangenen mannigfaltigen g^1 aus mannigfaltige 5 bereite nach
sogleich 9 Herrn g^1 über H.E. 14 dadurch g^1 über bey 86, 5
sinkendem g^1 aus sinkenden   8 viel g^1 aus vieles 16 Leupold
Stuttgart g^1 über München 23 öffentlich g^1 über allgemein
27. 28 fehlt mit Ausnahme des Datums
Vgl. Tageb. X, 110. 12. 13. Antwort auf Tiecks undatirten,
jetzt im Freien Deutschen Hochstift befindlichen und im G.-Jb.
VII, 202 ff. abgedruckten Brief 85, 1 vgl. zu 16, 20 9 vgl.
zu 25. 24 12 Die Tieck'sche Umarbeitung der Trippelschen
Goethebüste, vgl. Zarncke, Kurzgefasstes Verzeichniss der
Originalaufnahmen von Goethes Bildniss, Leipzig 1888, S. 77;
E. Hildebrandt, Friedrich Tieck, Leipzig 1906, S. 27 20 Von
Rauch, vgl. 141. 5, Tageb. X, 127, 16 und Eggers. C. D. Rauch
II, 299 86, 7 vgl. zu 32, 15 15 vgl. zu 4, 4 16 vgl. zu 4, 19.

*****76.** Concept von Johns Hand in dem zu 43 d. B. genannten Fascikel des G.-Sch.-Archivs, Bl. 45 87, 22 für
nach es hohes g üdZ Adresse: „An Ihro des regierenden
Herzogs Ernst von Coburg Hochfürstl. Durchlaucht Coburg",
darunter g^3: *In simili, mutatis mutandis,* An des H. Großh.
v. Baden Königl. Hoheit und: *in simili omissis omittendis* ( )
an Ihro Königl. Hoheit den Großh. von Mecklenburg Schwerin.
Dementsprechend ist im Text Folgendes g^3 geändert:

87,1.2 Allerdurchlauchtigster Großherzog Allergnädigst regierender Fürst und Herr   3 G w: Königliche Hoheit   5 weit erstrecktes] ertheiltes   6 Nach Privilegium g^3 aR: (im eigentlichsten Sinne des Wortes, als Ausnahme eines bestehenden Gesetzes,) Allerhöchstdieselben   13 G w: Königlichen Hoheit   15. 16 Allerhöchstdieselben   24 Hier folgt: Nach Coburg; darunter g^3: 10 „— — Nach Baden.   27 „— — Schwerin." Dazu ein früheres Concept bei den „Wanderjahren". Paral. I.

Nach Tageb. X, 110, 23—25 am 6. October 1825 abgegangen; vgl. ferner X, 112, 11—13. 119,1.2. Das Coburg'sche Privileg, datirt vom 24. September 1825, langte mit einem Handschreiben des Herzogs Ernst vom gleichen Tage am 1. October an (in demselben Fascikel, Bl. 37. 38), das Badische, angekündigt durch ein Handschreiben des Grossherzogs Ludwig vom 29. September (in demselben Fascikel, Bl. 44), datirt vom 3. October, am 23. October 1825 (Vol. I. C, Bl. 7), das Schwerinsche, mit einem Handschreiben des Grossherzogs Friedrich Franz vom 22. October, am 14. November (Vol. I. C, Bl. 21).

*77. Vgl. zu 6378 (Bd. 23). Johns Hand   88, 2 er g üdZ   Dazu ein Concept von derselben Hand, Abg. Br. 1825, 149, woraus zu bemerken: 88, 2 Sicilianischen   er fehlt   5 sich nach Stelle und Ausdruck   8 wird g über worden   12 G. fehlt

77,2 vgl. zu 93 d. B.

*78. Concept von Johns Hand, Abg. Br. 1825, 156   88, 13 ich g^1 üdZ   16 Posek   19 ihm g^1 aR   89, 3 Mit g^1 aus mit   5 ich g^1 aR

Vgl. Tageb. X, 111, 15. 16. Über die Adressatin vgl. Nouvelle biographie générale XXXIX, 129; sie übersetzte „Poésies de Goethe". Paris 1825   88, 16 Friedrich Carl Christian v. Poseck, auf Etschleben, Forst-Adjutant und Jagdjunker (Staats-Handbuch für 1827, S. 15), ging nach Paris; vgl. Tageb. X, 111, 19—21   89, 2 Die Goethemedaille von Bovy (Tageb. X, 111, 16), vgl. zu 63, 10.

79. Vgl. zu Bd. 39 Nr. 65. Johns Hand   89, 19 dritten fehlt   90, 1 g Gedruckt: K. Fischer, Briefwechsel zwischen Goethe und K. Göttling, München 1880, S. 10. Dazu ein Concept von derselben Hand in dem zu 61 d. B. genannten

Fascikel des G.-Sch.-Archivs, Bl. 46, dem zu 89,19 gefolgt und woraus ferner zu bemerken ist: 89,12 habe g^1 aus haben 14 und g^1 üdZ 25 erlauben nach gleichfalls 90,3 Dandbar, mit g^1 aus Mit 4.5 fehlt mit Ausnahme des Datums

Antwort auf Göttlings Brief vom 27. September 1825 (vgl. zu 61 d. B.), worin es nach Bemerkungen zu Wilhelm Meister (vgl. Werke XXII, 361) heisst: „S. 246,7 [in den „Wahlverwandtschaften"] finde ich die Form gypsernes etwas auffallend gebildet statt: gypsenes; denn meines Wissens wird ein Adjectiv auf ern nur von neutralen Substantiven gebildet und ursprünglich wohl bloss von solchen, die im Plural die Endung er annehmen: so holz, hölzer, hölzern; horn, hörner, hörnern; späterhin wohl auch von andern Neutris, die jetzt keinen Plural mehr aufzuweisen haben. Ich nehme mir die Freiheit, Ew. Excellenz einen schwachen Versuch, den ich früher über diese Adjectivbildungen zu Papiere gebracht, beizulegen, wo ich S. 22 eine Meinung aufgestellt habe, die ich Ew. Excellenz Urtheil unterwerfe. Noch ist mir das Th. 1. S. 159,4. stehende: und liefen und heulten davon aufgefallen; sollte es nicht heissen: und heulten und liefen davon? ... Zuletzt erlaube ich mir noch eine Frage: sind Ew. Excellenz nicht geneigt, die doppelte Comparativform mehrere statt mehre aufzugeben?" Göttling sendet am 4. November 1825 (in demselben Fascikel, Bl. 47) das Manuscript zum dritten Bande der Ausgabe letzter Hand zurück.

*80. Concept von Johns Hand, von Riemer mit Blei durchcorrigirt, in dem Fascikel des G.-Sch.-Archivs „Concepte die Privilegien zu der neuen Ausgabe betr. und zu der Correspondenz mit Cotta" (Bl. 5) 90,7 hochgeehrt. 8 Während aR für Indeffen, dieses aus Indem 9 ein aus eine 18 geneigten aR für freundlichen 19 ich nach ich da[?]

Nach Tageb. X, 112,13.14 am 9. October 1825 abgegangen. Antwort auf des Adressaten, Professors der Philosophie und Cameralwissenschaft in Erlangen (1772—1842, vgl. ADB. X, 601) Brief vom 19. August 1825 (in dem zu 3 d. B. genannten Fascikel des G.-Sch.-Archivs, Bl. 80), mit welchem dieser den im 7. Heft seines Archivs erschienenen Anfang einer Abhandlung gegen den Nachdruck übersendet und bittet, Goethe möge „über diesen allgemein so hochwichtigen Gegenstand des Gesammtvaterlandes etwas — einige Tropfen aus dem Ocean seiner Gelehrsamkeit (sollte es auch nur ein zum öffentlichen Gebrauche bestimmtes kurzes Schreiben sein) für sein Archiv recht bald hochgeneigt mittheilen."

*81. Handschrift von John in dem zu Bd. 39 Nr. 36 genannten Fascikel des Grossherzoglich Sächsischen Hausarchivs, Bl. 24   91, 4 Der   92, 10. 11 g   Dazu ein Concept von derselben Hand, Abg. Br. 1825, 158, dem zu 91, 4 gefolgt und woraus ferner zu bemerken ist: 91, 2 gnädigst Mitgetheilte [aus mitgetheilte] g³ üdZ   4 Den aus Der   5 Zeitung nach zeichnung   6 Ferner später zwischengeschrieben   10—19 Folgt mit g³ Verweisungszeichen auf Bl. 159   14 problematische nach sich   überliefert worden g³ über finden   15 großer g³ aus von großen   16 darauf g³ über dorthin   92, 8 erwiedert nach auf die allerfreundlichste Weise   worin g³ über welches   9 danckbarlichst anerkenne g³ aus wohl allein schuldig bin   10—12 fehlt mit Ausnahme des Datums

Vgl. Tageb. X, 112, 14   91, 5. 6 vgl. 92, 16   20 Carl August schreibt in einem undatirten Briefe (Eing. Br. 1825, 270): „Die Beyl. sind Verzeichnisse von Min. die Pr. Hand aus Petbg. mitgebracht hat u. die er mir Sontag ausgepackt übergeben wird. Alsdenn bitte ich um diese Verzeichnisse zurück u. dass was ich vor ein paar tagen geschickt habe, diese Gold Gruben bettr. Die Sammlung werde ich nach Jena geben"; vgl. 92, 20. 187, 16, 83 d. B. und Tageb. X, 112, 6—8. 16   92, 1—3 vgl. zu 35 d. B.   8 vgl. zu 76 d. B.

*82. Vgl. zu 3718 (Bd. 13), Nr. 3719. Johns Hand 93, 3. 4 g

Vgl. Tageb. X, 112, 23. 24   92, 16 vgl. zu 91, 5. 6   20 vgl. zu 91, 20.

*83. Concept von Johns Hand im G.-Sch.-Archiv bei den Papieren der „Wanderjahre"

Vgl. Tageb. X, 112, 24—26 und zu 91. 20.

84. Vgl. zu Bd. 33 Nr. 71. Concept von Schreiberhand in den Acten der grossherzogl. Bibliothek zu Weimar 94, 17. 18 g Gedruckt in: Deutsche Arbeit. Monatsschrift für das geistige Leben der Deutschen in Böhmen, München 1901, 1, 34. vgl. A. Sauers Neuausgabe des Briefwechsels S. 92

94,7 Grüner hatte sein handschriftliches Werk „Über die ältesten Sitten und Gebräuche der Egerländer" (vgl. zu XXXVIII, 61,2) in zwei Abschriften auf seiner Reise nach Weimar (vgl. Sauer S. 402—415) mitgenommen, von denen die für den Grossherzog Carl August bestimmte sich in der grossherzogl. Bibliothek, die für Goethe bestimmte im G.-Sch.-Archiv befindet (vgl. die Ausgabe von Alois John, Beiträge zur deutsch-böhmischen Volkskunde IV. 1, Prag 1901).

*85. Vgl. zu 6243 (Bd. 22). Johns Hand 95,2 i§m *g* üdZ 8 *g* Dazu ein Concept von derselben Hand, Abg. Br. 1825, 159ᵇ, woraus zu bemerken: 94,21 verfaßt nach franzöſiſch 95,2 ihm fehlt 4 höchſte nach All 6.7 ausdrucken 8.9 fehlt mit Ausnahme des Datums

94,21 Wohl die in des Grossherzogs Carl August Namen aufgesetzte Antwort an den Sekretär der Société Linnée de Paris, Thiébaut de Berneaud, vgl. zu 91 und 98 d. B.

86. Handschrift von John 1907 im Nachlass des kgl. Hofbuchhändlers S. Soldan in Nürnberg, abgedruckt von R. Herold im G.-Jb. XXVIII, 264, hier nach einer im G.-Sch.-Archiv angefertigten Collation 96,6 *g* Dazu ein Concept von derselben Hand in dem Fascikel des G.-Sch.-Archivs „Verhandlungen mit Frommann über Herstellung der Tafeln zu Goethe's Farbenlehre. 1825", Bl. 1, woraus zu bemerken: 96,1 Rechnung aus Rechnungen 2 erfolgt nach erfolgt 6.7 fehlt mit Ausnahme des Datums

Vgl. Tageb. X, 113, 15—19 und zu 112 d. B. Frommanns Antwort vom 30. October in demselben Fascikel, Bl. 2.

87. Handschrift unbekannt; hier nach einer Copie von später Hand im Grossherzogl. Sächs. Haus-Archiv A XX (Louise) Nr. 11 (Überschrift: „Abschrift eines an Ihro K. H. die Frau Grossherzoginn durch den Staats-Minister von Goethe gerichteten unterthänigsten Schreibens zu Begleitung der Höchstderselben gewidmeten Denkmünze"). Gedruckt: P. v. Bojanowski, 140 Jahre Weimarischer Geschichte in Medaillen (Zum 24. Juni 1898) S. 17. Dazu ein Concept von Johns Hand, Abg. Br. 1825, 160, woraus zu bemerken: 96,9 gewohnter huldvoller *g* üdZ 10 als — daß

Riemer mit Blei aR für das   jener Riemer mit Blei über einer   16 Unterschrift fehlt

Vgl. Tageb. X. 114, 9. 10 („Absendung an Serenissimam der Medaillen und des [vom Kanzler v. Müller verfassten] Gedichtes"). Über die von Bovy in Genf gefertigte Medaille, die, ursprünglich zur goldenen Hochzeit am 3. October 1825 bestimmt, am Jahrestage der Schlacht bei Jena, an welchem vor 19 Jahren Louise Weimar gerettet hatte, überreicht wurde, vgl. 104, 4. 105, 5. 24. 195. 13—19. 208, 17, Bd. 39 Nr. 119 und Bojanowski a. a. O. S. 17; die Antwort der Grossherzogin an Goethe (Tageb. X, 114, 22. 23) ebda. S. 18. Vgl. auch Briefwechsel mit Zelter IV, 89.

*88. Vgl. zu 6378 (Bd. 23). Johns Hand

Vgl. Tageb. X, 114, 18—20 („Gegen Abend mit Professor Riemer spazieren gefahren. Sodann 1806 geendigt").

*89. Vgl. zu 6378 (Bd. 23). Johns Hand

Vgl. Tageb. X, 114, 24 („Aufsatz wegen der Bilder am Hause") und 115, 13. 14 („Mittag Professor Riemer. Gingen den Aufsatz für die Jubiläumsbeschreibung durch").

90. Handschrift unbekannt. Gedruckt: Briefwechsel II, 270

Antwort auf Carl Augusts Brief vom 9. October 1825 (Briefwechsel II. 269), worin es heisst: „Ich habe diese vergangene Woche Professor Renner in Jena besucht. Er ist sehr fleissig im Seciren und Aufstellen, nicht aber im Aufzeichnen (Zettelaufkleben oder Numeriren) noch im Catalogisiren".

*91. Vgl. zu 6243 (Bd. 22). Johns Hand   98, 7 Linceische 9 dringenste   11 g Dazu ein Concept von derselben Hand. Abg. Br. 160ᵇ, woraus zu bemerken: 98, 11. 12 fehlt mit Ausnahme des Datums

Vgl. zu 94, 21.

*92. Concept von Johns Hand, Abg. Br. 1825. 160ᵇ 98, 19 angesprochener   99, 7 Ihren

Das fehlende Datum, nach 95 d. B. und der Stellung in den Concepthesten eingesetzt (vgl. Tageb. X. 115, 23. 24. 116, 6. 7), scheint nach Tageb. X, 113, 19. 20. 114, 1—3 vielmehr auf den 12. October 1825 zu fallen.

*93. Concept von Johns Hand, Abg. Br. 1825, 171   99, 18 auß aus auẞ   24 deiner g^1 aus einer   100, 3 gelehrte g^1 aR 6 und g^1 über in der   10 immerfort nach gef(ördert)   11 siehst g^1 über bist   12 und g^1 aus unẞ   13 von über an

Vgl. Tageb. X, 115, 19. 20 und zu 88, 2. 96 d. B. Die von Riemer verfasste Übersetzung in's Lateinische, nach 107, 3. 4 von Goethe auf der grossherzogl. Bibliothek deponirt, ist unbekannt   99, 24 Enrico Forcella, Numismata aliquot Sicula, Neapoli 1825.

94. Vgl. zu Bd. 39 Nr. 106 (Bl. 59). Johns Hand 101, 19. 20 g Mit der Notiz des Empfängers: „beant. 27. Oct. 25", und des Grafen C. L. v. Beust: „HE. Geh. Rath Freih. v. Leonhardi, der auf mein Ersuchen dem HE. p. von Goethe die in der BV. über dessen Angelegenheit pp. erfolgten Abstimmungen zugesendet hatte." Gedruckt: Grenzboten 1874 III, 268. Dazu ein Concept von derselben Hand in dem zu 43 d. B. genannten Fascikel des G.-Sch.-Archivs, Bl. 55, woraus zu bemerken: 100, 24 eines g^1 aus einer   101, 1 Geschäftes g^1 aR für Angelegenheit   4 mir g^1 üdZ   5 schmeicheln nach mir   8 nur nach mir   11 zu bewirken aus auszufertigen nach ohne Weiteres   12 wäre aus wären   13 In letzterem 14 Courtoisie g^1 aus Courtouisi   Adressen nach die   19—21 fehlt mit Ausnahme des Datums

Vgl. Tageb. X, 115, 22. 23. Über den Adressaten, grossherzoglich hessischen Geheimrath und Bundestagsgesandten für die XVI. Curie (1778—1839) vgl. zu 6139 und ADB. XVIII, 312.

95. Vgl. zu Bd. 37 Nr. 53. Schreiberhand (wohl John) 102, 11 g Gedruckt: H. Uhde, Goethes Briefe an Soret, Stuttgart 1877, S. 20. Dazu ein Concept von Johns Hand, Abg. Br. 1825, 161^b, woraus zu bemerken: 101, 23 wenigen 102, 1 Bronz   2 von Ew. Wohlgeb. aR   3 dreyßig g über 30 Exemplare   9. 10 so glücklich g aus auf das glücklichste 10 verbindlichste g über beste   11. 12 fehlt mit Ausnahme des Datums

Vgl. Tageb. X, 115, 23. 24 und zu 92 d. B.   102, 1 Von Bovy, vgl. zu 63, 10   6 vgl. Tageb. X, 116, 5. 6.

*96. Concept von Johns Hand, Abg. Br. 1825, 172^b 102, 15 Marchese] Marchio   nach Palermo g^1 aR   17 der nach

Serenissimi 19 b. J. aR 19 Die g¹ aus und die 20 des mitgesendeten g¹ aus dessen versendeten 21 beachtenden g¹ aus beobachtenden 22. 23 Zu — angelegentlichst g¹ aus Womit ich mich angelegentlichst empfehlend zu — bereit

Vgl. Tageb. X, 115, 19. 20 und zu 93 d. B.

*97. Concept von Johns Hand in dem zu 80 d. B. genannten Fascikel des G.-Sch.-Archivs, Bl. 7   103, 5 zu — seyn g¹ aus sich zu Hause zu halten   7 wird g¹ über ist

Vgl. Tageb. X, 115, 26. 27. Des Adressaten Vater, Buchhändler Adolph Martin Schlesinger in Berlin, bewarb sich am 29. August und 24. September 1825 mit einem Angebot von 60 000 Thalern um den Verlag der Ausgabe letzter Hand; in dem letzten Schreiben (Acta Privata, Vol. II B., Bl. 1) heisst es: „Mein Sohn ist gegenwärtig noch in Wien, und wird Mitte October, bei seiner Durchreise durch Weimar, die Ehre haben, Ew. Excellenz seine Aufwartung zu machen."

*98. Handschrift von John, Abg. Br. 1825, 167   103, 20. 21 g Dazu ein Concept von derselben Hand, Abg. Br. 1825, 163, woraus zu bemerken: 103, 20—22 fehlt mit Ausnahme des Datums; dafür: Eine ferner ermangele nicht an zuzeigen daß eine lateinische Antwort an den Marchio Forcella nach Palermo [vgl. zu 93 d. B.]

Vgl. Tageb. X, 116, 5. 6 und zu 94, 21; Carl Augusts Antwort aR: „eodem Den schönsten danck für die beyl. ich bitte den brief ins mundum schreiben zu lassen, nach vollzogener unterschrift werde ich ihn zur ferneren besorgung wieder einhändigen Carl August mp."

*99. Handschrift, eigenhändig (vgl. G.-Jb. VII, 333), nicht erreichbar. Hier nach dem Concept von Johns Hand, Abg. Br. 1825, 163ᵇ   104, 4 Beygehendes g¹ aus Beykommendes   7 silbernem Kleide geschmückt g¹ aus silbernen Kleidern   7. 8 anschauen g¹ aus anschauend   9 Wohl und Heil g¹ über Glück   befestigen g¹ aus befestigend   10. 11 lies: frommen Betrachten g¹ über jedesmaligen Anschauen   12 manchmal g¹ aR   13 höchst angenehm g¹ aus aufs angenehmste   15. 16 das — und g¹ üdZ   Ferner ein eigenhändiges Concept bei den Hss. zu Kunst und Alterthum V, 3 (H¹¹)

Vgl. Tageb. X, 116, 12   104, 3 vgl. zu 16, 20   4 Die beiden Medaillen zum 3. September und 14. October 1825, vgl. zu 25, 24 und zu 87 d. B.

Hier folgt das von Goethe in des Grossherzogs Carl August Namen aufgesetzte Concept eines Briefes an Arsenne Thiébaut de Berneaud, Secretär der Linnéischen Gesellschaft in Paris (1777—1850), nach dem Concept von Johns Hand, Abg. Br. 1825, 168; vgl. zu 85. 91 d. B. (Datum nach Tageb. X, 116, 5. 6). Die abgegangene französische Übersetzung des Canzlers v. Müller ist nicht bekannt.

Mein Herr

Die ehrenwerthen Mitglieder der Linnéschen Societät in Paris lassen mir Gerechtigkeit wiederfahren indem sie überzeugt sind daß es mir sehr angenehm sey in Ihren Wirkungskreis aufgenommen zu werden. Ich verfolge an meinem Theil dieselbigen Zwecke indem ich meine botanischen Anstalten möglichst auszubehnen und in Ordnung zu halten suche, nicht weniger die geeigneten Pflanzen zu acclimatisiren bemüht bin. Wobey ich denn zugleich meine landwirthschaftlichen Unternehmungen dahin richte, daß durch sorgfältig behandelten Viehstand der Ackerbau verbessert und die Wollerzeugung veredelt werden möge.

Das Hauptaugenmerk bleibt jedoch daß durch Versuch und Beyspiel der Landmann, aus seinem beschränkten Zustand, zur Klarheit der Begriffe und zu einer freudigern Thätigkeit möge geführt werden. Fahren Sie fort mir die Zeugnisse Ihrer so nützlichen als angenehmen Beschäftigungen fernerhin mitzutheilen und bleiben meines fortdauernden Interesses gewiß.

*100. Concept von Johns Hand, Abg. Br. 1825, 164 105. 4 zu förbern g^1 über begünstigen   5—13 Auf Bl. 162; dafür auf Bl. 164^b der erste Entwurf g^1 gestrichen   5 dem g^1 aus den   6 edlen g^1 aR   7 Beiden] Gleichnisse   meiner freundlich zu   Tenn g^1 aus denn   die nach ich theile mit diesen meinen höchsten Herrschaften   8. 9 unsrer höchsten — meinigen g^1 aR   9 dem nach es   10. 11 und auf — verlassen können, g^1 aR   13 fehlt; dafür g^1: Siehe fol. 14.

Vgl. Tageb. X, 109, 13. 14. 116, 27. 28   104, 20 Über Alessandro Poerio aus Neapel (1802—1848) und seine Beziehungen zu Goethe vgl. 105, 15, R. Köhler in Schnorrs

Archiv XI, 386—395 und Tageb. X, 324 f.   105, 5 vgl. zu 87 d. B. und zu 25, 24.

*101. Concept von Johns Hand, Abg. Br. 1825, 156ᵇ
Nach Tageb. X. 116, 28 erst am 20. October 1825 abgegangen   105, 15 vgl. zu 104, 20   22. 23 vgl. zu 25, 24   24 vgl. zu 87 d. B.   106, 3 vgl. zu 16, 20.

*102. Vgl. zu 6378 (Bd. 23).   Johns Hand
Vgl. Tageb. X, 117, 13—15 („Prof. Riemer. Jahr 1807. Unterbrochen durch Fürst Witgenstein. Nachher fortgesetzt").

*103. Concept von Schuchardts Hand (hier zuerst, vgl. Tageb. X, 117, 23), Abg. Br. 1825, 165   106, 17 der g¹ über dieser   19 Das nach Dagegen ist ein lateinisches Blatt an den Marquis ‚Forcella schon ausgefertigt   20 in Paris g¹ üdZ   107, 2 lies: Palermo mit der eingesendeten Dissertation über   3 das g¹ üdZ   ausgefertigten g¹ aus abgefertigten   6 letztverflossenen g¹ aus letztvergangenen   8 vorerst g¹ üdZ   10 aber g¹ über auch   12 datirt — Jahrs, g¹ aR   13 Ihro g¹ aus Ihrer   14 lies: ausgefertiget
Datum nach Tageb. X, 117, 17   106, 16 An Thiébaut de Berneaud, vgl. zu 99, 100 d. B.   107, 1—4 vgl. zu 93 d. B.   11 vgl. 107, 22. 136, 12. 137, 1, Tageb. X, 117, 10. 11 und 104 5 d. B.

104. Vgl. zu 6186 (Bd. 22).   Schuchardts Hand   108, 4. 5 g   Gedruckt: W. v. Biedermann, Goethe-Forschungen 1. 257. Dazu ein Concept von derselben Hand, Abg. Br. 1825, 166, woraus zu bemerken: 107, 21 Luxenburg   23 auf Pergament, g¹ aR   24. 108, 1 datirt — b. J. g¹ aR   108, 1 durch — Piquot aR   3 freundschaftlichen g¹ über wohlwollenden wohl g¹ üdZ   4—6 fehlt mit Ausnahme des Datums
Vgl. Tageb. X, 117, 17—19   107, 22 vgl. zu 107, 11.

Hier folgt das undatirte Concept eines Briefes an Peter v. Piquot, weimarischen Geschäftsträger in Wien, nach Tageb. X, 117, 19. 20 am 22. October 1825 abgegangen (von Johns Hand in dem Fascikel des G.-Sch.-Archivs „Acta Privata Die neue vollständige Ausgabe meiner Schriften betr. Vol. 1. C. Die Verhandlungen an dem Bundestage betr. 1825", Bl. 4):

Hochwohlgebohrner

Insonders Hochgeehrtester Herr.

Ew: pp. habe das Vergnügen anzuzeigen daß das Allerhöchste, über Erwartung günstig ertheilte Privilegium glücklich angekommen und, durch äußere Form schon seinen innern Werth ankündigend, mich mit großer Freude beglückt hat.

Ew: Hochwohlgeb. setzen gewiß die Güte fort mir auch fernerhin in dieser Angelegenheit beyzustehen und an erhabener Stelle meine innigste Dankbarkeit, die ich lebendig wie ich sie empfinde kaum äußern dürfte, wo es sich ziemen und schicken will, geneigt auszusprechen.

An Jhro des Herrn Fürsten Metternich Durchlaucht, wie an des Herrn Grafen Saurau Excellenz, habe schon bey Ankündigung der Allerhöchsten Gnade verpflichteten Dank abgestattet. Sollt' ich, ohne zudringlich zu scheinen denselben wiederholen dürfen, so erbitte mir einen leitenden Wink. In dem Andenken des HE. Ritter von Genz wünschte nicht weniger empfohlen zu seyn.

Daß beyliegendes Gedicht schon so zeitig nach Wien gelangt, dort einige Aufmerksamkeit erregen konnte weiß ich allerdings zu schätzen. Nehmen Sie beyliegendes Exemplar als ein eignes zugeschriebenes zu meinem Andenken freundlich auf.

Die schuldige Summe ist alsobald an Banquier Elkan gegen Quittung abgetragen worden.

Der ich, zu wohlwollendem Andenken mich bestens empfehlend, die Ehre habe mich zu unterzeichnen

Ew. Hochwohlgeb.

Weimar.

*105. Vgl. zu 4102 (Bd. 14). Schuchardts Hand 108,15 g
Vgl. Tageb. X, 117, 20—22 („Prof. Zelter Berlin. Rücksendung meiner Briefe bis 1817") 108,7 vgl. zu 3. 9 12 vgl. zu 4, 23. 24.

1.2 g^1 später übergeschrieben 3 Allerhöchste g^1 aus allerhöchste 7 mir g^1 aus mich 8 an g^1 üdZ 10 wo g^1 über wenn 14 Allerhöchsten g^1 aus allerhöchsten Sollt' g^1 aus Solt 15 zudringlich g^1 aus Zudringlich 16. 17 In — seyn g^1 aR 18 schon g^1 üdZ 19 weiß g^1 aus weis allerdings g^1 üdZ 21 zu aus zum 24—26 g.

*106. Concept von Johns Hand, Abg. Br. 1825, 162ᵇ

Vgl. Tageb. X, 117, 22. 23; Antwort auf Körners Brief vom 18. October (Eing. Br. 1825, 280).

*107. Concept von Schuchardts Hand in dem zu 32 d. B. genannten Fascikel des G.-Sch.-Archivs, Bl. 12   109, 9 vorläufig aR   10 auch *g*¹ über und   11 empfehlend *g*¹ aus empfehlen   14 meiner *g*¹ über mich (aus nicht)   und *g*¹ aus um   unsere   15 gedacht haben will *g*¹ über empfehle

Vgl. Tageb. X, 118, s. 9 und zu 13. 32. 46 d. B.   109, 6 vgl. Tageb. X, 113, 27. 28. 115, 20—22. Antwort des Adressaten vom 17. November 1825 in demselben Fascikel, Bl. 13.

Hier folgt: 1) Das Concept eines Briefes an den Grafen v. Beroldingen vom 27. October 1825, nach Tageb. X, 120, 7. 8 erst am 30. October abgegangen (von Johns Hand in dem zu 104/5 genannten Fascikel des G.-Sch.-Archivs, Bl. 12), welches sich mit dem Wortlaut von Nr. 108 d. B. deckt bis auf folgende Abweichungen: 109, 18. 19 Hoch= gebohrner Graf pp.   20 Hoheit] Majestät   110, 3 solchen] den besondern   7 Excellenz   13 10] 12   16 Excellenz   21—23 fehlt mit Ausnahme des Datums   23 1. November] 27ᵗᵉⁿ October Adresse: „An des Herrn Grafen Beroldingen Excellenz nach Stuttgart". Dazu ein früheres eigenhändiges Concept in den Papieren zu Kunst und Alterthum V, 3, *H*¹². — Antwort auf des Adressaten Brief vom 14. October 1825 (in demselben Fascikel, Bl. 8), mit dem dieser das vom 7. October datirte würtembergische Privileg übersendet.

2) Ein von Goethe in seines Sohnes August Namen aufgesetztes Schreiben an das Bureau des Correspondenzblattes für Kaufleute zu Gotha, das am 25. October 1825 (in dem zu 127 d. B. genannten Fascikel des G.-Sch.-Archivs, Bl. 12) ein Honorar von 200000 Thalern für das an eine zu diesem Zweck zu bildende Actiengesellschaft zu verkaufende Verlagsrecht von Goethes Werken geboten hatte; Concept von Augusts Hand (in demselben Fascikel, Bl. 17; ein eigenhändiges Vorconcept ebda. Bl. 18), nach Tageb. X, 120, 8. 9 erst am 30. October abgegangen:

Ew. Wohlgebohren

vermelde auf Ihre geneigte bedeutende Mittheilung folgendes:

Obgleich mein Vater alle Ursache hat frühere geprüfte Ver=
hältnisse zu schätzen, auch nicht geneigt ist die obwaltenden Unter=
handlungen zu unterbrechen; so ist doch der von Ihnen ausgehende 5
Antrag solcher Art daß man darauf zu reflectiren nicht ablehnen
darf.

Es bleibt daher anheim gegeben was Sie von gedachtem
Unternehmen weiter zu eröffnen gedenken, damit man dessen
Gründlichkeit und Sicherheit besser beurtheilen und seine Schritte 10
darnach abmessen könne.

Indessen entrichte den besten Dank für eine so eingreifende
Theilnahme in Auftrage meines Vaters, indem ich für meine Person
auch mich bestens empfehlend zu unterzeichnen das Vergnügen
habe pp. 15

Weimar den 27. October 1825.

108. Handschrift unbekannt; Abschrift in der Acte des
früheren Kurhess. Ministeriums des Auswärtigen XII. 2. c. 4.
vol. I. 110, 21. 22 g Abgedruckt von Gustav Könnecke (Bilder-
atlas). Zum 28. August 1886. Anhang. Dazu ein Concept
von Johns Hand in dem zu 104/5 genannten Fascikel des
G.-Sch.-Archivs, Bl. 12 (vgl. zu 107/8), woraus zu bemerken:
109, 18. 19 g^3 später übergeschrieben   18 hochwohlgebohrne
20 Hoheit g^3 über Majestät   110, 3 solchen g^3 über den besondern   7 Excellenzen g^3 aus Excellenz   13 10 g^3 über 12
16 Excellenzen g^3 aus Excellenz   21—23 fehlt mit Ausnahme
des Datums   23 den 27ten October   Adresse g^3 aR: An das
Hohe Ministerium der auswärtigen Angelegenheiten nach Cassel

Vgl. Tageb. X, 120, 16. 17. Antwort auf das Schreiben
des kurfürstlich hessischen Ministeriums der auswärtigen
Angelegenheiten, unterzeichnet von Schminke und v. Meysen-
bug, vom 8. October 1825 in dem zu 43 d. B. genannten
Fascikel des G.-Sch.-Archivs, Bl. 47; das vom 4. October
datirte, auf zehn Jahre von 1826—1835 lautende Privileg
selbst ebda. Bl. 53.

---

6. 7 nicht — darf August auf g^1 aR für alle Ursache hat
8 anheim nach Ihnen   gedachtem g^1 aus gedachten

109. Vgl. zu Bd. 37 Nr. 117. Eigenhändig. Adresse
g: „Frau Baroninn von Lewezow geb. Bar. von Breseke
Gnad. Strasburg mit einem Packetchen in Blau Papier
enthaltend eine silberne Medaille werth 3 rℓ. sig. F. v. L."
(vgl. 114 d. B.). Gedruckt: G.-Jb. XXI, 21. Dazu ein Concept
von Johns Hand, Abg. Br. 1825, 154, woraus zu bemerken:
110, 25 vollgültiges fehlt   111, 1 Sie *g* aus sie   2 die nach
von d(er)   4 Seyn   5 willkommen und   7 freundschaftlichen
11 spatzierte aus spatzier ich auch   unserer   12 geliebten fehlt
13 Sommermonde   14 ausgehn   und *g*³ aR   20 wie *g*³ aR
23 verschiedenen] erschienenen   25 überliefern und zu fehlt   25. 26
das in meine Hände kommt   26 Darnach Alinea   27 meiner
heitern *g* über lieben   28 Ihren] den   theuern   28. 112, 1
auch — Ferne fehlt   112, 2 den — Kindern *g*³ über der — Jüngsten
auf das freundlichste   3 anmuthige *g*³ über beliebte   4 seine
nach auch diesmal   holden fehlt   erquicklichen nach d(en?)
5 sonstigem *g*³ aus sonstigen   6 reichlich — haben] auch diesmal
treulich empfangen werde   9—16 fehlt mit Ausnahme des
Datums   11 Weimar   Octobr. 1825.

Antwort auf der Adressatin Brief vom 28. September aus
Marienbad (G.-Jb. XXI, 42)   111, 8 Die Tochter Amélie hatte
sich mit dem preussischen Major v. Rauch verlobt   12 Ulrike
19 vgl. zu 25, 24   23 vgl. zu 69, 19   112, 12. 14 Unbekannt.

110. Vgl. zu 7043 (Bd. 25). Schuchardts Hand   113, 24
Meine — 273. *g* aR   114, 13. 14 erwünschten   22. 23 *g* Gedruckt:
Joh. Val. Teichmanns Liter. Nachlass hsg. v. F. Dingelstedt,
Stuttgart 1863. S. 262. Dazu ein Concept von derselben
Hand, Abg. Br. 1825, 169, woraus zu bemerken: 112, 20 wir
nach ich   113, 3 willkommner   13 wirkten *g*³ aus wirken
21 als *g*³ über wie   24 (M. W. B 9. S. 273.) *g* später
zwischengeschrieben   114, 1 alten Burg *g*³ über Altenburg
2 gegeben *g*³ über verlieben   7 dem *g*³ aus den   9 Werthe *g*³
über Andenken   16 stetige; darnach Alinea   22—24 fehlt

Vgl. Tageb. X, 120, 18. 19. Antwort auf des Adressaten
Brief vom 27. August (Eing. Br. 1825, 207)   113, 6 Brühl
schreibt: „Schon längst habe ich gewünscht Ihren Jahrmarkt zu Plundersweilen in Scene zu setzen und damit alle
Ihre Freunde und Verehrer auf eine heitere Weise zu überraschen. Ehe ich dies aber thue, möchte ich wohl erst die

Meinung des Meisters hören. Wenn Sie es vielleicht nicht gut heissen, oder aber einige Veränderungen in der Form für nöthig achten, so erwarte ich Ihre Weisung und gütige Rathschläge" 23. 24 Werke XVI, 41   114, 1 Brühl schreibt: „Durch Freundlichkeit eines meiner Jugendfreunde und meines wackern Theatermahler Gropius ist der beifolgende Steindruck zu Stande gekommen, von welchem ich hoffe, dass er gütig von Ihnen aufgenommen werden wird. Es ist diess die Abbildung meines Schlosses, und das geringe Verdienst, welches ich persönlich bei der ganzen Sache haben dürfte, besteht in der Vorliebe für altdeutsche Baukunst, in welcher Art dieses alte Gebäude gegenwärtig durch mich hergestellt ist. Die gleichfalls beiliegende kleine Zeichnung wird Ihnen erklären, wie dies alte vierhundertjährige vielleicht noch ältere Haus früher aussah. Die Dächer drohten dem [!] Einsturz so wie ein Stück der Mauer und vor 32. Jahren fing mein Vater an es wieder zu repariren. Während der Kriegeszeit geschah aus bekannten Gründen des allgemeinen damaligen Geldmangels nichts daran und erst seit dieser Zeit habe ich es nach meiner eigenen Zeichnung in die Form gebracht, in welcher Sie es jezt sehen"   114, 14 vgl. zu 25, 24 und 87 d. B.

111. Vgl. zu 4102 (Bd. 14). Schuchardts Hand   116, 11 g Mit Zelters Notiz: „Erhalten 5 — [Nov. 1825]". Gedruckt: Briefwechsel IV, 85, ohne die Nachschrift. Dazu ein Concept von derselben Hand, Abg. Br. 1825, 173, woraus zu bemerken: 115, 4 ſchicke g³ über ſende   5 den — Kaufmann g³ aus durch Einſchluß des Weimariſchen Regierungsraths Schmidt und er iſt gebeten, deine Antwort freundlich aufzunehmen 8. 9 Entſchädigung g³ aus Entſchädigen   10 jetzt ein g³ aus jetzund 116, 6 möge g³ aR   7 unerwartete g³ aR   8 ſehn! g³ unter ſehen   9—12 fehlt mit Ausnahme des Datums   15 wahrſcheinlich nur   und g üdZ

Vgl. Tageb. X, 120, 19. 20   115, 6 vgl. zu 3, 9   22 vgl. zu 5, 23 und Zelters Autwort vom 5. — 8. November (Briefwechsel IV, 90).

*112. Concept von Schuchardts Hand in dem zu 87 d. B. genannten Fascikel des G.-Sch.-Archivs, Bl. 5

Vgl. Tageb. X, 121, 1. 2; zur Sache zu 86 d. B.

*113. Concept von Schuchardts Hand, Abg. Br. 1825, 175
118,6 ift g^1 über wirb   7 in — bem aR   bem g^1 über Herrn überſenbet nach hierburch   8 worben g^1 üdZ

Vgl. Tageb. X, 121, 2—4; zur Sache vgl. 119, 12—19, Tageb. X, 120, 13 und zu 186 d. B.

*114. Concept von Schuchardts Hand, Abg. Br. 1825, 178
118,14 Lebezow g aus Löwezow   17 Trzibliz g später zwischengeschrieben   20 freunbliche g über geneigte   21 von — wohl g aR

Vgl. Tageb. X, 121, 4. 5 und zu 109 d. B.

*115. Concept von Schuchardts Hand, Abg. Br. 1825, 176
119,12 eine üdZ   21 Jahres Laufes g^1 aus Laufes des Jahres 120, 4 zu g^1 aus zur

Vgl. Tageb. X, 121, 18—20   119, 2 Graphische Darstellungen der Wetterbeobachtungen (vgl. zu 28, 22) von Schrön und Kräuter   9 Dr. Friedrich Wilhelm Ludwig Wahl, Professor der Philosophie in Jena   12—19 vgl. zu 113 d. B.   120, 6 vgl. Carl Augusts Antwort vom 4. November 1825 (Briefwechsel II, 271).

116. Handschrift von Schreiberhand (120, 18. 19 g), 1881 im Besitz von Frau Hofrath Stark in Heidelberg, der Schwiegertochter des Adressaten, der Hofrath, Leibmedicus und Professor der Medicin in Jena war. Gedruckt: G.-Jb. II, 298. Dazu ein Concept von Schuchardts Hand, Abg. Br. 1825, 177, woraus zu bemerken: 120, 18—20 fehlt mit Ausnahme des Datums

Vgl. Tageb. X, 122, 5. 6 („An Hofr. Starcke. Das Heft von Koreff"). Nach Tageb. X, 118, 3 handelte Koreffs Heft „über den Magnetismus"   120, 12 Über J. F. Koreff vgl. zu XXVIII, 337, 25; falsch G.-Jb. II, 298.

*117. Vgl. zu 6243 (Bd. 22).   Sedezblättchen von Schuchardts Hand
120, 22 vgl. zu 25, 14.

*118. Concept von Schuchardts Hand. Abg. Br. 1825, 178b
121, 6 Jn nach Aus   10 von   12 auf später zwischengeschrieben

121, 7. 8 vgl. Tageb. X, 123, 22—24 und 122 d. B.   11 Über Wilhelm Heinrich Ferdinand Carl Grafen v. Lepel (1755—1826) vgl. zu XXX, 88, 20 und Tageb. X, 152, 21.

Hier folgt das nachträglich aufgefundene Concept eines Briefes vom 13. November 1825 an C. F. F. v. Nagler (Schuchardts Hand, in dem zu 104,5 d. B. genannten Fascikel des G.-Sch.-Archivs, Bl. 17) nach Tageb. X, 123, 16. 17 schon am 12. November abgegangen. welches lautet:

Ew. Excellenz
in Berlin, kann ich mir nicht anders als unter Ihren unschätz=
baren Sammlungen denken und da regt sich denn immer der alte
Wunsch, etwas Werthes und Wichtiges daselbst nieder zu legen.
Dieß hat mir nun in so langer Zeit nicht gelingen wollen, bis 5
neuerdings die schönen Feste, die so viel Gutes und Angenehmes
gebracht, mir auch etwas in die Hände liefern, welches ich glaube
darbieten zu dürfen. Es sind die Bildnisse unserer höchsten fürst=
lichen Personen zur doppelt und dreyfachen Jubelfeyer geprägt,
und ich darf mich wohl überzeugen, daß diese Ew. Excellenz in 10
vielfachem Sinne willkommen seyn werden. Allein da solche als
öffentliche Denkmale Denenselben sonst wohl zu Hand gelangen
könnten, so glaubte ich dem Bedeutenden auch noch den Werth des
Seltenen hinzufügen zu müssen.

Das Bildniß unsers Fürsten liegt vor, in Goldblech, als der 15
neuste Bracteat von Bedeutung, an eine große Reihe von Vor=
gängern sich anschließend.

Das Bild unsrer Fürstin fängt wohl eine neue Reihe an,
indem es in Platina ausgeprägt, ganz unserm Jahrhunderte an=
gehörig ist, daß ein so widerspenstiges Metall doch auf solchen 20
Grad zu bändigen gewußt hat.

Will mir nun gleich, wie gut ich auch von diesem Anerbieten
denken mag, immer noch einige Besorgniß beygehen, ob es denn

---

2 kann nach wissend 6 neuerdings nach mir die — die g^1 aus das große Fest, das mir 7 mir auch g üdZ liefern g aus liefert 11 Allein g aus allein 12 sonst g^1 üdZ ge= langen g^1 aR für kommen 13 dem nach wohl zu thun den Werth g^1 aR für das Gewicht 13. 14 des Seltenen g^1 und g aus der Seltsamkeit 14 hinzufügen zu müssen g^1 aus hinzu= zufügen 15 unsers g^1 über eines als nach ausgeprägt 16 an nach durch 19. 20 angehörig ist g^1 aus angehört 20 solchen g^1 aR für den 22 nun Riemer über auch

wohl Ihren unvergleichlichen Schätzen sich zugesellen dürfe, so
bleibt mir doch nichts übrig, als diese Gelegenheit zu ergreifen,
deren ähnliche wohl nicht wiederkommen dürfte, um dadurch meinen
besten Willen, irgend ein Symbol von Dankbarkeit und Ver=
5 ehrung aufzufinden, wenigstens zu bethätigen. Ich beruhige mich
in der Überzeugung, daß Ihre Geneigtheit alles was noch er=
mangeln möchte hinzufügen werde.

Von dem für mich so wichtigen, durch Ew. Excellenz Geneigt=
heit glücklich eingeleiteten, sachte fortschreitenden Geschäft, sey mir
10 erlaubt, besonders Nachricht zu geben; doch darf ich nicht verfehlen,
auszusprechen, daß das Kaiserlich österreichische Privilegium in der
würdigsten Form mit dem günstigen Inhalt angelangt ist; wobey
ich mit mir selbst oft zu Rathe gehe, wie ich mich gegen so große
Begünstigungen eigentlich nach allen Seiten hin zu benehmen
15 habe. Um fernere Nachsicht, Leitung und Mitwirkung angedeuteter
Maßen auf das ernstlichste bittend unterzeichne mich mit unbe=
grenzter Hochachtung und dankbarster Neigung.

Weimar den 13. November 1825.

119. Vgl. zu 7432 (Bd. 27). Schuchardts Hand 122,3
Gramatikern 17 Braun 28 Gruithousen so immer 125,17
beyliegenden 23—25 Von Johns Hand am Seitenschluss 126,9
Dalton 13 g Dazu ein Concept von derselben Hand in dem
Fascikel des G.-Sch.-Archivs „Naturwissenschaftliche Correspondenz. VII. vom Januar 1825 bis Maerz 1827", Bl. 18,
woraus zu bemerken: 121,20 wäre g über habe verschiedenes g
alt für Manches 22 viel g^1 über manche 122,1 Abdruck
2 trefflichen g über würdigen 5 endlich g^1 alt 6 deutschen
11 Ein Regierungs=Jubiläum g und g^1 aus Eine Lebens Regierung
11. 12 goldenen 16 Sich — andeuten g alt 20 da g über in
dem 23 hiernach werden denn g aus und so werden sich denn
24 sich g üdZ 123,3 meiner nach sich in 4 erscheint g^1 und
g aus scheinet die g über sich in der als g üdZ 6 Nach
zurechte folgt: (Alle Beobachtungen sind unvollständig und daher

3 um aus und 5 wenigstens nach dadurch zu 8 dem g^1
aus den 13 gegen so große g^1 aus bey so großen 15. 16
angedeuteter Maßen g^1 alt 16. 17 unbegrenzter g^1 aus unbe=
grenztester

als Prämissen unzulänglich und doch legen wir sie gar zu gern (als Prämissen) unsern Schlußfolgen unter.)   7 grundguten *g* über gründlich guten   8 der Ausgleichung *g* aR   8. 9 Die Makro= und Mikromegischen [*g*¹ aus Mikromegische] *g* aR für Die   9 Beobachtungen *g* aus Beobachtung   wichtiger *g* über sämtlicher   13 Mondcharten *g* aus Mondßcharten   14 bis in das *g* aR für in das   Zeichnungen *g* aus Zeichnung   15—18 so — erneuen *g* aR   17 Zu die mit Verweisungszeichen aR: eben weil sie transscendiren, im Mundum wohl nur versehentlich ausgefallen   18. 19 Beharrlichkeit *g* unter Lust   26 sollte ich über haben   124, 1 der weitern *g* über die niedere, letzteres Wort nachträglich durch Puncte wieder hergestellt   8 auf nach oft   10 Das erste sich *g*¹ üdZ   12 zur] zu seiner   18 Lebens *g* über neuen   21 hieben   22 den aus das   morphologische   26 aufheben *g* später hinzugefügt   125, 5 Mondringen *g* aus Mondgebirgen   5. 6 zu treffen *g* nach zu finden   9 vom *g*¹ aus von   17 beyliegenden   20 bringen *g* über machen   21 früheren   23—25 fehlt   126, 4 als nach zu   8. 9 Fluß=Region *g*¹ später zwischengeschrieben   9 hin *g*¹ üdZ   13. 14 fehlt mit Ausnahme des Datums; dafür folgt auf Bl. 21ᵇ (der erste Absatz *g*² gestrichen):

Daß sich zu (*g* üdZ) der horribelen Sendung doch ein angenähertes pathologisches Interesse hervorthut, sende beydes eiligst fort, in Aussicht, bald Erfreulicheres mitzutheilen.

Sollte nicht das unerfreuliche [*g* aus Unerfreuliche], für den [*g* über die] Patienten höchst fürchterliche Phänomen, auf eine Haarkrankheit hinweisen?

Gedruckt nach dem Concept: Naturwiss. Correspondenz II, 132

Vgl. Tageb. X, 124, 4. 5. 7—9   122. 9—12 vgl. zu 16, 20
15. 16. vgl. zu 25, 24 und 87 d. B.   17 vgl. des Adressaten Brief vom 14. Mai 1825 (Naturwiss. Correspondenz II, 127) 28 Am 29. und 30. September, vgl. Tageb. X, 108, 2—4. 10—13
123, 7—25 vgl. 336, 22. 23 und Tageb. X, 101, 10—12. 22. 24. 25
124, 3 vgl. Bd. 41 Nr. 136. 143   28 vgl. zu 16, 20   125, 18
vgl. zu 181 d. B.   26 vgl. Tageb. X, 121, 28. 122, 1   126, 1
vgl. zu 25, 14   10 vgl. 228, 24 und Tageb. X, 122, 10—13
(„Daltons zahnlose Thiere"). 134, 23. 24; Esenbecks Antwort vom 25. November 1825: Naturwiss. Correspondenz II, 136.

*120. Concept von Schuchardts Hand in dem zu 43 d. B. genannten Fascikel des G.-Sch.-Archivs, Bl. 59   126, 17. 18 Von — Gnade aus Die hohe Gnade eines verehrten Fürsten 19. 20 abermals — bethätigt aus wird mir auf eine Weise versichert 21 unschätzbarste aus schätzbarste   23 ich üdZ   127, 4 überzeugt aR für versichert   6 ich ebenfalls   8 es für Gewinn halte aR mich freue   9 es mich freue alt   9. 10 den Einfluß eines aus mir der Einfluß, dem ein   10. 11 ausgestatteten Geistes aR für begabtes Talent   11 mir so theuren üdZ   12 so nach mich unter diejenigen zu zählen, dem ich

Vgl. Tageb. X, 124, 18. Antwort auf des Adressaten, grossherzoglich hessischen Staatsministers in Darmstadt (1775—1829, vgl. ADB. IX, 713), Brief vom 10. October 1825 (in demselben Fascikel, Bl. 50), womit er die Übersendung des hessischen Privilegs begleitet, vgl. Tageb. X, 115, 15. 16.

In demselben Fascikel folgen auf 120 d. B. zwei undatirte und im Tagebuch nicht erwähnte Concepte von Schuchardts Hand; das erste (Bl. 59ᵇ), an den braunschweigischen Minister Wilhelm Justus Eberhard v. Schmidt-Phiseldeck gerichtet, ist die Antwort auf dessen Zuschrift vom 14. October 1825 (in demselben Fascikel, Bl. 57), worin er meldet, dass „des Herrn Herzogs [Carl] Durchlaucht anjetzt noch auf Reisen abwesend" sei, nach seiner Rückkehr aber er ihm über die Privilegirung Vortrag halten werde (vgl. zu Bd. 41 Nr. 26):

Ew. Hochwohlgeb. halte mich durch die Gefälligkeit dankbar verpflichtet, womit Sie mir die wichtige Ursache eröffnen, wodurch die Erfüllung meines unterthänigsten Privilegiengesuches verspätet werden könnte. Ich beruhige mich dabey vollkommen und finde
5 mich überzeugt, daß Dieselben bey Rückkunft Ihres gnädigsten Landesherrn, meine Wünsche mit geneigtem Vortrag zur Erfüllung bringen werden.

Der ich solche Geneigtheit mir schmeichelnd mit vorzüglichster Hochachtung die Ehre habe, mich zu unterzeichnen.
10   Weimar den

Das zweite Concept (Bl. 60), an den Freiherrn Jacob Friedrich v. Leonhardi (vgl. zu 94 d. B.) gerichtet, lautet:

Ew. Hochwohlgeb. geneigte Übersendung des Privilegiums der
freyen Stadt Franckfurth a/M. darf ich ansehen als eine glückliche
Folge Ihrer thätigen Vermittelung, wofür ich den aufrichtigsten
Tank abstatte. Verzeihen Dieselben aber, wenn ich durch diese
Gefälligkeit ermuntert, mir noch eine weitere zu erbitten wage.
Ich finde mich nun bald versehen mit sämmtlichen Privilegien,
nur fehlen mir noch die fürstlichen Häuser Anhalt und Schwarz=
burg auch Homburg.

Hierüber wollte ich nun geziemend anfragen, ob Ew. Hoch=
wohlgeb. durch Ihre Vermittelung mir eine ausdrückliche geneigte
Erklärung, wie ganz früh durch Ihren   Committenten geschehen,
wo nicht [ein] förmliches Privilegium ohne weiteres Ansuchen
ertheilt werden könnte. Ew. Hochwohlgeb. würden dadurch dieses
für mich so wichtige Geschäft völlig abschließen und Sich dabey die
vollkommenste Tankbarkeit gewinnen. Der ich mit vollkommenster
Hochachtung.

Weimar den.

*121. Vgl. zu 6378 (Bd. 23). Johns Hand

Vgl. Tageb. X, 124,21—23 („Münchner Briefe durch Herrn
Canzler von Müller. Schreiben an des Königs von Bayern
Majestät dictirt"). Der Kanzler v. Müller schreibt am
14. November 1825 früh (K. M. 252): „Ich gratulire mit leb-
haftester Freude zur Medusa Rondini [!], und hoffe, dass Sie
den Einfluss meiner schönen Freundin Frau von Ringseis,
nun doch nachhaltiger u. wirksamer erprobt finden, als
manche andere gutwillige Verheissung. Womit jedoch dem
eignen, persönlichen Verdienste, Sr Majestät des Königs
Ludwig in Festhaltung u. Ausführung der Ihm gegebnen
Idee, durchaus nicht zu nahe getreten seyn soll. Schöneren
Anlass, Ihm nun unser Schatzkästlein zu senden, hätten
die Götter uns wohl nicht senden können, u. es macht mich
höchst glücklich, dass er noch in der Jubelwoche gekommen
ist". Vgl. ferner 200,20—23. 256,2—24 und zu 171 d. B.

122. Vgl. zu 7432 (Bd. 27). Schuchardts Hand   128,7
der ist zu streichen   17 den   129,1 monogenisch   4 der
fehlt   5 *Parson*   9 lies: sie, so wie den äußern Kennzeichen
130,6 haben   Mit Esenbecks Notiz: „Beantw. den 25. Nov. 25"
und einem Couvert nebst Poststempel „Weimar 17 Nov.

1825". Dazu ein Concept von derselben Hand in dem zu
119 d. B. genannten Fascikel des G.-Sch.-Archivs, Bl. 26,
woraus zu bemerken: 128, 27 Seite 228 g^1 aus auf der zwey
hundert und acht und zwanzigsten Seite 15 Seite 4, g^1 aR
für Tab. I 17 den 20 braunen über prangen 129, 1 mono=
günisch g^1 aus monogenisch) 14 Hier folgt auf Bl. 27: (Hier wird
der Rehbeinische Aufsatz eingeschaltet.) 15—130, 14 fehlt 18 das
Nähere, Weitere berichtigt und vollendet g^1 aus berichtigend und
vollendend 19 fehlt. Dazu ein früheres Concept in dem
Fascikel des G.-Sch.-Archivs „Naturwissenschaftliche Correspondenz VI. September 1825 — März 1826", Bl. 10. Darnach
gedruckt: Naturwiss. Correspondenz II, 129

Vgl. 208, 3. 4. 211, 6. 213, 16, Tageb. X, 125, 12. 13 und zu
XLI, 172, 1 129, 15 vgl. Tageb. X. 123, 22—24 („Hofrath
Rehbein brachte seine praktischen Bemerkungen über die
neu angerühmte emetische Wurzel"). Esenbecks Antwort
vom 25. November 1825: Naturwiss. Correspondenz II, 136.

123. Die Originale der Briefe Goethes an Franz v. Elsholtz sind von dem Empfänger einige Jahre vor seinem
1872 erfolgten Tode dem Freien Deutschen Hochstift geschenkt worden. Abgedruckt von O. Heuer im Jahrbuch
des F. D. H. 1902, S. 249; vorher in: Schauspiele von Franz
v. Elsholtz. Zweite Ausgabe. Leipzig 1835. I. XI. Schreiberhand. Adresse: „An den Verfasser des Lustspiels die Hofdame"

Vgl. Tageb. X, 123, 17. 18. 124, 10. 11. 125. 14. 15. Antwort
auf des Adressaten Brief aus Berlin vom 3. November (Eing.
Br. 1825, 306), worin es heisst: „Als mir im Sommer 1823
das Glück zu Theil wurde, mit Ew. Excellenz zu Marienbad
unter einem Dache zu wohnen und mich in Hochdero tägliche Gesellschaft aufgenommen zu sehen, war ich so oft
Zeuge von der huldvollen Milde, womit Ew. Excellenz an
allen neuern Bestrebungen in der Kunst Theil nahmen, dass
ich hoffen darf, auch meinen Anspruch an diese Milde mit
wohlwollender Nachsicht empfangen zu sehen. Kürzlich
aus Italien heimgekehrt, mit mancherlei Arbeiten und Ent-
würfen, seh' ich mich plötzlich in Verfolgung derselben durch
den Zweifel gehemmt, ob die Stimmung des deutschen Publikums und meine schwache Kraft der Bahn entsprechen werde,

wo meine Neigung mich vorzugsweise hindrängt, eine Bahn, die reich an Schwierigkeiten und arm an Wegweisern, vom deutschen Genius so spärlich betreten worden ist, dass man leicht zu der Voraussetzung, sie sei gar nicht vorhanden, verführt werden konnte. Um jenen Zweifel gelöset zu sehen, wag' ich daher Ew. Excellenz Entscheidung die Frage zu unterwerfen, ob überhaupt das höhere Lustspiel, oder sogenannte Conversations-Stück, in metrischer Form, auf der deutschen Bühne zulässig und ob namentlich der hier beigefügte Versuch es sei, worin ich, der deutschen Eigenthümlichkeit mich anschmiegend, getrachtet habe, eine Komik des Gemüths statt der Komik des Verstandes walten zu lassen und das komische Princip weniger in die Personen, als in ihre Lagen und Verhältnisse gegen einander zu legen. Sollte Ew. Excellenz Ausspruch dieser Gattung von Produktionen sich günstig zeigen, so würde plötzlich das Vorurtheil widerlegt sein, welches deren Gebiet den Deutschen bisher zu verschliessen schien und meinem Versuche, wie unvollkommen er auch sein mag, doch das Verdienst eigen sein, den Gegenstand zur Sprache gebracht und zu Fortbildung desselben angeregt zu haben. Wenn aber, wie verlautet, das neue Theater zu Weimar sich jetzt wieder einiges Antheils von Seiten Ew. Excellenz erfreuet, so würd' ich es als die schönste Frucht meiner Arbeit erkennen, das Stück unter Hochdero Augen auf der dortigen Bühne erscheinen zu sehen"

Zur Sache vgl. ferner 152 d. B.

*124. Concept von Johns Hand, Abg. Br. 1825, 177ᵇ
133, 2 bel)liegenden   3 ſid) fehlt

Vgl. zu 28, 22.

*125. Concept von Schuchardts Hand, Abg. Br. 1825, 177ᵇ
133, 12 wegen g¹ üdZ   13 ʒu nach wegen   14 in Rückſid)t, g¹ aR für um ʒu Ihrer beſondern Thätigfeit mitʒuwirken   16 das nach mid)   17 ferneren   18 Datum fehlt; Adresse: „An Herrn Bernhard Friedrich Voigt, angeſehenen Druckherrn in Ilmenau"

Datum nach der Stellung in den Concepthefften. Antwort auf des Adressaten, Verlagsbuchhändlers in Ilmenau, Anfrage vom 25. August (Eing. Br. 1825, 229), wiederholt am 9. November (Eing. Br. 1825, 310), ob Goethe, der ihm

„schon als Knaben viel Gnade erwiesen habe", für den II. Jahrgang seines „Regentenalmanachs" die Lebens- und Regierungsgeschichte des Grossherzogs Carl August auf 4 bis 5 Duodezbogen, den Bogen zu 5 Friedrichsd'or, bis Ostern 1826 bearbeiten wolle. Die Arbeit wurde später von P. C. Weyland übernommen, vgl. zu XLI, 103, 19.

*126. Vgl. zu 2677 (Bd. 9). Johns Hand 134, 6 mit= zutheilen Dazu ein Concept von derselben Hand. Abg. Br. 1825, 179, dem zu 134, 6 gefolgt und woraus ferner zu bemerken ist: 134, 6 gefällig mittheilen *y* aR 11 Unterschrift fehlt

Vgl. Tageb. X, 126, 21—23 („Abends Hofrath Meyer. Die Arbeit der Facius besprochen"). J. H. Meyer antwortet an demselben Tage (Abg. Br. 1825, 183): „Das angefangene Bildniss Sr K. H. des Grossherzogs mit der Medaille verglichen scheint mir dasselbe ein zu weit geöffnetes Auge und auch um etwas weniges zu weit vorstehendes Kinn zu haben, die Stirn möchte vielleicht etwas gewölbter gehalten werden, die Wange scheint mir zu rund und der Fläche zu ermangeln. Vieles von diesem was in der bloss angefangenen Arbeit fehlerhaft erscheint, kann allerdings ganz oder zum Theil verbessert werden, der Hauptmangel aber gegen den aller gute Wille, aller Fleiss der M[ll] Facius nichts vermag und die Erinnerungen die man ihr geben könnte unverständlich für Sie macht, ist: dass es ihr an den Anfangs Gründen im Zeichnen fehlt und indem Sie unternimt was über ihre Kräfte ist bemüht Sie sich doppelt und dreyfach ohne Erfolg". Über die spätere Medaille auf Carl Augusts Jubiläum von Angelica Facius, ihr Erstlingswerk, vgl. P. v. Bojanowski, 140 Jahre Weimarischer Geschichte in Medaillen (Zum 24. Juni 1898), S. 16 und Goethes Goldner Jubeltag S. 22.

*127. Vgl. zu 6330 (Bd. 23). Schreiberhand (wohl John) 134, 17 mich fehlt 136. 5. 6 *y* 8 Augusts Hand. Dazu ein Concept von Johns Hand in dem Fascikel des G.-Sch.-Archivs „Acta Privata Die neue vollständige Ausgabe meiner Schriften betreffend Vol. II. B. Die Verhandlungen mit Hrn: von Cotta wegen des Merkantilischen betr. Ingleichen andere Buchhändlerische Antraege enthaltend. 1825", Bl. 34, woraus zu bemerken: 134, 13. 14 vom 7. Octobr August auf g^1 aR 16 ſiebente 17 mich fehlt Gutem g^1 aus Guten 19 Erlauben 135, 2 Subſcribenten legal unterrichtet? 8 den g^1 aus dem 10. 11 Fauſt: Stuttgart in 11 Cottaſchen 1825 fehlt 13 beſonders hierüber aufklären 18. 19 national Angelegenheit 19 darf] kann bloße fehlt 20 beſchränkt bleiben darf August auf g^1 aus beſchränken darf 20. 21 mir — vorliegen August auf g^1 aR für vorliegenden 22 zwar August auf g^1 aR 23 in Octob August auf g^1 aR 24 Wo g^1 aus wo 27 Ich 136, 1—4 Augusts Hand 3 der letzten Zeit 5—8 fehlt mit Ausnahme des Datums

Vgl. Tageb. X, 127, 1. 2. Antwort auf Cottas Briefe an Goethe und seinen Sohn vom 7. October 1825 (in demselben Fascikel, Bl. 7. 9), worin er erklärt, dass er mit allen 13 Punkten, die August am 19. September (vgl. 60/61 d. B.) übersandt hatte, einverstanden sei. Cotta antwortet am 30. November (in demselben Fascikel, Bl. 38), vgl. 163 d. B.

*128. Vgl. zu 6243 (Bd. 22). Johns Hand 136, 15 g

Vgl. zu 54, 17. 107, 11, Tageb. X, 128, 9. 10. 18. 19 und 129 d. B.

129. Handschrift von Schreiberhand, nicht benutzt; gedruckt: K. Th. Gaedertz, Bei Goethe zu Gaste, Leipzig 1900, S. 343. Dazu ein Concept von Johns Hand, vom Kanzler v. Müller (*M*) mit Blei durchcorrigirt, in dem zu 104/5 d. B. genannten Fascikel des G.-Sch.-Archivs, Bl. 31, woraus zu bemerken: 136, 18 betreffend g^3 über auf 19 nähernden 20 wären — dankbar g^3 aus wäre folgendes dankbar 137, 7 bestimmt zuſichernde g^3 aus bestimmte von — Ministern g^3 aus vom Miniſter 14 hie u da g^3 üdZ Nachdrucke 15 in vorliegendem g^3 aus im gedachten K. R. g^3 aus K. 17 Kraft nach Be 20 iſt nach liegt 11 Kaiſerlichen *M* üdZ 23 Darnach folgt mit Alinea: Ein Weiteres will mir im Augenblick nicht beygehen; dazu aR: Weimar d. 25. Novbr. 1825. 26 die Ausfertigung g^3 aus man das Ausgefertigte 27 gewöhnliche über wenige 28. 138, 1 zur — gelange aus öffentlich bekannt werde 138, 1 Solches ist schon g^3 aus wie ſolches 2 von] zu in *M* aR 3 Großherzogthümern *M* aus Großherzoglichen von 8—10 fehlt mit Ausnahme des Datums

137, 1 vgl. zu 54, 17. 107, 11.

*130. Vgl. zu 6243 (Bd. 22). Johns Hand 138, 16 g

Über die Goethesche Jubiläumsmedaille vgl. 137,S. 151. 223/4 d. B. und P. v. Bojanowski, 140 Jahre Weimarischer Geschichte in Medaillen (Zum 24. Juni 1898), S. 18 f.

*131. Concept von Schuchardts Hand im G.-Sch.-Archiv 139,4 zweckmäßigste g aR für beste   7 der nöthigen über gewünschter

Vgl. zu 173/4 d. B. und Tageb. X, 130,16—19.

*132. Concept von Schuchardts Hand, Abg. Br. 1825, 184 139,18 im g^3 aus in   24 Gehörige g^3 aus gehörige

Vgl. Tageb. X, 129,1—3; zur Sache vgl. zu 25,14 und 135. 141—147 d. B.

133. Vgl. zu 4102 (Bd. 14). Schuchardts (140,7—141,28. 142,17—143,26) und Johns (142,1—16) Hand   142,5 angetreten über getroffen   143,27 g Gedruckt: Briefwechsel IV, 105. Dazu ein Concept von Johns Hand, Abg. Br. 1825, 186, woraus zu bemerken: 140,11 Zusammenhang   15.16 ausweist g aus ausweift   17 würde g aus wird   18 es g über ihn   20 hast g aR für haschst   22 hier g über ihr   24 versteht 141,1 beharren! g aus beharren,   4 und haben g später hinzugefügt   5 Freude unbeschädigt angekommen   6 alles nach sie ist   13 siebenten g über 7ten Solchen g aus solchen   14 fühlt g aus fühlen   15 dergleichen g über solche   18 über nach noch   19 Hälfte g üdZ   20 Ich g aus ich   24 gelingen! g aus gelingen,   25 Gleiche g aus gleiche   28 29. Nov. 1825 g aR 142,5 Möge g aus Möger   13—143,28 fehlt; dafür g aR: 29 Nov. 1825.

Vgl. Tageb. X, 129,20. Antwort auf Zelters Brief vom 22. November 1825 (Briefwechsel IV, 94), dem das Concept seines Briefes vom 21. November an den Professor Friedrich Conrad Griepenkerl in Braunschweig (1782—1849, vgl. ADB. IX, 654) beilag. Dieser hatte sein „Lehrbuch der Aesthetik" am 24. October 1825 auch an Goethe eingesandt mit den Worten: „Nur die tiefste Verehrung für Ew. Excellenz und der unbezwingliche Wunsch, sie Ihnen auf irgend eine Weise auszudrücken, macht mich so kühn, Ihnen ein Werkchen zu überreichen, in welchem Ihr gefeierter Name gar oft als der erste genannt werden muste. Möchten Sie das geringe Opfer aus geringer Hand mit freundlichem Wohlwollen empfangen! Ich bin zwar, in höchster Wahrheit, weit davon entfernt, es Ihrer im Mindesten für würdig zu halten; doch darf ja der Arme selbst auf den Altar der Götter legen, was seinen schwachen Kräften gemäss ist, ohne dass sie ihm zürnen. Wollte das Geschick mir so wohl, dass mein Büchlein zu guter Stunde in Ihre Hände fiele, um Ihnen Geneigtheit und einige schriftliche Zurechtweisungen für mich abzugewinnen — ich würde mich in einem hohen Sinne für beglückt halten dürfen. Die Himmlischen gewähren vielleicht aus unendlicher Milde, was als Bitte nicht auszusprechen wagt Ew. Excellenz gehorsamster Diener Griepenkerl." Vgl. Tageb. X, 119,23. 120,5. 6   141, 5 vgl. zu 85, 20   13 vgl. zu 126, 1 17. 18 vgl. zu 3, 9   24 vgl. zu 4, 23. 24   142, 1. 2 vgl. Zelters Brief vom 26. November 1825 (Briefwechsel IV, 100)   10 vgl. zu 45, 5.

*134. Concept von Schuchardts Hand, Abg. Br. 1825, 189 144, 4 Jhro *g* über auch der   9 Atreus *g* aus Atreys   11 einen Diener finden *g* aus ein Ding erfinden   22 wäre unterrichtet *g* üdZ   145, 2 wir den *g* über uns die   7 Catanio   20 und üdZ   21 Abele *g* aus Atele   22 sollte *g* aus solle

Datum nach Tageb. X, 129, 21. 22 („Promemoria an Serenissimum")   144, 3 Longchamps et Wagnière, Mémoires anecdotiques sur Voltaire, suivis de divers écrits inédits de la Marquise du Chatelet etc. T. I. II. Paris 1825, vgl. Tageb. X, 127, 12. 13. 19—21. 25   145, 15. 16 vgl. zu XLI, 120, 14. 15 20. 21 Carl August schreibt in einem undatirten Billet (Ende November, Eing. Br. 1825, 317): „Haben wohl Ew. Exellenz in Ffurth a/M nach denen wunderbahren versteinerungen im Rheingaue nachfragen gestellt, derer die Carlsruher zeitung neuerl. erwähnte?" vgl. 329, 4—15   26 vgl. Tageb. X, 128, 24.

*135. Concept von Schuchardts Hand in dem Fascikel des G.-Sch.-Archivs „Dankschreiben an die Fakultäten zu Jena veranlasst durch die zum Dienst-Jubiläum Goethes übersandten Diplome i. J. 1825", Bl. 2   146, 5 geneigt *g*³ üdZ   6. 7 anliegender *g*³ über der   9 gelten? *g*³ aus gelten; 12 erscheine *g*³ über sey   13 auch nach ich)

Zur Sache vgl. zu 132 d. B.

*136. Concept von Krauses Hand, Abg. Br. 1825, 185 147, 3 Relation   4 Sie fehlt

Datum und Adressat fehlt im Tagebuch. Dass Georg Heinrich Ludwig Nicolovius (1767—1839, vgl. ADB. XXIII, 635), der Gatte von Goethes Nichte Louise Schlosser, der Empfänger ist, geht daraus hervor, dass sein Sohn Alfred, Goethes Grossneffe, vom 28. August bis Ende November 1825 (vgl. zu 45, 5) in Weimar war; am 28. November 1825 dankt ihm Charlotte v. Stein für seinen bei der Abreise zurückgelassenen Brief nebst Bild der Frau Rath (Düntzer, Charlotte v. Stein, Stuttgart 1871, II, 507).

*137. Concept von Johns Hand, Abg. Br. 1825, 191
148, 5 Sie   9 da Sie *g* über welche   11 er *g* über derselbe
Adresse: An Herrn Garten=Inspector Stell Wohlgeb. Belvedere
Vgl. Tageb. X, 130, 3—5 („Ein junger Botaniker mit einem Schreiben von der Fürstin Reuss-Lobenstein").

Hier folgt ein von Goethe in seines Sohnes August Namen aufgesetzter Brief an **Friedrich Heinrich Wilhelm Körte** in Halberstadt, den Schwiegersohn F. A. Wolfs (1776—1846, vgl. ADB. XVI, 725) nach dem Concept von Augusts Hand (Abg. Br. 1825, 192, vgl. Tageb. X, 130, 20. 21):

Ew. Wohlgebohren

eile hinsichtlich der gewünschten Münze welche auf meines Vater Dienst Jubiläum geprägt worden folgendes ergebenst zu erwiedern:

Bis jetzt sind von gedachter Münze nemlich nur so viel Exem=
5 plare ausgeprägt worden als für jenen Tag bestimmt waren, und nur sehr wenige Personen der Familie haben dergl. erhalten. Es ist mir daher vor der Hand unmöglich, Ew. Wohlgebohren Wunsch zu erfüllen.

Sollten aber wie zu hoffen steht mehrere Exemplare davon
10 ausgegeben werden soll es mir eine angenehme Gelegenheit seyn mich bei Ihnen ins Gedächtniß zurückzurufen.

Zugleich bitte mich Ihrer verehrten Frau Gemahlinn an= gelegentlichst zu empfehlen und zugleich zu versichern daß ich die Güte [und] Nachsicht nie vergessen werde welche mir in den frühern
15 Jahren so reich zu Theil wurde.

Mit der ausgezeichnetsten Hochachtung
        Ew. pp
Expeb. den 2<u>ten</u> Decb. 25.   ergebenster Diener.

13. 14 die Güte Nachsicht aR für es

Über die Medaille auf Goethes Jubiläum vgl. zu 130 d. B.

*138. Concept von Johns Hand, Abg. Br. 1825, 190ᵇ 149, 8 g Adresse: Herrn Auctionator W. Funke nach Gotha

Vgl. Tageb. X, 131, 10. 11 und 134, 25—27 („Ankunft der Gothaischen Sendung. Zeichnung von Julius Roman und Winters Cantate"). Über die erfolgte Versteigerung der Bibliothek des verstorbenen Herzogs Friedrich v. Gotha berichtet Wilhelm Funke am 29. November (Eing. Br. 1825, 331) an Ottilie v. Goethe; über die Zeichnung von Giulio Romano vgl. ferner 200, 24. 201, 18. 249, 21. 257, 14—258, 3 und C. Schuchardt, Goethe's Kunstsammlungen I, 248, Nr. 157.

*139. Concept von Schuchardts (149, 9—150, 18) und Johns (150, 19—21) Hand, von Riemer mit Blei durchcorrigirt (*R*), in dem zu 135 d. B. genannten Fascikel des G.-Sch.-Archivs, Bl. 16 149, 18 alſo *R* aR für bedarf   21. 22 ſo ungewöhnliche *g* für dergleichen   150, 4 durfte *R* aR für konnte   8 Habe ich üdZ   11. 12 Möge — vorliegen *R* aus woron dieſes Blatt indeſſen [üdZ] als [*g* nach zum üdZ] reinen einfachen Dank vor Ihnen liegen möge   14 finde — Beyliegendem *R* aus möge Beyliegendes dazu dienen   15 Was aus Das was   17. 18 Werde es — aufbewahrt *g* aus Möge es — aufbewahrt werden   18 geneigteſt *g* üdZ Adresse: „An des Herrn Geheime Assistenz-Rath von Hof"

Vgl. Tageb. X, 131, 11. 12. Über das von Hoff zum 7. November übersandte Bild ist nichts bekannt; der Adressat dankt für Goethes Anerkennung am 17. December (Eing. Br. 1825, 355).

*140. Concept von Schuchardts Hand, von Riemer mit Blei durchcorrigirt (*R*), in dem zu 135 d. B. genannten Fascikel des G.-Sch.-Archivs, Bl. 17   150, 22 Wie — eine *R* aus Eine   151, 1 und *R* über indem ſie   14. 15 beſſen — darbot *R* aus in deſſen Gegenwart ich ſo oft Heil ſuchend, Beruhigung und Freude gefunden   19 rein im Stillen *R* aR für ungeſtört Adresse: „An Frau Staats-Minister von Voigt Excellenz"

Das fehlende Datum nach der Zusammengehörigkeit mit 139 d. B. Über die Adressatin, zweite Frau des am 22. März 1819 verstorbenen Staatsministers Christian Gottlob v. Voigt, vgl. zu XXVI, 90, 2. 3.

141. Handschrift, von Schreiberhand, unbekannt; abgedruckt von J. Günther „nach der Urschrift" in Hoffmanns von Fallersleben Findlingen, Heft IV, Leipzig 1860, S. 484, wiederholt bei Strehlke II, 313 und in der Deutschen Revue IV, Heft 11, S. 209 (vgl. G.-Jb. II, 485). Die Adresse „An des Herren Doctor Succow Professors der Medizin zeitigen Prorectors der Akademie Magnificenz Jena" in dem zu 135 d. B. genannten Fascikel, Bl. 18

Vgl. Tageb. X. 132, 25—28   151, 24 vgl. Tageb. X, 128, 20. 21   152, 8. 9 Eichstädts Gedicht „Goethio in sacris munerum Vimariensium semisaecularibus d. VII. novembr. a. MDCCCXXV academia Jenensis. Jenae litteris Brauianis" hatte Succow als Prorector am 7. November Goethe überreicht, vgl. Goethes goldner Jubeltag S. 10   13 == 142—146 d. B.

142. Handschrift unbekannt; gedruckt: Goethes goldner Jubeltag, Weimar 1826, S. 147. Dazu ein Concept von Schuchardts Hand, von Riemer mit Blei durchcorrigirt (R), in dem zu 135 d. B. genannten Fascikel des G.-Sch.-Archivs, Bl. 9, woraus zu bemerken: 153,1 Voraus geht die Anrede g: *Magnifice* Hoch u Wohlgebohrne Insonders Hochzuehrende Herren   6 wie über daß   um über was   8 zu gründen aus gründen könnte   wie aR für daß   10 fortgefahren aus fortfahren   12 dem aus den   13 ich üdZ   15. 16 wenn — auszusprechen aR für obschon tief empfunden, doch auch hier mit wenigem auszusprechen   21 Jena's g¹ aus von Jena   24 aber g üdZ   154, 6 ich nun von   7 verbleibenden   10. 11 erwünschtes — erfahren R aus erwünschte Mitwirkung und Eingreifung dabey zu genießen   12 ich g über mir   14 zu ehren habe g über bleiben muß   wüßte ich g aR für bleibt mir, dieses g für habe ich   19 Stadt g¹ später zwischengeschrieben   bringendsten R aR für eifrigsten   21 Mit — daher R aus Der ich mit Eifer   22 um nach werde   wie üdZ   23. 24 das — ausgesprochene R aus was in den Worten ausgesprochen   25 Unterschrift fehlt. Adresse g aR: An den hochverehrten [g¹ über Hochlöblichen] Senat der Universität Jena

Vgl. Tageb. X, 132, 25—28; zur Sache vgl. zu 126, 1. 132 d. B. und Goethes goldner Jubeltag S. 10 ff.

143. Handschrift unbekannt; gedruckt: Goethes goldner Jubeltag, Weimar 1826, S. 149. Dazu ein Concept von

Schuchardts Hand, von Riemer mit Blei durchcorrigirt (*R*), in dem zu 135 d. B. genannten Fascikel des G.-Sch.-Archivs, Bl. 8, woraus zu bemerken: 155,1 Voraus geht die Anrede *g*: Hochwürdige, Hochwohlgebohrne, Insonders Hochzuehrende Herren 3 siebenten *g*¹ aR für 7ten so vielen *R* aus soviel 6 von nach mir 7 einer *R* üdZ mir *R* üdZ 13. 14 durch — Stelle aus an so hoher Stelle, durch so gültige Richter, 16 alles aus allen 17 so *g*¹ üdZ 18 gebilligt 19. 20 *g* 21 fehlt. Adresse *g* aR: An die Hochwürdige Theologische Facultät der (Gesammt) Universität (zu) Jena

Vgl. Tageb. X, 132, 25—28. Antwort auf das Glückwunsch-Schreiben der Facultät vom 6. November 1825 (Goethes goldner Jubeltag, Seite 73); vgl. zu 142 d. B.

144. Handschrift unbekannt; gedruckt: Goethes goldner Jubeltag, Weimar 1826, S. 150. Dazu ein Concept von Schuchardts Hand in dem zu 135 d. B. genannten Fascikel des G.-Sch.-Archivs, Bl. 3, woraus zu bemerken: 156, 1 Voraus geht die Anrede: Hochansehnliche Wohlgebohrne Insonders hochzuehrende Herren 4 mich fehlt 7 gegenwärtigen 14 ich fehlt 18 zu solchen *g* über solchen 158, 1 mich niemals 14 fehlt. Adresse aR: An eine Hochlöbliche Juristische [*g*¹ aus Einer hochlöblichen Juristischen] Facultät der Universität Jena

Vgl. Tageb. X, 132, 25—28 und zu 142 d. B.

145. Handschrift unbekannt; gedruckt: Goethes goldner Jubeltag, Weimar 1826, S. 153, Journal für Literatur und Kunst, Luxus und Moden, 1826, Literar. Beiblatt, S. 33. Dazu ein Concept von Schuchardts Hand in dem zu 135 d. B. genannten Fascikel des G.-Sch.- Archivs, Bl. 5, woraus zu bemerken: 158, 15 Voraus geht die Anrede *g*: Hochachtbare, Hoch- und Wohlgebohrne Insonders hochzuehrende Herren 17 Siebenten über 7ten 159, 6 in über den 12 der Wirkung fehlt 21 hochachtbare *g*¹ aus hochverehrte 22 diese 28 Tag des Datums und Unterschrift fehlt. Adresse *g* aR: An eine Hochlöbliche Medicinische Facultät der Universität Jena

Vgl. Tageb. X, 132, 25—28 und zu 142 d. B.

146. Handschrift unbekannt; gedruckt: Goethes goldner Jubeltag, Weimar 1826, S. 155. Dazu ein Concept von Schuchardts Hand in dem zu 135 d. B. genannten Fascikel des G.-Sch.-Archivs, Bl. 6, woraus zu bemerken: 160, 1 Voraus

geht die Anrede: Hochachtbare Hochwohl. [wohl *g* üdZ] und
Wohlgebohrne Insonders hochzuehrende Herren   9 Sie aus sie
19 belebt *g* über geweckt   161,18 *g*¹; darnach folgt von Riemers
Hand: Einer hochlöbl. Facultät   19 fehlt. Adresse aR: An
eine hochlöbliche Philosophische Facultät der Universität Jena
Vgl. Tageb. X, 132, 25—28 und zu 142 d. B.   161, 11. 12
„Die philosophische Facultät fügte zwei Doctordiplome für
Goethe's nächste Gehülfen in Herausgabe seiner sämmt-
lichen Werke, für den Professor und Bibliothekar Riemer
und für Herrn Eckermann aus dem Hannöverischen bey, mit
der Bitte: solche jenem bewährten Gelehrten, und diesem
hoffnungsvollen jungen Manne, zu desto ausgezeichneterer
Feier des heutigen Tages, selbst aushändigen zu wollen"
(Goethes goldner Jubeltag S. 10 f.).

*147. Concept von Johns Hand in dem zu 135 d. B. ge-
nannten Fascikel des G.-Sch.-Archivs, Bl. 7
161,21 vgl. 141—146 d. B.

*148. Concept von Johns Hand, Abg. Br. 1825, 194
162. 5 Gräfin aR   6 des Bildes üdZ   8 auf dem aR für im
Vgl. Tageb. X, 134, 14—16.

149. Vgl. zu 7432 (Bd. 27).   Johns Hand   163, 4 *g*
5 Datum fehlt. Dazu ein Concept von derselben Hand in
dem zu 122 d. B. genannten Fascikel des G.-Sch.-Archivs,
Bl. 14, woraus zu bemerken: 162, 16 des nach ein(es)   Gut=
achten *g* aus Gutdenken   17 und dem begleitenden *g* aR für mit
dem   da durch *g* aus wir durch   Ihre *g* aus Ihr   18 mikro=
scopischen *g* aus mykroscopischen   163, 3 Sie—5 fehlt. Nach
dem Concept gedruckt: Naturwiss. Correspondenz II, 132
(falsch datirt: November 1825)
Vgl. Tageb. X, 133, 22—24 und zu 125, 17—25   163, 3
vgl. zu 126, 9. 10. Nees v. Esenbecks Antwort vom 18. December 1825 (in demselben Fascikel wie zu 119 d. B., Bl. 22)
gedruckt: Naturwiss. Correspondenz II, 144; ein früherer
ungedruckter Brief vom 17. November: Eing. Br. 1825, 323.

Der zu 162,20 erwähnte „angefangene" Brief an C. G. D.
Nees v. Esenbeck folgt hier nach dem Concept von
Schuchardts (412, 1—20. 28—413, 13) und Johns (412, 21—27) Hand
in dem zu 122 d. B. genannten Fascikel des G.-Sch.-Archivs,
Bl. 12 danach gedruckt: Naturwiss. Correspondenz II, 142):

Ob ich gleich mehr als unser Freund Gruithousen geübt bin, mich von dem Object zu unterscheiden und die faßliche Seite des Gegenstandes mir eigen zu machen, ohne Anspruch auf die unfaßliche, wie wir denn ja von der Rückseite des Mondes nur weniges durch Librationen zu erkennen, uns genügen muß: so hab ich doch gegenwärtig mich in Acht zu nehmen, nicht auch, wie er, mich und meines Gleichen an die Stelle des zu Erforschenden zu setzen. Dies will sagen: Was mich am meisten gegenwärtig wider meinen Willen beschäftigt, ist die Meteorologie, in die ich erst nach Pflicht und Geheiß eingehend, mehr, wie es zu geschehen pflegt, mit Lust und Leidenschaft beharre. Mit wenig Worten habe ich schon den Hauptgedanken eröffnet; er nimmt für mich an Werthe zu, ich hege ihn still, beobachte aus dieser Mitte nach allen Seiten hin. Ein entworfener und theilweis ausgeführter Aufsatz soll mich vor allen Dingen mit mir selbst einig machen und kann späterhin ein Denkmal bleiben, wie ein Mensch sich bemüht hat dem Unerforschlichen beyzukommen, und ich darf wohl hoffen, daß meine Freunde denjenigen daran wieder erkennen werden, dessen früheres Bestreben ihre Gunst zu erwerben wußte.

Wenn man Erfahrungen besonders neue auffallende mitzutheilen hat so thut man wohl umher zu reisen wie Chladni, das was uns interessirt andern auch zur unmittelbaren Anschauung zu bringen; wer aber neue Ansichten vortragen, seine eigensten Vorstellungen gern zum Gemeingut machen möchte, der wird wenn er von der Reise zurück kommt sich überzeugt fühlen daß er besser gethan hätte zu Haus zu bleiben.

Ihr Aufsatz der *Raiz preta* gewidmet hat mich abermals in die Wellen des botanischen Oceans hineinschauen lassen. Ein solcher Blick ermahnt uns andere, am Ufer zu bleiben und den Schiffern, Schwimmern und Tauchern von Geburt und Übung die so ehren= als gefahrvolle Fahrt zu überlassen.

Hiebey ein Aufsatz über das leidige Geheimniß. Ich bin sehr neugierig, was das Mikroscop, bezüglich auf Ihre frühern Untersuchungen, auch diesmal zu erkennen giebt.

---

5 Librationen aus Liberationen 9 in üdZ 10 eingehend aus eingehe 21—27 vgl. 413, 8—13 30 andere g¹ üdZ 31 Geburt u Übung g¹ über vom Handwerk

Die Klage über zurückgehaltene Mittheilung ruft mich zu
Betrachtung eines in der Geschichte der Wissenschaften oft wieder=
kehrenden Phänomen's auf, daß nämlich erst die Nachwelt einigt
und ins Ganze bringt, und so die wahre Idee erst herstellt, die
aus den durch mannigfaltige Eigenheiten und Einzelnheiten im
Augenblicke der Wirklichkeit zusammengebildet nicht wahrgenommen
werden konnte.

Wenn man auffallende Erfahrungen mitzutheilen hat, thut
man wohl auf Reisen zu gehn um solche unmittelbar zu über=
liefern und bekannt zu machen, wie *Dr.* Kladni mit gutem Erfolg
gethan hat. Wer jedoch Überzeugungen überliefern möchte, der
mag ja zu Hause bleiben, denn er wird nicht leicht Jemand finden
der seiner Meinung wäre.

150. Handschrift (wohl Schreiberhand) 1883 im Besitz
des Herrn F. Fichtner in Leipzig (vgl. G.-Jb. IV, 161). Gedruckt: G.-Jb. IV. 189

Vgl. Tageb. X, 134, 12. 13 („An Dr. Körner das englische
Telescop gesendet") und Körners Antwort vom 11. December
(Eing. Br. 1825, 343).

*151. Vgl. zu 6243 (Bd. 22). Sedezblättchen von Schuchardts
Hand

Vgl. Tageb. X, 134, 3—5. Antwort auf des Adressaten
Brief von demselben Tage (Eing. Br. 1825, 340), worin es
heisst: „Euer Excellenz bitte ich um die Medaillen-Acten
deren ich nothwendig bedarf. Wäre vielleicht Dero Aufsatz
schon fertig, so hätten Sie ja wohl die Güte, ihn mit-
zusenden? Heute Nachmittag würde ich sodann meinen
Brief an Brand vorlegen". Vgl. zu 130 d. B.

Der zu 151 d. B. erwähnte Brief des Kanzlers v. Müller
an den Berliner Medailleur Heinrich Franz Brandt, den
Goethe durchcorrigirte, befindet sich (Concept von Johns
Hand) in dem Fascikel des G.-Sch.-Archivs „Acta die auf
Serenissimi gnädigsten Befehl zu Berlin ausgeprägte Denk-
münze auf Göthes Jubelfest betr. 1825", Bl. 61 und lautet:

---

2 Betrachtung üdZ   eines aus einem   3 einigt aus ver=
einigt   5 aus nach sich   6 zusammengebildet aus zusammen=
bildern nach nicht   8—13 vgl. 412, 21—27

Die beyfallswürdigen Bemühungen, welche Herr Brandt sich
an den verschiedenen übersendeten Bleyabdrücken gegeben, bringen
die Angelegenheit einer glücklichen Entscheidung immer näher. Ein
Profil in Wachs, welches uns zu gleicher Zeit als die Sendung
des Herrn Brandt mitgetheilt worden, liegt hier bey, mit hinzu‑
gefügter Erklärung und Nachweisung, wie folgt.

(Hier wäre der Großherzogliche Aufsatz zu inseriren und nach
vorgängiger Besprechung allenfalls zu fernerer Erläuterung hinzu‑
zufügen.)

Durch Vorstehendes wird [eine] neue Behandlung des Profils
der Frau Großherzogin genugsam eingeleitet. Wir fügen noch
hinzu: aus dem Gesagten geht hervor, daß von Herrn Brandt
vorgeschlagene Diadem der Fr. Großherzogin sey angenommen
worden; man wünscht es jedoch weniger hervorstehend und mehr
heruntergerückt. Nun fordert aber diese fürstliche Auszeichnung
der Dame auch die Stirnbinde, wie sie bey den Alten gebräuchlich,
für den männlichen Kopf, weshalb durch eine Zeichnung einige
Erläuterung beygefügt wird. Im Ganzen, besonders was den
Kopf Serenissimi betrifft wünscht man sowohl das Relief als die
Ähnlichkeit vollkommen mit der schon gearbeiteten Medaille über‑
eintreffend. Es versteht sich daß der anstößige Haarschopf oben
wegbleibe, wie ihn ja Hr. Brandt schon auf zwey Bleymodellen
entfernt hat.

Noch eins bemerken wir daß bey dem neu anzulegenden Profil
der Frau Großherzoghin dasselbe nicht weiter hervorgerückt werde
als schon jetzt geschehen und nicht weiter als es das nothwendige
Verhältniß zu dem männlichen Profil erfordert.

Jedenfalls wird noch ein Modell in Wachs oder Blei ge‑
wünscht, um jedes Mißverständniß zu beseitigen, ehe der neue
Stempel bearbeitet wird.

---

1 beyfallswürdigen *g* aus Beyfallswürdigen 2 dem 6 , wie
folgt später *g* hinzugefügt 10 neuen [!] nach die Benutzung
einer nach vorgefundener Silhuette gearbeiteten 13 sey *g* aR
14. 15 man — heruntergerückt *g* aR 15 Nun — fürstliche *g* aus Daß
diese beliebte fürstliche 17 weshalb nach gefordert (werden *g*
aR) wird 20. 21 übereintreffend *g* aus übereintrifft 21 oben
g aR 24 dem aus der 28—30 Vom Kanzler v. Müller
später hinzugefügt 29 neue üdZ

Ein amtliches Schreiben Goethes vom 10. December 1825 (Schuchardts Hand an den Conducteur H. L. F. Schrön in Jena, graphische Darstellungen von Witterungsbeobachtungen u. a. betr. (vgl. Tageb. X, 134, 7—11) in „Acta observatorii Nr. II. Acten der Grossherzoglichen Sternwarte zu Jena das Inventarium der Sternwarte betr. Vol. I. 1820 ff.", Bl. 17.

152. Vgl. zu 123 d. B. Schreiberhand. Gedruckt: Schauspiele von Franz v. Elsholtz. Zweite Ausgabe. Leipzig 1835, I, p. XIII, Jahrbuch des Freien Deutschen Hochstifts 1902, S. 253. 166, 19 lies: wie denn auch Dazu ein Concept von Schuchardts Hand in dem zu 123 d. B. genannten Fascikel des G.-Sch.-Archivs, Bl. 5, woraus zu bemerken: 163, 19 Art von empirischer 164, 1 Idealität g später zwischengeschrieben 5 Abamar g aus Athamar so immer, ausser 164, 25 11. 12 und Ungewöhnliches fehlt 22 ergeht sich g aR 165, 10 offene 10. 11 die herabfallenden Locken, das Schnurbärtchen 18 Prinzen] Schauspielers 20 läßt die Künstler g über diese 24 aus g üdZ Ihro Hoheit g über er 26 seyen g nach wären 28 mit einem g aus durch einen 166, 4 weiß g aus weiß 5 werde g aus würde 7 wie—Tag g aus die man diese Tage 25 Erfahrung nach eigner 27 er üdZ 167, 12 eine lebhaft klare Einbildungskraft 14—17 fehlt mit Ausnahme des Datums

Vgl. Tageb. X, 134, 16. 17; zur Sache vgl. zu 123 d. B. Elsholtz antwortet am 9. März 1826 (Eing. Br. 1826, 110), vgl. Jahrbuch des Freien Deutschen Hochstifts 1902, S. 255.

*153. Concept von Schuchardts Hand, Abg. Br. 1825, 191b. 193 167, 19 so wie g^1 über und 168, 7 wirth üdZ 23 wären

Zur Sache vgl. 191, 19. 20 und Tageb. X, 131, 27—132, 2. 134, 17. 18.

154. Vgl. zu 6106 (Bd. 22). Johns Hand 171, 3 g Mit dem Vermerk Schlossers: „Dazu ein kleiner Kupferstich, Goethes Portrait, mit Dankvers zum 7. Nov. 1825 empf. 14. Dec. 1825 F Schlosser". Gedruckt: J. Frese, Goethe-Briefe aus Fritz Schlossers Nachlass, Stuttgart 1877, S. 89. Dazu ein Concept von Schuchardts Hand, Abg. Br. 1825, 201, woraus zu bemerken: 169, 19—170, 8 Erst nach und nach etc. bis haben müsse [vgl. 149, 11—23] 170, 9 ich denn endlich

22 beyliegende *g* aus beyde Sich *g* aus sich 23 erneuen 171. 3. 4 fehlt mit Ausnahme des Datums 4 12.] 11.

Vgl. Tageb. X, 135, 3. 4 169, 20. 21. 170, 10 Schlosser hatte zum 7. November (vgl. zu 16, 14) das Goethische Gedicht „Dem Passavant- und Schübelerischen Brautpaare die Geschwister des Bräutigams zum 25. Juli 1774" (Werke IV, 198), dessen Originalconcept den Brautleuten bei ihrer goldenen Hochzeit, am 25. Juli 1824, überreicht war, an Goethe übersandt, vgl. Frese a. a. O. S. 90 22 „Meinen feyerlich Bewegten", facsimilirter Dankvers (Werke IV, 269) unter Goethes Portrait, nach Bovy von Schwerdgeburth gestochen, vgl. 180, 15. 185, 10. 190, 1. 191, 7. 207, 18.

*155. Vgl. zu 6243 (Bd. 22). Schuchardts Hand
Der am 1. December 1825 in Taganrog erfolgte Tod des Kaisers Alexander I. von Russland; vgl. 171, 5. 176, 8. 9. 179, 1. 185, 15. 186, 14. 187, 13. 188, 12. 202, 24. 205, 3. 209, 11. 223, 4. 5. 16. 17. 273, 16. 330, 7 und Tageb. X, 135, 23—28. 136, 8—10. 13. 14. 21. 22. 330. Der Erbgrossherzog Carl Friedrich schreibt an Goethe (Eing. Br. 1825, 348, undatirt): „Da sich üble Nachrichten wegen der schlechten Gesundheits-Umstände des russischen Kaysers verbreiten, welche aber meine Frau ignorirt und ignoriren soll; so bitte ich Sie, lieber geheimer Rath, Sich ja nichts merken zu lassen im Fall Sie etwas davon wissen!"

*156. Concept von Johns (171, 9—172, 19) und Schuchardts (172, 20—28) Hand, Abg. Br. 1825, 194ᵇ 171, 10 gnädigste *g* üdZ 16. 17 gewissen — und *g* aR 17 dem — Vorhandenen *g* aus den — Vorhandenen 18 hervorbringen *g* aus neues hervorbringt 19 leicht *g* über wohl 172, 2 wieder *g* üdZ Das *g* über Sein 4 von Verhältnissen *g* aus seiner Verhältnisse 5 darnach *g* aus nach ihm 6—10 aR für: 2) Ist die derbe Haut wohl einem jungen Rhinozeros zuzuschreiben. 3) Das kleine Modell eines bedeutenden Dammes läßt wünschen auch (*g* aus auf) eine Charte der Umgebung zu sehen; wo befehlen Höchstdieselben daß es aufgehoben werde? vielleicht auf der Militair Bibliothek, wo doch wahrscheinlich die Karten (*g* nach Chart) des Ufers befindlich sind, an welchem (*g* über wo) er angebracht ist und woher (*g* üdZ) weitere Belehrung deshalb geschöpft werden kann 172, 20 Deren aus für deren 23 Brewer *g* aus Wreuer

Das fehlende Datum nach Tageb. X, 135, 21. 22 und 157 d. B. 171, 13. 14 Carl August schreibt (Eing. Br. 1825, 328, undatirt): „Kennst Du beyliegende, sich selbst heraus gebende StadtMainische Muse? wie lohnt man sie? C. A.", vgl. 173, 16—18 172, 12 vgl. Tageb. X, 133, 17—19. 135, 21. 22 23 vgl. Tageb. X, 134, 27. 28. 135, 9. 10, Briefwechsel mit Carl August II, 273 26 Friedrich Schilling, Führer der Kirchenbücher und Registratur zu St. Petri in Berlin, fragt am 7. December (Eing. Br. 1825, 349) an, ob er zwei in Kork gearbeitete Nachbildungen des Ünglinger und Tangermünder Thores in Stendal, die Carl August 1806 passirt habe, für den Grossherzog einsenden dürfe.

*157. Concept von Johns Hand, Abg. Br. 1825, 200 173, 10 eingesandten nach gleichfalls 11. 12 sysyphische g aus sisivische 13 Wenn g aus wenn
Vgl. Tageb. X, 135, 21. 22 und 156 d. B. 173, 1 vgl. Tageb. X, 134, 7—11 9 vgl. Tageb. X, 135, 14. 15 16—18 vgl. zu 171, 13. 14.

158. Vgl. zu Bd. 38 Nr. 194. Schreiberhand (wohl Schuchardt) 176, 3—5 g Gedruckt: Eggers, Rauch und Goethe, Berlin 1889, S. 141. Dazu ein Concept von Johns Hand, Abg. Br. 1825, 196, woraus zu bemerken: 174. 2. 3 einmal wieder 4 das viele g aus so vieles 7. 8 das — möge] den Beyfall [g aR] der ersten verdienen und erreichen möge 175, 2 gewiß g aR jemehr nach werden 4 machen — möglich g aus werden möglich machen 8 erscheinen g über werden 16 wäre g für wird — seyn 18 welchem g aus welchen 25 Sollte g aus wenn — sollte 27 mich g üdZ 28 fühle g über werde 176, 1 in nach in mir hervorzurufen 2 in — hervorzurufen g später hinzugefügt 3—5 fehlt mit Ausnahme des Datums 5 16. g über 9.

Vgl. Tageb. X, 136, 18—20. Antwort auf Rauchs Brief vom 30. November 1825 (Eggers a. a. O. S. 130), vgl. Tageb. X, 132, 15—17 174, 6. 7 vgl. zu 130 d. B. 16 Moritz v. Bethmann hatte am 7. November 1825 den Vertrag mit Rauch über Herstellung der Goethestatue unterzeichnet (Eggers a. a. O. S. 129), vgl. zu 14, 14. 175. 15, 187 8 d. B. und Tageb. X, 132, 21—24 175, 7—9 Rauch berichtete (Eggers S. 133) über seine Modelle zu den Denkmälern Königs Maximilian I. für München und

August Herrmann Franckes für Halle 15 vgl. zu 174, 16
22. 23 Rauch schreibt: „Prof. Tieck modellirt an vierzehn
kleinen Statuen und Gruppen für des Kronprinzen Wohnzimmer" 25 Rauch: „Der Geh. Leg: Rath Bunsen zu Rom
hat S. M. dem Könige einen selten schönen Apollokopf vollkommner Erhaltung zugeschickt, da derselbe in Rom für einen
Frauenkopf galt, so war der Preiss gering und die Ausfuhr
leicht, derselbe wurde in diesem Jahre bei Frascati gefunden";
dazu die Anmerkung von Eggers a. a. O. S. 131.

159. Vgl. zu Bd. 39 Nr. 106, Bl. 64. Johns Hand
178, 13—17 *g* Gedruckt: Grenzboten 1874 III, 269. Dazu ein
Concept von Schuchardts Hand in dem zu 43 d. B. genannten Fascikel des. G.-Sch.-Archivs, Bl. 61, woraus zu
bemerken: 176, 6—10 John aR für: Ew. Excellenz verzeihen
geneigt (*g* üdZ) eine verspätete schuldige (*g* aus der so späten,
schuldigen) Antwort 12 erzeigten *g* aus erzeugten 17 persönliche
nach fortdau(ernde) 18 bleibe *g* üdZ für gewesen, dieses *g* über
sey 21 daher *g* üdZ 23 sodann *g* über nun 177, 2 geendigt
sey *g* aus zu endigen seyn Immer ein *g* aR für Ein 6 Gr[asen]
g später zwischengeschrieben Luxburg aus Luxenburg 24
erreicht werden *g* aus zu erreichen seyn 178, 1 gnädigsten *g*
aus gnädigen 2 vertröstet 3 her *g* über aus 4 meines über
jenes 5 Luxenburg 6 überhaupt *g* über im Allgemeinen
7 Seine] Ew. 7. 8 Herr Graf von Grünne, Excellenz, dem —
bitte aR 13—17 fehlt; dafür: Mehr wüßte ich gegenwärtig
nicht zu äußern

Vgl. Tageb. X, 136, 24. 25 176, 8. 9 vgl. zu 155 d. B.
11 vgl. zu 25, 14 177, 6 vgl. zu 70 d. B. 10 Durch den
Tod des Königs Maximilian Josef I. von Baiern am 13. October 1825, vgl. 194, 16. 210, 1 16 vgl. zu 129 d. B. 178, 1. 2
vgl. zu 120/1 d. B.

160. Vgl. zu 6901 (Bd. 25). Schuchardts Hand 180, 4 *g*
Gedruckt: Briefwechsel S. 331. Dazu ein Concept von
derselben Hand, Abg. Br. 1825, 198ᵇ, woraus zu bemerken:
179, 2 uns *g* aus und berührt aus gerührt 3 unbarmherzig
g über im Innersten 11 Leiber nach Weil 20. 21 indem —
empfele *g* aR 180, 4. 5 fehlt mit Ausnahme des Datums
5 18.] 17ten

Vgl. Tageb. X, 136, 25. 26. Antwort auf des Adressaten

Brief vom 2. November 1825 (Briefwechsel S. 330) 178, 21 vgl. zu 16, 14. 20   179, 1 vgl. zu 155 d. B.   10 vgl. zu 51, 19 18 vgl. 223 d. B.   19 vgl. 267, 21   28 vgl. zu 43, 12.

*161. Concept von Johns Hand, Abg. Br. 1825, 202 180, 8 erwoben   9 gern *g* üdZ   ebenmäßig *g* über auch   10 nicht zweifelnd *g* aus wie ich denn nicht zweifle   12 ferner *g* über denn auch

Vgl. Tageb. X, 137, 15. 16. Der Adressat, Maler in Hamburg, schreibt am 6. December (Eing. Br. 1825, 354): „Ew. Excellenz übersende ich hier einige meiner lezten Steinarbeiten, mit der Bitte sie Ihrer Samlung beizulegen. Der Professor Vogel in Dresden gehört wohl jezt zu den besten Portrait-Zeichnern unserer Zeit, er vollendete Ihr Bildniss im Jahr 1824 in Weimar, ich habe die Zeichnung von ihm geliehen, sie ist vortrefflich! ... ich habe das Bild auf Stein gebracht, und wie gross würde meine Freude seyn, wenn Ew: Excellenz mir einige Worte Ihrer Hand mit Ihrem Nahmen senden wollten, um sie durch Überdruck als fac simile darunter zu setzen. Zu diesen Behuf lege ich ein Stück Chemischer Tusche (die mit Wasser angerieben wird) nebst einige Blätter Überdruckpapier hierbei, die gezogenen Linien zeigen an, wie gross die Unterschrift seyn könnte. Die Abdrücke würden noch in diesem Jahr gemacht werden". Vgl. Tageb. X, 136, 2. 3. 137, 1—3. 12. 13 und Zarncke, Kurzgefasstes Verzeichniss S. 46. Bendixen dankt am 1. Februar (Eing. Br. 1826, 89)   180, 15 vgl. zu 170, 22.

*162. Concept von Johns Hand, Abg. Br. 1825, 201 b

Vgl. Tageb. X, 137, 16. 17 („Vortrag an Serenissimum, wegen des Jenaischen Gärtnerhauses").

Dieser „unterthänigste Vortrag" Goethes vom 19. December 1825 an den Grossherzog Carl August befindet sich in dem Fascikel der Oberaufsicht „Acta Erbauung einer neuen Gärtner Wohnung im Grossherzogl. botanischen Garten zu Jena betr." 1825—29 (Tit. 3 Nr. 4), Bl. 15; vgl. 219, 3 und Tageb. X, 126, 16—18. 127, 2. 3. 130, 11—13. 133, 1—3. 29. 134, 1. 135, 11. 12. 20. 21. 137, 16. 17.

Hier folgt ein von Goethe gemeinsam mit dem Kanzler v. Müller verfasster „Aufsatz" über die Brandt'sche Goethemedaille zum 7. November 1825, den F. v. Müller am 20. December 1825 an Christian Daniel Rauch und an Heinrich Franz Brandt absandte (Eggers, Rauch und Goethe, Berlin 1889, S. 145), nach dem Concept von Schuchardts Hand in dem zu 151 d. B. genannten Fascikel des G.-Sch.-Archivs, Bl. 74:

Was Goethes Bild auf dem Revers betrifft, so wäre allerdings die rechte Seite der Rauchischen Büste zu benutzen, wie solches ja schon in *No. 6.* der im October d. J. eingesandten, hier rückfolgenden Bleymodelle geschehen, damit der Hals zum Kopf ein längeres und edleres Verhältniß erhalte, das Gesicht heiterer aussehe und der Dargestellte, wenn Avers und Revers neben einander gelegt werden, seine höchsten Gönner getroster und freudiger anblicke, wobey sich versteht, daß die Umkehrung durch den Spiegel bewirkt werde. Es wird alsdenn das jezt zu sehr vorstehende Kinn von selbst ins Gleiche kommen.

Bezüglich auf die Erhobenheit des Reliefs wird gleichfalls das obangeführte Modell Nr. 6. gebilligt, und wünscht man, daß der Umriß überhaupt, besonders auch das Profil des Gesichts, mild in den Grund verlaufe und sich auf eine angenehmere, weniger strenge Weise von der glänzenden Fläche abheben möge, als solches auf den bisher ausgeprägten Exemplaren zu sehen ist.

Die Unterschrift:
Goethen
und die Lorbeerzweige bleiben ganz so, wie auf der zum 7. Nov. eingesandten Medaille; die Randschrift aber wünscht man daß sie sich über den ganzen Rand erstrecke, und zwar folgendermaßen:
Zum siebenten November MDCCCXXV. Weimar.

3. 4 der — Bleymodelle Kanzler v. Müller (*M*) aus des Bleymodells 8. 9 wobey — werde g^1 aR 9. 10 Es — kommen *M* aR 12 obangeführte über früher in October d. J. eingeschickte Bley- *M* aR 17 Die Unterschrift *M* aus Auch wäre die Überschrift 19. 20 und — Medaille *M* aus über den Kopf zu bringen, die Zweige unten mit einer Schleife zusammenzubinden. Datum und Jahrzahl kommen auf den Rand u. zwar 20 aber *M* üdZ Nach man *M* üdZ so, dann wieder gestrichen

Will nun der Künstler Goethes Bild nach dem neu zu
schneidenden Stempel zugleich zu einer besondern Medaille auf
eigne Rechnung benutzen, so wünscht man daß
 1) der Künstler beyliegende Zeichnung zum Revers wähle
5 und sich genau an diese Zeichnung halte;
 2) daß auf der Medaille, wie hier das Abgebildete den ganzen
Raum einnehme;
 3) daß das Relief mäßig erhoben sey und sanft in den Grund
einlaufend gehalten werde;
10 4) daß der Rand schicklich bedeutend erhaben sey;
 5) daß die anliegende Zeichnung nach gemachtem Gebrauch
wieder im Original zurückgeschickt werde.
Weimar den 20. Decbr. 1825.

*163. Vgl. zu 6330 (Bd. 23). Schreiberhand 185, 6—9 g
Dazu ein Concept von August v. Goethes Hand in dem zu
127 d. B. genannten Fascikel des G.-Sch.-Archivs, Bl. 50,
woraus zu bemerken: 181,12 verbietenden 16 größern 182,11
gegründeten 17 von — Exemplaren fehlt 183, 1 Bundes=
Staaten und deren weitere Erstreckung gegründet, auf — zugesichert
2. 3 über — Geschäft fehlt 6 ferneren 7 sächsisch fehlt 9—11
auch zu einer solchen Musterblätter, um darüber, wie fernerhin
über die Taschen=Ausgabe weitere 15 gegen das Publikum g^1 aR
16. 17 und sonstige Beziehungen g^1 aR 19 tausend g^1 aus
tausen 20 Comp. 1825. 25 einzelnen 184, 2. 3 fortdauern]
fortgesetzt 14 wie wir es g^1 aus welches wir 15 Ansichten
aus Absichten 24 auszusprechen g^1 über vermelden 185, 2
Geschäft Ew. pp. so g üdZ 3 Ew. Hochwohlgeboren fehlt
1 zu g^1 üdZ 6—9 fehlt mit Ausnahme des Datums 9 d.
21. Dec. 1825 August auf g^1 aR
Vgl. Tageb. X. 138. 6—8. Antwort auf Cottas Brief vom
30. November 1825, vgl. zu 127 d. B. Auf die erhöhte

1—13 Auf besondern Octavblatt (75) von Johns Hand
1—3 Will man M aus Man wünscht 4. 5 beyliegende — und
M üdZ 5 diese M aus die 11. 12 Von M später hinzugefügt.
Mundum von Schreiberhand in demselben Fascikel, Bl. 76:
ein früheres Concept zu 1—13 von Johns Hand, g durchcorrigirt: Abg. Br. 1825. 199 b.

Honorarforderung von 100 000 Thalern (vgl. 29 d. B.) antwortet ein Brief Sulpiz Boisserées vom 26. December 1825 (S. Boisserée II, 400 f.), den Goethe mit 195 d. B. erwidert 183, 19. 20 vgl. zu Bd. 39 Nr. 40.

*164. Vgl. zu 6243 (Bd. 22). Eigenhändig 185, 10 vgl. zu 170, 22 11 vgl. 168 und 169 d. B.

165. Handschrift unbekannt; abgedruckt von M. Isler nach einer Abschrift, die sich in den Hallierschen Papieren der Hamburger Stadtbibliothek befindet, im G.-Jb. IV, 182. Dazu ein Concept von Schuchardts Hand, Abg. Br. 1825, 203, woraus zu bemerken: 185, 13 weimarischen *g* über zwar bescheiden, aber doch 14 Nach Herzens mit Verweisungszeichen *g* aR doch bescheiden   15 wird *g* aus werden verbüstert *g* aus verbüstern 186, 2 können *g* aus könnten   4. 5 bedeutendsten 5 Heil Adresse: „Des Herrn Generalmajor von Klinger Excellenz nach St. Petersburg"

Das fehlende Datum nach 166 d. B. und Tageb. X, 138, 9 185, 15 vgl. zu 155 d. B.   16 Der weimarische Major und Kammerherr Friedrich Ludwig August von Germar, vgl. 186, 12. 187, 12. 194, 4.

166. Vgl. zu 6117 (Bd. 22). Schreiberhand   187, 8 *g* Gedruckt: G. Schmid, Goethe und Uwarow, St. Petersburg 1888, S. 39. Dazu ein Concept von Schuchardts Hand, Abg. Br. 1825, 203ᵇ. woraus zu bemerken: 187, 3 weitern   8. 9 fehlt. Adresse: „An des Herrn Präsidenten von Ouwarof Excellenz"

Vgl. Tageb. X, 138, 9 und 165. 167 d. B.   186, 14 vgl. zu 155 d. B.   20. 21 „Mémoire sur les tragiques Grecs", Denkschriften der St. Petersburger Akademie, Bd. X, 1824, an Goethe übersandt am 10. Mai a. St. 1825 (Schmid a. a. O. S. 37 f.).

*167. Concept von Schuchardts Hand, Abg. Br. 1825, 204 187, 10. 11 *g* später hinzugefügt 13 eilends *g* aus eilend   20 sind *g* üdZ   188. 2 angelegentlichst *g* über bestens   7 er aus Er 9 als auch *g* über und zugleich   11. 12 *g* Adresse: „Des Herrn Hofrath Franz Wörth Wohlgeb. St. Petersburg"

Das fehlende Datum nach 166 d. B. und der Stellung in den Conceptheften   187, 12 vgl. zu 165 d. B.   16 vgl. zu 91, 21   188, 12 vgl. zu 155 d. B.

168. Handschrift von John im Besitz von Rudolf Brockhaus in Leipzig, im Juli 1896 zur Collation an's Archiv eingesandt   189, 11 meine *g* aus mein   17 meinem   22 einen   23 ein Anderer *g* aus im Andern   27 ehrenvolles   190, 3. 1 *g* Gedruckt: W. v. Biedermann, Goethe und Leipzig II, 132. Dazu ein Concept von Schuchardts Hand, Abg. Br. 1825, 214, woraus zu bemerken: 188, 13. 14 Von John später hinzugefügt   189, 5. 6 und — anzuerkennen, Riemer aR   190, 3—5 fehlt mit Ausnahme des Datums. Adresse: „An den Grosshrzgl. General-Consul und Ritter des weissen Falkenordens, Herrn Küstner Hochwohlgeb."
Vgl. Tageb. X, 138, 17. 18. Antwort auf einen unbekannten Brief des Adressaten (weimarischen Generalconsuls in Leipzig, 1778—1832, dessen Vornamen richtig lauten: Felix Ferdinand Heinrich, vgl. Bd. 39, Nr. 170), worin dieser über eine am 19. November 1825 in der Leipziger Gesellschaft „Lyra" zu Ehren von Goethes Jubiläum veranstaltete Festlichkeit berichtete; vgl. zu 169 d. B.   190, 1 vgl. zu 170, 22 und 164 d. B.

169. Handschrift von John im Besitz von Fräulein Similde Gerhard in Leipzig, hier nach einer Collation G. Witkowskis vom März 1901   191, 11. 12 *g* Gedruckt: W. v. Biedermann, Goethe und Leipzig II, 307. Dazu ein Concept von Schuchardts Hand in dem zu 135 d. B. genannten Fascikel des G.-Sch.-Archivs, Bl. 11ᵇ, woraus zu bemerken: 190, 6. 7 *g* später hinzugefügt   191, 1 rühmen *g* unter erinnern   11—12 fehlt mit Ausnahme des Datums. Adresse: „An Herrn Legationsrath Gerhard Wohlgeb. nach Leipzig"
Vgl. Tageb. X, 138, 18. 19. Antwort auf einen unbekannten Brief des Adressaten (vgl. zu 7025), der die zu 168 d. B. erwähnte Feier betraf.

*170. Concept von Schuchardts Hand, Abg. Br. 1825, 216   191, 16 Meteorologie *g* aR für Wetterbeobachtungen   17 Howardischen *g* später zwischengeschrieben   18 schien *g* über war   wie denn eine *g* über Eine   19 noch nach kam   20 kam *g* üdZ   22 lies: sollte — aufgefunden werden *g* aus war — aufzufinden   23 lies: Barometerstandes   192, 1 Weltbreiten geändert in Weltbreite, dann durch Puncte wiederhergestellt   5 Tobolsk nach und   10—12 wie — legt *g* später zwischengeschrieben   14 1823 *g* üdZ   15 ben   193, 5 die aus wie   7 Bewahrheitet nach Barometerstand   12 indem nach und   14 mögen *g* später hinzugefügt

191, 15. 16 vgl. zu 28, 22   19. 20 vgl. 153 d. B.   192, 3 vgl. zu 1, 13   22. 23 Ein Manometer, vgl. 173/4 d. B.   193, 4 vgl. August v. Goethes Brief an Döbereiner, 173/4 d. B.

*171. Concept von Johns Hand, Abg. Br. 1825, 180 193, 16 des Herrschers *g* üdZ   Er *g* über der Herrscher   20 zu aR   23 widerführe *g* aus wiederführe   194, 2 ganz — sey *g* aus der Erfüllung ganz nahe sey   5 versichert *g* aus versicherte   10 Zeitmoment aR für Augenblick   16 verehrtester Riemer mit Blei aus verehrter aR für höchster   195, 1 Möge daher *g* aR für Daher mög es   2 gedenken nach erinnern   11 schuldiger Weise *g* aus schuldigerweise   20—23 Vor — Medusenhaupt, sonst pp *g* auf eingeklebtem Sedezzettel über Nun aber darf ich nur die Augen in die Höhe richten, so schauen sie das ersehnte Bild: die Medusa,   20. 21 einer — angehöriges aR   27 reine *g* aR für hohe   196, 3 Gelegenheit besitzen *g* aus Sich Gelegenheit verschafft haben   4 Besten *g* über Höchsten   13 über die Maßen aR für höchst   14 Nov. mit Blei gestrichen. Dazu ein früheres eigenhändiges Concept bei den Materialien zu den Annalen, Bl. 1807 (647 f.)

Das fehlende Datum nach 172 d. B. und Tageb. X, 139, 13—18; der Stellung in den Quartalsheften nach ist das Concept jedoch unmittelbar nach erhaltener Mittheilung von Absendung der Gypsmaske der Medusa Rondanini abgefasst (vgl. Tageb. X, 124, 21—23 und zu 121 d. B.) und vielleicht in der erst sechs Wochen später abgegangenen endgültigen Fassung verändert   194, 4 vgl. zu 185, 16   7 Über die Medusa Rondanini vgl. Werke XXX, 238. XXXII, 39. 322   16 vgl. zu 177, 10   195, 4. 5 vgl. zu 16, 20   13—19 vgl. zu 87 d. B.

*172. Concept von Johns Hand, Abg. Br. 1826, 13   196, 18 nachbarlich aus nabarlich   197, 9 meinen   19. 20 sich eignet Riemer[?] mit Blei aus geeignet sey   Adresse *g*¹ aR: HE. ObBDir. von Klenze München   Dazu ein früheres Concept von Schuchardts Hand, Abg. Br. 1825, 205 (Adresse: „Dem

Herrn Hof-Bauintendanten Ritter von Klenze nach München"), welches lautet:

Hochwohlgeborner,

Insonders hochzuehrender Herr!

Das ersehnte herrliche Medusenbild ist zu glücklicher Stunde, als die allerschönste Weyhnachtsgabe, unversehrt angelangt und
5 hat mir eine unaussprechliche Freude gemacht; denn es ist von großer Bedeutung, vor seinen Augen ein wichtiges Zeugniß früherer hochbegabter Jahrhunderte zu schauen. Tausendfältigen Vergleichungen giebt es Anlaß und vermehrt die erworbenen Kenntnisse, indem sie solche wieder hervorruft und neu belebt.

10 Darf ich nun Ew. Hochwohlgeboren geziemend ersuchen, bey= kommendes Kästchen zu eröffnen und den Inhalt desselben Ihro Königlichen Majestät zu Füßen zu legen. Es findet sich darin ein alleruntertänigstes Schreiben, meinen gefühltesten Dank einiger= maßen auszudrücken und ein Päckchen die auf unsre Frau Groß=
15 herzogin geschlagene Medaille enthaltend.

Wir sind solche Ihro des höchstseligen Königs Majestät als Unterzeichnendem schuldig geworden. Die erste, das Bildniß Ihro Königlichen Hoheit des Großherzogs vorstellend, war schon bey Lebzeiten übersendet. Möge dieses zusammen eine gnädigste Auf=
20 nahme finden.

Und so darf ich denn auf Ew. Hochwohlgeboren freundlichste Einladung wohl gestehen, daß, wenn ich schon, in Betracht meiner Jahre, keineswegs Ursache habe, mich über meine körperlichen Zu= stände zu beschweren, ich doch manchmal wünschen möchte noch
25 mobiler zu seyn, in einer Zeit, die meinem Vaterlande so vieles Gute und Treffliche gewährt, wovon man sich eine sinnliche An= schauung verschaffen müßte, um die daher entspringenden Vortheile sich zueignen zu können.

Lassen Sie mich also aus dem Zustande des Entsagens, worin
30 ich mich befinde, Ihnen Glück wünschen, daß Sie die herrliche Kunst, zu welcher Ihre Natur Sie hinzog, dergestalt auszuüben Gelegenheit finden, daß durch Sie das Ungemeine geschieht und zugleich den verwandten erhabenen Künsten Räume bereitet werden zu würdiger Aufbewahrung und ausgebreiteter Thätigkeit. Möge

---

2 Insonders *g* später zwischengeschrieben   7 Jahr= hunderte Riemer mit Blei aR für Jahre   21 auf über auch

dieß zu Freude und Genuß Ihres allerhöchsten Gönners und zu eigner Zufriedenheit in jedem Sinne gelingen. Meine Theilnahme bleibt unwandelbar wie die wohlempfundene Hochachtung, womit ich mich unterzeichne.

Weimar den 26ten December 1825.

Vgl. Tageb. X, 139, 13—18. Antwort auf des Adressaten (1784—1864, vgl. ADB. XVI, 162) Brief aus München vom 27. November (Eing. Br. 1825, 330), worin es heisst: „Ew. Exzellenz habe ich aus Auftrag Sr Majestät des Königs vor einigen Tagen schon, den wohlverpackten Gypsabguss des Rondaninischen Medusenhauptes geschickt. Trotz allen Nachforschungen hat sich in Rom kein besserer Abdruck auffinden lassen, und den Kopf hier nochmals zu formen, hat dessen zerbrechlicher Zustand, und die bewährte Ungeschicklichkeit unserer Formatoren nicht gestattet. Übrigens ist dieser Abguss genau, und wenigstens nicht durch Raspeln und Glätten verdorben. Könnte doch diese Maske etwas dazu beitragen unserer Aller so lange schon gehegte Hofnung in Erfüllung zu bringen, Ew. Exzellenz bald einmal in unseren Mauern zu sehen! wie würde es besonders mich freuen den Heros der teutschen Litteratur zu sehen, welcher mit zwey Worten aussprach was ich mein ganzes Leben lang suchte, dachte und fühlte: Eine zweyte Natur ist die Baukunst welche menschlichen Zwecken dient. Da an der inneren Vollendung der Glyptothek jetzt thätig fortgearbeitet werden wird, so hoffe ich sie in einigen Jahren vollendet zu sehen" 196, 16 vgl. Tageb. X, 137, 25. 26.

173. Vgl. zu Bd. 32 Nr. 98. Johns Hand   203, 1 lies: burſten   17 *g* Gedruckt: Briefwechsel S. 259 (falsch datirt vom 26. December 1826). Dazu ein Concept von Schuchardts Hand, Abg. Br. 1825, 209, dem zu 203, 1 gefolgt und woraus ferner zu bemerken ist: 198, 8 ihm denn vor   16 Untermahn= *g* aus Untermaur   19 Belveber's   22 meinen Zimmern   23 Jahres   24 in   199, 6 frühern   25 hinterbrein *g* aus hintennach   27 Kraftaufwand aus Kräftenaufwand   200, 3 davon] dafür Manuſcript nach auch   16. 17 Mit= und — leicht, *g* aR   17 unvergeſſen aus unvergeſſend   18 *eorum g* über corum   201, 3 beſchämte

g üdZ   6 kunſtmäß [!] aus kunſtmäßig   9 unbeſchenckt *g* aus unbedacht   15 *Bartsch* — 18 aR für Ju Bart'ſchens Catalog iſt es: *graveur* aus *graveurs*   24 Tafel= aus Tafeln=   26 man nach was   27 zugeſtehen *g* über geben   28 eignen   202, 1 heitrer   13 Geſelligkeit an Zeit übrig   22 in   203, 1 be= fanden *g* aus Befanden   11 unſrer   17. 19 fehlt mit Ausnahme des Datums. Ferner frühere Concepte im G.-Sch.-Archiv (alph.) und bei den „Maximen und Reflexionen" *WJ*¹¹: *II*⁰   Vgl. Tageb. X, 139, 20. 21. Reinhardts letzter Brief vom 4. Juli 1825: Briefwechsel S. 256   198, 12 Kronberg am Fusse des Taunus, vgl. Briefwechsel S. 256   14—16 vgl. Tageb. X. 137, 23. 24 und Briefwechsel mit Marianne v. Willemer² S. 182 ff.   199, 19 vgl. zu 16, 20. 25, 11   20 Kanzler v. Müller, vgl. 203, 9—14   200, 4 vgl. zu 28, 22   20. 21 vgl. zu 121 und 171 d. B.   24. 25 vgl. 219, 18—220, 10 und zu 138 d. B.   201, 19 vgl. zu Bd. 39 Nr. 243   202, 11 vgl. 291, 6   18 Wolfgang v. Goethe, des Grafen Reinhard Pathe   24 vgl. zu 155 d. B.   203, 9—14 vgl. zu 199, 20.

Hier folgen zwei von Goethe in seines Sohnes August Namen aufgesetzte Schreiben vom 26. December 1825 (Tageb. X. 139. 18—20); das erste ist an Johann Wolfgang Döbereiner, Professor der Chemie in Jena, gerichtet und abgedruckt bei O. Schade, Briefe an Döbereiner S. 115 (dazu ein Concept von Schuchardts Hand, Abg. Br. 1825, 213):

Im Namen meines Vaters habe Ew. Wohlgeboren Glück zu wünſchen zu der Entdeckung: daß auf die mehrere oder mindere Anziehungskraft des verſtärkten magnetiſchen Apparats das Steigen und Fallen des Barometers einen gewiſſen Einfluß habe. Er läßt
5 Sie dringend erſuchen, die Beobachtungen aufs genauſte und fleißigſte fortzuſetzen, denn er hält, wenn ſich die Entdeckung durchaus be= wahrheiten ſollte, ſie für eine der größten, die das Jahrhundert werde aufzuweiſen haben.

In Hoffnung baldiger perſönlicher Zuſammenkunft
10   ergebenſter Diener
Weimar den 26 Decbr. 1825   J. W. A. von Goethe.

Vgl. zu 193, 3—8.

Das zweite, an Johann Christian Friedrich Körner, Hofmechanikus in Jena, gerichtet, befindet sich im Concept von Schuchardts Hand in den Abg. Br. 1825, 213:

Im Namen meines Vaters soll ich Sie, mein werthefter Herr Doctor, ersuchen, das bestellte Manometer, wenn es nicht angefangen, und wenn es angefangen, dessen Vollendung zu unterlassen, indem er diese Tage ganz unvermuthet mit einem sehr schönen von *Serenissimo* versehen worden. 5

Der ich hoffe, bey nächstem persönlichen Wiedersehn Ihr Geschäft in glücklichem Fortgehn zu finden.

Vgl. zu 131 d. B.

174. Vgl. zu Bd. 39 Nr. 106, Bl. 66. Johns Hand 206, 5. 6 *g* Gedruckt: Grenzboten 1874 III, 270. Dazu ein Concept von derselben Hand in dem zu 104/5 d. B. genannten Fascikel des G.-Sch.-Archivs, Bl. 45, woraus zu bemerken: 204, 7 eingelangt Vermittelung 15 13. nach dreyzehn 15 Gesandten 21 Herrn 205, 7 Peinliche von Riemer mit Blei später zwischengeschrieben 18 welchen 21 wenig aus weniger 22 Viele aus Vielen 23 bänglichste Riemer mit Blei über peinlichste 206, 2 unsern Schmerz aus unsere Schmerzen 5—7 fehlt mit Ausnahme des Datums

Vgl. Tageb. X, 140, 3. 4 204, 6 vgl. Tageb. X, 129, 25. 26. 132, 12—14 12—26 Graf Beust antwortet am 2. Januar 1826 (in demselben Fascikel wie zu 174 d. B., Bl. 47): „Die hohen Senate, wie sie die Courtoisie begehren, der vier freien und resp. Hansastädte sehen allerdings einem Danck von Eurer Excellenz entgegen. Verzeihen Hochdieselben ihnen die kleine Eitelkeit, etwas von Ihrer Hand zu besitzen. Mein Danck ist kein hinlängliches Surrogat. Gern will ich die vier Schreiben abgeben, wollen Euer Excellenz [sie] nicht unmittelbar unter den Addressen der hohen Senate abgehen lassen. Jede derselben hat hier ihren eigenen Gesandten, der nach der Reihe alle drei Monate abwechselt und auch nur dann resp. gegenwärtig ist, während der augenblicklich stimmführende es für alle Vier thut" 205, 3 vgl. zu 155 d. B. Graf Beust antwortet: „Auch mich hat Alexanders Tod tief ergriffen und es wird nicht leicht wieder Macht und Mässigung in solchem Bunde auf dem Russischen

Throne herrschen. Alexanders Tod ist eine universelle Calamität und dem Schmerzgefühl darüber fügt sich bei uns das um unsere treffliche Grossfürstin noch insonderheit hinzu" 18 Rehbein starb am 30. December 1825, vgl. 212, 8. 225, 16. 266, 18. 276, 5. 329, 1—3. 340, 1, zu XLI, 20, 4, Tageb. X, 138, 23. 139, 12. 141, 13. 14 und Grüner S. 224. Anmerkung.

Ein amtlicher Erlass Goethes vom 28. December 1825 an seinen Sohn August, die neuen Baulichkeiten in Jena betr., in dem Fascikel der Oberaufsicht „Acta Erbauung einer neuen Gärtner Wohnung im Grossherzogl. botanischen Garten zu Jena betr." 1825—29 (Tit. 3 N. 4), Bl. 19.

175. Handschrift von John im Schillerhause zu Weimar, „Acta Senat: Die Ertheilung des hiesigen Bürgerrechts an den Sohn und die beyden Enkel sammt allen männlichen Nachkommen Sr. Excellenz des Herrn geheimen Raths und Staatsministers Johann Wolfgang von Goethe, hier, zur Feyer Dessen funfzigjährigen Dienst-Jubilaei. Weimar 1825 (217. — Loc. 3. No. 9. Lit. G.)". Abgedruckt von C. Schüddekopf in den Freundesgaben für C. A. H. Burkhardt, Weimar 1900, S. 118. Dazu ein Concept von Schuchardts Hand in dem zu 135 d. B. genannten Fascikel des G.-Sch.-Archivs, Bl. 11, woraus zu bemerken: 206, s. 9 fehlt 17 Das aus Daß 207, 4—8 fehlt mit Ausnahme des Datums

Vgl. Tageb. X, 140, 16. 17. Antwort auf die am 7. November 1825 erfolgte Überreichung der Urkunde durch den Bürgermeister von Weimar, Hofrath Carl Lebrecht Schwabe (vgl. 176 d. B.), durch welche der Stadtrath Goethes Sohne und seinen beiden Enkeln, sowie allen seinen rechten männlichen Nachkommen auf ewige Zeiten das Bürgerrecht der Residenzstadt Weimar verlieh, vgl. Goethes goldner Jubeltag S. 75—78, Freundesgaben für C. A. H. Burkhardt, S. 117 ff.

*176. Concept von Schuchardts Hand in dem zu 135 d. B. genannten Fascikel des G.-Sch.-Archivs, Bl. 12ᵇ 207, 9 wohlgeb. aus Hochwohlgeb. 12 bezeigte aus bezeugte 15 würdigen g über werthen Herrn

Vgl. Tageb. X, 140, 17. 19 207, 10 = 175 d. B. 18 vgl. zu 170, 22. Schwabe antwortet am 6. Januar (Eing. Br. 1826. 21) an August: „Das von Ihrem verehrten Herrn Vater dem

Stadtrath gütigst zugesendete Schreiben wurde in einer gestern statt gehabten Plenar-Sitzung mit grosser Freude und Theilnahme vernommen und jedes Mitglied, das ein Exemplar Seines Bildnisses mit der herrlichen Unterschrift erhielt, betrachtete solches als ein wohl zu verwahrendes Geschenk."

*177. Concept von Schuchardts Hand, Abg. Br. 1825, 204ᵇ   208, 9.10 Der — werde später zwischengeschrieben. Adresse: „An Herrn Professor Hofmann albier"

Der Adressat, nach dem Staats-Handbuch des Grossherzogthums Sachsen-Weimar-Eisenach für das Jahr 1827, S. 17, Carl August Hoffmann genannt, war Professor und Hof-Apotheker zu Weimar. Zur Sache vgl. 122 d. B.

*178. Concept von Schuchardts Hand, Abg. Br. 1825, 221 209, 15 Medaillenrund vollkommen g aus Medaillenbild würdig 210, 1 Zum Schluße g aus An den Schluß   5 Übergabe g über Lücke   11. 12 allzulange g üdZ   12 ihm nach es   23 schmerz= lich g aR

Fehlt im Tagebuch. Antwort auf des Adressaten Brief aus Göttingen vom 23. November 1825, welcher beginnt: „Nach einer langen Abwesenheit von sieben Wochen bin ich auf das Erwünschteste durch Ihre Zeilen und Gaben, die mir Herr Poerio eingehändigt [= 101 d. B.], erfreut worden"   208, 15 Vom 17. October 1825   17 vgl. zu 87 d. B. Sartorius schreibt: „Mit Freude habe ich die Denkmünze auf den Grossherzog vielmahls betrachtet, so wie die auf die Grossherzoginn, die ich bey Blumenbach gesehen habe: ihr Bild hat alle die alten Gefühle der dankbaren Verehrung gegen sie bey mir aufgeregt   209, 5 Vgl. zu 130 d. B. Sartorius: „Uns fehlt hier nur noch die Denkmünze, welche an Ihrem Jubelfeste Ihre Verehrer Ihnen dargebracht haben. Ich zweifle nicht, obwohl Ihr Rath dabey gefehlt hat, dass sie ein würdiges Gegenstück der beyden andern seyn werde"   11 Sartorius: „Hier haben wir denn auch die Denkmünzen auf Blumenbachs Doctor-Jubiläum (vgl. zu 83, 3) erhalten, und, im Vertrauen sey es gesagt, die Universität wird eine andere zur Feyer seines Professor-Jubiläum (vgl. Tageb. X, 162, 21—23) im Februar überreichen: aber Ihr Rath scheint mir bey beyden gefehlt zu haben. Bey der bereits bekannten, von den Freunden der Naturwissenschaften in Berlin verfertigten, will mir Mehreres nicht zusagen. Mit den drey Schädeln auf der Rückseite kann ich mich nicht vereinbaren, dieselbe Sache liess sich doch wohl schöner andeuten, und was Blumenbachs Brustbild betrifft, so ist es gar sehr hinter den beyden schönen Zeichnungen von Grimm zurück geblieben, und nur das zu loben, dass daraus nicht eine Fratze geworden, wie es bey allen frühern Zeichnungen und Gemälden von Grimm der Fall war" 20 Nach Lübeck 23 Geschichte des Hanseatischen Bundes, neue Auflage, von Lappenberg vollendet 210, 1 Sartorius: „Ich kann nicht schliessen ohne noch eine Begebenheit zu erwähnen, die für ganz Deutschland, vielleicht über dessen Gränzen hin aus folgereich seyn kann: das ist die Thronbesteigung des neuen Königs von Baiern. Ich kenne ihn persönlich, er war auch unter meinen Zuhörern, ich habe ihn nachher zu Wien und an andern Orten getroffen. Das derbe Dreinschlagen, womit er jetzt beginnt, ist freylich meiner Natur zuwider, aber theilweise mochte es nöthig seyn; er ist eigensinnig und despotisch, aber er will mit Gewalt das Rechte und Bessere; er ist geizig, aber er hat seine Sparpfennige auf das Würdigste zu den Kunstsammlungen verwendet; er liebt nicht die Soldaten und die Uniformen, er selbst geht sehr schlicht, zu schlicht. Ich hoffe nicht, dass Schlauere als er seine religiöse und mystische Neigung missbrauchen werden; er will doch Herr im Hause bleiben, Nuntius, Curie u. Jesuiten werden sich getäuscht finden. Wir wollen sehen, was wird", vgl. zu 177, 10 210, 18 vgl. zu 155 d. B. 25 vgl. Tageb. X. 135, 25—28.

*179. Concept von Schuchardts Hand, Abg. Br. 1825, 220 211, 15 deſſen g^3 über dieſen 18 Indeſſen — 20 aR 22 oben g^3 üdZ 212, 3—5 auf — copeylich für auf den Weichſelzopf hin. Die mit laufender Feder [g^3 aR für allzuflüchtig und] etwas undeutlich geſchriebene Erklärung habe abſchreiben laſſen, welches [ſich] bey dem ausführlichen [g^3 über umſtändlichen] Briefe gleichfalls nothwendig iſt [g^3 über macht] welchen zunächſt mittheile [g^3 aR] 5 Dem g^3 aus Man muß dem 5. 6 muß man auf alle Fälle [g^3 über jedoch] nachſagen g^3 aR für nachſagen 9 ihm üdZ

Vgl. Tageb. X, 141, 10—12   211, 6 Am 25. November und 18. December 1825 (Naturwiss. Correspondenz II, 139. 144), vgl. zu 122 d. B.   14 vgl. 213, 21. 224, 22 und zu 216 d. B.   19 vgl. 177 d. B.   21. 22 vgl. zu 149 d. B.   212, 8 vgl. zu 205, 18.

180. Vgl. zu Bd. 39 Nr. 65. Johns Hand   213, 4. 5 *g* Gedruckt: K. Fischer, Briefwechsel zwischen Goethe und K. Göttling, München 1880, S. 10. Dazu ein Concept von Schuchardts Hand in dem zu 61 d. B. genannten Fascikel des G.-Sch.-Archivs, Bl. 49, woraus zu bemerken: 212, 14 Ew. nach id)   id) *g* üdZ   16 ſchönen feſtlichen   213, 4—6 fehlt mit Ausnahme des Datums

Vgl. Tageb. X, 141, 18—21   212, 20 Die Medaillen des Grossherzogs und der Grossherzogin, vgl. zu 25, 24 und 87 d. B. Göttling dankt am 3. Januar 1826 (in demselben Fascikel, Bl. 50).

*181. Concept von Schuchardts Hand, Abg. Br. 1825, 219

Vgl. Tageb. X, 141, 21—23   213, 8 vgl. zu 149 d. B. 12—14 vgl. Tageb. X, 136. 3 und Naturwiss. Correspondenz II, 147   16 vgl. zu 122 d. B.   21 vgl. zu 211, 14   214, 1 vgl. 335, 9—18 und Naturwiss. Correspondenz II, 142   9. 10 Unbekannt.

182. Handschrift unbekannt; unvollständig abgedruckt, ohne Adressaten und Datum, in der Allgemeinen Theaterzeitung und Unterhaltungsblatt, Wien 1826, Nr. 33, S. 135, wiederholt mit der Datirung „Ende 1825" bei Strehlke II, 472. Hier nach dem Concept von Schuchardts Hand, Abg. Br. 1825, 188^b 215, 9 Da — fühle g^1 aR   10 ſo g^1 aus So

Vgl. Tageb. X, 141, 23—25. Antwort auf des Adressaten, Schriftstellers in Prag (1781—1846, vgl. ADB. IX, 25), Brief vom 4. November (Eing. Br. 1825, 320), worin es heisst: „Es ist gewiss, dass für jeden Menschen, der mit einigem Sinn für Kunst, Wissenschaft und deutschen Nationalruhm begabt ist, jenes Geschäft zu den angenehmsten und wünschenswerthesten gehört, welches ihn in irgend eine, wenn auch noch so entfernte Berührung mit Ihnen, mein verehrter Herr geheimer Rath! setzt, und so erkenne ich es als den schmeichelhaftesten Beweis des Vertrauens, den mir die Frau Gräfin von Kaunitz in Wien (: die Gemahlin des k. k.

Kämmerers, Grafen Michel von Kaunitz:) geben konnte, dass sie mir auftrug, die mitfolgende Huldigung ihrer Hochachtung und des Dankes für geistige Genüsse und Geschmacksbildung Ihnen zuzumitteln. — Die Gräfin hat zu einer recht kunstreichen Stickerei einen der verehrungswürdigsten Gegenstände unsrer und aller Zeiten gewählt, - - - Dass dies Tableau nicht schon im vorigen Monate in Euer Excellenz Hände gelangt, ist zum Theil meine Schuld, denn ich war, als es ankam, auf dem Lande, und, als ich keinen Brief von der Gräfin fand, mit welchem sie ihr Geschenk einbegleitete, hielt ich diess für ein Versehen, und ermunterte sie zu einem Briefe; sie entgegnete mir aber, sie hoffe, ihre Nadel werde beredter seyn, als ihre Feder, und um Euer Excellenz mit den Ansichten dieser Dame doch einigermassen bekannt zu machen, theile ich Ihnen — im Voraus der Einstimmung der Gräfin versichert — den Brief mit, den sie mir bei Übersendung des Bildes schrieb" 214, 22 Das übersandte Kunstwerk war ein geschicktes Goethebildniss nach Jagemann, vgl. Schriften der G.-G. XVII, CVIII und Tageb. X. 129, 17. 23. 24   215, 10. 11 Nach Tageb. X, 141, 24. 25 der zur Feier des 7. November 1825 veranstaltete Druck der Iphigenie. Die Antwort der Gräfin Rosa Kaunitz vom 8. April 1826 ist gedruckt in den Schriften der G.-G. XVII, 243; Gerles Brief vom 20. Mai 1826: Eing. Br. 1826, 173.

*183. Concept von Schuchardts Hand, Abg. Br. 1825, 217ᵇ   216, 12 der nach mid)   15 gern nach nod)   mid) g³ üdZ

Vgl. Tageb. X, 141, 25—142, 2. Antwort auf des Adressaten, Zeichenlehrers in Schulpforta (vgl. zu Bd. 31 Nr. 175) Brief vom 16. December (Eing. Br. 1825, 366), womit derselbe „getreu nach der Natur von mir gezeichnete und dann lithographirte Blätter" als nachträgliches Jubiläumsgeschenk übersendet und um eine Empfehlung Goethes für sein projectirtes Werk „Meine Musestunden, enthaltend Erzehlungen, dramatische Versuche, Gedichte und kleinere Aufsätze", bittet.

184. Vgl. zu 4102 (Bd. 14). Schuchardts Hand   217, 9 aud) ſtehen g aus aufſtehen   220, 11 g   16 Spehner   Mit der

Notiz von Zelters Hand: „3 Januar 26." Gedruckt: Briefwechsel IV, 120. Dazu ein Concept von derselben Hand, Abg. Br. 1825, 206, woraus zu bemerken: 217, 7. 8 entſpringen g^3 aus entſtehen   9 aufſtehen   12 ſibyllinisches g^3 aus ſybilliniſches   218, 8 ſchakeſpear'ſchen   19. 20 während ſo vieler g^3 aus durch die vielen   219, 2 ein nach mir   4 beholfen aus behoffen   17—220, 16 fehlt mit Ausnahme des Datums 220, 12 30.] 29$\underline{\text{ten}}$

Vgl. Tageb. X, 142, 2. 3. Antwort auf Zelters Briefe vom 4. 8. 12.—16. December 1825 (Briefwechsel IV, 109. 111. 115)   217, 12 Zelter berichtet (im Briefwechsel IV, 118 f. unvollständig gedruckt) über die am 15. December 1825 erfolgte Vorstellung von Macbeth, übersetzt von Spieker, mit Musik von L. Spohr   218, 4 Lustspiel von Louis Angely   219, 3 vgl. zu 162 d. B.   18—220, 10 vgl. zu 200, 24   220, 13 vgl. Tageb. X, 141, 3—5; der Brief Zelters (über C. M. v. Webers „Euryanthe"?) ist nicht bekannt.

*185. Vgl. zu 2677 (Bd. 9). Johns Hand   220, 20 g

Zur fehlenden Datirung vgl. 55. 92 d. B. und H. Uhde, Goethes Briefe an Soret, Stuttgart 1877, S. 180 f.; es handelt sich wohl um die Medaille Bovy's auf die Grossherzogin Louise zum 14. October 1825, vgl. zu 87 d. B.

186. Concept von Schuchardts Hand in dem zu 119 d. B. genannten Fascikel des G.-Sch.-Archivs, Bl. 24   221, 7 uns g üdZ   erinnern g über gedenken   9 Sehr gerne g^1 über Dankbar   10 erſterer Pflanze g^1 aR für derſelben [üdZ]   12 Herrn g^1 über den   17 und nach Ihnen   18 Ihnen g^1 üdZ   19 habe g^1 aus haben   Gedruckt: Naturwiss. Correspondenz II, 362 (falsch datirt von 1826)

Zur fehlenden Datirung vgl. zu 113 d. B.

*187. Concept von Schuchardts Hand, Abg. Br. 1825, 204^b 222, 2 Guercin aus Gouercin   6 Nach — Prüfung g aR für Erſt nach (über bey) Prüfung

222, 1. 2 vgl. zu 249, 22. 253, 3. 200 d. B. und Schuchardt, Goethes Kunstsammlungen I, 240 f.

In den Anfang des Jahres 1826 fällt folgendes, in der vorliegenden Fassung vermuthlich nicht abgegangene Schreiben an Simon Moritz v. Bethmann in Frankfurt, der am 7. November 1825 den Contract mit C. D. Rauch über Herstellung der Goethestatue für Frankfurt (vgl. zu 174,16) unterzeichnet hatte (Mundum von Johns Hand auf einem Quartbogen im G.-Sch.-Archiv):

Hochwohlgeborner
höchstzuehrender Herr.

Bey der, am siebenten November mir gegönnten gleich unerwarteten wie außerordentlichen Feyer, bin ich so vielen Dank
5 schuldig geworden, daß die Entrichtung eines großen Theils noch im neuen Jahre zurückstcht, ja daß ich die Erfüllung dieser Pflicht kaum jemals völlig erreicht sehen werde.

Ew. Hochwohlgeb. haben, wie ich aus einem durch Herrn Professor Rauch mitgetheilten Blatte ersehe, dieser Epoche eine
10 ganz besondere und einzige Aufmerksamkeit widmen wollen, die ich um so höher zu schätzen habe, als ich daraus entnehme, daß Sie mich noch immerfort als einen treuen und unwandelbaren Landsmann betrachten. Wer ist aber auch mehr als Sie im Falle einzusehen und zu empfinden, daß in gegenwärtiger Zeit der Ort,
15 wo wir geboren sind und wo wir wohnen, eigentlich nur der Mittelpunct sey woraus wir, nach mehr oder weniger Vermögen und Fähigkeiten, auf die Welt wirken, welche einem jeden bey vergönnter leichter und schneller Communication nach verhältnißmäßiger Thätigkeit offen steht.

20 Nehmen Sie daher meinen verpflichteten Dank, daß Sie mich durch Ihre Geneigtheit meiner Vaterstadt ganz eigentlich wieder geben und mir dort einen so erfreulichen als würdigen Sitz auch für die Zukunft bereiten.

Nach so großen überstandenen Prüfungen, deren in meinen
25 Jahren gar mancher Zeitgenosse zu gedenken hat, darf man sich mit einem ruhigen Selbstbewußtseyn wohl aussprechen, daß so manches unschätzbare Gute, das uns wiederfährt, weit mehr die Wirkung vieler günstiger zusammentreffender Umstände, als Folge der eigenen Verdienste sey; deßhalb wir denn, frey und los von
30 aller Eitelkeit, dasjenige in demüthigem Dankgefühl aufzunehmen haben, was sonst zu ertragen dem Menschen kaum gegeben seyn möchte.

---

4 wie Riemer mit Blei über als   5 die nach mir   6 zurücksteht   9 über schuldig bleibt   30 demüthigem Dankgefühl Riemer mit Blei aus Demuth und Beschämung

*188. Concept von Johns Hand, Abg. Br. 1826, 3   223, 1 Hoheiten Adresse: Der Frau Großherzogin gesendet.

Vgl. Tageb. X, 143, 19   223, 4. 5 vgl. zu 155 d. B.

Das Concept eines Erlaubnissscheins der Oberaufsicht vom 2. Januar 1826 (Schreiberhand) für den Hofgärtner Baumann in Jena, zu seiner Verheirathung mit der Tochter des Hofmaurers Timmler daselbst, in dem Fascikel der Oberaufsicht „Acta personalia Den Hofgärtner Baumann betr. 1819—51", Bl. 34.

*189. Vgl. zu 427 (Bd. 3). Concept von Johns (223, 12— 224, 15) und Schuchardts (224, 16—226, 16) Hand   223, 14 beglückte nach erblickte   224, 19 vorlege aus vorlegen   22. 23 vermelbe — Nöthige g aus werde ich alsbald das Nöthige vermelden   23 Catolog   24 in Jena g aR   28 Berczy g über Perci 225, 4. 5 war etwas mysterios g aus hatte etwas mysterioses 6 die — abließ g aR   10 von   12 einen   13 bleibt g über ist dem Verfasser g aR für diesem Manne   16 den g über diesen 17 brachte! Und g aus brachte, und   20 täglichem Gespräche g aus täglichen Gespräch   21 Zuerst: physischer, physiologischer und pathologischer   226, 1. 2 vielfachen   6 eines wahrscheinlich g aus wahrscheinlich eines   10 erfordert g über verlangt   11 Bergchrystall

Vgl. Tageb. X, 144, 7. Antwort auf des Grossherzogs Neujahrsbrief (Briefwechsel II, 275)   223, 16. 17 vgl. zu 155 d. B.   224, 19. 20 vgl. Tageb. X, 143, 10. 11. 19. 20 und 190 d. B.   22 vgl. zu 211, 14   27. 28 Über die an den Herzog Bernhard gerichtete Anfrage von Janet Berczy, Albany 22. September 1825, betreffend ihren Schwiegervater, mit dem Goethe 1788 in Florenz zusammen getroffen war, vgl. XLI, 291 f.   225, 9. 10 vgl. zu 149 d. B.   16 vgl. zu 205, 18 226, 7 vgl. Werke XXXV, 231.

Zwei Concepte der Oberaufsicht vom 4. Januar 1826 an die Grossherzgl. Sächs. Oberbaubehörde in Weimar und an den Hofmaurer Timmler zu Jena in dem Fascikel der Oberaufsicht „Acta Erbauung einer neuen Gärtner Wohnung im Grossherzogl. botanischen Garten zu Jena betr.", 1825—29, Bl. 25. 26.

*190. Concept von Schuchardts Hand, Abg. Br. 1826, 3ᵇ 226, 18 Herrn   20. 21 eingesendete Rechnung g¹ aR   227, 1 zu

übermachen g^1 aR für einhändigen zu lassen   2 da g^1 aus da=
mit   4 zu wiſſen wünſchte g^1 nach wiſſe
Vgl. zu 224, 19. 20.

Ein Concept der Oberaufsicht vom 5. Januar 1826 an
den Stadtrath zu Jena, die Abtretung eines Communen-
Flecks am botanischen Garten betr., in dem Fascikel der
Oberaufsicht „Acta Erbauung einer neuen Gärtner Wohnung
im Grossherzgl. botanischen Garten zu Jena betr.", 1825—29,
Bl. 29.

*191. Vgl. zu 6243 (Bd. 22). Schuchardts Hand   228,
3. 4 g Dazu ein unvollständiges Concept zu 227, 17 Er=
wiederung — 228, 2 von derselben Hand. Abg. Br. 1826, 4,
woraus zu bemerken: 228, 3—5 fehlt

Vgl. Tageb. X, 145, 10—12. Antwort auf des Adressaten
Brief von demselben Tage (Eing. Br. 1826, 20), worin es
heisst: „Euer Excellenz erlauben, bezüglich auf gestern
[Tageb. X. 144, 20—22], um folgendes zu bitten: 1) Um den
Namen des Verfassers des „Sonnetts" (N. 18 der Gedichte
zu Ihrem Jubelfeste) 2) Um Copie des Gedichtes N. 20
„von Osten her" und 3) des Gedichtes der Fr. v. Willmers
[Willemer, vgl. Creizenach, Briefwechsel² S. 213] 4) um
geneigte Zurückgabe der Münchner Akademischen Rede von
Roth, 5) endl. um die noch zu distribuirenden 50 Dankesblätter [vgl. zu 170, 22]. Dagegen melde nunmehr aus bester
Quelle dass Kaiser Nicolas I proclamirt worden u. dass Constantin auf Russland u. Pohlen verzichtet hat, nach Italien
geht u. dort sich niederlassen will."

192. Vgl. zu 8019 Bd. 29. Johns Hand   229, 14—18 g
Gedruckt: Göthe. Zu dessen näherem Verständniss von
C. G. Carus, Leipzig 1843, S. 33. Dazu ein Concept von
Krauses Hand (Folioblatt im G.-Sch.-Archiv), woraus zu bemerken: 228, 6 Fortſchreiten   8 Wanderer   10 Feuerballens]
Himmelskörpers   11 erwarte[te] nach ab   12 deſſelben fehlt
   welche fehlt   13 kann   14—16 aber wenn ich H[r. Carus [g^1]
über Ihr] Werk vornehme   17 bis den mannigfaltigſten   18 mit
Wort und Bild fehlt   19. 20 liegt daß [g^1 aus dar] Vorwärts
alles ſchon angekündigt iſt und Rückwärts daß   23. 24 Wenn ich
nun darauf D'Altons [g^1 über Caldongs] Arbeit   229, 1 zwar

noch dazu nach dessen [g¹ über seinen] Untergang 2.3 zugleich [nach so] Gerüst und Überzug vor Augen bringt 4.5 und — paßt g¹ üdZ 5 und denke g¹ aus und erinnere mich 6 Jahrhunderte 8 unverwandt] reblich 8.9 bin — zuletzt g¹ aus sind und nun noch 9.10 Das himmlische Licht der Erkenntniß weiter [g¹ über selbst] hervor tritt 12 sehnsüchtiges g¹ über schemt sich des 13 rechtfertigt pp. g¹ aus recht fertig 14—25 fehlt Ferner eine Abschrift von Eckermanns Hand, datirt: Weimar d. 2. Januar 1826, die wohl für den Abdruck im 10. Band der „Nachgelassenen Werke" (Einzelne Betrachtungen und Aphorismen, C¹: L, 161, C: L, 157) bestimmt war und hier nicht in Betracht kommt.

Vgl. Tageb. X, 145, 15. 16. Die Angabe von Carus (a. a. O. S. 33), dass er den Brief Goethes „gerade an seinem 37sten Geburtstage, den 3. Januar" erhalten habe, stimmt nicht zu den Angaben des Tagebuchs 228, 15 vgl. Naturwiss. Correspondenz I, 91 f. 24 vgl. zu 126, 10.

193. Vgl. zu 6186 (Bd. 22). Johns Hand 230, 21. 22 g Gedruckt: W. v. Biedermann, Goethe-Forschungen I, 257. Dazu ein Concept von Johns Hand, Abg. Br. 1826, 5, woraus zu bemerken: 230, 5 Bemerkungen g aus Bemerkung 20—22 fehlt 231, 1—232, 8 fehlt

Vgl. Tageb. X, 145, 17. 18. Fritsch hatte am 1. Januar (Eing. Br. 1826, 13) seine am 13. September 1825 in der Loge Amalia zu Ehren der fünfzigjährigen Regierung Carl Augusts gehaltene Rede zur nochmaligen Durchsicht übersandt, vgl. Tageb. X, 144, 8—10; die Beilage enthält einen von Goethe vorgeschlagenen Passus über das Wartburgfest und seine Folgen, der in den Abdruck der Rede (Freimaurer-Analecten III. Heft. Weimar 1825, Seite 30) wörtlich aufgenommen worden ist (vgl. W. v. Biedermann, Goethe-Forschungen I, 260).

194. Vgl. zu 6378 (Bd. 23). Johns Hand 232, 15 manches nach alles Gedruckt: F. W. Riemer, Briefe von und an Goethe S. 226. Dazu ein Concept von derselben Hand, Abg. Br. 1826, 5ᵇ, woraus zu bemerken: 232, 19 Unterschrift fehlt

232, 9 vgl. Tageb. X, 145, 18. 19 13. 14 vgl. XLI, 205, 21. 22 16 vgl. Tageb. X, 144, 20—22 („Das Zusammendrucken der auf mein Jubiläum eingekommenen Blätter und Gedichte" in „Goethes goldner Jubeltag").

195. Vgl. zu 6161 (Bd. 22). Schuchardts (232,20—233,14), Johns (233,15—234,25) und Augusts (235,1—238,27) Hand 232, 20 ben 233, 25 Boisserée *g* aus Boissere 234, 26 *g* 27 1826 aus 1825 236,19 biefen 22 Darunter die Notiz S. Boisserées: „(mit dem Brief v. 8ten Januar als Beilage erhalten)". Die zweite Beilage (236, 23—238,27) befindet sich bei den Boisserée-Papieren in Bonn, mit der Notiz von fremder Hand: „mit Bf vom 8ten Januar 1826". Gedruckt (ausser 236, 23—238, 27): S. Boisserée II, 404. Dazu ein Concept (zu 234, 13—238, 27) von Johns (234, 13—236, 22) und Augusts (236, 23—238, 27) Hand in dem zu 107 S d. B. genannten Fascikel des G.-Sch.-Archivs, Bl. 58, woraus zu bemerken: 235, 4 mit ben Ihrigen *g* aR 6.7 eines operosen Lebens *g* aR 7 einen 11 zu *g* über möge 20 uns nach nicht 22 Contraktes 26 keineswegs *g* aR aufgewogen werden *g* aus aufgehoben 236,1 enthält *g* aus erhält 4 könne *g* nach werde 8 im Buchhandel *g* aR 11 Angenehme in Absicht auf das Äußere der Ausgabe zugesagt 12 in 17 Mögen aus Möge 22 Darauf folgt, *g*³ eingeklammert und mit der Notiz *g*³ aR Ist unterblieben folgender Absatz:

Wie mir denn im allgemeinen mehrmals versichert worden daß mir und den Meinigen auch deßhalb ein bedeutender Erfolg zu gönnen sey als man in diesem Unternehmen einen hoffnungsvollen Anfang gewahr werde aus der schändlichen Anarchie die in
5 dem deutschen Buchhandel herrscht könne Einhalt gethan und dieser bisher ganz gesetzlose Geschäftskreis auch wie die übrigen Fächer der Staatshaushaltung in einen rechtlichen Gang könne geleitet werden und so muß das Weitere höheren allgemeinen Anstalten überlassend empfehle aber und abermals diesen zwar in besondern
10 aber doch ins Allgemeine hindeutenden Fall (bob) Ihrem Menschen- und Freundschaftsgefühl, da ich denn mein und besonders der Meinigen Geschick nicht besser niederzulegen wüßte.

Darauf folgt 234, 13—27 234, 21 sey 26. 27 fehlt mit Ausnahme des Datums. Dann folgt 236, 23—238,27 236, 23 Entwurf *II*. 237,1 J. G. *g* über von 3.4 Ostern — 1838 fehlt, Lücke frei gelassen 9 vorgedachten 16 zwar fehlt

24 ben   238,3 ber   6 ber Fall] bie Meinung   9 fortgeſetzt   14 über nach wird   17.18 circa — feſtzuſetzen]   14—16 Thaler zu ſetzen   Auf 21 folgt aR: Bemerkung 17.   22 Schließlich — vor aus Was   24 Formeln   in dem aus bei dem über betrifft ſo wird man ſolche dem   Zuſtimmung in vorſtehende] Genehmigung der vorſtehenden   25 zu entwerfenben förmlichen Contract   26 noch nachzubringen] beifügen aus beizufügen wiſſen   27 Dazu aR die Notiz: abgeſendet den 8ten Jan. mit vorſtehenden Brief von demſ. dat. v. G.

Vgl. Tageb. X, 146, s. 9.   Antwort auf Boiserées Brief vom 26. December 1825 (in demselben Fascikel, Bl. 56, gedruckt: S. Boiserée II, 398), der am 1. Januar 1826 eintraf (Tageb. X, 143, 10. 11).   233, 19—21 In Kunst und Alterthum V, 3, 153—159   234, 15 Boiserées zweiter Brief vom 3. Januar 1826 (in demselben Fascikel, Bl. 66, gedruckt: S. Boiserée II, 401), der am 8. Januar 1826 eintraf (Tageb. X. 145, 27. 28) und sofort beantwortet wurde; vgl. zu 163 d. B.

*196. Vgl. zu 6243 (Bd. 22). Schuchardts Hand   239, 16 g Dazu ein Concept von derselben Hand, Abg. Br. 1826, 6, woraus zu bemerken: 239, 1 Geſtern nach Ew. Hochwohlgeb. ſende ſogleich das wichtige Werk wieder und erbitte mir es gelegentlich zurück   7 aber nach auf   16.17 fehlt mit Ausnahme des Datums   17 9.] 11.

239, 3 Nach Tageb. X. 146, 6 Gagerns „deutsche Geschichte"   11 Wohl Wilhelm Hoffmann in Weimar, der Verleger von „Goethe's goldner Jubeltag".

*197. Vgl. zu 6243 (Bd. 22). Schuchardts Hand   240, 19 g 20 1826 | 1825

Antwort auf des Adressaten Brief vom 10. Januar (Eing. Br. 1826, 37), worin es heisst: „Euer Excellenz belieben hierbey meinen Aufsatz für das Logen-Heft [vgl. Tageb. X, 147, 2—4] zu empfangen, mit der Bitte, solchen geneigter Durchsicht und Prüfung würdigen zu wollen"   240, 3—8 vgl. 262, 1—3, Tageb. X, 123, 4 und zu 211 d. B.   9—13 Kanzler v. Müller antwortet (undatirt, Eing. Br. 1826, 29): „Ewr Excellenz erhalten einstweilen den gewünschten illumin. Abdruck. Hofmann meint, ob Sie nicht lieber noch 12 colorirte annehmen wollten, ausserdem müsste er schwarze erst resp. auf englisch oder Schweitzer Papier abziehen lassen, je nachdem sie schwarz bleiben sollten oder nicht" (vgl. 335, 23—336, 6. 339, 22 und Weimars goldenes Jubelfest).

*198. Concept von Schuchardts Hand. Abg. Br. 1826, 1 ohne Adressaten   241, 1 derſelben *g* über derer die ich beſitze 9 Dupletten   9. 10 oder — trachten *g* ſpäter zwiſchengeſchrieben 13 11. *g* ſpäter zwiſchengeſchrieben   Januar 1826 *g* aus November 1825

Fehlt im Tagebuch; an den dort unter'm 11. Januar 1826 als Adressaten aufgeführten "Herrn Geh. Legationsrath von Conta" zu denken verbietet sowohl der Ton des Briefes als der Umstand, dass Conta in Weimar wohnte, das Verzeichniss von Goethes Autographen also leicht an Ort und Stelle vergleichen konnte. — Vielmehr Antwort auf des Adressaten Brief aus „Tann, über Fuld" vom 18 September 1825 (Eing. Br. 1825, 248), worin es heisst: „Durch eine zufällige Erwähnung meiner Liebhaberey an eigenhändigen Briefen und Unterschriften merkwürdiger Personen erfuhr ich neulich von S. K. H. dem Kronprinzen von Baiern, dass Euer Excellenz eine ähnliche Sammlung machten. Ich würde mich glücklich schätzen, Euer Excellenz nicht allein mit Doubletten sondern mit jedem Stück aus meinem kleinen Vorrath aufzuwarten. Sowie ich näher weiss, womit ich Euer Excellenz allenfalls dienen könnte, werde ich Hochdenenselben ein Verzeichniss zur Auswahl mittheilen."

199. Vgl. zu 6161 (Bd. 22). August v. Goethes Hand 242, 25 alle nach in jedem Geſchäft   243, 1 welchen   244, 11 Das zweite u. üdZ   20 Beſchwerde   245, 12. 13 *g* Gedruckt: S. Boisserée II, 407. Dazu ein Concept von Augusts (241, 14—243, 20 und 244, 23—245, 11) und Johns (243, 21—244, 22) Hand in dem zu 107, 8 d. B. genannten Fascikel des G.-Sch.-Archivs, Bl. 69, woraus zu bemerken: 241, 20 eigenen   23 ge= nau üdZ   242, 3 darinn   4. 5 und — Buchhändler *g* aus und ſonſtige Convenienz; was die Buchhändler   5 einander nach gegen   7 auch in dem[!] wichtigſten Fällen [*g* aus Falle] aR 7. 8 entſchließt *g* aus entſchließen   10 uns in *g* üdZ   11 geringe nach in   15 jene *g* über ſie   20 überließen nach gern 21 Zweck   22 wir Sie mit einer aR für eine   Darſtellung *g* über Wiederholung   26. 27 wo — und *g* aR   27 der nach das Geſchäft   28 kann] könne   243, 2 wegen *g* über aus=

2, 3 Unwissenheit   5 Sie deßhalb die   10 mit *g* aR für des 10. 11 Termin   11 Contractes   12 seit aus seitdem   26 Zahl der üdZ   27 Nach unbestimmt aR gestrichen: Den 8ten Jan. 1825.   27 Wobei — 244, 4 August aR   244, 5 Dann — Ort August aus: wobey ich wohl bemerken darf   6. 7 wohlgeordneten *g* aus wohlverwahrten   7 sich fehlt   9 seyn müssen *g* aR für sind   deßhalb aus beßhalben   11 und mit denen   und denen 13 in nach wird   19 baß *g* üdZ   20 werde *g* üdZ   21 Schillersche 24 unsren   52 20 *g*³ später zwischengeschrieben   26 Anträge nach nach und nach   wie sich die   27 Einsicht in die Wichtig= keit des Geschäftes nach   28. 245, 1 Reichsthaler fehlt   245, 1 dergleichen *g* aR   2 worden *g* üdZ   Nach 3 folgt *g* aR: Weimar b. 12. Jan. 1826.   7 wich= tigen und complicirten Sache   10 gerne 12—14 fehlt mit Ausnahme des Datums

Vgl. Tageb. X, 147, 25. 26; zur Sache vgl. zu 195 d. B. 244, 28 — 245, 3 Die Gebrüder Brockhaus boten am 19. November 1825 ein Honorar von 70 000 Thalern, Georg Friedrich Heyer in Giessen am 13. November und die Hahnsche Hofbuchhandlung in Hannover am 19. November je 150 000 Gulden (Acta Privata, Vol. II. B., Bl. 36. 21. 43).

*200. Concept von Johns Hand, Abg. Br. 1826, 6 b   245, 17 in Manheim aR

Vgl. zu 187 d. B.

201. Handschrift unbekannt. Gedruckt: Grenzboten 1872 Nr. 5, W. Stricker, Goethe und Frankfurt a. M., Berlin 1876, S. 48. Dazu eine Abschrift von unbekannter Schreiberhand in demselben Fascikel wie Bd. 39 Nr. 106, Bl. 72 (246, 20 frühsten   247, 10 künftighin) mit des Grafen C. L. v. Beust Notiz: „Abschrift des von Goethischen Danksagungs-Schreibens an die 4 freien Städte". Ein gleichlautendes Schreiben vom 16. Januar 1826 an den Senat der freien Stadt Bremen (abgedruckt: G.-Jb. XXV, 62) beweist, dass in der That auch die übrigen im Tageb. X, 148. 22. 23 unter'm 14. Januar verzeichneten Schreiben „an die Freyen Städte: Hamburg, Bremen, Lübeck" in derselben Fassung abgegangen sind.

Ein früheres Concept von Johns Hand (Folioblatt im G.-Sch.-Archiv) lautet folgendermassen:

Da der Grund einer ächten Städte-Verfassung hauptsächlich darauf beruht, daß einem jeden, er sey einheimisch oder fremd, reich oder arm, stark oder ohnmächtig, das Erworbene erhalten und Jeder, auch in dem mindesten Besitz geschützt werde; so ist da
5 eigentlich der Ort, auch des Schriftstellers zu gedenken, der so gut als ein anderer Besitzer zu hegen, wie ein anderer öffentlicher Beamte zu ehren und zu belohnen ist. Wo sollte man mehr überzeugt seyn, daß alle Art von Thätigkeit auch ihren häuslichen und ökonomischen Lohn haben müsse, als da, wo die gesamte
10 Population, sich dem Erwerb zu widmen genöthigt, Einfluß und Achtung nach dem Grade des zeitlichen Vermögens zu ermäßigen geneigt ist.

Verziehen sey mir also, daß ich meinem verbindlichsten Dank für die erhörte Bitte, die ich für mich und die Meinigen gethan,
15 noch den Wunsch hinzufüge: es möchten die sämtlichen edlen Bewohner der freyen Städte auch dadurch einen so liberalen als gerechten und billigen Sinn beweisen, daß sie allen Nachdruck, welcher Art er auch sey, aus ihrem Kreise verbannen, und durch Begünstigung der Originalausgabe diejenigen in ihr Bürgerrecht
20 aufnehmen und ihnen einen Theil eigenen bedeutenden Erwerbs zukommen lassen, die sich in den unsichtbaren Regionen des Denkens, Wissens und allgemeinen Erfahrens berufsmäßig beschäftigen. Sind sie doch als ernste Reisende anzusehen, die mit großen Aufopferungen und nicht ohne bedeutende Unkosten die Ausbildung eines von der
25 Natur gegönnten Talentes zum Vortheil Anderer in einem höhern Grade möglich machen.

Sollten diese Äußerungen im Geschäftsgange für zu weitläufig und vielleicht gar für ungehörig geachtet werden; so bitte zu bedenken, daß ich mir nicht verwehren konnte, in so hohen
30 Jahren bey dieser Gelegenheit diejenigen freundlich und vertraulichbedeutend zu begrüßen, die ich meine nächsten Mitbürger deutscher Nation und Zunge in dem reinsten Sinne nennen darf.

*202. Vgl. zu 6378 (Bd. 23). Eigenhändig

Vgl. Tageb. X, 148, 2—4 („Abends Professor Riemer. Seine Aufsätze zum Zweck von Kunst und Alterthum besprochen").

6 ein anderer *g* aus jeder andere   ein — öffentlicher *g* aus ein jeder andere öffentliche   8 alle Art von *g* über eine jede

203. Vgl. zu 4102 (Bd. 14). Krauses Hand 248,2 Ellebogen 8 ſehr *g* über mir 16 läſſeſt *g* aus läſt 23 im nach ſich 250,15—17 *g* Mit Zelters Notiz: „19 Jan. erh." Gedruckt: Briefwechsel IV, 130. Dazu ein Concept von derselben Hand, Abg. Br. 1826, 10 (Adresse *g*: Herrn Prof. Zelter nach Berlin), woraus zu bemerken: 248,7 benn nach mir 8 Wort mir oft 15 mich 16 Theil nehmen läſſeſt [*g* aus läſt] 23 es ſich im 249,6 Tagsblätter *g* aus Tagblätter 7 Vernünftige *g* aus vernünftige 26 ſie] dieſe *g* über ſie 250,1 nie] eine 6 vom *g* aus von 7 euch *g* aus auch 15—17 fehlt; dafür: Expedirt den 15ten Januar 1826.

Vgl. Tageb. X, 149, 10; die Fortsetzung in 209 d. B. 248,16 vgl. zu 217,12. 220,13 249,21 vgl. zu 138 d. B. 22 vgl. zu 187 d. B. 250,3—7 Dr. K. L. Struve, Director des Stadtgymnasiums zu Königsberg i. Pr., übersendet am 29. December 1825 (Eing. Br. 1826, 17) ein Exemplar seiner kleinen so eben erschienenen Schrift, „worin ich eine Vergleichung von zwei Ihrer herrlichsten Gedichte mit den griechischen Quellen anzustellen versucht habe. Mein Wunsch ist, dass Sie diesen Versuch nicht für ganz mislungen ansehen möchten; Sollte es aber auch dies sein, so werden Sie wenigstens die Gesinnung der bewundernden Ehrfurcht für Deutschlands ersten Dichter darin nicht verkennen"; vgl. Tageb. X. 300.

*****204.** Concept von Schuchardts Hand, Abg. Br. 1826, 8ᵇ 250,21 Darbiniſcher [biniſcher üdZ] 251,4 Wahr .... Gemeint ist Erasmus Darwins Sohn Robert Waring, praktischer Arzt zu Shrewsbury in Shropshire, Mitglied der Royal Society (1766—1818). Adresse: „An Herrn Dr. Clemens nach Frankfurt a/M."

Nach XLI, 72, 14—21 scheint es, als sei der Brief überhaupt nicht abgegangen; auch fehlt er im Tagebuch. Antwort auf des Adressaten („der Medizin und Chirurgie Doctor" in Frankfurt a/M.) Brief vom 20. October (Eing. Br. 1825, 274), worin dieser bittet, ihm sein erstes grösseres Werk widmen zu dürfen: „Es besteht in einer freien Bearbeitung von Darwins Temple of Nature, or the origin of human Society, von einem Gedichte, das den naturphilosophischen Geist seines Verfassers, gleich dessen übrigen von Brandis und Hufeland übertragenen rein wissenschaftlichen Werken, auf's deutlichste beurkundet" 250, 21. 22 vgl. XXII, 58, 5, Naturwiss. Schriften IV, 241. 243   251, 3. 4 vgl. Naturwiss. Schriften V, 2, 465.

*205. Concept von Schuchardts Hand, Abg. Br. 1826, 9   251, 19 daß *g* aus das   252, 7 ſtellen *g* aus Stellen

Das fehlende Datum nach der Stellung in den Conceptheften; Antwort auf des Adressaten (Apothekers in Erlangen) Brief vom 24. October (Eing. Br. 1825, 289), worin es heisst: „Euer Exzellenz erlaube ich mir anbei ein Glas mit geistiger Quassiatinctur zu übersenden. Dieser Auszug besitzt nehmlich die, wie ich glaube bis jetzt an keiner Flüssigkeit beobachtete Eigenschaft, durch verschiedene Refraction des Lichtes, die drei Grundfarben, blau, roth und gelb zu zeigen. Da ich durch meinen Schwager Herrn F. Fickentscher in Redwitz erfahren habe, mit welcher Liebe Ew. Exzellenz vielfache Versuche der Art, durch auf Glas geschmolzenes Hornsilber hervorgebracht, angestellt haben und ich auch in diesen Tagen das Vergnügen hatte Herrn von Gruithuisen [vgl. zu 122, 28] bei mir zu sehen, der mir äusserte, dass diese Erscheinung Ew. Excellenz vielleicht noch unbekannt sey, so stehe ich keinen Augenblick an, durch Übersendung des beyfolgenden Glases Ew. Excellenz in den Stand zu setzen diesen einfachen Versuch selbst anstellen zu können."

*206. Vgl. zu 2677 (Bd. 9). Schuchardts Hand   253, 15 *g* Dazu ein Concept von derselben Hand, Abg. Br. 1826, 7, woraus zu bemerken: 252, 18 bis *g* über daß   19 gelange *g* aus gelangen könne   253, 4 was nach das   6 mich gestrichen, dann durch Puncte wiederhergestellt   9 noch *g* aus doch   14—16 fehlt mit Ausnahme des Datums

J. H. Meyer antwortet an demselben Tage (undat., Eing. Br. 1826, 38): „Da ich mich leidlich wohl befinde, folglich nicht von Transportmitteln abhänge, so gedenke ich, woferne es ihnen nicht unangenehm ist Sie diesen Abend auf eine oder anderthalb Stunden zu besuchen. Alsdan wird sich über manches sprechen lassen"; vgl. Tageb. X, 149, 23   253, 3 vgl. zu 187 d. B.

207. Vgl. zu 4318 (Bd. 15). Schreiberhand   254, 11 *g* Gedruckt: W. v. Biedermann, Goethes Briefwechsel mit F. Rochlitz, Leipzig 1887, S. 290. Dazu ein Concept von

Schuchardts Hand, Abg. Br. 1826, 8, woraus zu bemerken: 254, 1 mit ſo einen trefflichen   2 Inſtrumente g^3 aus Inſtrument   5 gar wohl g^3 üdZ   9. 10 und — eingedenck, g^3 aR   11. 12 fehlt
Vgl. Tageb. X, 150, 12. 13   254, 2 vgl. zu XXXVIII, 101, 7.
Rochlitz dankt am 25. Januar 1826 (Briefwechsel S. 291).

208. Vgl. zu Bd. 39, Nr. 65. Schuchardts Hand   254, 19 g
Gedruckt: K. Fischer, Briefwechsel zwischen Goethe und K. Göttling, München 1880, S. 11. Dazu ein Concept von derselben Hand in dem zu 61 d. B. genannten Fascikel des G.-Sch.-Archivs, Bl. 51, woraus zu bemerken: 254, 17 mit: theilend   18 empfehle   19. 20 fehlt mit Ausnahme des Datums
Vgl. Tageb. X, 150, 14. 15. Göttling antwortet am 3. März 1826 (in demselben Fascikel, Bl. 52): „Die mir von Ew. Excellenz übersandten Bemerkungen eines aufmerksamen Lesers Ihrer Schriften werde ich so gut es geht benutzen und sie dann zurücksenden. Allein ich muss aufrichtig bekennen, dass ich die wenigsten Bemerkungen billigen kann: ich werde aber jedes Mal meine Gründe beifügen, warum ich bei der ersten Lesart stehen geblieben bin. Überdiess ist dem Philologen nichts angenehmer als wenn ein dritter Kritiker vor ihm seine Bemerkungen gemacht hat. Da ich seinen Namen nicht weiss, er doch aber, wie ein Manuscript, ein *siglum* haben muss, so werde ich ihn mit D bezeichnen, weil er sich als Mitglied eines Dominovereins bekannt hat."

209. Vgl. zu 4102 (Bd. 14). Krauses Hand   255, 14 denn g üdZ   20 ſeinem g aus ſeinen   256, 13 näher üdZ   16 trefflich erhaltener aus trefflicher alter   17 lies: Kronprinzens   23 zu fehlt   257, 3 lies: das   258, 2—5 g Gedruckt: Briefwechsel IV, 133. Dazu ein Concept von derselben Hand, Abg. Br. 1826, 11ᵇ, woraus zu bemerken: 255, 9 nicht nach er   10 aber fehlt   14 denn fehlt   16 trefflich erhaltener] trefflicher alter   23 zu fehlt   26 dabey nach auch   257, 1 einen aus einem   14—258, 5 fehlt
Vgl. Tageb. X, 151, 16. 17; Fortsetzung von 203 d. B. 256, 1—24 vgl. zu 121 d. B.   257, 14—258, 3 vgl. zu 138 d. B.

*210. Concept von Schuchardts Hand, Abg. Br. 1826, 15 258, 6. 7 g später hinzugefügt   8 durch nach mir   9 mir g üdZ   259, 19 und nach eines ſo   Adresse: „Des Herren General-Lieutenant Freyherrn v. Gersdorf Commandanten des adlichen Cadetten Corps, Mehrerer hoher Orden Grosskreuz Excellenz"

Vgl. Tageb. X, 151, 24—26 (nach Tageb. X, 139, 22. 23 dictirt am 26. December 1825). Antwort auf des Adressaten (mit vollem Namen: Carl Friedrich Wilhelm v. Gersdorff, 1765—1829, vgl. ADB. IX, 57) Brief vom 30. November (Eing. Br. 1825, 327), worin es heisst: „Deutschland huldiget Ew: Excellenz allgemein, Weimar war so glücklich diese Gefühle nur kürzlich erst aussprechen zu dürfen, auch ich habe die Ehre gehabt, Ihnen vor einigen Monaten, bey einer feyerlichen Gelegenheit [3. September], persöhnlich bekannt zu werden. Seitdem hat das Corps, dem ich vorstehe, seine erste Saecular Feier begangen und ich kann jenes nicht mehr ehren als wenn ich eine kurze Beschreibung der letztern in Ew: Excellenz Hände niederlege".

*211. Concept von Johns (260, 1—261, 13) und Schuchardts (261, 14—262, 12) Hand in dem Fascikel des G.-Sch.-Archivs „Verhandlungen die Rechte des Autors auch in Frankreich zu sichern. 1826", Bl. 3—5 260, 10 (A) g^3 üdZ 11 (B) g^3 üdZ welchem g^3 aus welchen 14 (C) aus (D) g^3 üdZ 15 großen 17 ich aus auch (?) 21 Sie g^3 aus fie mein Theuerster g^3 aR 22. 23 benannten g^3 aus bekannten 24 gewiß g^3 üdZ 261, 2 ankommt g^3 aus kommt 3—9 Folgt mit g^3 Verweisungszeichen auf Bl. 5 3 worin g^3 aus worinnen 4 zunächst nach gewiß wie — läßt g^3 aR 7—9 Dem [aus Dem] — setzen g^3 später hinzugefügt 10. 11 Gedenken — Ihrigen; g^3 aR für Empfehlen Sie mich der Frau Gemahlin zum allerschönsten 12 beyderseitiger g^3 über Ihrer 13 und heiterm g^3 über von Ihrem

Das fehlende Datum nach Tageb. X, 152, 17—19; die Beilage dictirt am 10. Januar (Tageb. X, 146, 22). Antwort auf des Adressaten Brief vom 7. Januar 1826, abgedruckt im Briefwechsel zwischen Goethe und Reinhard, Stuttgart 1850, S. 263, wo S. 264, Z. 12 folgender umfangreiche Passus fehlt: „Herr Graf Beust hat mir Ihre beiden Briefe mitgetheilt aus denen ich den Stand der Privilegien-Verhandlung ersehe. Er fragte mich bey dieser Gelegenheit, ob vielleicht wegen möglichen Nachdrucks in Strasburg Vorkehrungen zu treffen seyn möchten. Ich glaube, nein es träte denn der Fall ein, dass ein solcher Nachdruck wirklich zu besorgen wäre. An der Spitze des Strasburgischen Buchhandels stehen zwey sehr rechtliche Häuser: Levrault und Treuthel und Würz. Diese würden ein solches Nationalvergehen nicht nur sich selbst nicht zu Schulden kommen lassen, sondern auch bey andern dagegen wirken. Geschäh es aber dennoch, so würden sich immer zeitig genug noch Masregeln nehmen lassen. Auf diesen Fall wäre ein auf die ganzen Niederlande sich ausdehnendes Privilegium ein vortrefflicher „precedent" weil dadurch der Weg gezeigt werden würde auf welchem die in Frankreich, wie in jenem Lande vorwaltenden Schwierigkeiten sich beseitigen liessen. Denn in beyden Reichen würde das Recht, durch eine blosse Ordonanz zu verfügen, bestritten werden können, oder wenigstens die Ausübung Bedenklichkeiten bey den Regierungen selber finden; und bis zu den gesetzgebenden Behörden hinaufzusteigen würde ohne dringende Nothwendigkeit nicht wohl rathsam seyn. Bedenken Sie, was entstehen würde, wenn zu unsern andern Zerwürfnissen, wie die Schweitzer sagen, auch noch Debatten über Romantiker und Classiker auf die Tribünen kämen;" vgl. 240, 3—8 260, 2 vgl. Briefwechsel S. 265 13. 14 In demselben Fascikel, Bl. 1, findet sich abschriftlich aus der Haude-Spenerschen Zeitung 1825, Nr. 298, eine Notiz aus „Paris vom 14ten December 1825" über die erste Zusammenkunft der Commission, „welche sich mit der Untersuchung der Gesetzgebung über das literarische Eigenthum beschäftigen soll", im Departement der schönen Künste; vgl. 261, 20—23 262, 1—3 vgl. 240, 3—8. Reinhards ungedruckte Antwort vom 26. Januar 1826 in demselben Fascikel, Bl. 6.

*212. Concept von Schuchardts Hand, Abg. Br. 1826, 17 262, 14 freundlichſte g^3 aus freundliche 15 höchſtunterrichteter g^3 aR für würdiger 16 dem über einem 17 anziehendſten über größten 17. 18 des — Zeit ′aR für die uns das Alterthum überliefert 263, 1 wie über die Fühlende g^3 aus fühlende Mann 263, 3 und üdZ 3. 4 eingehändigt und aR für und außerdem — Einmal g^3 aR nach in einem zugleich 5. 6 doch — hoffen aus und ich darf wohl hoffen 7 nächſtens aus nächſt 12 daher ich über wie ich denn 15 meinen über dieſen 17 kaum zu erfüllenden aR 24 Kenner *g*³ üdZ Förderer *g*³ aR für Bewahrer 25 gnädigſt — Huld *g*³ aR für gnädige Beachtung einen *g*³ aus meinen Adresse: „Dem hochwürdigsten Herrn Herrn von Streber Bischoff und Dompropst Conservator der Königl. Münzsammlungen in München"

Vgl. Tageb. X, 153, 2. Antwort auf des Adressaten, Weihbischofs in München (1758—1841, vgl. ADB. XXXVI, 551), Brief vom 9. Januar (Eing. Br. 1826, 35), worin es heisst: „Als S. Königl. Hoheit der Grossherzog von Weimar, vor einigen Jahren die Merkwürdigkeiten von München besahen, brachten Höchst Dieselben auch einige Zeit in dem K. Münzkabinete zu, und der unterzeichnete Conservator desselben wird die ausserordentliche Huld und Gnade Zeitlebens nicht vergessen, welche der Grossherzog, Königliche Hoheit, demselben zu bezeugen geruhten. Bald darauf ward ihm noch die besondere Freude zu Theil, aus den Händen seines Königes jene schöne Schaumünze zu erhalten, welche auf die Jubelfeyer des Grossherzoges Kgl. Hoheit geprägt wurde ... Eine ähnliche schöne Denkmünze soll nach öffentlichen Nachrichten auch das Jubelfest Ew. Excellenz verewigen, und der Unterzeichnete kann sich den Wunsch nicht versagen einen Abdruck hievon, von welch' immer einem Metalle, in der Königlichen Münzsammlung hinterlegen zu können". Die Übersendung der zweiten Goethe-Medaille erfolgte am 3. November 1826, vgl. Bd. 41 Nr. 181.

213. Concept von Johns Hand in dem zu 122 d. B. genannten Fascikel des G.-Sch.-Archivs, Bl. 18 264, 16 nur *g* aR 265, 4 ſtöchiometriſche *g* aus ſtegiometriſche 7—10 Wäre — gebracht auf angestecktem Octavblatt für: Wären dieſe drey und vielleicht noch mehr Kreiſe des Wiſſens auf Mineralogie conzentrirt und in ein faßliches Compendium gebracht 18 dennoch *g* über es doch 19 der *g* über wenn er 20 für die ſinnliche *g* aus der ſinnlichen 21 Empirie *g* aus Empyrie 266, 6 über nach mich Gedruckt: Naturwiss. Correspondenz II, 8

Vgl. Tageb. X, 153, 3. Antwort auf des Adressaten, damaligen Privatdocenten der Mineralogie in Leipzig (1797—1873, vgl. ADB. XXIII, 316), Brief vom 3. Januar 1826 (in demselben Fascikel Bl. 17, gedruckt: Naturwiss.

Correspondenz II, 7). mit welchem er seinen „Grundriss der Krystallographie". Leipzig 1826, übersendet, vgl. Tageb. X, 146, 14. 15. 21.

Ein bei Strehlke I, 466. III, 211 unter'm 25. Januar 1826 verzeichneter Brief Goethes an Nikolaus Meyer gehört unter den 25. Juni 1826 und ist abgedruckt in Bd. 41 als Beilage zu Nr. 60.

*214. Concept von Schuchardts Hand, Abg. Br. 1826, 16ᵇ 266, 12 Baierischen aR

Die Zahlung betraf die Ausfertigung des kgl. bayerischen Privilegiums, vgl. 217 d. B.

215. Vgl. zu Bd. 33, Nr. 71. Schreiberhand (wohl Schuchardt) 268, 26. 27 g Gedruckt: Grüner S. 223, Sauer S. 96. Dazu ein Concept von Schuchardts Hand, Abg. Br. 1826, 19, woraus zu bemerken: 266, 19 sehr g^3 üdZ 267, 17 Sie üdZ 19 Punkt nach Aufschluß 25 rohen g^3 aR 27 das] dies 28 ich g^3 über Sie 28. 268, 1 mit — Böhmen g^3 aR 268, 1 zu fehlt wünschte g^3 über möchte 2 Ein aus Mögte ein möge üdZ sodann g^3 üdZ 4—10. 14—25 folgt mit g^3 Verweisungszeichen auf Bl. 20 26—28 fehlt mit Ausnahme des Datums 28 27.] 19ᵗᵉⁿ

Vgl. Tageb. X, 155, 5. 6 und 292, 10. Antwort auf Grüners Brief vom 13. December 1825 (Sauer S. 93) 266, 18 vgl. zu 205, 18 267, 12 vgl. Sauer S. 94 21 vgl. zu 179, 19 268, 15. 16 vgl. 280, 4—24, 246 d. B. und Bd. 41 Nr. 115. 144.

216. Concept von Schuchardts Hand in dem zu 122 d. B. genannten Fascikel des G.-Sch.-Archivs, Bl. 25 269, 3. 4 so willkommen aus mit so willkommenen Andenken 5 Ew. nach ich 6 Bemühung aus Bemühungen 8 unmöglich g aus möglich 18 das g über was 20 diesmal g üdZ von nach nur 22 merkwürdiger nach ganz(3) 23 sehr g über ganz wobey für jedoch g über wie denn auch 270, 1 auch wohl g^3 über allenfalls 3 Da aus Daß Nilpferdes aR für Wallrosses 12 Ew. Hochw. g üdZ 12. 13 lies: dem Bearbeiter dieses Faches 14 denn 18 Ehebandes 22 die g üdZ 271, 5 zu g unter aus 25 das nach uns Mögliche g über Nöthige 26 Vielleicht — 272, 6 mit Verweisungszeichen auf Bl. 27 nachgetragen 272, 3. 4 ihr — zugeschrieben aR 11 Sie nach Ich behalte mir vor, in der Folge Gedruckt: Naturwiss. Correspondenz II, 225

Vgl. Tageb. X, 155, 6—s. Antwort auf des Adressaten Brief vom 16. December 1825 (in demselben Fascikel, Bl. 21, gedruckt: Naturwiss. Correspondenz II, 221), vgl. zu 211, 14   270, 16 vgl. zu 16, 20   271, 21 vgl. zu 25, 14   27 vgl. zu 179, 14   272, 11. 12 vgl. zu 28, 22.

217. Vgl. zu 6186 (Bd. 22). Eigenhändig   272, 24 1826] 1825 Gedruckt: W. v. Biedermann, Goethe-Forschungen I, 252

Jahreszahl nach Tageb. X, 153, 7. 8 berichtigt (vgl. XXXIX, 307)   272, 19. 20 vgl. zu 214 d. B.

*218. Concept von Schuchardts Hand, Abg. Br. 1826. 18^b
Vgl. Tageb. X. 154, 27—155, 1 („Die Jubiläumsmedaillen wurden in vier Metallen der Frau Grossherzogin übersendet") und 155, 9 („Geburtstag der Frau Grossherzogin")   273, 2 vgl. Tageb. X, 154, 25 („Buchbinder Müller das Münzkästchen").

219. Vgl. zu 6161 (Bd. 22). Eigenhändig. Mit Boisserées Notiz: „Empf. d. 3 Febr. A. 11^h". Gedruckt: S. Boisserée II, 413

Vgl. Tageb. X, 155, 17. 18. Antwort auf des Adressaten Briefe vom 21. und 23. Januar 1826 (Gedruckt: S. Boisserée II, 409. 410), die am 29. Januar bei Goethe eintrafen und über den Abschluss mit Cotta „die Entscheidung heranführten" (Tageb. X, 155, 1—4. 9. 10).

*220. Concept von Johns Hand, Abg. Br. 1826, 20^b
273, 14 wünschen aus wünsche   274, 1 Wilamoff

273, 16 vgl. zu 170, 22   274, 1 Über den Staatssekretär und Geheimrath Gregor Willamov vgl. G. Schmid, Goethe und Uwarow, St. Petersburg 1888, S. 35 f.   3 vgl. zu 193 d. B.

*221. Concept von Schuchardts Hand, Abg. Br. 1826, 24 274, s. 9 nur — vorschwebt, g aR für kurzgefaßt   23 den aus dem   275, 3 Reflexion g aus Reflection   4 eine Aufgabe, die aus einen Gegenstand, der   5. 6 zu — Fähigkeiten g aR für alles aber, eigentlich gegenständliche Talent hat er   7 ausgebildet g aus ausgeübt   7 fühlt g über hat   8 davor g über vor am Seitenschluss; am Anfang der folgenden Seite nochmals g aR vor   9 Imaginative aus Immaginative   11 so eben g üdZ   13 den — Faden g über die Gelegenheit   16 dabey g

üdZ ı8 eben nach ſich 2ʀ einfachen *g* aus Einfachen 28 gar *g* üdZ nach ſchon 276, 1 Manchen geändert in Manche, dann durch Puncte wiederhergeſtellt 5. 6 iſt — beruhigend *g* über freut mich ſehr 9 höchſt — bleibe *g* aR Ein *g* aus ein 11 und *g* aus Und kann *g* über können in einer *g* aus durch eine 13 ſchon geprüfte *g* aR 15 werde *g* über wird 16 wünſche — unterhalten *g* aus werde mich gern mit ihm unter= halten 18 Nach anzlangen *g* üdZ mich, dann wieder geſtrichen 19 zu *g* üdZ 20 Hiernach — wohl *g* aR für Und ich will gern 23 Befinden *g* aus Wohlbefinden

Vgl. Tageb. X, 155, 19—22. Antwort auf Carl Auguſts Brief von demſelben Tage (Briefwechſel II, 276) 274, 11 Geheimrath Wedekind, großherz. heſſiſcher Leibarzt in Darmſtadt, hatte einen Aufſatz aus der Kirchenzeitung (Nr. 15) überſandt 17 Der Improviſator Dr. Oskar Ludwig Bernhard Wolff (1799—1851, vgl. ADB. XLIV, 9) beſuchte Goethe zuerſt am 18. Januar 1826 (Tageb. X, 150, 16—19), nachdem er Tags zuvor (Eing. Br. 1826, 43) um eine Audienz nachgeſucht hatte. Nach mehrfachen Berichten Riemers und Eckermanns über ihn (Tageb. X, 152, 7. 8. 153, 9. 10. 24. 25) hörte Goethe ihn am 28. Januar (Tageb. X, 154, 17. 18. 20. 21); Wolff ſelbſt berichtet darüber in ſeinen Er= innerungen „Portraits und Genrebilder", Caſſel und Leipzig 1839, 1, LXXXIV ff., vgl. ferner 291, 1—17, Eckermanns Ge= ſpräche vom 29. Januar 1826 (1, 237) und Carl Auguſts Brief an Goethe vom 4. Februar 1826 (Briefwechſel II, 275) 276, 5 Als Nachfolger Rehbeins (vgl. zu 205, 18) war zunächſt ein Dr. Cunitz in Eiſenach in Ausſicht genommen (Brief= wechſel mit Carl Auguſt II, 277), ſpäter wurde Dr. Carl Vogel gewählt, vgl. 300, 10. 326, 11. 329, 1 und XLI, 34, 7.

222. Vgl. zu 5896 (Bd. 21), Bl. 26. Eigenhändig, ohne Adreſſe 277. 16 mir fehlt Gedruckt: Grenzboten 1869, Nr. 32, Strehlke I, 157. Dazu ein Concept von Schuchardts Hand, Abg. Br. 1826, 23, woraus zu bemerken: 277, 1 gehe 1. 2 theuerſte Freundin fehlt 3 Gutes] Freundliches 8 treue] gute 10 unverändert] fortwährend 12 auszuſprechen, was ich längſt im Stillen hege: daß mir die 13 Ihren Freunden] mir 14 ſcheiden] entfernen 14. 15 Sie — mitempfinden *g*¹ aR für auch Ihnen wird der Gedanke ſchmerzlich erſcheinen 16 mir fehlt letzten g¹ üdZ   17 mit nach die s(ichere) der sichern Hoffnung mir geschmeichelt, Sie   19 mich lagern durch   20 gestalten] bezeichnen würden   24 Sendung unserm Freund g¹ aus unsern Freunden   ein g¹ üdZ   278,1 verleihen] gönnen   2 ewigen g¹ über redlichen   3.4 fehlt mit Ausnahme des Datums

Vgl. Tageb. X, 155,22   277,9 August v. Goethe   16 Im September 1825, vgl. Tageb. X, 102,1. 103, 11. 12. 163. 16—20.

*223. Concept von Schuchardts Hand, Abg. Br. 1825, 218   278,6 schon g üdZ   15 wurzelähnlichen nach baum- oder   17 welcher aus welches   18 Gneisen aus Greisen   21 Albenreit

Das fehlende Datum vermuthungsweise nach 278,5—9 im Zusammenhange mit 179,17—21   278,16 vgl. 179,19.

Hier folgt ein von Goethe im Namen der aus dem Kanzler v. Müller und J. H. Meyer bestehenden Commission zu Ausprägung einer Denkmünze auf Goethes Jubelfest (vgl. 174,10) entworfenes, undatirtes Gutachten an den Grossherzog Carl August (Mundum von Johns Hand in dem zu 130 d. B. genannten Fascikel des G.-Sch.-Archivs, Bl. 90), welches als Antwort auf ein Schreiben des Grossherzogs Carl August vom 2. Februar 1826 an den Kanzler v. Müller (in demselben Fascikel, Bl. 89) noch an demselben Tage aufgesetzt zu sein scheint (vgl. Tageb. X, 156, 18. 19):

Ew. Königl. Hoheit

erlauben denen zu Besorgung einer gnädigst angeordneten Medaille beauftragten getreuen Dienern die Lage des Geschäfts nach ihrer Ansicht und zu welchem Punct es gelangt unterthänigst vorzu-
5 tragen; es scheint uns keineswegs ungünstig zu stehen sondern wird auf dem Wege welchen Höchstdieselben andeuten mit wenigem allenfalls zum Ziele zu bringen seyn.

Haben Ew: K. H. die Gnade, das Höchsteigene Portrait anzuschauen, wie glücklich es auf der Jubiläums Medaille dargestellt
10 und selbst in den vorliegenden Wachsmodellen wohl gelungen ist. Auch das Profil Höchst Ihro Frau Gemahlin nähert sich einer wünschenswerthen Ausbildung, nur ist das Paaren beider Profile noch um Weniges zweifelhaft.

Sollte daher nicht gerade jetzt der Moment seyn wo man den
15 Künstler mit einigen Bemerkungen und Winken auf das Ziel

hinweisen und alsdann dem Glück zu überlassen hätte worauf
man sich so wie in jeder Angelegenheit immer am Ende noch zu
vertrauen hat. Vom Berliner Medailleur loszukommen wüßten
wir nach allem bisherigen keinen Weg, vielmehr würde auf jeden
Fall schon der Versuch alles gute Verhältniß zwischen hier und
den dortigen Künstlern, welches in mancher Rücksicht geschont zu
werden verdient, gestört wo nicht aufgehoben zu werden bedroht
seyn: da denn doch am Ende die große Gefahr sich abermals in
der Ferne mißzuverstehen wieder einträte.

Sollten daher Höchstdieselben nicht geneigt seyn, nach obigem
ohnziehlsetzlichen Antrag, mit einigen Bemerkungen abschließlich
die Angelegenheit an den genannten Brand gelangen zu lassen,
und, da es ihm an gutem Willen, an einem gewissen Talent nicht
fehlt, das letzte Gelingen abzuwarten; so würde es freylich am
sichersten seyn, denselben hierher einzuladen, weil dessen Reise und
hiesiger Aufenthalt nicht mehr kosten würde als eine Abfindung,
deren Betrag sich nicht voraussehen ließe und wobey das bisher
aufgewendete ganz und gar verloren ginge. Sein Hierseyn brächte
den Vortheil daß man in kurzem zum Abschluß käme und Ew. K. H.
würde es unterhalten einen nicht unfähigen Künstler unter eignen
Augen ein so grandios unternommenes und von der Welt begierig
erwartetes Werk zu eigener und allgemeiner Zufriedenheit vollendet
zu sehen.

Dazu ein früheres Concept von Schuchardts Hand, Foliobogen im G.-Sch.-Archiv; zur Sache vgl. zu 130 d. B.

224. Vgl. zu 6635 (Bd. 24). Schuchardts Hand 282,
8—15 *g* Gedruckt: v. Leonhard, Aus unserer Zeit in meinem
Leben II, 104. Dazu ein Concept von derselben Hand in
dem zu 122 d. B. genannten Fascikel des G.-Sch.-Archivs,
Bl. 30, woraus zu bemerken: 279,9 geneigte Sendung *g*¹ aus
geneigtes Schreiben   10 mich) *g*¹ aus mir   11 darauf gewießen
*g*¹ aR für Bedenken machend   Sie *g* aus sie   13 Wie — 16 mir
*g*¹ aR für Daher soll mir denn auch das Neuste, was ich   17.18
rüstig-gewandter *g* aus rüstiger   22 diesem *g* aus diesen   280,11
überlassend *g*¹ aus überlassen   12.13 zugleich *g*¹ aus sogleich
14 dagegen leisten *g* über ablassen   22 contentiren *g* aR für
consentiren   25 dem *g* aus den   27 mir gelegentlich)   281,3
Albit *g* aus Alpit   17 Nun kann ich mich) *g* aus und ich kann
mich)   282,3 Taschenbuch   8—15 fehlt

Vgl. Tageb. X, 156, 24. 25. Antwort auf des Adressaten Brief aus Heidelberg vom 15. Januar 1826 (Naturwiss. Correspondenz I, 295 und Tageb. X, 153, 10—13) 279, 15 Die zweite Ausgabe von Leonhards Oryktognosie, am 2. Dec. 1826 übersandt (Naturwiss. Correspondenz I. 298. Tageb. X, 281, 16) 280, 1—24 vgl. zu 268, 15. 16   281, 15. 16 vgl. zu XXXVIII, 222, 1. XXXIX, 57, 6. 7 und Naturwiss. Correspondenz I, 296 23—25 vgl. Tageb. X, 158, 1—3   282, 1—3 vgl. Tageb. X, 153, 10—13.

*225. Vgl. zu 6330 (Bd. 23). Eigenhändig. Dazu ein Concept von Johns Hand in dem Fascikel des G.-Sch.-Archivs „Acta Privata Die neue vollständige Ausgabe meiner Schriften betr. Vol. II. C. Die Verhandlungen mit Herrn von Cotta wegen des Merkantilischen betr. Ingleichen andere Buchhändlerische Anträge enthaltend 1826", Bl. 6, woraus zu bemerken: 282, 17 ausdrucken 18 erlauben Sie mir im allgemeinsten 23. 24 ein gültiger — werden g aR 283, 1 für] vor darthun g über zeigen 2 mehr fehlt diese nach daß 4 abzuschließen g über gereichen möchte gleichem g aus gleichen Sinne] Bestreben 7—11 fehlt mit Ausnahme des Datums 11 W. b. 3 Febr 1826 Expeb. eod. g aR
Vgl. Tageb. X, 156, 25. 26 und zu 219 d. B.

226. Vgl. zu 6161 (Bd. 22). Eigenhändig. Mit Boisserées Vermerk: „empf. d. 7. A. d. 11. Febr." Gedruckt: S. Boisserée II, 413. Dazu ein Concept von Johns Hand in dem zu 225 d. B. genannten Fascikel des G.-Sch.-Archivs, Bl. 7, woraus zu bemerken: 283. 17 der dem 21 geprüfte fehlt 284, 8 an Ihre] zu Ihrer 9 Soviel aus Somit 9. 10 und Schönen g üdZ nach Guten 10 empfohlen 11. 12 fehlt mit Ausnahme des Datums 12 3ten g aus 2ten. Unter dem Datum g: Expeb. eod.
Vgl. Tageb. X, 156, 25. 26 und zu 219 d. B.

227. Die Handschriften der Briefe an C. M. Engelhardt sind unbekannt; gedruckt: A. Stöber, Der Aktuar Salzmann, Goethe's Freund und Tischgenosse in Strassburg, Frankfurt 1855, S. 117   285, 18 publiziren Dazu ein Concept von Johns Hand im G.-Sch.-Archiv, dem zu 285, 18 gefolgt und woraus ferner zu bemerken ist: 284, 14 Sendung g über Sammlung 18 versöhnt] verschönt 19 heiligen g üdZ 20 düsteren *g* aus frühern 20. 21 anmuthig *g* aR für bunt und heiter. dieses *g* üdZ 22 wohl *g* über früher 285,1 Höchſt — ſodann *g* für Nicht weniger freue ich mich 2 Straßburger nach frühern 3 Handen 10 Sie aus die 13 Band 18 propaliren *g* aus probaliren 19 näheren 22 in *g* aus im, darüber *g* in und 28 hab ich mich bisher 286,3 mir *g* üdZ mehrern 6 denn *g* über dann nunmehr 10 ich fehlt 17 einer ab=ſchließenden *g* aus abſchließende 24 Erfreuliches *g* über An=genehmes 287,1—3 mit Verweisungszeichen aR 4.5 fehlt mit Ausnahme des Datums; dafür folgen auf Bl. 5/6 folgende intereſſante Abſätze:

Ich bediene mich nämlich ſeit mehreren Jahren zum Tiſch=trunk eines wohlgeformten ſilbernen, inwendig vergoldeten Bechers, dieſen ſetzte ich vor Kurzem bey Seite, einem neuen von wertheſter Hand empfangenen Geſchirr dieſelben Rechte einräumend.

Jenen alſo bin ich erbötig Ihnen zu widmen und zwar ſo daß der Name des Empfängers und des Gebers mit der ehemaligen und gegenwärtigen Jahreszahl eingegraben darauf erſcheine.

Ich entäußere mich dieſes werthen Hausrathes in dieſem Falle um ſo eher als meine Abſicht ſchon längſt geweſen nach Straß=burg zu ſtiften, was noch mehr als Wort und Blatt daſelbſt mein Andenken wiederholt erneuerte. Wunderbarer Weiſe werden Sie nun, durch die mir gegebene Nachricht der Depoſitair eines ſolchen Denkmals, woraus Sie hoff ich bald an froher Tafelrunde Herrn Prof. Arnold vor allen zutrinken und meine ſonſtigen Freunde zu gleicher Weiße zu ermuntern.

Sie ſehen aus dieſen Vorſchlägen und Anregungen, daß mir gleich, wenn ich an Straßburg denke, Herz und Sinn aufgeht und ich mich ſo gern in jenes jugendliche Wohlleben verſetze, deßhalb

3 neuen *g* aus neuem 8 Hausrathes *g* aus Haushaltes 9 um — als *g* über gern, da ſchon längſt 9 ſchon — geweſen *g* aR für war 11 mein — erneuerte *g* aR für aufbewahrt zu werden verdiente 12 Depoſitair *g* aus Depoſiteur 13 woraus Sie [nach das] hoff ich bald *g* aR für indem ich wünſche daß Sie 14 Herrn nach ſo in dem werthen Familienkreiſe, wobey ich zuvörderſt vor allen *g* üdZ zutrinken *g* aus zuzutrinken und nach bitte zuerſt [*g*] 11. 15 und — zu *g* ſpäter zwiſchengeſchrieben

wir denn auch mehr denn einmal den Pfingstmontag zu feyern Gelegenheit nehmen.

Hiemit aber sollte es zwischen uns nicht abgethan seyn, sondern ich wünschte daß Sie fortführen an mir und was mich
5 betrifft eifrigen Theil zu nehmen.

In kurzem übersende die schon oben gedachte Ankündigung meiner sämtlichen Werke und Sie denken leicht wie schmeichelhaft es mir seyn müßte, wenn Straßburg lebhaften Theil an der Subscription nähme und die dortigen ehrenwerthen Buchhandlungen
10 zu Förderniß des wichtigen Unternehmens freundlich die Hände bieten wollten.

Da ich schon vier Wochen mit einer Antwort gezaudert, so sende Gegenwärtiges eilig fort, obgleich noch manches mitzutheilen hätte. Z. B. geht mir noch eins bey: sagen Sie mir doch,
15 was, wenn ich Ihnen den Becher schicke, zu beobachten sey? Damit das Einbringen einer solchen Waare kein Hinderniß erleide. Mannigfaltig beschäftigt und bedrängt eilig aber mit wahrer folgerechter Hochachtung.

Vgl. Tageb. X, 157, 1. 2. Antwort auf des Adressaten, Divisionschefs in der Mairie von Strassburg (1775—1858, vgl. ADB. VI, 138), Brief vom 26. December 1825, auszugsweise gedruckt bei A. Stöber, Der Aktuar Salzmann S. 115 284, 11 Engelhardt übersandte seine Ausgabe des Hortus deliciarum der Äbtissin Herrad von Landsperg, Stuttgart und Tübingen 1818 vgl. Tageb. X, 177, 9. 10. 21. 22. 178, 1—5, des Ritters von Stauffenberg 1823 und seine Wanderungen durch die Vogesen 1821 285, 4. 5 Engelhardt schreibt (ungedruckt): „Über meine sonstige Persönlichkeit, darf ich mich unter andern auf Sulpiz Boisserée, meinen Vetter Dr Ehrmann (sonst zu Frankfurt), auf Jakob Grimm, Arnim, Görres, Hofrath Crentzer, Clemens Brentano, Zelter und Zeune zu Berlin, Hase und Therese Winkel zu Dresden, die Frankfurter Gesellschaft für alte deutsche Geschichtskunde u. s. w. beziehen. Aktuar Salzmann war ein genauer Freund meiner Familie, eine Freundschaft deren auch ich bis zum Ende des liebenswürdigen Greises genoss. Eben mit Salzmann besuchten Ewr Excellenz auch das damalige Engelhardtsche

---

15 was über ob   16 Wahre

Haus auf dem Paradeplatz; und meine Mutter bewahrt in unvertilglicher Erinnerung, wie ihr, der 18jährigen, für reizend geltenden Frau, da sie eben ihren Erstgebornen, (meinen um weniges ältern Bruder) säugend auf den Armen hielt, diese treue Erfüllung schöner Mutterpflicht, eine mit Enthusiasmus dargebrachte, ehrenvolle Huldigung des bald nachher so berühmten Göthe erworben". Engelhardt übersendet am 15. März 1826 (vgl. Tageb. X, 177, 3. 4) Abschriften der Goethischen Briefe, der Iphigenia und der Thesen, vgl. Goethes Antwort vom 22. April 1826 (Bd. 41 Nr. 14).

*228. Concept von Johns Hand, Abg. Br. 1826, 21 287, 12 großem g^1 aus großen 15 wird sogleich abgetragen g^1 aus trage sogleich ab

Vgl. Tageb. X, 158, 3.

229. Vgl. zu 6161 (Bd. 22). Schuchardts Hand 288, 25—289, 4 g Gedruckt: S. Boisserée II, 413. Dazu ein Concept von Johns Hand in dem zu 225 d. B. genannten Fascikel des G.-Sch.-Archivs, Bl. 8, woraus zu bemerken: 287, 19 eine aus einige 288, 18—24 folgt auf Bl. 13 18 gleichfalls g über hiernächst Contracts: g aus Contract: 25—289, 4 fehlt mit Ausnahme des ersten Datums. Ferner ein früheres Concept g^1 auf losem, gebrochenen Foliobogen in demselben Fascikel, Bl. 8ª

Vgl. Tageb. X, 158, 4—6 287, 19. 20 Von Schuchardts Hand, mit Bleistiftcorrecturen Riemers, in demselben Fascikel, Bl. 9—12; vgl. 233 d. B. 288, 13—17 vgl. zu 240 d. B. 18 Von August v. Goethes Hand in demselben Fascikel, Bl. 14—17; dazu g aR die Notiz: von Fol. 8 bis 17. alles mundirt und expedirt. Sonntag d. 5. Febr. 1826. G. Vgl. ferner 230 d. B.

230. Vgl. zu 6161 (Bd. 22). August v. Goethes Hand 290, 27 g Gedruckt: S. Boisserée II, 414. Dazu ein Concept von derselben Hand in dem zu 225 d. B. genannten Fascikel des G.-Sch.-Archivs, Bl. 18, woraus zu bemerken: 289, 11 Das erste und auf Rasur 17 eine] meine 19 ganz unmöglich 21 Geschäftsmann 290, 10 Das zweite aus fehlt 18 wohlwollenden] wohlgemeinten 26 und wechselseitige Zufriedenheit 27. 28 fehlt mit Ausnahme des Datums. Dazu aR: *Exped.* durch die Post b. 6ten *Feb.* 26.

Vgl. Tageb. X, 158, 18. 19 und zu 229 d. B. Antwort auf Boisserées Brief vom 21. Januar 1826 (S. Boisserée II, 410), worin es heisst: „Auf jeden Fall erwartet Herr v. Cotta, dass Sie ihm jene Anerbietungen, von denen Ihr Brief [vgl. 244, 23—245, 3] spricht, deren Einsicht er ohnehin seinem Vorzugsrecht gemäss verlangen könne, freundlichst bekannt machen werden, und ich wünsche recht sehr, dass Sie es thun" 289, 21 Der Kanzler v. Müller legte am 4. Dezember 1825 einen Verlagsvorschlag der Hahn'schen Hofbuchhandlung in Hannover mit einem Schreiben vom 19. November 1825 vor (in dem zu 107,8 d. B. genannten Fascikel des G.-Sch.-Archivs, Bl. 40—49), vgl. zu 244, 28—245, 3, Tageb. X, 131, 22—25 und Burkhardt, Goethes Unterhaltungen mit dem Kanzler F. v. Müller³ S. 136.

*231. Concept von Schuchardts Hand, Abg. Br. 1826, 28 291, 19 darin aus darinne hübsch aus Hübsches 20 um aus und 292, 27 Fassa g³ aus Bassa

Vgl. Tageb. X, 159, 3. 4. Antwort auf Carl Augusts Brief vom 4. Februar 1826 (Briefwechsel II, 275) 291, 3 Der Improvisator Wolff wünschte als Professor der französischen, englischen und italiänischen Sprache am Weimarischen Gymnasium angestellt zu werden, vgl. zu 202, 11 und 274, 17 18 Ein Brief des Schiffscapitäns der Pallas, der den Prinzen Bernhard nach Amerika gebracht hatte; Carl August frug ihn, „ob er durch seine Erfahrungen wohl manchmal entdeckt hätte, wo ein Sturm, der über die See kommend die Meeresküsten anfiel, entstünde?" 292, 9 vgl. Tageb. X, 109, 5. 19. 110, 28. 111, 1 22 vgl. Dichtung und Wahrheit, IV. Buch (Werke XXVI, 191) 27 vgl XXVIII. 295, 3. 347, 22. XXIX, 16, 20.

232. Vgl. zu Bd. 32 Nr. 98. Schuchardts Hand 294, 17 g Gedruckt: Briefwechsel S. 293 mit dem falschen Datum vom 27. Februar 1826. Dazu ein Concept von Johns (293, 4—21) und Schuchardts (294, 1—16) Hand, Abg. Br. 1826, 22, woraus zu bemerken: 293, 6 verpflichteten Dank g später zwischengeschrieben 15 Sulpiz 16 ihn g aus ihm 23 fruchtbare g aus fruchtbar gewordene 294, 7 also — an aR für an 8 posttäglich damit 9 bezeichne g aus zeichne 14 diese bedeutende g¹(?) aus dieser bedeutenden 15 Ihrer Vorsorge g über schon Manches 17. 18 fehlt mit Ausnahme des Datums

Vgl. Tageb. X, 159, 4. 5. Antwort auf des Adressaten ungedruckten Brief vom 26. Januar 1826 (vgl. zu 211 d. B.) 294, 6 vgl. Tageb. X, 143, 6—8. 331.

Ein amtliches Schreiben der Oberaufsicht vom 8. Februar 1826 an den Vorstand des lithographischen Instituts zu Weimar. gedruckt bei Vogel, Goethe in amtlichen Verhältnissen S. 145, lautet:

In dem Wochenblatte No. 3 dieses Jahres ist eine Subscriptions-Anzeige enthalten:

Gallerie merkwürdiger und interessanter, origineller und komischer Menschen der Großherzoglichen Residenzstadt Weimar, nach dem Leben dargestellt u. s. w.

Da man nicht wissen kann, wohin ein Solches Unternehmen in der Folge führen könnte, so hat unterzeichnete Behörde beschlossen, in ihrem Bereiche dergleichen keineswegs zu dulden. Der Unternehmer der Großherzoglichen lithographischen Anstalt, H. ꝛc. N. wird deßhalb hierdurch aufmerksam gemacht und ihm ausdrücklich verboten, keine dergleichen auf irgend eine Art von Spott- oder Zerrbild zu lithographiren, noch in seiner Officin abdrucken zu lassen: auch wenn ihm dergleichen angeboten würden; solche von der Hand zu weisen und sich durch gegenwärtige Verordnung deßhalb zu legitimiren.

Weimar den 8. Febr. 1826.   Oberaufsicht. ꝛc.

*233. Vgl. zu 637ᵃ (Bd. 23). Johns Hand. Dazu ein Concept von derselben Hand, Abg. Br. 1826, 29ᵇ, woraus zu bemerken: 294,20 ein aus einen   20. 21 es kommt zwischen *g* aR für es folgt unmittelbar nach   21 dem Schluß *g* über steht vor dem Theile   22 zu stehen *g* später zwischengeschrieben   21 Unterschrift fehlt

Vgl. Tageb. X, 159, 15 und zu 287. 19. 20.

234. Handschrift, eigenhändig, in Hirzels Nachlass auf der Leipziger Universitätsbibliothek, vgl. Hirzels Neuestes Verzeichniss, 1874. S. 227

Vgl. Tageb. X, 160, 27. 28. 161, 14. 15.

235. Handschrift (Schreiberhand   296, 10. 11 *g*), im Geh. Staatsarchiv zu Berlin, nicht benutzt; gedruckt: Gaedertz, Bei Goethe zu Gaste S. 344. Dazu ein Concept von Johns Hand, von Riemer (R) mit Blei durchcorrigirt, in

dem Fascikel des G.-Sch.-Archivs „Acta Privata Die neue vollständige Ausgabe meiner Schriften betr. Vol. I. D. Die Verhandlungen an dem Bundestage betr. 1826", Bl. 3, woraus zu bemerken: 295, 11 langem *g* aus Langem 16 entſchiedenes 21 nachgeſehen *R* über vergönnt 5 die *R* über meine 6 den *R* aus denen 10—12 fehlt mit Ausnahme des Datums

Vgl. Tageb. X, 162, 1. 2. Antwort auf des Adressaten Brief aus Frankfurt vom 7. Februar 1826 (in demselben Fascikel, Bl. 1), worin es heisst: „Ew. Excellenz erlaube ich mir bey Übersendung des gewünschten Privilegii meine ausseramtlichen Wünsche für Ihr Wohl und für vollständige Erfüllung Ihrer Absichten in der Privilegien Angelegenheit auszudrücken. Der Schluss jenes Privilegii zeigt, dass eine öffentliche Bekanntmachung unerlässlich erfolgen müsse; ich werde solche zum Überflusse in meinem Berichte über den Empfang des Privilegii wiederholt in Anregung bringen, damit Ew. Excellenz in dem etwa an Se Majestaet den Koenig zu erlassenden Dankschreiben diesen Punkt unberührt lassen können." Über den Eingang des preussischen Privilegs am 12. Februar 1826 vgl. 297, 16. 17 und Tageb. X, 160, 15—17.

236. Vgl. zu Bd. 39 Nr. 106, Bl. 68. Johns Hand 298, 12—14 *g* Gedruckt: Grenzboten 1874 III, 271. Dazu ein Concept von Johns (296, 13—23 werde) und Schuchardts (296, 23 wobey — 298, 11) Hand, von Riemer (*R*) mit Blei durchcorrigirt, in dem zu 235 d. B. genannten Fascikel des G.-Sch.-Archivs, Bl. 4, woraus zu bemerken: 296, 17 vorigem 23 wobey *R* aus Woben 24 dauernden 297, 1. 2 entſchiedenſten *g* über glücklichſten 11 Anhalt üdZ 12 Sondershauſen *R* aus Sondershauſen 18 Ew. nach es es ſelbſt *R* aR 21 ſeyn] ſcheinen 23. 24 Dürfte ich mir beßhalb *g* über Darf ich mir daher 24 geneigte nach wie bisher 25 auch in dieſem Falle als gezimend *R* aR für geneigteſt 27 Prinz *R* aR für Prinz 298, 1 Pacetes *R* aR für Paquetes 5 nun dießmal 10 beziehen *R* aR 12—15 fehlt mit Ausnahme des Datums 15 15. aus 16.

Vgl. Tageb. X, 162, 3, 4. Antwort auf des Adressaten Brief vom 2. Januar 1826, in dem zu 104 5 d. B. genannten Fascikel des G.-Sch.-Archivs, Bl. 47, vgl. zu 174 d. B.

297, 7 vgl. zu 201 d. B.　10 Mit einem Schreiben des Grafen v. Luxburg, datirt Dresden den 25. Januar 1826, angelangt am 28. Januar 1826 (in dem zu 104/5 genannten Fascikel des G.-Sch.-Archivs, Bl. 60)　16. 17 vgl. zu 235 d. B.　Beusts Antwort vom 20. Februar 1826 in dem zu 235 d. B. genannten Fascikel des G.-Sch.-Archivs, Bl. 12.

*237. Vgl. zu 3718 (Bd. 13), Nr. 3743. Schuchardts Hand 299, 2—4 Möge — wiederfinden! mit grüner Tinte unterstrichen 5. 6 g Dazu ein Concept von derselben Hand, Abg. Br. 1826, 25 b, woraus zu bemerken: 298, 17 den anvertrauten g^3 aR Band über die　21 so nach und　für nach uns 299, 5—7 fehlt mit Ausnahme des Datums

298, 24 Johann Philipp Gabler, Senior der theologischen Facultät in Jena, starb am 17. Februar 1826, vgl. Tageb. X, 162, 18. 19.

238. Vgl. zu Bd. 39 Nr. 106, Bl. 71. Schuchardts Hand 300, 1—6 g Gedruckt: Grenzboten 1874 III, 272. Dazu ein Concept von derselben Hand, von Riemer (R) mit Blei durchcorrigirt, in dem zu 235 d. B. genannten Fascikel des G.-Sch.-Archivs, Bl. 11, woraus zu bemerken: 299, 8—14 aR für Es wird nunmehr, da ich mit der J. G. Cottaischen Buchhandlung wegen des Verlags übereingekommen bin, (g aR für abgeschlossen habe,) eine Anzeige nöthig, worin ich von meiner Seite, so wie der Verleger von der seinigen, vortragen und aussprechen, wozu wir uns (R über sie sich), bezüglich auf innern Gehalt und äußere Form verbinden　15 Hierauf — ob R über hiebey habe ich nun　19 im nach keineswegs　22 darin R über dabey　23 verändern würde R unter möchte　300, 4—6 fehlt mit Ausnahme des Datums　6 W. d. 20. Febr. 1826. g aR

Vgl. Tageb. X, 163, 22. 23 und 236 d. B.　299, 20. 21 Eine Abschrift der Stelle („Ziehe ich nun aber in Betrachtung — geeignet erscheinen möge") Werke 42 I, 115, 3—116, 13, befindet sich in demselben Fascikel, Bl. 23; Graf Beust sendet sie am 22. Februar 1826 (in demselben Fascikel, Bl. 22) zurück mit den Worten: „Ein *casus unicus* meines Lebens: Etwas von Eurer Excellenz zu prüfen und zu berichtigen."

239. Vgl. zu 4102 (Bd. 14). Eigenhändig. Gedruckt: Briefwechsel IV, 143

Vgl. Tageb. X, 163,23 300, 10 vgl. zu 276,5; Zelters Antwort vom 26. Februar — 4. März 1826: Briefwechsel IV, 146; vgl. 326, 10—13.

*240. Concept von Schuchardts Hand in dem zu 107/8 d. B. genannten Fascikel des G.-Sch.-Archivs, Bl. 75   301,2 mein — Herr aR   11 darauf nach dankbar   12 HE. *g* üdZ

Vgl. Tageb. X, 163, 24. Antwort auf des Adressaten Brief aus Cöln vom 10. Januar 1826 (in demselben Fascikel, Bl. 74), worin dieser sich zu Subscriptionsaufnahmen für Goethes Werke durch seine Reisenden anbietet.

241. Nach der Handschrift gedruckt: G.-Jb. XXII, 45; hier versehentlich nach dem Concept von Johns Hand, Abg. Br. 1826, 30   301, 17 lies: sogleich wieder hergestellten   302, 1 durch nach zur   3 folgt: gehorsamst J. W. v. Goethe.

*242. Concept von Schuchardts Hand, Abg. Br. 1826, 26   302,8 unabwendbaren   21 Fauriel] Bavier aus Javier [Hörfehler] 303,2 den über sich mit   9 Königin Darnach Lücke [vgl. Werke 42 I, 257]   12 wiederhole nach jede   15 überall und üdZ 19 sich fehlt

Vgl. Tageb. X, 164, 23—25. Antwort auf des Adressaten (vgl. zu Bd. 33 Nr. 158) Brief vom 12. Februar (Eing. Br. 1826, 121), mit welchem dieser eine handschriftliche Ankündigung seiner mit J. G. L. Kosegarten gemeinsam geplanten Sammlung „Asprospitia" übersendet   302, 21 vgl. C. Fauriel, Chants populaires de la Grèce moderne, Paris 1824, 1, 225 ff.   303, 4—6 vgl. Tageb. X, 120, 15. 16 („Dainos, lettische Lieder, durch Rhesa. Gesendet von Nicolovius") und Werke 41 II, 327. 42 I, 302   9 vgl. Werke 41 II, 288. 42 I, 257.

243. Concept von Schuchardts Hand in dem zu 122 d. B. genannten Fascikel des G.-Sch.-Archivs, Bl. 49   304, 3 bedeutende nach höchst   5 eine schuldige Erwiederung *g* aus einen schuldigen Ausdruck   7 Vorbereitungen aus Vorbereitung 9 beschäftigen aus beschäftigt   10 äußeren nach lebenden   17 Gelegenheit nach mir   18 mir *g* üdZ   20 nach — die g^3 über auf dem Wege, den auch   auch g^3 üdZ   die g^3 über den 23 gemeinsamen *g* üdZ   Wege unterstrichen, dann Strich getilgt   305, 1 achten g^1 aus achte   ein g^1 üdZ   7 seit geraumer

g über jeder   20 in's Auge faßen *g* über vor's Auge nehmen   21 dieses wenige *g*³ aus diese Betrachtungen   21. 22 In — man *g*³ aus Meine Jahre fordern dergleichen — Hier muß man   24 an die *g*³ über mit denen   24. 25 sich — angeschloßen *g*³ über wohl einen Wettlauf begonnen   306, 3 bemüht bin *g* üdZ   3. 1 so — alsdann *g*³ über Hier ist es nun, wo mir   4 bevor *g*³ aus bevorsteht   6 abschieblich *g*³ aR für zum Abschied   Gedruckt: Naturwiss. Correspondenz I, 397.

Antwort auf des Adressaten (1801 — 1858, vgl. ADB. XXII, 625), damals Privatdocenten in Bonn, Brief vom 5. Februar (Naturwiss. Correspondenz I, 393), der am 23. Februar 1826 bei Goethe eintraf (Tageb. X, 164, 21) und sogleich beantwortet wurde (Tageb. X, 164, 24. 25), dessen Erwiderung aber erst am 29. März 1826 (Tageb. X, 178, 12. 13) abging. Hier unter dem Datum des ursprünglichen Concepts belassen, da das Mundum wenigstens im Anfang des Briefes verändert sein muss   304, 3 „Zur vergleichenden Physiologie des Gesichtssinnes" (1826) und „Über die Entwickelung der Eier im Eierstock" (aus den Acten der Leopoldinischen Gesellschaft), vgl. Tageb. X, 302.

244. Concept von Schuchardts Hand in dem zu 119 d. B. genannten Fascikel des G.-Sch.-Archivs, Bl. 30—32ᵇ   306, 12. 13 mir — mich *g*³ aR für Es erinnert mich   14 erinnerte *g*³ über und ist mir deshalb sehr angenehm   19 Froschquacken   20 von *g*³ über durch die hier genannten beyden Männer und   21 Er scheint *g*³ aus Sie scheinen   21. 22 mit — Männern *g*³ aR   22 harmonisches *g*³ über gar glückliches   23. 24 bem — kommen [aus kommt] *g*³ aR   und — Deutsche *g*³ mit Verweisungszeichen später hinzugefügt   307, 1 Durchaus wird *g*³ über Ueberhaupt ist   3 hie und da *g*³ üdZ   verbannt *g*³ aus verband   7—24 Auf Bl. 32   7 Hilaire *g*³ aus Hilair   8 unnatürlichen *g*³ über mächtigen   9 Gehirnhälften *g*³ aus Gehirntheile   17 er *g*³ üdZ   18 fand *g*³ über war   21 Zweifel *g*³ über Frage   22 ungewiß machen *g*³ über nicht in Zweifel läßt   308, 1—17 Auf Bl. 30   1 Desprelz aus Depretz   4 Beweis *g*¹ aus Beweiß   5 Gallilä is   8 Höhemessungen *g*¹ aus Höhenmessungen   10 doch aus noch   Weiter folgen auf Bl. 31 und 31ᵇ die Absätze:

— — — und nicht selbst zu glänzen.

Diese wenigen Bemerkungen reichen hin, uns zu überzeugen, daß in Frankreich ein vollständiges Werk über die Physik fehlt, welches die sämmtlichen Resultate und alle Artikel ohne Calcul
5 darlegte, weil sonst ein solches Buch neun Zehntheilen der Leser unzugänglich wird. Obengenanntes Werk des Herrn Despretz erfüllt diese Lücke. Ich glaube nicht, daß gegenwärtig in irgend einer Sprache ein Buch in Einem Band vorhanden sey, worin alle Theile der Physik so methodisch und so vollständig dargelegt
10 wären. Köstlich ist es durch die umfassende Zusammenstellung der Facten, durch zahlreiche Gemälde, die der Verfasser darin vertheilt hat, durch die höchst sorgfältige Darstellung der neuen Theorieen des Electromagnetismus und der Undulationen.

Diese Arbeit in einem klaren und schicklichen Style vollendet,
15 ist nun für den öffentlichen Unterricht angenommen. Herr Despretz hat sehr wohl gethan, seinen Untersuchungen über die thierische Wärme Platz zu geben, mehr noch, seine Erfahrungen über die Dünste beyzufügen. Die glücklichste, in diesem Werk zu bemerkende Neuerung ist der Abschnitt, welchen der Autor der Meteorologie
20 gewidmet hat. Hier trägt er vor was man am gewissesten über die gleichwarmen Linien, der Centralwärme und die Temperaturen sagen kann. Gewiß werden nun nach dem Beyspiel dieses Werks und des von Herrn Brudant künftig alle Bücher dieser Art diese wichtigen Theorien enthalten. Es ist Zeit sie in die Physik ein-
25 zufügen, denn wie sind sie nicht durch die unermüdlichen Bemühungen des Herrn von Humboldt bereichert worden?

Über den „Traité élémentaire de Physique" par César Mansuète Despretz, 1825, vgl. Tageb. X. 169. 20—22. 170, 19. 27. 28 und Naturwiss. Schriften XI, 83.

*245. Concept von Schuchardts Hand. Abg. Br. 1826, 31
308, 19 Übersendung g^3 aus Übersendund   23 oder nach ohne
309, 2 Gebirge g^3 über Berge   der Welt in g^3 später zwischengeschrieben   3 Ufer nach und   5 und — alles. g^3 aR   7 theilt nach unwiderruflich;   9 HE. *Kannitverstan* g^3 aus *Kannitvertan*   12. 13 Die — Sternwarte g^3 später hinzugefügt
Vgl. Tageb. X, 165, 10—13   308, 19. 20 vgl. Tageb. X, 164, 12—14   309, 9 Aus Hebels Schatzkästlein, vgl. XXX,

160. 1—9 und Register S. 63   14 vgl. zu 172, 23 und Tageb. X, 164, 22.

246. Concept von Schuchardts Hand in dem zu 122 d. B. genannten Fascikel des G.-Sch.-Archivs, Bl. 38   309, 22 worum g^3 aus warum   310, 5 den Freund g^3 über denselben   7 von ihm g^3 aR   9 ein Tauschhandel, besonders g^3 üdZ   10 Schwierigkeiten nach besonders ein Tauschhandel   23—25 g^3 aR für Mich übrigens auf mein Doriges (g^3 üdZ) Schreiben vom [Lücke] beziehend (g^3 aus beziehen) habe die Ehre (Dero), mich zu wohlwollenden Andenken empfehlend, mich zu unterzeichnen   26 25ten aus 24ten   Gedruckt: Naturwiss. Correspondenz I, 297

Vgl. zu 268, 15. 16 und Tageb. X, 166, 23. 24   309, 20 Grüner.

*247. Vgl. zu 6243 (Bd. 22).   Johns Hand   311, 10 g Dazu ein Concept von derselben Hand in dem zu 225 d. B. genannten Fascikel des G.-Sch.-Archivs, Bl. 30, woraus zu bemerken: 311, 4 3.] 2. nach 10.   7 bereit nach m(ich)   8 Danckbar! g später vorgeschrieben   10. 11 fehlt mit Ausnahme des Datums

Vgl. Tageb. X, 167, 10. 11. Vermuthlich handelte es sich um die Vollziehung des Contracts mit Cotta.

248. Vgl. zu Bd. 39, Nr. 65. Schuchardts Hand   312, 11 g Gedruckt: K. Fischer, Briefwechsel zwischen Goethe und K. Göttling, München 1880, S. 11. Dazu ein Concept von derselben Hand in dem zu 61 d. B. genannten Fascikel des G.-Sch.-Archivs, Bl. 51, woraus zu bemerken: 311, 12 überschicke über übersende   14 einigermaßen g üdZ   19 schön g aR für wichtig, dieses über erfr(eulich)   312, 6 Descartes g aus Decart   10 Mitwirckung g aus Mittheilung   höchlich g üdZ   11. 12 fehlt mit Ausnahme des Datums

Vgl. Tageb. X, 168, 5—7. Antwort auf des Adressaten Brief vom 3. März 1826 (in demselben Fascikel, Bl. 52)   311, 12. 13 Band IV der Ausgabe C^1 18 Göttling schreibt bei Zurücksendung des I. Bandes von Dichtung und Wahrheit: „Wie anders würde unsere Ansicht von dem Leben einer bestimmten Zeit des Alterthums sich gestalten, wenn wir eine Selbstbiographie des Äschylus oder Sophokles hätten. Allein es ist eigen, dass das ganze griechische Alterthum die Selbstbiographie nicht kennt, auch die Römer sie erst unter den Kaisern kennen lernen; wohl aus keinem andern Grunde, als weil bei beiden Völkern anfangs das Leben der Einzelnen mehr und mehr im Staate aufging und keiner sich davon abgeschlossen zu denken vermochte; erst mit dem Kaiserthum und nach dem Untergange der Republik entsteht die Selbstbiographie, weil hier die einzelnen, meist in beschränkender stoischer Philosophie befangen, in Abgeschlossenheit einen Ersatz für die versagte Theilnahme am Staat finden. Unsere Zeit dagegen hat den Vortheil aus einer freieren Ursache ein hohes geistiges Leben in einem schönen, in sich vollendeten Zusammenhange zu sehen, zu sehen wie dieses eine Leben einer Flamme gleich erscheint, von welcher auf die ganze Nation Strahlen ausgehen."

*249. Vgl. zu 6243 (Bd. 22). Schuchardts Hand 312,22 *g* Dazu ein Concept von derselben Hand, Abg. Br. 1826, 30. woraus zu bemerken: 312, 19 von nach man 20 Synodal= einrichtung 21 wäre *g* nach könnte 22. 23 fehlt mit Ausnahme des Datums

312, 15 vgl. Tageb. X, 168, 9—11 („Canzler von Müller mit dem Fremden, welcher ein treffliches anatomisches Werk vorwies") 18—21 vgl. Tageb. X. 167, 18—20. 190, 5. 6. Über Friedrich Immanuel Niethammer, Centralschul- und Studienrath in München (1766—1848), vgl. ADB. XXIII, 689.

250. Vgl. zu 6161 (Bd. 22). Johns Hand 314, 21 *g* Unvollständig gedruckt: S. Boisserée II, 418 (falsch datirt vom 26. März 1826). Dazu ein Concept von derselben Hand in dem zu 225 d. B. genannten Fascikel des G.-Sch.-Archivs, Bl. 37, woraus zu bemerken: 313, 3 überhäuft aus überhaupt 13 Verschlage 18. 19 eintritt *g* über berorsteht 314, 6 durch nach nicht 7 daß nach befriedigt 7. 8 nicht befriedigt *g* üdZ 13 präludirt *g* aus prälutirt 18 und *g* über auch deshalb 19 Ernst nach unser 24. 25 fehlt mit Ausnahme des Datums; darauf folgt aR: Abgesendet *cod.* mit den 4. bemerkten Beylagen. Dieselben Siehe *fol.* [31—36]

Vgl. Tageb. X, 168. 17—19. Antwort auf des Adressaten Briefe vom 11. (S. Boisserée II, 415, 6) und Cottas Briefe vom 14. und 19. Februar 1826 (in demselben Fascikel, Bl. 21. 26).

Boisserée antwortet am 25. März (S. Boisserée II, 419), vgl. 263 d. B.

251. Handschrift unbekannt. Gedruckt: Der Gesellschafter oder Blätter für Geist und Herz, 1845, Bl. 172, S. 994, Berliner Sammlung III, 2, 1378. Dazu ein Concept von Schuchardts Hand, Abg. Br. 1826, 32, woraus zu bemerken: 315, 10 jedoch *g* aR   11 Vollkomnere möchte] müßte   11. 12 vorbedacht, beredet *g* aus vorberedet   13 die Künstler *g* aR für der Schauspieler   14 vom   20 wird Ihnen aus werden Sie   22 aber nach wobey   die nach immer   immer *g* üdZ   23. 24 uns — zu *g* für sie jederzeit im Augenblick zu   316, 3. 4 fehlt mit Ausnahme des Datums

Vgl. Tageb. X, 168, 3. 4. 15. 16. Antwort auf der Adressatin Brief vom 5. März (Eing. Br. 1826, 75), welcher lautet:

„Euer Excellenz Sind, höre ich gestern im Theater gewessen und so ängstiget mich die Wahrscheinlichkeit Sie mögten Verdruss empfunden haben über mein Stokken im Lezten Act und Besonders über den Unsinn mit welchem ich sagte: „Gebiethet Euerm Volke Schweigen" statt Stillstand. Aber mein Geist und mein Körper wurden matt. Denn ich bin es mir schuldig zu erwähnen dass ich diesse Rolle bey Gelegenheit Euer Excellenz Jubileum in 10 Tagen lernen musste; und dass ich diessesmal eingetretner Krankheiten halber gezwungen war sie zu spielen, und nur 2 Tage zum repetiren hatte. Mein Kopf war müde und ich hätte um aller Welt Schätze willen nicht noch eine Viertelstunde vernünftig sprechen können. In den frühern Acten wird sich manches gefunden haben was das fehlerhafte aufgewogen haben mögte. Mit diessem Troste will ich mich einstweilen beruhigen, und empfehle mich Ihrem freundlichen Wohlwollenden Andenken."

*252. Concept von Johns Hand, Abg. Br. 1826, 34ᵇ 316, 6 beykommendem *g* aus beykommenden   17 *g* aR

Vgl. Tageb. X, 170, 1—3. 12—14.

253. Vgl. zu 1 d. B. Schreiberhand 318, 3—6 *g* Gedruckt: K. Th. Gaedertz, Bei Goethe zu Gaste S. 345. Dazu ein Concept von Johns Hand in dem zu 235 d. B. genannten Fascikel des G.-Sch.-Archivs, Bl. 30, woraus zu bemerken:

317,5 wohl Riemer mit Blei üdZ 13 beförbern 318, 3—21 fehlt mit Ausnahme des ersten Datums

Vgl. Tageb. X, 172, 4. 5 und zu 235 d. B. 316, 20 = 254 d. B. 318, 9—11 = 254 d. B. 12 = 255 d. B. 13 = 253 d. B. 14. 15 = 257 d. B. 16—19 = 256 d. B.

254. Handschrift von Schreiberhand (320, 16 g), im Geh. Staatsarchiv zu Berlin, nicht benutzt. Gedruckt: K. Th. Gaedertz, Bei Goethe zu Gaste S. 347. Dazu ein Concept von Johns Hand in dem zu 235 d. B. genannten Fascikel des G.-Sch.-Archivs, Bl. 26, woraus zu bemerken: 319, 17 Ew: Königl. Majeſtät über Allerhöchſtihro 320, 16. 17 fehlt

Vgl. Tageb. X. 172, 4. 5 und zu 235. 253 d. B. Die Antwort des Königs Friedrich Wilhelms III., datirt Potsdam den 2. April 1826, ist abgedruckt von Gaedertz a. a. O. S. 336 (Original im G.-Sch.-Archiv, bei dem Privilegium).

255. Handschrift von Schreiberhand (322, 10—12 g), im Geh. Staatsarchiv zu Berlin, nicht benutzt; gedruckt: K. Th. Gaedertz, Bei Goethe zu Gaste S. 346. Dazu ein Concept von Johns Hand in dem zu 235 d. B. genannten Fascikel des G.-Sch.-Archivs, Bl. 28, woraus zu bemerken: 321, 17 bedeutenden g über kühnen 28 hiebey Gefühl g aR für Bewußtſeyn 322, 2 Vollbrachten g¹ über Gelingenen 5 Gelingen g später zwischengeschrieben 10—13 fehlt mit Ausnahme des Datums. Dazu die Notiz: „Mit einer Abschrift des Schreibens an Ihro Majestät"

Vgl. Tageb. X. 172, 4. 5 und zu 235. 253 d. B.

*256. Concept von Johns Hand in dem zu 235 d. B. genannten Fascikel des G.-Sch.-Archivs, Bl. 32 322, 15 Hoch= zuverehrender g über Inſonders Hochverehrter 323, 25 geziemenden nach Bitte

Vgl. Tageb. X. 172, 4. 5 und zu 235. 253 d. B. Bernstorff's Antwort vom 30. April 1826, eingegangen am 4. Mai (vgl. Tageb. X, 187, 26. 188, 1), in demselben Fascikel, Bl. 48 322, 16. 17 vgl. zu Bd. 39 Nr. 60.

*257. Concept von Johns Hand in dem zu 235 d. B. genannten Fascikel des G.-Sch.-Archivs, Bl. 33 324, 5. 6 über P. P. 7 mir ſo theurer Riemer mit Blei über verehrter 23 ſybilliniſchen

Vgl. Tageb. X. 172,4. 5 und zu 235, 253 d. B. Schuckmanns Antwort vom 3., eingegangen am 7. April 1826, in demselben Fascikel, Bl. 41; vgl. XLI, 37,8—16   324,12. 13 vgl. 7202. 7206. 7232. 7408   325, 9. 10 Das Publikandum über die Privilegirung der Ausgabe letzter Hand erschien, datirt vom 7. April 1826 in der „Gesetz-Sammlung für die Königlichen Preussischen Staaten" Nr. 4, ausgegeben zu Berlin den 21. April 1826, und ging am 24. April bei Goethe ein (in demselben Fascikel, Bl. 43).

*258. Handschrift von John in Hirzels Nachlass auf der Leipziger Universitätsbibliothek (vgl. Hirzels Neuestes Verzeichniss, Leipzig 1874, S. 227)   325, 14 Sie fehlt

Vgl. Tageb. X, 172, 5. 6   325, 17 C. L. v. Knebel.

259. Vgl. zu 4102 (Bd. 14). Johns Hand. Von Zelters Hand mit Blei die Notiz: „Angek. Charfreitag". Gedruckt: Briefwechsel IV, 147. Dazu ein Concept von derselben Hand, Abg. Br. 1826, 35, woraus zu bemerken: 325, 20 Geist=verwandten g^3 aR aus Verwandten   326, 1 mag g^3 über wird 4 bewegen, sich zu sondern, g^3 aR   14 angenehmen nach manchen 16 bunt nach zu   19 fehlt

Vgl. Tageb. X, 173, 3. 4   325, 19 Lithographirtes Blatt von Leybolds „Charon". vgl. zu 4. 4   326, 11 vgl. zu 276, 5, Tageb. X, 170, 4. 5. Zelters Antwort vom 4. April 1826: Briefwechsel IV, 148.

260. Vgl. zu Bd. 39. Nr. 65. Johns Hand   327, 4 g Gedruckt: K. Fischer, Briefwechsel zwischen Goethe und K. Göttling, München 1880, S. 12. Dazu ein Concept von derselben Hand in dem zu 61 d. B. genannten Fascikel des G.-Sch.-Archivs, Bl. 56, woraus zu bemerken: 326, 23 aber immer Bedenken   327, 1 Sie in   sorgfältig= g^3 aus sorgfältigen 1. 2 Theilnahme fort und   2 zu nach dankbar   4. 5 fehlt mit Ausnahme des Datums

Vgl. Tageb. X, 173, 6. 7. Antwort auf Göttlings Brief vom 14. März 1826 (in demselben Fascikel, Bl. 54), mit dem dieser den 4. handschriftlichen Theil der Werke zurücksendet, „dessen Lectüre, besonders der zahmen Xenien, mir einen köstlichen Genuss gewährt hat: die Xenien haben mich um so mehr überrascht, je weniger wir bisher hoffen durften, daß der Dichter selbst einmal die Pustrichsgeister hämmern werde, und nun in dieser heitern lebendigen Frische!"

261. Concept von Schuchardts Hand in dem zu 122 d. B. genannten Fascikel des G.-Sch.-Archivs, Bl. 51   327,14 wird nach man   18 fie g^3 aus Sie   19 fie g^3 aus Sie   20.21 zu verfolgen weiß g^3 aus verfolgen   22 mir bey g^3 über wir beharrlichen g^3 aR für so lange verfolgten   328,3 fie g^3 aus Sie über sich   5 Hätten — sich g^3 aus ‚fast alle meine Paragraphen haben sich   6 Ihnen g^3 aR   verdankt nach Ihnen   14 schuldig wird g^3 über verdankt. Darnach folgt: Leben Sie wohl! bete ich immerfort.   19 18ten März über 23ten Febr. Gedruckt: Naturwiss. Correspondenz II, 196

Vgl. Tageb. X, 173, 8.9. Antwort auf des Adressaten, Professors der Physiologie in Breslau (1781—1869, vgl. ADB. XXVI, 717), Brief vom 27. November 1825 (Naturwiss. Correspondenz II, 195), mit dem dieser die Goethe gewidmete zweite Folge seiner Untersuchungen über das Sehen in subjectiver Hinsicht („Beobachtungen und Versuche zur Physiologie der Sinne", vgl. Tageb. X, 302) übersendet; vgl. 337, 15—18 und Tageb. X, 165, 2—4. 14. 176, 9—14.

***262.** Concept von Johns Hand, Abg. Br. 1826, 35$^\text{b}$ 328, 21 verpflichteten   329,5.6 Höchstdenenselben — daß g aus es wird Höchstdenenselben erinnerlich seyn daß — stand, daß   7 Kybriz g aus Kybrig   über g über bey   8.9 versteintem aus versteinten   20 g aR

Vgl. Tageb. X, 174, 1.2   329, 1—3 vgl. zu 276, 5   4—15 vgl. zu 145, 20—25.

263. Vgl. zu 6161 (Bd. 22). Schuchardts Hand   331,5 g Gedruckt: S. Boisserée II, 417. Dazu ein Concept von derselben Hand, Abg. Br. 1826, 36$^\text{b}$, woraus zu bemerken: 330,9 glücklichen aus unglücklichen   12 Steindrucke   14 Jetzt [nach Doch] nur soviel: g aR   28 viel Gutes und Freundliches g aus viele Empfehlung   331,5.6 fehlt mit Ausnahme des Datums

Vgl. Tageb. X, 174, 10.11   329, 21 vgl. zu 250 d. B. 23 vgl. S. Boisserée II, 417   330, 7 vgl. zu 155 d. B.   18 vgl. zu 4.4.

264. Vgl. zu 6243 (Bd. 22). Johns Hand   331,15 g Abgedruckt von H. Uhde in den Hamb. Nachrichten 1877,

Nr. 60, Morgenausgabe. Dazu ein Concept von derselben Hand, Abg. Br. 1826, 38, woraus zu bemerken: 331,8 ein aus eine werthen g über guten 15. 16 fehlt mit Ausnahme des Datums

331, 13. 14 vgl. Tageb. X, 175, 10. 16.

*265. Concept von Schuchardts Hand, Abg. Br. 1826, 33 331, 17. 18 g¹ später übergeschrieben 332, 3 ich üdZ 4 eine aus Eine ich üdZ 5 der über ein welcher 7 an aR für von 11 jedes Angenäherte über das Annähernde 18 zuverlässig auch aR für sogar unbezweifelt 21 dasjenige aus diejenige 22 noch über bisher 25 eines nach sich 27. 28 die herrliche g¹ aus in der herrlichen 28 auch in der Art aR 333, 1 auf= bewahrt aus der Art aufbewahrt sind 5 würdigsten Kleinode aR für köstlichsten Schätze c. 7 überwiegend — unbekannter alt für Dagegen man denn auch in der größten Zahl neue, bisher unbekannte 8 hindeutender aus hindeutende Auf Exemplare folgt: darunter vorfindet 10 wohl alt für leicht 17 aner= kannten Riemer mit Blei aus anerkennenden 19 in — sind aR Nach auszulegen folgt: im Falle sind Adresse aR: Dem Hochgeb. Herrn Herrn Grafen Alopeus Russisch Kaiserl. Ge= sandten an dem Königl. Preussischen Hofe hoher Orden Großkreuz Excellenz Berlin

Vgl. Tageb. X, 176, 24—26. Antwort auf des Adressaten Brief aus Berlin vom 12. Februar 1826, worin es heisst: „Vor einiger Zeit erfuhr ich zufällig dass Ew. Excellenz Abdrücke von den geschnittenen Steinen zu besitzen wünschten, die sich in der Kaiserlichen Hermitage zu St. Petersburg befinden und ich habe meinen letzten Auffenthalt in der Kaiser-Stadt benutzt, um einige davon zu erhalten, die ich so frey bin in der beyfolgenden Kiste zu übersenden. Es würde sehr schmeichelhaft für mich seyn, wenn Ew. Excellenz diese geringe Gabe als einen Beweis der hohen Verehrung und Bewunderung genehmigen wollten, die ich von der Zeit an Ihnen widmete, da ich, vorzüglich durch Ihre Schriften angezogen, die deutsche Sprache zu erlernen strebte. Noch gewähren sie mir stets die angenehmste Erholung und werden mich durch das Leben begleiten." Vgl. Tageb. X, 161, 27—162, 1. 163, 9. 10. 164, 7. 8. 165, 1 331, 20 vgl. zu 235 d. B.

266. Handschrift, 1878 im Besitz von A. Spitta in Berlin, unzugänglich; gedruckt nach einer Abschrift, die der Besitzer für H. Uhde anfertigte, im G.-Jb. II, 299. Dazu ein Concept von Johns Hand, Abg. Br. 1826, 37ᵇ, woraus zu bemerken: 331, 21 aber *g* über und   334, 1. 2 und — vielmals *g* aR für dankend zugleich mich   3 Levezow *g* aus Lebezow   4 hätt   5 sprechen *g* über sehen   6 Persönliche *g* aus persönliche   11—13 fehlt mit Ausnahme des Datums   13 23.] 25. auf Rasur aus 26.(?)

Vgl. Tageb. X, 176, 26. 27. Antwort auf des Adressaten Brief vom Februar 1826 (Eing. Br. 1826, 82), mit dem dieser die von ihm, Friedrich König und K. Levezow verfertigte Medaille auf Goethe (vgl. Zarncke, Kurzgefasstes Verzeichniss S. 103, Nr. 122) übersandte, vgl. 49, 13. 20 und Tageb. X, 170, 5—7   334, 4 Nach K. Levezows Brief an Goethe vom 1. März (Eing. Br. 1826, 81) bei einem zweitägigen Aufenthalte in Weimar, Anfang September 1825   9 Nach Loos' Briefe zu Schönberg bei Franzensbrunn.

*267. Concept von Johns Hand, Abg. Br. 1826, 40ᵇ   334, 16 Zwar *g* aus zwar   17 Noth *g* aus noth   21 Sie *g* aus sie   22 sehen *g* über wissen   Gewiß *g* über Zwar

Vgl. Tageb. X, 177, 25. 26. Über J. H. Meyers Erkrankung in Erfurt vgl. Tageb. X, 174, 8. 12—15. 21—23. 175, 4—7. 23. 24. 178, 14 und die Berichte von Soret und Schuchardt, Eing. Br. 1826, 99—102.

268. Concept von Johns Hand in dem zu 122 d. B. genannten Fascikel des G.-Sch.-Archivs, Bl. 56   335, 7 dem *g*¹ aus den   17 den Band *g*¹ über sie dem Künstler   18 abgeben *g*¹ aus geben   22 zwar *g*¹ aR   trinkt *g*¹ nach dringt   336, 1 entsprang *g*¹ über gab   2 Deutung *g*¹ üdZ   Ich nach darüber   5. 6 übersende *g*¹ über schicke   13 In aus Im   16 überliefern *g*¹ nach mittheilen   22. 23 Gruithuis   23 Was *g*¹ aus was   25 es nach z(u)   337, 2 *calycinum g*¹ aus *gallicinum*   3 Nach *g*¹ aus nach   4 macht *g*¹ aus machen

Betrachtung derselben *g*¹ aus Betrachtungen hierüber   5 meine Gedanken *g*¹ über die Betrachtungen   6 aufzuzeichnen aus aufzuzeichnen   10. 11 Die Anführungszeichen *g*   Einem *g*¹ aus einem   11 glaubt *g*¹ aR für kommt   zu *g*¹ üdZ   15—18 aR auf Bl. 56. Adresse: „An des HE. Präsid. Nees v. Esenbeck

Hochwohlgeb. Bonn. Bilder. Iris und Knabe. Genius zwischen Himmel u. Erde." Gedruckt: Naturwiss. Correspondenz II, 149

Vgl. Tageb. X, 175, 19. 177, 26. 27 335, 9 — 18 vgl. zu 214, 1 336, 4 „Iris und Knabe" und „Genius zwischen Himmel und Erde" vgl. 339, 22, Werke V, 1, 134. 136, V, 2, 91 ff. 11 Vom 24. Februar 1826, vgl. Sauers Ausgabe des Briefwechsels S. 117 17 vgl. zu 233 d. B. 20 vgl. zu XXXVIII, 84, 5. 6 22. 23 vgl. zu 122, 28 337, 5. 6 vgl. Tageb. X, 175, 18 16 vgl. zu 261 d. B.

*269. Concept von Augusts Hand in dem zu 225 d. B. genannten Fascikel des G.-Sch.-Archivs, Bl. 41 337, 22 Aſſignationen aus Aſſignation 338, 1 vorerſt üdZ 2 Aſſignation nach der 5. 6 gedachter Handlung aR für derſelben 7 des aus der über nach neu(en) neue üdZ 12 erbittend g^1 aus erbitte

Vgl. Tageb. X, 178, 1. 2. Freges zusagende Antwort vom 31. März 1826 in demselben Fascikel, Bl. 42.

*270. Die Originale der Briefe Goethes an Alfred Nicolovius sind nicht erreichbar; da der Druck im Weimarischen Sonntagsblatt von 1856 Nr. 16 unvollständig und fehlerhaft ist, werden hier die Concepte, soweit sie vorhanden, zu Grunde gelegt. Johns Hand, Abg. Br. 1826, 38^b 338, 16 auch g üdZ 17 geſchrieben nach auch 18 wüßten g aus wiſſen da g aus daß 20 ſchmerzlicher nach würde noch 21 würde g über werden des g aus den 23 lernten g aus lernend 339, 2 Veranlaßung g aus ſich veranlaßt 4 in — umherzuwandlen g aus ſich in — angenehme Verhältniſſe zu ſetzen 7 dergleichen g über dieſe amphigouriſche g^1 aus amphiguriſchen 8 Ferner g aus ferner 9 nicht g über mich 16 poetiſch= g aus poetiſchen 18 an g über aus [?] 19 mich nach mir Gebliebenem g aus Gebliebenen 21 der nach von den 23 vielleicht g über ja wohl 28 voraus g üdZ fromme g üdZ 340, 1 ehrerbietigſt g üdZ 3 wackerer g aus Wackerer darin g aus darinnen 5 das nach die 6 Ihrem g aus Ihren 8 außer — Geſichtskreiſe g aR für weit weniger 9 gäbe g^1 aus gebe

Vgl. Tageb. X, 178, 2. 3 und zu 45, 5 339, 12 vgl. zu 233 d. B. 16 Die Anfänge des 1827 erschienenen Werkes von Nicolovius, Über Goethe. Literarische und artistische Nachrichten. Theil I. Leipzig 1828 22 vgl. zu 336, 4

340, 1 Vermuthlich handelte es sich um eine Unterstützung für Rehbeins hinterlassene Familie, vgl. zu 205,18, Tageb. X, 176, 2—4.

Ein Schreiben der Oberaufsicht vom 29. März 1826 an Dr. Weller in Jena, die Verpflichtung des Gehülfen bei Grossh. Thierarzeney Schule daselbst Christian Burgermeister aus Eisenach betr., in Hirzels Nachlass auf der Leipziger Universitäts-Bibliothek (vgl. Hirzels Neuestes Verzeichniss, Leipzig 1874, S. 227).

Zwei Concepte der Oberaufsicht vom 30. März 1826 an den Cammercentralcassen-Controlleur Hoffmann in Weimar und an den Rentamtmann Müller in Jena, die Bezahlung der vom Postmeister Becker zu Jena erkauften Scheunen am botanischen Garten betr., in dem Fascikel der Oberaufsicht „Acta Erbauung einer neuen GärtnerWohnung im Grossherzgl. botanischen Garten zu Jena betr.", 1825—29, Bl. 34. 34 b.

271. Concept von Johns Hand in dem zu 122 d. B. genannten Fascikel des G.-Sch.-Archivs, Bl 55   341,1 es mir *g* aus mir das   2 ein solches *g* über dieses   3 ! *g*   4 älteren und jüngeren *g* aus Älterer und Jüngerer   5. 6 bin — würde *g* aus Ich bin dadurch zu ruhiger Ansicht gelangt welche ich gern ausspreche wie folgt   10 dem *g* aus den   Adresse: „An Herrn Heinrich Zschokke in Aarau". Gedruckt: Grenzboten 1870, Nr. 1. Naturwiss. Correspondenz II, 394

Vgl. Tageb. X, 179, 11. Antwort auf des Adressaten Brief vom 1. Februar 1826 (Naturwiss. Correspondenz II, 394), der am 20. Februar anlangte (Tageb. X, 163, 26) und Zschokkes Werk „Die farbigen Schatten, ihr Entstehen und Gesetz", Aarau 1825, begleitete (Tageb. X, 302). Die Zschokkeschen Schriften erhielt Goethe am 24. April 1825 von dem Verleger Sauerländer in Aarau und las sie in den folgenden Tagen (vgl. Tageb. X, 47, 13 ff. 297 und zu Bd. 39, Nr. 173).

Tagebuchnotizen.

1825.

August
3. Grossherzog Carl August, Wilhelmsthal (Conc. 1. August) [1].
5. C. F. Zelter, Berlin [2].
J. F. v. Cotta, Stuttgart [3].
J. C. L. Schorn, Stuttgart [4].
6. S. Boisserée, Stuttgart (Concept) [9].
J. M. Färber, Jena („die Kiste mit den Charons") [vgl. 8/9].
7. C. F. Zelter, Berlin [6].
8. J. M. Färber, Jena [7].
F. Carl, Jena [8].
13. C. D. Rauch, Berlin („Angelegenheit der Medaille").
14. J. N. Hummel, Weimar [11].
H. C. F. Peucer, Weimar [12].
15. J. L. Schmidmer, Nürnberg („mit einem Wechsel auf?").

August
16. C. D. Rauch, Berlin („Antwort, mit einem Wechsel auf 500 Thlr.").
C. F. Schmidt, Berlin.
17. C. W. v. Fritsch, Weimar [13].
C. L. v. Knebel, Jena [14].
19. Grossherzog Carl August, Wilhelmsthal [15].
Graf C. L. v. Beust, Frankfurt [16].
22. C. L. v. Buch, Gotha [17].
27. H. E. v. Globig, Dresden (abg. 30. August) [22].
C. D. Rauch, Berlin [23].
Caroline v. Wolzogen, Bösleben [24].
29. F. v. Müller, Weimar [27].
F. v. Müller, Weimar [28].

September
4. C. W. v. Fritsch, Weimar [32].
G. G. Güldenapfel, Jena [31].

September
7. H. L. F. Schrön, Jena [36].
  J. M. Färber, Jena („mit 2 Thlrn. 14 Gr. für Kaufmann Carl daselbst").
10. G. G. Güldenapfel, Jena [39].
  J. C. F. Körner, Jena [40].
  J. M. Färber, Jena [41].
11. F. v. Gentz, Wien [43].
  L. W. Cramer, Wetzlar [44].
  C. L. F. Schultz, Wetzlar [45].
13. Graf E. Vargas Bedemar, Kopenhagen [46].
14. S. Boisserée, Stuttgart [48].
15. Herzog Ernst von Coburg.
  Herzog Bernhard Erich Freund von Meiningen.
  Herzog Carl Friedrich Wilhelm August von Braunschweig.
  Graf C. L. v. Beust, Frankfurt [51].
  C. W. v. Fritsch, Weimar [52].
  J. F. Blumenbach, Göttingen („mit einer Jubelmedaille").
16. J. F. v. Cotta, Stuttgart (vgl. 20. Sept.).
  F. v. Gentz, Wien [54].
17. C. W. N. L. v. Metternich, Wien [56].
  Grossherzog Ludwig I. von Hessen-Darmstadt.

September
18. Grossherzog Friedrich Franz I. von Mecklenburg-Schwerin.
  C. F. F. v. Nagler, Berlin [58].
  J. Max, Breslau
  Gebr. Brockhaus, Leipzig [vgl. 58,9].
  G. Reimer, Berlin
20. Kurfürst Wilhelm II. von Hessen-Cassel.
  Grossherzog Ludwig Wilhelm August von Baden, Carlsruhe.
  J. F. v. Cotta, Stuttgart [59].
  J. A. G. Weigel, Leipzig [vgl. 60,1].
  C. F. Zelter, Berlin (Dict. 16. Sept.) [60].
21. C. W. Göttling, Jena [61].
  J. G. Lenz, Jena [62].
  J. A. G. Weigel, Leipzig [63].
24. F. v. Müller, Weimar („wegen des Dutzend Abdrücke in Goldblech von Serenissimi Bild-").
27. Graf F. J. Saurau, Wien (Conc. 23. Sept.?) [66].
  E. J. v. Münch-Bellinghausen, Wien (Mund. 22. Sept.) [67].
  P. v. Piquot, Wien (Conc. 23. Sept.?) [68].

October
1. Graf F. C. J. v. Luxburg, Dresden (Dict. 25. und 29. Sept.) [70].
   F. v. Müller, Weimar („Schreiben an den Grafen Luxburg").
3. Freih. E. F. L. Marschall v. Bieberstein, Wiesbaden [71].
5. König Friedrich I. der Niederlande.
   J. F. Blumenbach, Göttingen [73].
   S. Boisserée, Stuttgart [74].
   C. F. Tieck, Berlin [75].
6. König Georg IV. von Hannover.
   Herzog Ernst von Coburg [76].
8. Frau E. v. Panckoucke, Paris [78].
   A. v. Humboldt, Paris („Medaille des Grossherzogs, ohne Brief. — An Herrn v. Poseck abgegeben").
9. Grossherzog Ludwig Wilhelm August von Baden, Carlsruhe.
   J. P. Harl, Erlangen [80].
   Grossherzog Carl August, Weimar [81].
10. J. G. Lenz, Jena [82].
    F. G. Hand, Jena [83].
    J. M. Färber, Jena („Quittungen").
12. August v. Goethe, Jena („einiges Nachträgliche").

October
12. C. F. E. Frommann, Jena [86].
13. Kronprinz Christian von Dänemark, Kopenhagen („die Ordensinsignien für den Grafen Bedemar übersendet"; vgl. 17. October).
14. Grossherzogin Louise, Weimar [87].
17. Marchese E. Forcella, Palermo [93].
    Kronprinz Christian von Dänemark, Kopenhagen („Das Paquet ging erst heut' ab. Siehe Donnerstag den 13. d.")
    J. F. v. Leonhardi, Frankfurt a/M. [94].
    F. J. Soret, Weimar [95].
18. Grossherzog Carl August, Weimar [98].
    H. C. F. v. Heygendorf, geb. Jagemann, Weimar [99].
20. J. F. Blumenbach, Göttingen [100].
    G. Sartorius, Göttingen [101].
22. Grossherzog Carl August, Weimar [103].
    C. W. v. Fritsch, Weimar [104].
    P. v. Piquot, Wien („Nachr. des angelangten Priv. Danck") [vgl. 104/5].
    C. F. Zelter, Berlin [105].
    J. C. F. Körner, Jena [106].

October
23. Graf E. Vargas Bedemar, Kopenhagen [107].
27. Grossherzog Friedrich Franz I. von Mecklenburg-Schwerin.
30. Graf v. Beroldingen, Stuttgart [vgl. 107 8].
Bureau des Correspondenz-Blattes, Gotha [vgl. 107/8].
31. Ministerium der auswärtigen Angelegenheiten, Cassel [108].

November
1. Graf C. F. M. P. v. Brühl, Berlin [110]. } („durch Hof Bh. Kaufm.").
C. F. Zelter, Berlin [111].
2. C F. E. Frommann, Jena [112].
J. Sckell, Belvedere [113].
C. B. Zeis, Dresden [114].
3. Grossherzog Carl August, Weimar [115].
5. C. W. Stark, Jena [116].
7. Grossherzog Carl August, Weimar.
12. C. F. F. v. Nagler, Berlin [vgl. 118,9].
13. C. F. Zelter, Berlin („Iphigenie neuer Abdruck").
C. G. D. Nees v. Esenbeck, Bonn (Conc. 5. Nov.) [119].
14. C. L. W. v. Grolmann, Darmstadt [120].

November
14. Badensches Ministerium, Carlsruhe.
J. J. v. Willemer, Frankfurt („das Wechselgedicht") [vgl. Briefwechsel [3] S. 213 f.].
16. C. G. D. Nees v. Esenbeck, Bonn [122].
H. C. F. Peucer, Weimar („den Pariser Brief zurück").
F. v. Elsholtz, München [123].
20. J. F. v. Cotta, Stuttgart [127].
26. F. v. Müller, Weimar [128].
28. C. W. Schweitzer, Weimar [132].
F. v. Müller, Weimar („die Gedichte zu Knebels Geburtstag zurück").
29. C. F. Zelter, Berlin [133].
30. Grossherzog Carl August, Weimar [134].

December
4. W. Funke, Gotha [138].
C. E. A. v. Hoff, Gotha [139].
7. Academie, Jena („Hauptsendung. Erwiderung wegen der Feyer des siebenten Novembers, nach zurückbehaltenen Concepten") (Conc. 24. 25. November, 1.—3. 5. December) [141—147].
9. C. G. D. Nees v. Esenbeck, Bonn [149].

December
10. H. L. F. Schrön, Jena („mit einer Mappe graphischer Darstellungen, einer Rolle mit durchscheinender Tabelle; auch den Himmelsatlas von Goldbach zurückgesendet").
J. M. Färber, Jena („wegen des Abdrucks der Diplome").
J. C. F. Körner, Jena [150].
11. F. v. Elsholtz, München [152].
12. J. F. H. Schlosser, Frankfurt [154].
14. Grossherzog Carl August, Weimar [157].
16. Grossherzog Carl August, Weimar („mit den graphischen Darstellungen und schlesischen lithographischen Blättern").
17. F. S. Voigt, Jena („Quittung seiner Reiseauslagen").
J. M. Färber, Jena („Quittung wegen des zinnernen Sargs").
H. L. F. Schrön, Jena („Wetterbeobachtungen von Danzig").
C. D. Rauch, Berlin [158].
18. Graf C. L. v. Beust, Frankfurt [159].
C. L. F. Schultz, Wetzlar [160].

December
19. S. Bendixen, Hamburg [161].
Grossherzog Carl August, Weimar (Conc. 13. Mund. 14. Dec.) [162].
20. C. L. F. Schultz, Wetzlar („die Gipsabgüsse der Gothaischen Münzen").
21. J. F. v. Cotta, Stuttgart [163].
24. F. F. H. Küstner, Leipzig [168].
W. C. L. Gerhard, Leipzig [169].
26. König Ludwig I. von Bayern, München [171].
L. v. Klenze, München [172].
J. W. Döbereiner, Jena [vgl. 172/3].
J. C. F. Körner, Jena [vgl. 172,3].
C. F. v. Reinhard, Frankfurt [173].
28. Graf C. L. v. Beust, Frankfurt [174].
29. Stadtrath, Weimar [175].
C. L. Schwabe, Weimar [176].
30. Grossherzog Carl August, Weimar [179].
31. C. W. Göttling, Jena [180].
C. G. D. Nees v. Esenbeck, Bonn [181].
W. A. Gerle, Prag [182].
C. J. Oldendorp, Schulpforte [183].
C. F. Zelter, Berlin (Mund. 30. Dec.) [184].

1826.

Januar
4. Grossherzog Carl August, Weimar [189].
6. F. v. Müller, Weimar [191].
   E. J. d'Alton, Bonn } [192].
7. C. G. Carus, Dresden
   F. L. v. Froriep, Weimar („den 1. Theil von Jonathan").
   C. W. v. Fritsch, Weimar [193].
8. S. Boisserée, Bonn (Conc. 6. und 7. Jan.) [195].
9. Ministerium, Hannover („Danksagungsschreiben").
11. F. v. Müller, Weimar [197].
    C. F. A. v. Conta, Weimar.
    Herzog Bernhard Erich Freund von Meiningen („Danksagungsschreiben").
13. Freye Stadt Frankfurt [201].
    S. Boisserée, Stuttgart [199].
14. Freye Städte Hamburg, Bremen, Lübeck [vgl. 201].
    Herzog Leopold Friedrich von Anhalt-Dessau.
15. C. F. Zelter, Berlin [203].
16. Herzog Alexander Fr. Christian von Anhalt-Bernburg.

Januar
16. Herzog Friedrich Ferdinand von Anhalt-Köthen.
    Fürst Friedrich Ludwig Joseph Carl August, Landgraf von Hessen-Homburg.
    Fürst Friedrich Günther von Schwarzburg-Rudolstadt.
    Fürst Günther Friedrich Carl von Schwarzburg-Sondershausen.
18. J. F. Rochlitz, Leipzig [207].
    J. M. Färber, Jena („autorisirte Quittungen").
    C. W. Göttling, Jena [208].
20. C. F. Zelter, Berlin [209].
21. Freih. C. v. Gersdorf, Dresden (Dict. 26. Dec. 1825) [210].
23. C. F. v. Reinhard, Frankfurt (Conc. 10. Jan.) [211].
24. F. J. v. Streber, München [212].
    C. F. Naumann, Leipzig [213].
    Grossherzogin Louise, Weimar [218].
29. J. S. Grüner, Eger [215].
    C. F. A. v. Schreibers, Wien (Conc. 28. Jan.) [216].
30. S. Boisserée, Stuttgart [219].

Januar
31. Grossherzog Carl August, Weimar [221].
Gräfin Caroline v. Egloffstein, Weimar [222].

Februar
3. C. C. v. Leonhard, Heidelberg (Conc. 28. Jan., vgl. 4. Febr.) [224].
J. F. v. Cotta, Stuttgart (Conc. 1. Febr.) [225].
S. Boisserée, Stuttgart [226].
C. M. Engelhardt, Strassburg (Conc. 1. Febr.) [227].

4. C. C. v. Leonhard, Heidelberg (Conc. 28. Jan., vgl. 3. Febr.) [224].
J. A. G. Weigel, Leipzig [228].

5. S. Boisserée. Stuttgart [229].

6. Schippan, Freyberg ("mit einer Medaille").
S. Boisserée, Stuttgart [230].

7. Grossherzog Carl August, Weimar (Dict. 6. Febr.) [231].
C. F. v. Reinhard, Frankfurt a. M. [232].

13. Grossherzog Carl August, Weimar ("wegen des Leibarztes").
F. W. Riemer, Weimar [234].

Februar
15. C. F. F. v. Nagler, Frankfurt a. M. [235].
Graf C. L. v. Beust, Frankfurt a. M. [236].

20. Graf C. L. v. Beust, Frankfurt a/M. [238].
C. F. Zelter, Berlin [239].
J. C. Bläser, Cöln [240].

21. Grossherzog Carl August, Weimar [245].

25. J. Müller, Bonn (Conc., vgl. 29. März) [243].
C. Iken, Bremen (Conc.) [242].

28. C. C. v. Leonhard, Heidelberg [246].

März
4. C. W. Göttling, Jena [248].
6. S. Boisserée, Stuttgart [250].
J. M. Färber, Jena.
15. C. F. F. v. Nagler, Berlin ("mit mehrerem Inhalt. Siehe die Acten") [253—257].
C. E. F. Weller, Jena [258].
18. C. F. Zelter, Berlin [259].
H. L. F. Schrön, Jena ("nach einem Verzeichniss bey den Acten befindlich").
C. W. Göttling, Jena [260].
J. M. Färber, Jena ("verschiedene Quittungen").
J. E. Purkinje, Breslau [261].
19. Grossherzog Carl August, Weimar [262].

März
20. S. Boisserée, Stuttgart [263].
25. Graf D. v. Alopeus, Berlin [265].
G. B. Loos, Berlin [266].
F. H. C. Baron de la Motte Fouqué, Berlin.
27. J. H. Meyer, Erfurt [267].
C. G. D. Nees v. Esenbeck, Bonn (Conc. 24. März) [268].

März
28. C. G. Frege u. Comp., Leipzig [269].
A. Nicolovius, Berlin [270].
29. Doctor [Johannes] Müller, Privatlehrer, Bonn (vgl. 25. Febr.) [243].
31. E. v. Schiller, Oberlandsgerichts-Assessor, Cöln (Conc. 28. und 29. März).
J. H. D. Zschokke, Aarau [271].